씹어먹는 600 한자

유을록(柳乙錄)

1959년 전북 익산 출생
1978년 남성고등학교 졸업
1982년 고려대학교 체육교육과 졸업
1986년 해군 OCS 73차 중위 전역
2008년 한자실력사범 취득
2009년 한자지도사 취득
현재 보성고등학교 재직

비벼먹는 600한자

찍은날 2019년 1월 20일
펴낸날 2019년 1월 25일

글쓴이 유을록
펴낸이 조윤숙
펴낸곳 문자향
신고번호 제300-2001-48호
주소 서울 양천구 목동서로 186 성우네트빌 201호
전화 02-303-3491
팩스 02-303-3492
이메일 munjahyang@korea.com

값 20,000원

ISBN 978-89-90535-58-0 13710

비벼먹는 600 한자

| 유을록 편 |

문자향

머리글

우리가 책이나 신문을 보다가 단어의 뜻을 잘 몰라서 국어사전을 찾아보면 십중팔구는 한자漢子로 쓰여 있고, 설명이 되어 있었습니다. 한자를 어느 정도 이해하고 있는 사람에게는 그 뜻이 쉽게 와닿지만, 그렇지 못한 사람에게는 그 단어를 무조건 외우는 것 외에는 다른 방법이 없습니다.

초등학생들이 중학교에 올라가서 공부가 어렵다고 느끼는 것 중 하나는 어휘의 대부분이 한글에서 한자로 바뀌는 데 있습니다. 실제 한자로 표기하고 있지는 않지만, 글자 자체에 뜻이 있는 한자 어휘가 많아지기 때문에 부분적인 단어의 뜻에 막혀서 글 전체의 이해가 어려워지고, 심지어 시험문제의 정확한 의미를 파악把握하지 못해서 답을 구하지 못하는 어처구니없는 결과를 초래하기도 합니다.

이제는 한자 공부의 필요성이 널리 인식되고, 한자급수시험 제도가 정착定着되어 어린이에서 직장인에 이르기까지 많은 관심과 노력을 기울이고 있고, 특히 경제적으로 급부상한 중국을 비롯해 일본, 동남아시아 등 한류韓流 열풍이 불고 있는 한자 문화권의 비즈니스가 갈수록 늘어나고 있는 추세趨勢여서 대학·기업이 입학시험과 채용시험에서 한자시험을 보거나 한자능력 자격 보유자에 대한 가산점을 부여하는 곳이 점차 늘어나고 있습니다.

필자는 처음에는 학교의 운동부 학생들에게 한자를 가르치기 위하여 공부를 하다가, 옥편을 이용하여 한자의 부수·음·획순 등을 일일이 찾아서 공부하는 것은 매우 어렵다는 것을 깨닫게 되었습니다. 또한 방대한 양의 한자를 원칙없이 학습한다는 것은 시간 낭비라는 사실을 알았습니다. 그래서 한자를 익히면서 끊임없이 나타나는 비슷비슷한 한자들을 모두 정리하고 연구하길 수년 만에 어렵고 혼동되는 한자들을 쉽고 간결하게 한꺼번에 익히는 방법을 터득攄得하게 되었습니다.

한자는 글자마다 뜻이 들어 있는 표의문자表意文字입니다. 따라서 그 글자의 근원을 아는 것이 중요합니다. 무조건 외우는 것은 한계가 있습니다. 또한 그렇게 배우면 거기에서 나온 파생派生 한자에 대해서 다시 생소하게 되므로 더 이상 진보進步가 힘들게 되는 것입니다.

필자가 제시하는 방법은 우선 한자를 구성하는 여섯 가지 원칙인 육서六書인 상형象形·지사指事·회의會意·형성形聲·전주轉注·가차假借를 익히고, 그 다음 거기에서 파생되어 나온 모든 글자를 한꺼번에 숙지熟知하는 방법입니다. 기본자 한 글자에서 부수나 다른 일부분이 변해서 수많은 자가 새로 생겨 나왔는데, 적게는 2~3자, 많게는 20자 이상까지 같은 음이나 뜻이 바뀐 모습으로, 또는 음과 뜻이 모두 변한 수많은 글자들이 생겨난 것입니다.

기본자에서 파생된 글자들을 부수만 가지고, 또는 같은 음만 찾아 익히게 되면 모든 파생 글자의 대략 40%정도밖에 파악할 수 없습니다. 비유比喻하자면 우리나라의 특산물을 공부하는 데, 기존의 방식은 팔도강산을 일일이 찾아다니며 배우는 것이고, 이 책에서 제시하는 방법은 팔도의 특산물을 종류별로 한곳에 모두 모아 정리된 것을 일괄해서 배우는 방식입니다.

가장 바람직한 학습 순서는 우선 기본자의 어원과 부수를 익혀 그 뿌리를 공부한 후에 거기에서 파생된 모든 글자의 차이점을 공부합니다. 그리고 그 차이점에 유의하면서 예시된 활용 어휘를 학습하게 되면, 연상聯想작용에 의하여 구슬을 꿰듯이 혼동 없이 모든 자를 쉽고 빠르게 구분 지어 알 수 있게 됩니다.

이 책은 기본자 614자로 구성되어 있으며, 기본 부수에 충실하되 때로는 부수를 초월超越하여 변화되어 나온 모든 글자를 총망라總網羅하였기 때문에 기본자를 근간根幹으로 하여 뻗어나간 글자들의 연계성連繫性을 이해할 수 있다면 한꺼번에 모두 학습할 수 있는 것입니다. 또한 기본자 및 파생자를 완전히 국어사전 배열配列 방식으로 ㉠에서 ㉭까지 차례로 정리하여 친근감親近感을 높였고, 기본자에 대해서는 가능하면 갑골문甲骨文·금문金文·전서체篆書體의 도해圖解를 넣어 자원의 변화를 그림(image)으로 기억하고 학습할 수 있도록 하였습니다.

한자를 공부하면 우리의 한글을 더 정확하게 알고 사용할 수 있게 됩니다. 우리가 매사每事에 어려운 한자를 이용하여 문장文章을 꾸밀 필요는 없지만, 아름답고 독창적인 한글을 애용愛用하되 한자의 원리 터득으로 우리말을 보다 쉽고 정확하게 사용하며 한 걸음 더 나아가 우리말과 우리문화에 대한 더 깊은 이해와 사랑을 위하여 한자학습의 의미를 되새겨봅니다.

이 책이 비록 완벽完璧 할 수는 없으나, 한자를 처음 시작하는 학생들, 자격시험을 준비하는 수험생, 취업을 앞둔 대학생, 그리고 일선에서 학생들을 지도하시는 선생님에 이르기까지 한자를 공부하는 모든 사람들에게 흥미興味를 유발하고, 나아가 좀더 쉽게 한자의 원리를 깨우치는 데 도움이 되길 간절懇切히 희망합니다!

추천사

벌써 오래전부터 유을록 선생께서 전공과 관련 없는 한자를 열심히 익히는 모습을 보아왔었다. 그리고는 얼마 지나서 한자 급수시험에 응시하여 단계별로 급수를 취득하여 종국에는 급수시험의 최고 수준인 '사범'을 취득하였다. 어쩌면 한자 자체에 대한 지식은 웬만한 전공자보다 더 높은 수준에 도달한 듯하다.

그리고 언제부터인가 이런 노력을 통하여 얻은 한자공부 방법을 기록하여 남에게 알려주고자 하는 욕구가 발하여 이제는 책을 저술하는 모습을 보았었다. 꽤 오랜 세월을 쉼 없이 저술하고 퇴고하여 마침내 책을 출간하게 되었다. 참으로 대단한 일이라 하지 않을 수 없겠다. 큰 박수로 노력과 성취에 대하여 축하하는 바이다. 한자를 공부하는 학생이나 한문에 입문하는 초학자에게 많은 도움이 될 것으로 보인다.

그 내용을 살펴보니 주로 육서六書와 유선생 나름의 체계를 통해 글자를 설명하고 있는 것으로 보인다. 말은 사람의 생각을 드러내는 소리의 표현이며, 문자文字는 말을 기록하는 기호記號이다. 한자漢字는 동아시아 인류가 만들어낸 문자이며, 오랜 세월에 걸쳐서 이루어진 문자언어이다. 한자의 외형外形을 보면, 그림과 같은 형상적인 모습을 볼 수 있다. 이를 통해서 한자가 수많은 시간을 걸쳐 그림의 형태에서 간략화된 것임을 알 수 있다.

한자는 어느 특정한 한 사람의 손으로 만들어진 것은 아니며, 수많은 세월을 거치면서 많은 사람들의 손에 의해 문자로 정착했을 것이라 추정이 된다. 고전古典의 여러 글에서 한자의 기원起源에 대해 이렇게 전한다.

"문자를 좋아하는 사람은 많았지만, 창힐倉頡만이 후세에 전하였다.(好書者衆矣, 而倉頡獨傳者壹也.)" -『순자荀子』「해폐解蔽」

"옛날에 창힐이 문자를 만들었다.(古者, 蒼頡之作書也.)" -『한비자韓非子』「오두五蠹」

『순자』와 『한비자』에 나오는 글로, 한자를 창힐蒼頡이 창조해냈다는 설을 기록하였다. 이와 같이 『순자』와 『한비자』를 비롯한 많은 문헌에서 '창힐'의 한자 창제설을 전하고 있다. 그러나 이를 증명할 만한 실증적 근거는 없으며, 실존했던 인물일 가능성도 적다.

만약에 창힐이 실제로 존재했다 하더라도 그 많은 한자를 창힐 혼자서 독창적으로 만들 수도 없다. 혹 존재했다고 하더라도 여러 시대에 걸쳐 이루어진 한자를 일부 정리했을 정도에 불과할 것이다.

한자를 만든 제자원리는 이론적인 원리가 먼저 존재한 것이 아니다. 수많은 한자가 먼저 만들어져서 사용된 것이며, 훗날 문자학을 연구하는 사람들이 수많은 한자 속에서 제자원리를 찾아낸 것이다. 그 가운데 허신許愼의 육서설六書說이 가장 오랫동안 한자의 제자원리로 인정되어왔다. 그러나 갑골문이 발견되고 연구되자 허신이 설문해자說文解字에서 한자의 제자원리를 분석한 것 가운데는 상당수가 잘못된 것임이 밝혀졌다.

그러나 아직까지 허신의 육서설이 한자의 제자원리로서는 비교적 잘 정의되어 있어 한자의 학습원리로 많이 채용하고 있다. 이는 마치 영어를 공부하면서 단어를 익힐 때, 어휘의 구조나 특징을 중심으로 계열을 세워 공부하는 것과 유사한 방법이다.

막무가내로 암기하는 것이 아니라 체계를 정리하고 가닥을 잡아 쉽게 한자를 공부하도록 한 것이니 효과적인 공부법이라 하겠다.

무술년 맹동에 김병건 씀

이 책의 구성

① 기본자 및 파생자는 모두 가나다순으로 난이도難易度는 8급, 7급, 6급, 5급, 준4급, 4급, 3급, 2급, 1급 순으로 표시하였다.

② 기본자의 음을 중심으로 하여, 파생자는 부수와 음을 초월하여 같은 형태의 한자를 망라網羅하였다.

③ 기본자는 가능하면 갑골문甲骨文·금문金文·전서체篆書體의 도해를 넣어 글자의 변천에 대한 이해를 돕고 파생자와 활용 어휘를 제시하여 실제 활용할 수 있도록 하였다.

④ 기본자와 파생자에 대한 등급等級을 표시하여 수준별 학습이 가능하도록 하였다.

등급표 구분	수준	자수	비고
8급	초등학생	50	
7급	초등학생	99	
6급	초등학생	151	
5급	초등학생	197	
준4급	초등중학생	243	
4급	초등중학생	245	
3급	중·고등학생	829	
2급	대학생·일반인	548	
1급	대학생·일반인	1,152	
사범급	대학생·일반인	14	기본자

※ 기본자의 설정을 위하여 부득이 1급을 초월한 한자(사범급) 14자를 제시하였다. 耒(쟁기 뢰), 黽(맹꽁이 맹), 樊(새장 번), 巽(괘이름 손), 尸(주검 시), 豕(돼지 시), 爰(이에 원), 蚤(벼룩 조), 舛(어그러질 천), 隹(새 추), 朮(삽주 출), 敝(해질 폐), 頁(머리 혈), 夾(도울 협) 이상 14자

⑤총 한자의 구성

한글 음순	기본자	파생자	총자수
㉠	100	560	660
㉡	9	30	39
㉢	28	107	135
㉣	34	127	161
㉤	36	184	220
㉥	45	238	283
㉦	74	351	425
㉧	99	404	503
㉨	73	349	422
㉩	43	195	238
㉫	7	42	49
㉬	17	98	115
㉭	49	229	278
계	614	2,914	3,528

※ 한글 자음 중 쾌할 쾌(快)가 있으나, 결단할 결(決)에 소속되어 실질적으로 자음 ㉪에는 기본자·파생자가 존재存在하지 않아 총 13개의 자음으로 구성하였다.

※ 수록된 총 3,528자 중 기본자 설정을 위한 1급 이상 사범급 한자 14자의 도입과 동자同字와 약자略字가 중복重複 처리된 3자를 빼면, 실질적으로 총 3,511자를 글자의 모양과 자원字源의 이치理致에 맞게 한글 순서대로 다시 엮은 것이다.

〈중복 한자 : 帮 ⇔ 幫(동자同字), 姤 ⇔ 妒(동자同字), 證 ⇔ 証(약자略字)〉

⑥기본자·파생자의 보기로 예시된 어휘는 활용도가 높은 것을 선택하였으며 그 양이 방대하여 어휘의 음만 표기하였으니, 뜻이 이해가 되지 않을 때는 반드시 국어사전을 참고하기 바란다.

⑦이 책은 육서六書의 개념을 기본으로 하여, 한자가 처음 생겨날 때 단독單獨으로 만들어진 상형자象形字와 지사자指事字를 기본자로 삼고, 그 후에 새롭게 합체合體되어 만들어진 수많은 회의자會意字와 형성자形聲字를 집중 연구하고 분석分析하여 학습하기에 편리하도록 재구성한 것이다. 육서六書의 개념은 다음과 같다.

| **육서**六書 |

한글·영어 등은 표음문자表音文字이며, 한자는 표의문자表意文字이다. 표음문자는 수십여 개의 기호를 이용하여 글자를 만들고 뜻을 부여하면 되지만, 한자는 글자 그 자체에 뜻이 들어 있는 글자이므로 처음에는 3,000자 정도였던 것이 시대가 흐르고, 문화가 발달하면서 계속하여 새로운 글자가 생겨나 오늘에 이르게 되었다.

한자는 글자 수도 많고 모양도 복잡하지만 대개는 일정한 원칙 하에 이루어져 있다. 이것이 육서인데 이는 한자가 만들어진 원리를 설명하는 것으로 한자의 모양(形)·소리(音)·뜻(意)의 세 요소를 가지고 여섯 가지 방법으로 한자를 설명하는 것이다. 한자를 잘 이해하고 그 근간根幹을 찾는 데 필수적이므로 우선적으로 익혀두어야 한다.

① **상형**象形 : 물체의 모양을 본떠서 만든 글자

예) 日, 月, 山, 川, 魚, 鳥

② **지사**指事 : 구체적인 모양을 나타낼 수 없는 사상이나 개념을 선線이나, 점點 등으로 나타낸 글자.

예) 上, 下, 一, 二

③ **회의**會意 : 상형이나 지사의 원리로 만들어진 한자를 두 자 이상 결합하여 새로운 뜻과 음으로 나타낸 글자. 전체 파생자의 10% 이상을 차지한다. 田(밭 전)과 쟁기모양의 力이 결합하여 男(사내 남)이 되는 방식이다.

예) 明, 林, 任, 炎, 孝

④ **형성**形聲 : 상형이나 지사의 원리로 만들어진 한자가 두 자 이상 결합하여 새로운 한자를 만들되 한쪽은 뜻을, 한쪽은 소리와 아울러 뜻도 나타내도록 만든 글자이다. 형성의 원리로 만들어진 한자가 전체 한자의 80% 이상을 차지하여 파생자의 대부분을 차지하고 있음을 유념한다. 水(물 수)와 靑(푸를 청)이 결합하여 淸(맑을 청)이 되는 방식이다.

예) 功, 刊, 忙, 仙, 晴

⑤ **전주**轉注 : 이미 만들어진 한자의 뜻을 더 늘린 방법으로, 본래의 뜻을

변화시키고 끌어대어 본래의 뜻과 연관이 있는 뜻으로 바꾸어 쓰는 것이다. 이때에 본래의 음이 변하지 않거나 음까지 변하는 경우가 있으므로 주의해야 한다.

예) 뜻만 변하는 경우

道 : 사람이 걷는 길 **도**
사람이 마땅히 행할 도리 **도**
말할 **도**

예) 음까지 변하는 경우

樂 : 악기, 풍류 **악**
즐거울 **락**
좋아할 **요**

惡 : 악할 **악**
미워할 **오**

⑥ 가차假借 : 뜻은 전혀 상관없이 음만 빌려 쓰는 글자로, 관계가 전혀 없는 뜻을 가진 글자라고 하더라도 소리가 같으면 빌려 쓰는 방법이다.

예) Asia → 亞細亞(아세아)
코카콜라 → 可口可樂(가구가락)
Buddha → 佛陀(불타)

비벼먹는 600 한자

可

옳을 가

5급

| 口 | 2획 | 총5획 |

丁(무성할 정) + 口(입 구)

입(口) 안에 있던 소리가 기세 좋게(丁) 나온다는 데서, '옳다'의 뜻이다.

- 可能가능 : 할 수 있음.
- 可憎가증 : 괘씸하고 얄미움.
- 可笑가소 : 우스움.

가	歌$_7$	노래 **가**	歌曲가곡, 歌手가수, 歌謠가요, 戀歌연가
	柯$_2$	가지 **가**	柯枝가지, 柯葉가엽, 南柯一夢남가일몽
	軻$_2$	수레 **가**	丘軻구가, 孟軻맹가, 走軻주가
	哥$_1$	성(姓) **가**	金哥김가, 李哥이가, 大哥대가
	苛$_1$	가혹할 **가**	苛酷가혹, 嚴苛엄가, 苛斂誅求가렴주구
	呵$_1$	꾸짖을 **가**	叱呵질가, 呵喝가갈, 呵責가책
아	阿$_3$	언덕 **아**	阿丘아구, 阿片아편
		아첨할 **아**	阿附아부, 阿諂아첨, 阿諛苟容아유구용
하	河$_5$	물 **하**	河川하천, 渡河도하, 氷河빙하
	何$_3$	어찌 **하**	何等하등, 幾何기하, 抑何心情억하심정
	荷$_3$	멜 **하**	負荷부하, 入荷입하, 手荷物수하물
		연꽃 **하**	荷香하향, 荷花하화

加

더할 가 | 5급

| 力 | 3획 | 총5획 |

力(힘 력) + 口(입 구)

손만이 아니고 입(口)도 모아서 기세(力)를 돕는 데서, '더하다'의 뜻이다.

- 加重가중 : 더 무거워짐.
- 加工가공 : 천연물 등에 인공·수공을 더함.
- 加減가감 : 더하고 뺌.

가	架3	시렁 **가**	架設가설, 書架서가, 架空가공, 高架고가
	迦2	부처이름 **가**	釋迦석가, 迦藍가람, 迦葉가섭
	嘉1	아름다울 **가**	嘉客가객, 嘉禮가례, 嘉尙가상
	袈1	가사 **가**	袈裟가사, 錦袈금가
	伽1	절 **가**	伽倻가야, 僧伽승가, 伽藍가람
	駕1	멍에 **가**	車駕거가, 駕御가어, 仙駕선가
		능가할 **가**	凌駕능가
하	賀3	하례할 **하**	祝賀축하, 慶賀경하, 賀客하객, 年賀狀연하장

거짓, 임시, 빌릴 가 | 준4급

| 亻/人 | 9획 | 총11획 |

人(사람 인) + 叚(허물 가)

사람(人)이 잔꾀를 빌린다(叚)는 데서, '거짓, 임시, 빌리다'의 뜻이다.

• 假飾가식 : 거짓으로 꾸밈.
• 假建物가건물 : 임시로 지은 건물.
• 假借가차 : 빌림.

가	暇4	틈, 겨를 **가**	休暇휴가, 公暇공가, 餘暇여가, 閑暇한가
하	瑕1	허물 **하**	瑕疵하자, 毁瑕훼하, 微瑕미하
	遐1	멀 **하**	遐遠하원, 升遐승하, 幽遐유하
	霞1	노을 **하**	霞光하광, 殘霞잔하, 雲霞운하
	蝦1	새우, 두꺼비 **하**	乾蝦건하, 佳蝦가하, 魚蝦어하

각각 각

6급

口 | 3획 | 총6획

夂(뒤에 이를 치) + 口(입 구)

걸어서 집에 다다르는 모습을 표현한 것으로 원래 집에 '도달하다'는 뜻이었으나, '각각'의 뜻으로 확장되었다.

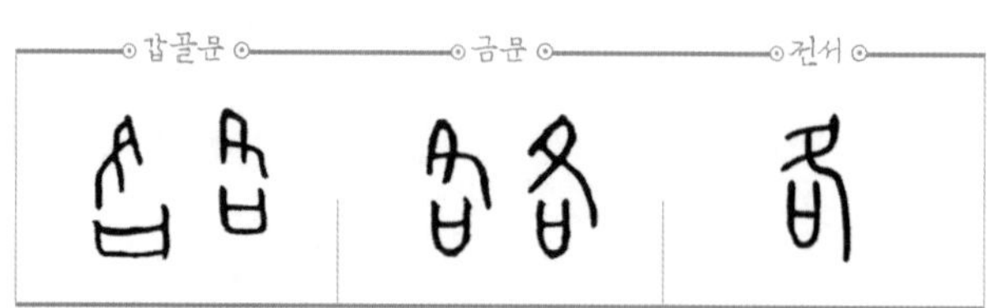

• 各種각종 : 각각의 종류.
• 各界각계 : 각각의 세계. 분야.
• 各層각층 : 각각의 층.

각	閣3	집 **각**	閣僚각료, 樓閣누각, 入閣입각, 內閣내각
	恪1	삼갈 **각**	恪別각별, 恪愼각신, 嚴恪엄각

객	客5	나그네 **객**	主客주객, 客觀객관, 觀客관객, 客氣객기
격	格5	격식 **격**	格式격식, 品格품격, 格鬪격투, 嚴格엄격
락	落5	떨어질 **락**	落榜낙방, 急落급락, 陷落함락
	絡3	이을 **락**	連絡연락, 脈絡맥락, 籠絡농락
	洛2	물이름 **락**	洛水낙수, 洛陽낙양
	烙1	지질 **락**	烙印낙인, 烙記낙기, 鍼烙침락
	酪1	쇠젖 **락**	酪農낙농, 酪母낙모, 酪奴낙노
	駱1	낙타 **락**	駱駝낙타, 駱馬낙마, 駱驛낙역
략	略4	간략할 **략**	簡略간략, 省略생략, 略圖약도, 略歷약력
		꾀 **략**	計略계략, 謀略모략, 武略무략
		노략질할 **략**	侵略침략, 攻略공략
로	路6	길 **로**	路線노선, 經路경로, 活路활로, 險路험로
	露3	이슬, 드러낼 **로**	草露초로, 吐露토로, 暴露폭로, 露骨노골
	鷺2	해오라기 **로**	白鷺백로, 鷺羽노우, 鴛鷺원로
뢰	賂1	뇌물 **뢰**	賂物뇌물, 賂謝뇌사, 賄賂회뢰, 納賂납뢰
액	額4	이마 **액**	額角액각
		수량 **액**	定額정액, 巨額거액, 半額반액, 總額총액
		현판 **액**	額面액면, 額字액자, 扁額편액

角

뿔 각

6급

角 | 0획 | 총7획

짐승의 뿔을 본뜬 글자로 '뿔'의 뜻이며, 뿔을 맞대고 싸우는 모습에서 '다투다, 견주다'의 뜻으로 확장되었다.

갑골문 · 금문 · 전서

- 角逐각축 : 서로 이기려고 다툼.
- 頭角두각 : 머리의 뿔. 뛰어난 학식이나 재능.

음	한자	급수	훈음	용례
상	觴	1	술잔 **상**	濫觴남상, 觴飮상음, 玉觴옥상
촉	觸	1	닿을 **촉**	抵觸저촉, 觸發촉발, 觸感촉감, 接觸접촉
해	解	준4	풀 **해**	解說해설, 解剖해부, 解弛해이, 和解화해

그칠 간

4급

| 艮 | 0획 | 총6획 |

분노한 눈으로 뒤를 돌아보는 모양을 본떴다. 뒤를 돌아보니 어렵고 한계가 있으므로 '어렵다, 한계'의 뜻이고, 어려우면 포기하고 멈추게 마련이라 '그치다, 멈추다'의 뜻이다. 주역 팔괘의 하나이기도 하다.

- 艮止간지 : 머무름.
- 艮方간방 : 24방위의 하나.
- 艮卦간괘 : 8괘의 하나.

음	한자	급수	훈음	용례
간	懇	3	간절할 **간**	懇切간절, 懇曲간곡, 懇請간청, 懇求간구
	艱	1	어려울 **간**	艱難간난, 艱辛간신, 艱苦간고, 艱患간환
	墾	1	개간할 **간**	開墾개간, 墾耕간경, 新墾신간
근	根	6	뿌리 **근**	根絕근절, 根本근본, 根幹근간, 禍根화근
안	眼	준4	눈 **안**	眼鏡안경, 眼球안구, 老眼노안, 眼疾안질
은	銀	6	은 **은**	銀塊은괴, 銀杏은행, 銀幕은막
	垠	2	지경 **은**	垠界은계, 地垠지은, 垠際은제
퇴	退	준4	물러날 **퇴**	退場퇴장, 早退조퇴, 後退후퇴, 減退감퇴
	褪	1	바랠 **퇴**	褪色퇴색, 褪英퇴영, 褪紅퇴홍

	腿 1	넓적다리 **퇴**	大腿대퇴, 腿骨퇴골, 下腿하퇴
한	限 준4	한할 **한**	限定한정, 限界한계, 有限유한, 限度한도
	恨 4	한 **한**	悔恨회한, 餘恨여한, 怨恨원한, 恨歎한탄
흔	痕 1	흔적 **흔**	痕迹흔적, 淚痕누흔, 傷痕상흔, 血痕혈흔

가릴 간

1급

扌/手 | 9획 | 총12획

手(손 수) + 柬(가릴 간)

손(扌)으로 될 것, 안될 것을 가려 뽑는(柬) 데서, '가리다'의 뜻이다.

- 揀擇간택 : 구분해서 선택함.
- 汰揀태간 : 물에 일어서 가려냄.
- 分揀분간 : 분별하여 가림.

간	諫 1	간할 **간**	諫言간언, 諫官간관, 苦諫고간, 直諫직간
련	練 5	익힐 **련**	練習연습, 洗練세련, 熟練숙련, 訓練훈련
	鍊 3	단련할 **련**	試鍊시련, 鍛鍊단련, 修鍊수련, 敎鍊교련
	煉 2	달굴 **련**	煉獄연옥, 煉丹연단, 煉乳연유

방패, 마를, 간여할, 범할, 구할 간

4급

干 | 0획 | 총3획

손잡이가 있는 방패를 본뜬 글자로, '방패'의 뜻이다.

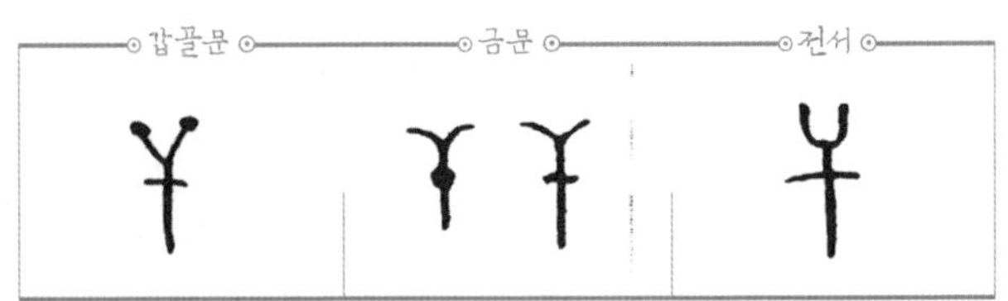

- 干滿간만 : 썰물과 밀물.
- 干城간성 : 방패와 성. 나라를 지키는 인물.
- 干與간여 : 참견하여 관계함.
- 若干약간 : 얼마 안 됨. 얼마쯤.
- 干潟地간석지 : 바닷물이 드나드는 개펄.
- 干涉간섭 : 관계함. 참견함.

간	刊$_3$	책펴낼 **간**	刊行간행, 出刊출간, 發刊발간, 季刊계간
	幹$_3$	줄기 **간**	幹事간사, 基幹기간, 語幹어간, 幹部간부
	肝$_3$	간 **간**	肝膽간담, 肝癌간암, 肝炎간염, 肝腸간장
	杆$_2$	몽둥이, 방패 **간**	杆城간성, 欄杆난간, 槍杆창간
	奸$_1$	간사할 **간**	奸計간계, 奸巧간교, 奸邪간사, 奸惡간악
	竿$_1$	장대 **간**	百尺竿頭백척간두, 竿尺간척, 帆竿범간
안	岸$_3$	언덕 **안**	彼岸피안, 海岸해안, 對岸대안, 沿岸연안
한	汗$_3$	땀 **한**	汗蒸幕한증막, 發汗발한, 多汗다한
	旱$_3$	가물 **한**	旱害한해, 旱災한재, 旱稜한릉
	罕$_1$	드물 **한**	稀罕희한, 罕車한거, 罕種한종
	悍$_1$	사나울 **한**	悍毒한독, 慓悍표한, 悍勇한용
	澣$_1$	빨래할 **한**	澣滌한척, 澣沐한목, 澣濯한탁
		열흘 **한**	上澣상한, 下澣하한
헌	軒$_3$	추녀, 집, 수레 **헌**	東軒동헌, 軒頭헌두, 軒軒丈夫헌헌장부

渴

목마를 갈

3급

| 氵/水 | 9획 | 총12획 |

햇(日)별에 싸여서(勹) 사람(人)이 물(氵)을 마시고 싶어한다는 데서, '목마르다'의 뜻이다.

- 渴望갈망 : 목마르게 간절히 바람.
- 枯渴고갈 : 말라버림.
- 渴症갈증 : 목마른 증세.

음	한자	뜻	용례
갈	葛$_2$	칡 **갈**	葛藤갈등, 葛根갈근, 葛衣갈의
	鞨$_2$	종족이름 **갈**	靺鞨族말갈족
	竭$_1$	다할 **갈**	竭力갈력, 竭盡갈진, 竭忠갈충
	喝$_1$	꾸짖을 **갈**	喝采갈채, 喝破갈파, 恐喝공갈
	褐$_1$	갈색, 굵은 베 **갈**	褐色갈색, 褐衣갈의, 布褐포갈
게	揭$_2$	높이 들, 걸 **게**	揭示게시, 揭揚게양, 揭載게재
	偈$_1$	불시(佛詩), 중의 글 **게**	偈頌게송, 法偈법게, 佛偈불게
알	謁$_3$	뵐 **알**	謁見알현, 拜謁배알, 謁聖詩알성시
애	靄$_1$	아지랑이, 이내 **애**	和氣靄靄화기애애, 彩靄채애, 夕靄석애
헐	歇$_1$	쉴 **헐**	間歇간헐, 休歇휴헐, 歇息헐식
		다할, 스러질 **헐**	衰歇쇠헐, 消歇소헐, 凋歇조헐
		값쌀 **헐**	歇價헐가

감히, 구태여 감

4급

| 攵 | 8획 | 총12획 |

손에 무기를 들고 멧돼지와 맞서 공격하는 장면에서, '감히'의 뜻이다.

갑골문 금문 전서

• 勇敢용감 : 두려움이 없는 용기 있는 태도.

• 果敢과감 : 과단성이 있고 용감함.

감	瞰1	굽어볼 **감**	鳥瞰조감, 瞰視감시, 瞰下감하
암	巖3	바위 **암**	奇巖기암, 巖石암석, 熔巖용암, 巖盤암반
엄	嚴4	엄할 **엄**	嚴禁엄금, 森嚴삼엄, 冷嚴냉엄, 戒嚴令계엄령
	儼1	엄연할 **엄**	儼然엄연, 儼存엄존, 儼恪엄각

監

볼 감

준4급

皿 | 9획 | 총14획

사람이 그릇에 담긴 물을 보면서 자신의 얼굴을 살피는 모양에서, '보다'의 뜻이다.

갑골문 금문 전서

• 監督감독 : 살펴서 독려함. 그 직책.

• 監査감사 : 살펴서 지도함. 그 직책.

• 監獄감옥 : 죄인을 가두는 곳.

감	鑑3	거울 **감**	鑑賞감상, 鑑別감별, 鑑識감식, 鑑定감정
람	覽4	볼 **람**	觀覽관람, 閱覽열람, 回覽회람, 遊覽유람

	濫$_3$	넘칠 **람**	氾濫범람, 濫伐남벌, 濫用남용, 濫獲남획
	藍$_2$	쪽 **람**	靑出於藍청출어람, 甘藍감람, 藍實남실
	籃$_1$	바구니 **람**	搖籃요람, 魚籃어람, 竹籃죽람
염	鹽$_3$	소금 **염**	鹽田염전, 竹鹽죽염, 食鹽식염, 鹽分염분
함	艦$_2$	배 **함**	艦艇함정, 巨艦거함, 潛水艦잠수함
	檻$_1$	난간 **함**	折檻절함
		우리 **함**	獸檻수함, 檻車함거

달 감

4급

| 甘 | 0획 | 총5획 |

입 안에 음식물을 물고 있는 모양을 본떠, '달다'의 뜻이다.

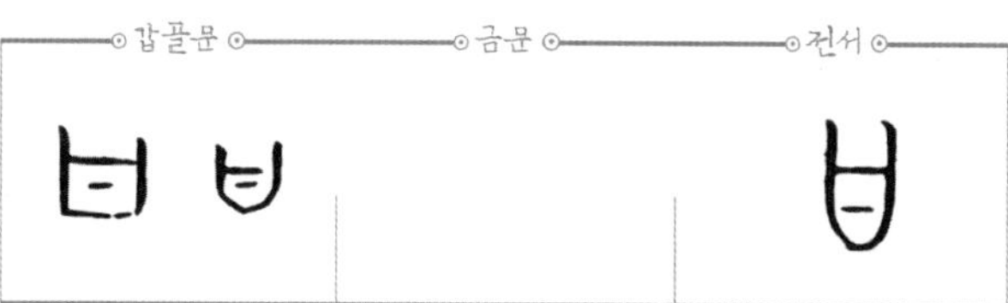

- 苦盡甘來고진감래 : 고생 끝에 낙이 옴.
- 甘言利說감언이설 : 그럴 듯하게 꾀는 말.

감	疳$_1$	감질날 **감**	疳疾감질, 疳病감병, 牙疳아감
	紺$_1$	감색 **감**	紺靑감청, 紺碧감벽, 紺瞳감동
	柑$_1$	귤 **감**	蜜柑밀감, 黃柑황감, 柑橘감귤
게	憩$_2$	쉴 **게**	休憩室휴게실, 憩息게식, 倦憩권게
매	媒$_3$	중매 **매**	溶媒용매, 媒介매개, 仲媒중매, 觸媒촉매
	煤$_1$	그을음 **매**	煤煙매연, 煤炭매탄, 松煤송매
모	某$_3$	아무 **모**	某某모모, 某種모종, 某處모처, 某氏모씨
	謀$_3$	꾀 **모**	共謀공모, 謀略모략, 逆謀역모, 參謀참모

한 邯$_2$ 땅이름 한 邯鄲之步한단지보

甲

갑옷 갑 | 4급

| 田 | 0획 | 총5획 |

갑옷의 서로 연결된 조각을 본뜬 글자로, '갑옷'의 뜻이다.

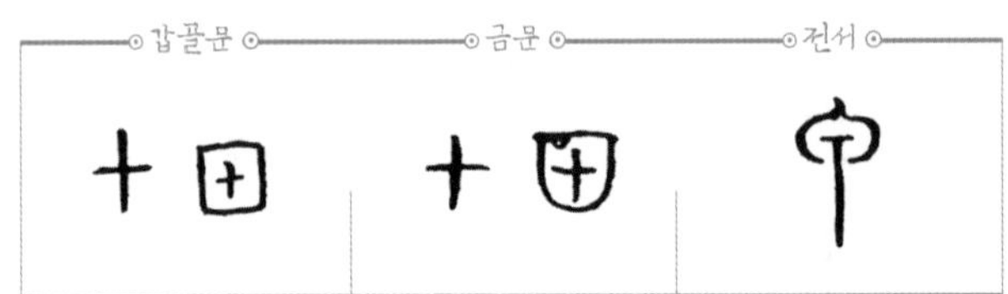

- 甲富갑부 : 큰 부자.
- 甲種갑종 : 으뜸가는 종류.
- 甲冑갑주 : 갑옷과 투구.

갑	岬$_2$	곶 갑	岬角갑각
	鉀$_2$	갑옷 갑	皮鉀(皮甲)피갑,
	閘$_1$	수문 갑	閘門갑문, 閘實갑실, 水閘수갑
	匣$_1$	갑 갑	文匣문갑, 劍匣검갑, 漆匣칠갑
압	押$_3$	누를, 압수할 압	押印압인, 押收압수, 押留압류, 押韻압운
	鴨$_2$	오리 압	家鴨가압, 鴨錄압록, 野鴨야압

講

욀 강 | 준4급

| 言 | 10획 | 총17획 |

言(말씀 언) + 冓(짤, 쌓을 구)

배우고 익힌 것을 말씀(言)으로 잘 얽어(冓) 구술하는 것으로,

'외다, 익히다, 화해하다'의 뜻이다.

- 講習강습 : 학문·예술 등을 연구·학습하는 일.
- 講和강화 : 싸움을 그치고 화해하는 것.
- 講究강구 : 좋은 방법을 궁리함.

구			
	構4	얽을 구	構想구상, 構內구내, 構圖구도, 構築구축
	購2	살 구	購讀구독, 購買구매, 購入구입, 購書구서
	溝1	도랑 구	排水溝배수구, 溝瀆구독, 溝渠구거

굳셀 강

2급

| 弓 | 13획 | 총16획 |

弓(활 궁) + 畺(경계 강)

활(弓)을 들고 자신의 경계(畺)를 굳세게 지키는 데서, '굳세다'의 뜻이다.

- 彊弩강노 : 굳센 쇠뇌.
- 自彊不息자강불식 : 쉬지 않고 스스로 힘씀.

강			
	疆2	지경 강	疆土강토, 疆界강계, 萬壽無疆만수무강
	薑1	생강 강	片薑편강, 生薑생강, 薑桂之性강계지성

편안 강

준4급

| 广 | 8획 | 총11획 |

원래는 키로 곡식을 까부는 모습으로, 확장되어 '편안하다'

는 뜻으로 바뀌자, 糠(겨 강) 자가 새로 생겼다.

• 康寧강녕 : 편안함.
• 小康소강 : 소란하던 것이 그치고 다소 잠잠함.

강	慷1	슬플 **강**	慷慨강개, 慨慷개강
	糠1	겨 **강**	糟糠之妻조강지처, 糠粥강죽
례	隷3	종 **례**	奴隷노예, 隷屬예속, 隷僕예복
		서체 **례**	隷書예서
체	逮1	잡을 **체**	逮捕체포
		미칠 **체**	逮夜체야

굳셀 강 3급

| 刂/刀 | 8획 | 총10획 |

岡(뫼 강) + 刂(칼 도)

칼(刂)이 산등성이(岡)의 바위도 자를 만하다는 데서, '굳세다'의 뜻이다.

• 剛斷강단 :어떤 일을 야무지게 결단하거나 견뎌내는 힘.
• 外柔內剛외유내강 : 겉은 부드럽고 속은 강함.

강	綱3	벼리 **강**	綱領강령, 要綱요강, 紀綱기강, 大綱대강

鋼3	강철 **강**	鋼鐵강철, 鋼板강판, 製鋼제강
岡2	뫼 **강**	岡陵강릉, 岡阜강부, 福岡복강
崗2	언덕 **강**	崗丘강구, 崗阜강부, 崗頂강정

皆

다 개

3급

白 | 4획 | 총9획

比(나란할 비) + 白(말할 백)

나란히(比) 서 있는 사람들의 말(白)이 모두 같다는 데서, '다'의 뜻이다.

- 皆勤개근 : 빠짐없이 모두 출석함.
- 皆兵개병 : 모두 다 군대에 가는 것.

계	階4	섬돌 **계**	階級계급, 階段계단, 位階위계, 層階층계
해	偕1	함께 **해**	偕老해로, 偕樂해락, 偕偶해우
	諧1	화할 **해**	諧語해어, 諧謔해학
	楷1	본보기 **해**	模楷모해, 楷書해서, 楷正해정

改

고칠 개

5급

攵 | 3획 | 총7획

己(몸 기) + 攵(칠 복)

손으로 매를 잡고 바르지 않은 행동을 하는 자기(己)를 치는(攵) 데서, '고치다'의 뜻이다.

• 改良개량 : 좋게 고침.

• 改過遷善개과천선 : 잘못을 고치고 옳은 길로 들어섬.

교	敎8	가르칠 교	敎育교육, 敎師교사, 敎勸교권, 敎唆교사
매	枚2	낱 매	十枚십매, 枚數매수, 枚擧매거
패	敗5	무너질, 패할 패	敗家패가, 敗色패색, 腐敗부패, 敗訴패소

介

낄 개

3급

人 | 2획 | 총4획

사람의 옆모습에 점을 찍어 갑옷을 입은 사람을 표현하여, '끼다'의 뜻이다.

갑골문 | 금문 | 전서

• 介入개입 : 끼어듦.

• 紹介소개 : 모르는 사이를 알도록 이어줌.

개	价2	클, 심부름할 개	价人개인, 使价사개
	芥1	겨자 개	芥子개자, 草芥초개, 土芥토개

居

살 거

4급

尸 | 5획 | 총8획

尸(몸 시) + 古(옛 고)

일정 장소에 오랫동안(古) 몸(尸)을 머무는 데서, '살다'의 뜻이다.

- 居喪거상 : 상을 당함.
- 別居별거 : 서로 떨어져 삶.

거	倨1	거만할 **거**	倨慢거만, 倨傲거오, 驕倨교거

갈 거

5급

| 厶 | 3획 | 총5획 |

사는 집에서 떠나가는 모습으로, '가다'의 뜻이다.

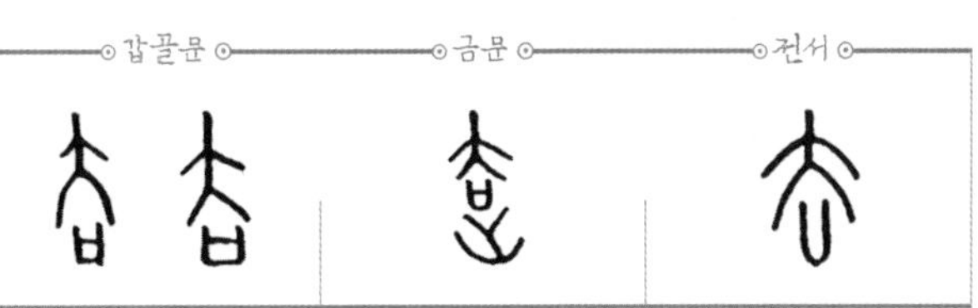

- 去就거취 : 오고 감.
- 去者日疎거자일소 : 떠나가면 점점 멀어진다는 뜻.

각	却3	물리칠 **각**	却說각설, 却下각하, 忘却망각, 退却퇴각
	脚3	다리 **각**	橋脚교각, 健脚건각, 脚光각광
개	蓋3	덮을, 대개 **개**	蓋然性개연성, 蓋世개세, 蓋棺개관
겁	劫1	위협할 **겁**	劫姦겁간, 劫奪겁탈, 劫迫겁박
		긴 시간 **겁**	永劫영겁, 億劫억겁
	怯1	겁낼 **겁**	卑怯비겁, 弱劫약겁, 怯怖겁포
법	法5	법 **법**	法網법망, 法官법관, 法理법리, 律法율법

車

수레 거/차

7급

| 車 | 0획 | 총7획 |

수레의 모양을 본뜬 글자로, '수레'의 뜻이다.

갑골문 · 금문 · 전서

- 車輛차량 : 모든 차의 총칭.
- 車駕거가 : 수레와 가마.

고	庫4	곳집 고	倉庫창고, 書庫서고, 金庫금고, 石氷庫석빙고
굉	轟1	울릴 굉	轟音굉음, 轟破굉파, 轟笑굉소
궤	軌3	수레바퀴 궤	軌度궤도, 軌跡궤적, 軌範궤범, 常軌상궤
련	連준4	이을 련	連結연결, 連累연루, 連打연타, 連續연속
	蓮3	연꽃 련	蓮根연근, 木蓮목련, 蓮池연지
	漣2	잔물결 련	漣川연천, 微漣미련, 細漣세련
	輦1	가마 련	輦道연도, 大輦대련, 輦輿연여
알	軋1	수레 삐걱거릴 알	軋轢알력, 軋軋알알
연	軟3	연할 연	柔軟유연, 軟骨연골, 軟禁연금, 軟弱연약
주	輳1	몰려들 주	輻輳并臻폭주병진
진	陣4	진칠 진	陣營진영, 陣地진지, 陣痛진통, 布陣포진
폭	輻1	바큇살 복	輻射熱복사열

巨

클 거

4급

工 | 2획 | 총5획

목수가 쓰는 큰 자의 모양을 본 뜬 글자로 '크다'의 뜻이다. 자·곡척의 뜻은 矩로 쓰게 되었다.

갑골문 | 금문 | 전서

- 巨匠거장 : 예술·과학 따위에서 두드러지게 뛰어난 사람.
- 巨商거상 : 큰 상인.

거	拒4	막을 거	拒否거부, 拒逆거역, 抗拒항거, 拒絕거절
	距3	떨어질 거	距離거리, 相距상거, 視距시거
구	矩1	법, 곱자 구	矩度구도, 規矩규구, 模矩모구

建

세울 건

5급

廴 | 6획 | 총9획

聿(붓 율) + 廴(걸을 인)

옛날에 붓(聿)을 세워서(廴) 방위나 땅 모양을 확인한 데서, '세우다'의 뜻이다.

- 建議건의 : 어떤 일에 의견을 제시함.
- 建設건설 : 건물, 시설 등을 세움.

건	健5	굳셀, 강할 **건**	健康건강, 健在건재, 保健보건
	鍵2	자물쇠, 열쇠 **건**	關鍵관건, 鍵盤건반, 鍵閉건폐
	腱1	힘줄 **건**	腱膜건막, 腱索건삭

수건 건

1급

| 巾 | 0획 | 총3획 |

아래로 늘어뜨린 수건의 모양을 본떠, '수건'의 뜻이다.

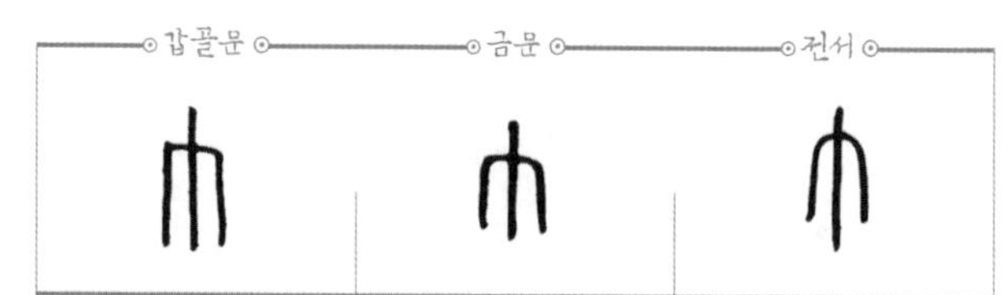

- 頭巾두건 : 머리에 두른 천.
- 手巾수건 : 손, 얼굴 등을 닦는 데 쓰는 헝겊.

방	幇1	도울 **방**	幇助방조, 幇工방공
부	婦준4	며느리, 지어미 **부**	主婦주부, 夫婦부부, 娼婦창부
사	師준4	스승 **사**	師範사범, 師團사단, 師傅사부
	獅1	사자 **사**	獅子吼사자후, 金獅금사, 伏獅복사
석	席6	자리 **석**	席捲석권, 客席객석, 病席병석, 空席공석
소	掃준4	쓸 **소**	淸掃청소, 掃蕩소탕, 掃滅소멸, 一掃일소
수	帥3	장수 **수**	元帥원수, 統帥權통수권, 將帥장수, 總帥총수
시	市7	저자 **시**	市場시장, 都市도시, 市販시판, 市政시정
	柿1	감 **시**	紅柿홍시, 軟柿연시, 柿餠시병
식	飾3	꾸밀 **식**	裝飾장식, 誇飾과식, 服飾복식, 假飾가식
자	姊4	손위누이 **자**	姊妹자매, 姊兄자형, 義姊의자

패	佩1	찰 **패**	佩用패용, 佩物패물, 佩劍패검
	沛1	못 **패**	沛澤패택, 沛公패공, 顚沛전패
폐	肺3	허파 **폐**	肺炎폐렴, 肺腑폐부, 肺結核폐결핵, 心肺심폐
포	布준4	베 **포**	布木포목, 毛布모포, 殮布염포
		베풀, 펼 **포**	布告포고, 公布공포, 頒布반포
		보시 **보**	布施보시
	怖2	두려워할 **포**	恐怖공포, 怖懼포구, 怖畏포외, 怯怖겁포
희	希준4	바랄 **희**	希望희망, 希求희구, 希願희원
	稀3	드물 **희**	稀少희소, 古稀고희, 稀代희대

막힐, 사이 뜰 격

3급

阝/阜 | 10획 | 총13획

阝(사다리) + 鬲(솥)

사다리(阝)와 발이 셋 달린 솥(鬲)을 본뜬 것으로 땅과 사이가 떠 있어, '사이 뜨다'의 뜻이다.

- 隔年격년 : 한 해를 거름.
- 隔靴搔癢격화소양 : 구두를 사이에 두고 가려운 곳을 긁음. 마음에 차지 않음.
- 隔離격리 : 사이를 막거나 떼어놓음.

격	膈1	가슴 **격**	橫膈膜횡격막, 肝膈간격, 胸膈흉격
융	融2	녹을 **융**	融合융합, 融資융자, 融通융통, 融和융화
헌	獻3	바칠 **헌**	奉獻봉헌, 獻身헌신, 獻納헌납, 獻血헌혈

激

격할 격 | 4급

| 氵/水 | 13획 | 총16획 |

水(물 수) + 敫(칠 교)

폭포수(氵)가 바위에 부딪혀(敫) 부서지는 모습에서, '격하다, 거세다'의 뜻이다.

- 激怒격노 : 몹시 성을 냄.
- 激勵격려 : 마음이나 기운을 북돋우어 힘쓰도록 함.
- 激動격동 : 급격하게 움직임.

격	檄$_1$	격문 **격**	格文격문, 檄召격소

굳을 견 | 4급

| 土 | 8획 | 총11획 |

臤(굳을 간) + 土(흙 토)

땅이(土) 단단하다(臤)는 데서, '굳다'의 뜻이다.

- 堅固견고 : 굳고 튼튼함.
- 堅忍不拔견인불발 : 굳게 참고 견뎌 마음이 흔들리지 않음.

긴	緊$_3$	긴할, 팽팽할 **긴**	緊急긴급, 緊張긴장, 緊縮긴축
수	豎$_1$	더벅머리, 세울 **수**	豎立수립, 豎童수동, 豎儒수유
신	腎$_2$	콩팥 **신**	腎盂炎신우염, 腎臟신장, 補腎보신
현	賢$_{준4}$	어질 **현**	賢明현명, 聖賢성현, 賢母良妻현모양처

遣

보낼 견 | 3급

| 辶/辵 | 10획 | 총13획 |

辶(머뭇거릴 착) + 𠳋(나눌 견)

고기를 나누어(𠳋) 들고 멀리 가게(辶) 한다는 데서, '보내다'의 뜻이다.

- 派遣파견 : 나누어 보냄.
- 遣歸견귀 : 보내서 돌아오게 함.

견	譴1	꾸짖을 견	譴責견책, 怒譴노견, 呵譴가견

개 견 | 4급

| 犬 | 0획 | 총4획 |

개가 옆으로 서 있는 모양을 본뜬 글자로, '개'의 뜻이다.

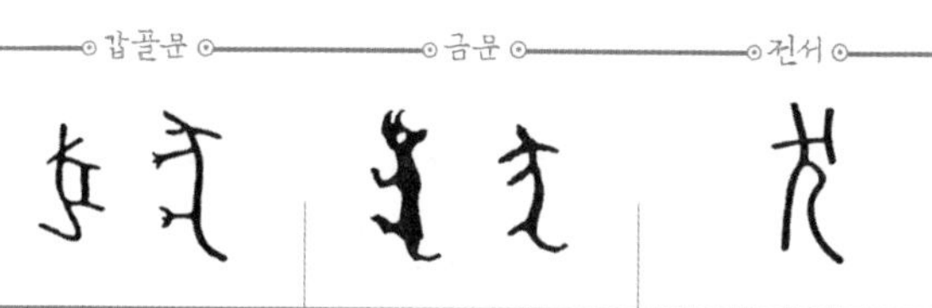

- 犬馬之勞견마지로 : 임금이나 나라에 충성하는 노력.
- 尨犬방견 : 삽살개.

곡	哭3	울 곡	痛哭통곡, 啼哭제곡, 哭聲곡성, 哭泣곡읍
기	器준4	그릇 기	器具기구, 什器집기, 容器용기
돌	突3	갑자기 돌	突擊돌격, 突起돌기, 唐突당돌, 突發돌발

		굴뚝 **돌**	煙突연돌
보	洑$_1$	보 **보**	洑稅보세, 洑主보주
		소용돌이칠 **복**	洑流복류
복	伏$_4$	엎드릴 **복**	伏兵복병, 潛伏잠복, 降伏항복
		굴복할 **복**	屈伏굴복
		절후 **복**	三伏삼복
수	獸$_3$	짐승 **수**	禽獸금수, 怪獸괴수, 猛獸맹수, 獸醫師수의사
연	然$_7$	그럴 **연**	自然자연, 宛然완연, 蓋然性개연성
	燃$_4$	태울 **연**	燃料연료, 燃燒연소, 再燃재연, 不燃材불연재
옥	獄$_3$	옥 **옥**	脫獄탈옥, 監獄감옥, 獄苦옥고, 地獄지옥
장	狀$_{준4}$	문서 **장**	賞狀상장, 令狀영장, 答狀답장
		형상 **상**	狀況상황, 狀態상태, 症狀증상
적	狄$_1$	오랑캐 **적**	北狄북적, 夷狄이적

결단할 결 | 5급

| 氵/水 | 4획 | 총7획 |

水(물 수) + 夬(터놓을 쾌)

물(水)을 터놓아(夬) 제방을 끊는다는 데서, '결단하다, 끊다'의 뜻이다.

- 決定결정 : 결심하여 정함.
- 決裂결렬 : 끊어지고 갈라짐.
- 決算결산 : 계산을 마감함.

결	缺$_{준4}$	이지러질, 흠 **결**	缺點결점, 缺席결석, 缺陷결함
	訣$_3$	이별할 **결**	訣別결별, 永訣영결

		비결 **결**	祕訣비결, 口訣구결, 妙訣묘결, 要訣요결
메	袂$_1$	소매 **메**	袂別메별, 衣袂의메
쾌	快$_{준4}$	쾌할, 빠를 **쾌**	快調쾌조, 痛快통쾌, 快速쾌속

兼

겸할 겸

3급

八 | 8획 | 총10획

한 손에 벼 두 포기를 잡은 데서, '겸하다'의 뜻이다.

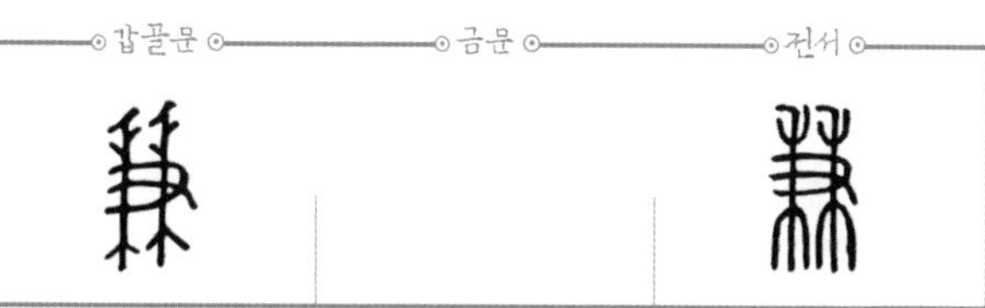

- 兼備겸비 : 겸해서 갖춤.
- 兼人之勇겸인지용 : 몇 사람을 혼자서 상대할 만한 용기.

겸	謙$_3$	겸손할 **겸**	謙遜겸손, 謙德겸덕, 謙讓겸양
렴	廉$_3$	쌀 **렴**	廉價염가, 低廉저렴
		청렴할, 염치 **렴**	淸廉潔白청렴결백, 廉恥염치, 冒廉모렴
		염탐할 **렴**	廉探염탐
	濂$_2$	물이름 **렴**	濂溪염계
	簾$_1$	발 **렴**	簾幕염막, 垂簾聽政수렴청정, 竹簾죽렴
혐	嫌$_3$	싫어할 **혐**	嫌惡혐오, 嫌疑혐의, 讐嫌수혐

竟

마침내 경

3급

立 | 6획 | 총11획

音(소리 음) + 儿(어진사람 인)

사람(儿)이 음악(音)의 연주를 끝내는 데서, '마치다, 마침내'의 뜻이다.

• 畢竟필경 : 마침내.
• 究竟구경 : 궁극. 사리의 마지막.

경 境준4	지경 **경**	國境국경, 境內경내, 心境심경, 困境곤경
鏡4	거울 **경**	破鏡파경, 鏡鑑경감, 銅鏡동경, 眼鏡안경

서울 경

6급

亠 | 6획 | 총8획

높은 언덕 위에 지은 집의 모양을 본뜬 것으로 왕궁을 가리키며, 왕궁이 있는 곳이 서울이므로 '서울'의 뜻이다.

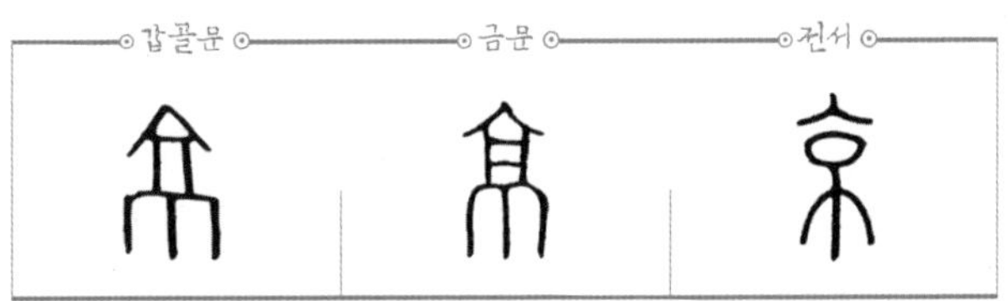

• 上京상경 : 서울에 감.
• 京鄕경향 : 서울과 지방.
• 京耗경모 : 서울 소식.
• 歸京귀경 : 서울로 돌아옴.

경 景5	볕, 경치 **경**	景致경치, 光景광경, 景觀경관, 背景배경
璟2	옥빛 **경**	宋璟송경
鯨1	고래 **경**	鯨音경음, 捕鯨포경
憬1	동경할 **경**	憧憬동경

략	掠3	노략질할 **략**	掠奪약탈, 抄掠초략, 焚掠분략
량	涼3	서늘할 **량**	淸涼청량, 爽涼상량, 納涼납량, 荒涼황량
	諒3	살펴 알, 믿을 **량**	諒知양지, 諒察양찰, 諒解양해
영	影3	그림자, 초상 **영**	暗影암영, 影響영향, 幻影환영, 影幀영정
축	蹴2	찰 **축**	一蹴일축, 蹴球축구, 鞭蹴편축
취	就4	이룰 **취**	去就거취, 成就성취, 進就진취, 就任취임

經

글, 지날, 다스릴, 날실 **경** | 4급

糸 | 7획 | 총13획

糸(실 멱) + 巠(베틀 경)

베틀(巠)에 실(糸)이 세로로 매어진 모양을 본떠, '날줄'의 뜻이다. '세로, 지나다, 글, 다스리다' 등의 뜻으로 확장되었다.

갑골문	금문	전서

- 經略경략 : 나라를 경영하고 다스림.
- 經天緯地경천위지 : 온 천하를 경륜하여 다스림.
- 經過경과 : 시간이 지나감.
- 經緯경위 : 피륙의 날과 씨, 일이 되어온 내력.
- 佛經불경 : 불교의 경전.

경	輕5	가벼울 **경**	輕重경중, 輕步경보, 輕微경미, 輕快경쾌
	徑3	지름길, 지름 **경**	捷徑첩경, 半徑반경, 口徑구경, 直徑직경
	痙1	경련할 **경**	痙症경증, 痙攣경련, 鎭痙진경

脛$_1$	정강이 **경**	脛骨경골
頸$_1$	목 **경**	頸骨경골, 頸椎경추
莖$_1$	줄기 **경**	草莖초경, 包莖포경, 陰莖음경
勁$_1$	굳셀 **경**	勁弓경궁, 勁猛경맹, 堅勁견경

更

①고칠 **경** ②다시 **갱** | 4급

日 | 3획 | 총7획

曰(가로 왈) + 丈(손 장)

살아가면서 불편한 것을 말하여(曰) 손(丈)으로 고치는 데서, '다시, 고치다'의 뜻이다.

- 更迭경질 : 바꿈. 고침.
- 更生갱생 : 다시 살아남.

경	硬$_3$	굳을 **경**	硬度경도, 硬化경화, 强硬策강경책, 硬直경직
	梗$_1$	줄기 **경**	梗槪경개
		막힐 **경**	梗塞경색
소	甦$_3$	깨어날 **소**	甦生소생
편	便$_7$	편할 **편**	便利편리, 便益편익, 便覽편람, 簡便간편
		오줌, 똥 **변**	用便용변, 便秘변비
편	鞭$_1$	채찍 **편**	鞭撻편달, 敎鞭교편

敬

공경할 **경** | 5급

攵 | 9획 | 총13획

苟(진실로 구) + 攵(칠 복)

회초리(攵)를 들고 진실로(苟) 가르쳐주는 사람을 공경한다는 데서, '공경하다'의 뜻이다.

• 恭敬공경 : 웃사람을 공손히 받들어 섬김.
• 敬而遠之경이원지 : 공경하되 멀리함.
• 敬老경로 : 노인을 공경함.
• 敬稱경칭 : 상대에 대한 경의를 나타내는 말.

경	警준4	깨우칠, 경계할 **경**	警戒경계, 警覺경각, 警護경호
	驚4	놀랄 **경**	驚愕경악, 驚氣경기, 驚歎경탄, 驚異경이
	儆2	경계할 **경**	儆戒경계

맬 계 3급

糸 | 13획 | 총19획

糸(실 멱) + 毄(묶을 격)

실로(糸) 물건을 묶어(毄) 하나로 만드는 것으로, '매다, 묶다'의 뜻이다.

• 繫留계류 : 붙잡아 매는 것. 해결되지 않고 묶여 있는 것.
• 連繫연계 : 서로 밀접한 관계를 가짐.

격	擊4	칠, 눈 마주칠 **격**	擊滅격멸, 目擊목격, 反擊반격, 電擊전격, 鼓腹擊壤고복격양

①맺을 **계** ②나라이름 **글** ③새길 **결** ④사람이름 **설**

3급

| 大 | 6획 | 총9획 |

丯刀(칼로 새김질할 할) + 大(큰 대)

손에 칼을 들고 크게(大) 새겨서(丯刀) 계약을 맺는 데서, '맺다'의 뜻이다.

- 契機계기 : 어떤 일이 일어나는 근거나 기회.
- 契丹글단(거란) : 종족 이름.
- 契闊결활 : 생활을 위하여 애쓰고 고생함.

결	潔 준4	깨끗할 **결**	潔白결백, 清潔청결, 高潔고결, 簡潔간결
끽	喫 1	마실, 먹을, 당할 **끽**	喫煙끽연, 喫茶끽다, 滿喫만끽, 喫苦끽고, 喫緊끽긴

열 **계**

3급

| 口 | 8획 | 총11획 |

한 손으로 문을 열고 있는 장면에서 '열다'의 뜻이다.

갑골문 · 금문 · 전서

- 啓導계도 : 깨우쳐 이끌어주는 것.
- 啓蒙계몽 : 어리석음을 일깨워주는 것.

조 肇1 비롯할 조 肇國조국, 肇業조업, 肇歲조세

癸

북방, 천간 계

3급

癶 | 4획 | 총9획

두 개의 나무를 열십자(十)로 맞춰 해의 움직임을 측정하는 기구를 본뜬 글자로, '헤아리다'의 뜻이고, 천간의 하나이고, 방위는 북방이다.

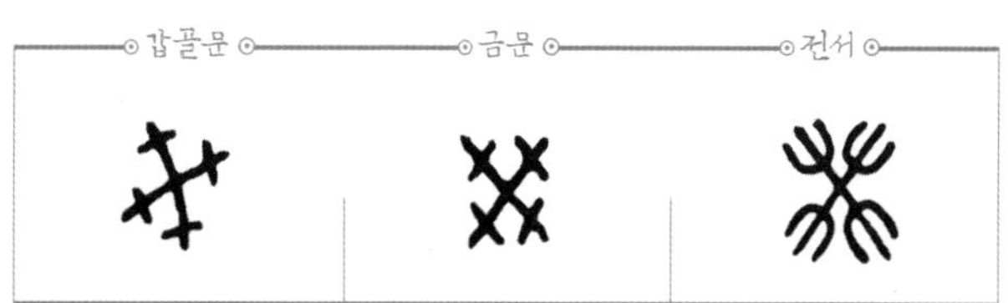

- 癸方계방 : 북쪽 방위.
- 癸亥계해 : 육십갑자의 60번째.

규 揆2 헤아릴 규 度揆도규, 百揆백규, 左揆좌규

葵1 해바라기 규 葵花규화, 蜀葵촉규, 露葵노규

告

알릴 고

5급

口 | 4획 | 총7획

牛(소 우) + 口(입 구)

원래 소가 내는 '울음소리' 였으나, 현재는 '알리다'의 뜻이다.

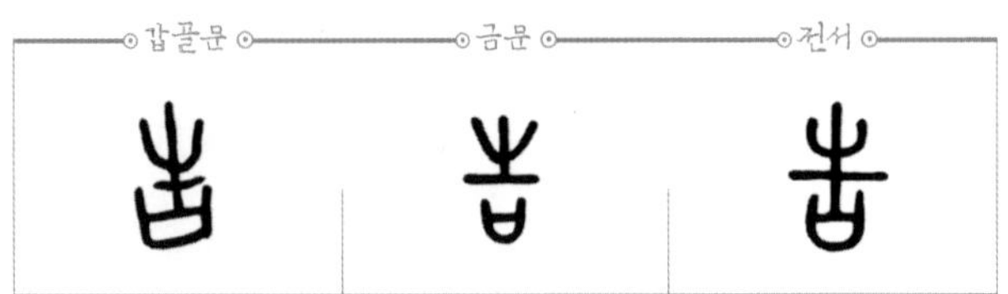

- 告知고지 : 알려줌.
- 報告보고 : 감독자에게 알림.

곡	梏 1	수갑 곡	桎梏질곡
	鵠 1	고니 곡	鴻鵠之志홍곡지지, 白鵠백곡
		과녁 곡	正鵠정곡, 侯鵠후곡
조	造 준4	지을 조	造作조작, 改造개조, 急造급조, 造化조화
호	浩 3	넓을 호	浩然之氣호연지기
	皓 2	흴 호	丹脣皓齒단순호치, 皓皓白髮호호백발, 皓首호수
	澔 2	넓을 호	在澔재호 ※이름자에 많이 쓰임.
	晧 2	밝을 호	碩晧석호 ※이름자에 많이 쓰임.
혹	酷 2	가혹할, 심할 혹	冷酷냉혹, 酷毒혹독, 酷刑혹형, 酷寒혹한, 嚴酷엄혹, 酷評혹평

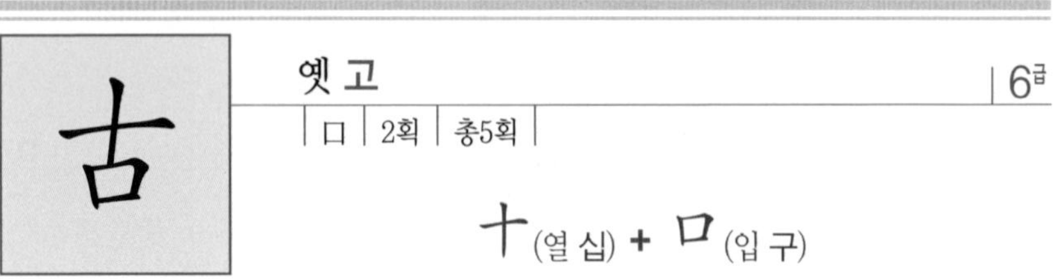

古

옛 고 6급

口 | 2획 | 총5획

十(열 십) + 口(입 구)

십(十) 대, 즉 아주 많은 세대에 걸쳐 입(口)으로 전해내려오는 옛날이라는 데서, '예'의 뜻이다.

- 古風고풍 : 예스러운 분위기.

• 古宮고궁 : 오래된 집. 옛날의 왕궁.

고	故준4	연고 **고**	緣故연고
		죽을 **고**	故人고인
		예 **고**	竹馬故友죽마고우, 故國고국, 故事고사, 故鄕고향
		짐짓 **고**	故意고의
	固5	굳을 **고**	固守고수, 確固확고, 固滯고체, 固執고집
	苦6	쓸, 괴로울 **고**	苦痛고통, 刻苦각고, 苦惱고뇌
	姑3	시어미, 고모 **고**	姑婦고부, 姑母고모, 姑從四寸고종사촌
		잠깐 **고**	姑息고식
	枯3	마를 **고**	枯渴고갈, 枯木고목, 枯死고사, 枯葉劑고엽제
	痼1	고질 **고**	痼疾고질, 痼癖고벽, 根痼근고
	錮1	막을, 땜질할 **고**	禁錮刑금고형, 黨錮당고
개	個준4	낱개 **개**	各個각개, 個別개별, 個人개인, 個性개성
	箇1	낱 **개**	箇箇개개
주	做1	지을 **주**	看做간주, 做作주작, 做事주사

高

높을 고 | 6급

| 高 | 0획 | 총10획 |

성城 위에 높이 세워진 '망루'를 본뜬 글자로, '높다'의 뜻이다.

• 高尙고상 : 기품이 있고 취미가 높음.
• 殘高잔고 : 남은 돈.

고	稿 $_3$	볏짚, 원고 **고**(稾, 藁)	原稿원고, 投稿투고, 草稿초고
	敲 $_1$	두드릴 **고**	敲擊고격, 推敲퇴고
	膏 $_1$	기름 **고**	膏粱고량, 膏藥고약, 膏澤고택
량	亮 $_2$	밝을 **량**	亮察양찰, 亮達양달, 亮許양허, 亮直양직
호	鎬 $_2$	호경 **호**	鎬京호경
효	嚆 $_1$	울릴 **효**	嚆矢효시

①장사 **고** ②성(姓) **가** | 2급

| 貝 | 6획 | 총13획 |

襾(덮을 아) + 貝(조개 패)

상인이 재화(貝)를 덮어(襾) 가린다는 데서, '장사'의 뜻이다.

• 商賈船상고선 : 장사하는 배.
• 賈島가도 : 당나라 때의 시인.

가	價 $_5$	값 **가**	價値가치, 價格가격, 減價감가, 評價평가

골 곡 | 3급

| 谷 | 0획 | 총7획 |

水(물 수) + 口(입 구)

산의 골짜기와 그 입구의 모양을 본떠, '골'의 뜻이다.

갑골문 　 금문 　 전서

• 深山幽谷심산유곡 : 깊은 산 깊은 골짜기.

• 溪谷계곡 : 시냇물이 흐르는 골.

속	俗준4	세속 **속**	世俗세속, 風俗풍속, 巫俗무속, 俗說속설
욕	浴5	목욕할 **욕**	沐浴목욕, 浴室욕실, 浴槽욕조
	欲3	하고자 할 **욕**	欲求욕구, 欲望욕망, 意欲의욕
	慾3	욕심 **욕**	慾心욕심, 禁慾금욕, 情慾정욕
용	容준4	얼굴 **용**	容貌용모, 美容미용
		담을 **용**	容器용기, 容量용량
		용서할 **용**	容恕용서, 寬容관용
	溶3	녹을(물) **용**	溶解용해, 水溶수용, 溶媒용매
	鎔2	쇠 녹일 **용**	鎔鑛爐용광로, 鎔接용접, 鎔巖용암
	熔2	녹을(불) **용**	熔解용해
	瑢2	패옥소리 **용**	璇瑢선용, ※이름자로 많이 쓰임.
	蓉1	연꽃 **용**	芙蓉부용
유	裕3	넉넉할 **유**	餘裕여유, 富裕부유, 裕福유복, 裕寬유관

맏, 벌레 곤

1급

日 | 4획 | 총8획

발이 많은 벌레를 본떠, '벌레'의 뜻이다. '맏, 형'의 뜻도 있다.

• 昆弟곤제 : 형제.

• 昆蟲곤충 : 벌레의 총칭.

곤	棍1	몽둥이 **곤**	棍棒곤봉, 棍杖곤장
혼	混4	섞을 **혼**	混沌혼돈, 混泳혼영, 混雜혼잡, 混線혼선

뼈 골 | 4급

骨 | 0획 | 총9획

冎(뼈 발라낼 과) + 月(고기 육)

원래 살점을 발라낸 뼈의 모양이었으나, 후에 살(月)이 첨가되었다. '뼈'의 뜻이다.

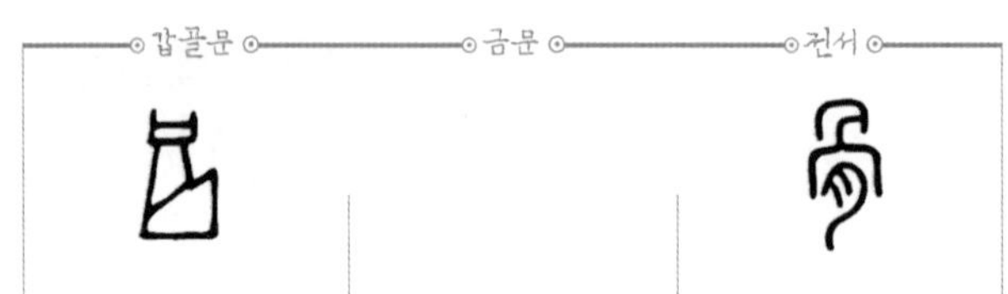

- 露骨노골 : 뼈를 드러냄. 다 보여줌.
- 軟骨연골 : 물렁뼈.

체	體6	몸 **체**	體育체육, 體操체조, 體裁체재, 體面체면
활	滑2	미끄러울 **활**	圓滑원활, 滑降활강, 潤滑油윤활유
		익살 **골**	滑稽골계
	猾1	교활할 **활**	狡猾교활, 猾吏활리, 老猾노활

공변될 공 | 6급

八 | 2획 | 총4획

八(나눌 팔) + 厶(사사로울 사)

사사로움을 나누어 공평하게 한다는 데서, '공평할, 공변될'의 뜻이다.

• 公僕공복 : 공무원을 국가와 국민의 심부름꾼이라 일컫는 말.
• 公平無私공평무사 : 치우치고 사사로움이 없음.

곤	袞1	곤룡포 곤	袞龍袍곤룡포, 袞職곤직
송	松4	소나무 송	老松노송, 松柏之質송백지질, 松葉송엽
	頌4	칭송할 송	讚頌찬송, 稱頌칭송, 頌德송덕, 頌辭송사
	訟3	송사할 송	聚訟취송, 訟事송사, 訴訟소송

두려워할 공

3급

心 | 6획 | 총10획

工(공사 공) + 凡(무릇 범) + 心(마음 심)

모든(凡) 공사(工)에는 마음(心) 속에 사고에 대한 두려움이 따른다는 데서, '두렵다'의 뜻이다.

• 恐惶공황 : 두려워 어찌할 바를 모름.
• 恐悸공계 : 두려워 떪.
• 恐怖공포 : 두려움과 무서움.

공	鞏1	굳을 공	鞏固공고, 鞏膜공막
축	築준4	쌓을 축	築臺축대, 新築신축, 構築구축, 建築건축

共

함께 공

준4급

八 | 4획 | 총6획

두 손으로 보석을 맞들고 있는 장면에서, '함께'의 뜻이다.

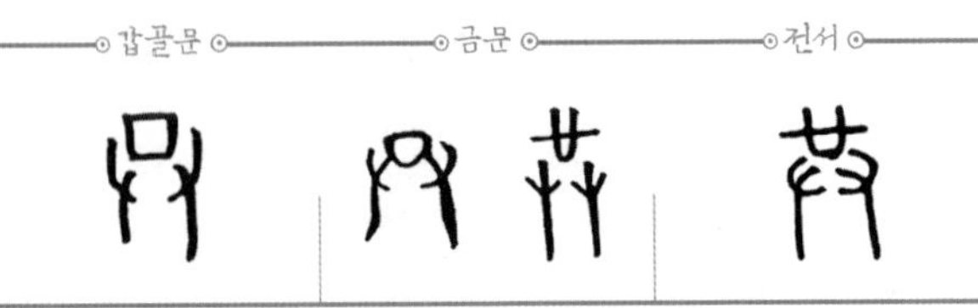

- 共感공감 : 함께 느낌.
- 共鳴공명 : 함께 울림. 함께 반응함.

공	供3	이바지할, 진술할 공	供給공급, 供物공물, 供述공술
	恭3	공손할 공	恭敬공경, 恭遜공손, 恭待공대
	拱1	팔짱낄 공	拱手無策공수무책, 拱揖공읍
항	港준4	항구 항	港口항구, 開港개항, 空港공항
	巷3	거리 항	巷談항담, 街巷가항, 陋巷누항
홍	洪3	넓을 홍	洪水홍수, 洪魚홍어, 洪範홍범
	哄1	떠들 홍	哄動홍동, 哄笑홍소, 哄然홍연

장인 공

7급

工 | 0획 | 총3획

물건을 만드는 데 사용하는 연장의 모양을 본떠, '장인'의 뜻이다.

갑골문	금문	전서
모 I	工 工	工

- 工巧공교 : 재치 있고 교묘함.
- 工藝공예 : 공작이나 제조에 관한 기술.

강	江$_{7}$	강 **강**	江山강산, 江陵강릉, 江幅강폭, 江邊강변
	腔$_{1}$	속빌 **강**	口腔구강, 腹腔복강, 滿腔만강
공	攻$_{4}$	칠 **공**	攻擊공격, 攻略공략, 專攻전공, 侵攻침공
	功$_{6}$	공 **공**	功過공과, 功效공효, 功名心공명심, 功德공덕
	空$_{7}$	빌 **공**	空白공백, 架空가공, 空間공간, 空前공전
	貢$_{3}$	바칠 **공**	朝貢조공, 貢女공녀, 貢獻공헌, 貢物공물
교	巧$_{3}$	공교로울 **교**	巧妙교묘, 巧言令色교언영색, 計巧계교
좌	左$_{7}$	왼쪽 **좌**	左右좌우, 左手좌수, 左傾좌경
		증거 **좌**	證左증좌
		낮출 **좌**	左遷좌천
	佐$_{3}$	도울 **좌**	補佐보좌, 上佐상좌
항	項$_{3}$	목 **항**	項目항목, 事項사항, 條項조항, 問項문항
	肛$_{1}$	똥구멍 **항**	肛門항문, 脫肛탈항
	缸$_{1}$	항아리 **항**	缸胎항태, 玉缸옥항, 花缸화항
홍	紅$_{4}$	붉을 **홍**	紅潮홍조, 紅疫홍역, 軟粉紅연분홍
	鴻$_{3}$	기러기 **홍**	鴻毛홍모, 鴻恩홍은, 鴻爪홍조
	訌$_{1}$	어지러울 **홍**	內訌내홍, 兵訌병홍, 紛訌분홍
	虹$_{1}$	무지개 **홍**	虹蜺門홍예문, 彩虹채홍, 虹橋홍교

과일, 결단할 과

6급

| 木 | 4획 | 총8획 |

나무에 과일이 잔뜩 열린 모양을 본뜬 글자로, '과일'의 뜻이다.

- 果敢과감 : 과단성이 있고 용감함.
- 結果결과 : 어떤 일에 대한 결말.
- 果然과연 : 알고 보니 정말로.

과	課5	과정 **과**	課題과제, 放課방과, 負課부과, 考課고과
	菓2	과자 **과**	菓子과자, 茶菓다과, 製菓제과
	顆1	낱알 **과**	顆粒과립, 橘顆귤과, 青顆麥청과맥
라	裸2	벗을 **라**	赤裸裸적나라, 裸木나목, 裸麥나맥, 裸體나체
소	巢2	새집, 보금자리 **소**	巢窟소굴, 歸巢本能귀소본능, 卵巢난소
휘	彙1	무리 **휘**	語彙어휘, 品彙품휘, 字彙자휘

창 과

2급

| 戈 | 0획 | 총4획 |

자루가 길고 위쪽에 수평날이 있는 창을 본뜬 글자로, '창'의 뜻이다.

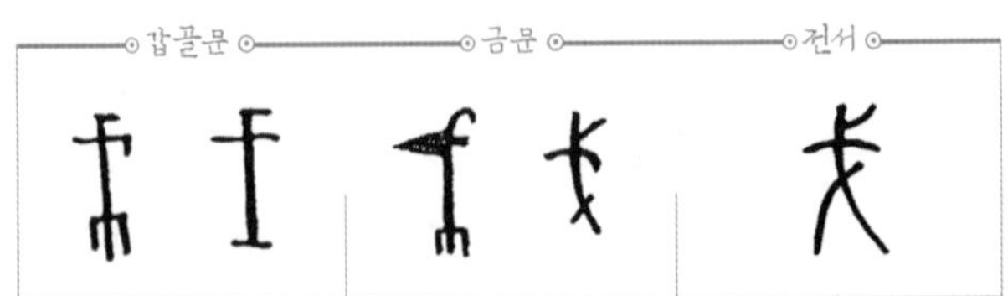

- 干戈간과 : 방패와 창.
- 戈兵과병 : 무기.

계	戒$_{4}$	경계할 **계**	訓戒훈계, 齋戒재계, 警戒경계, 懲戒징계
	械$_{3}$	기계 **계**	器械기계, 機械기계, 刑繫형계
극	戟$_{1}$	창 **극**	刺戟자극, 戟盾극순, 方天戟방천극
무	戊$_{3}$	천간 **무**	戊夜무야, 戊戌무술, 戊年무년
	茂$_{3}$	무성할 **무**	茂林무림, 茂盛무성, 蕃茂번무
성	成$_{6}$	이룰 **성**	成就성취, 成功성공, 成立성립, 成敗성패
	城$_{준4}$	재 **성**	京城경성, 城柵성책, 孤城고성, 山城산성
	誠$_{준4}$	정성 **성**	竭誠갈성, 致誠치성, 至誠지성, 精誠정성
	盛$_{준4}$	성할 **성**	盛饌성찬, 盛衰성쇠, 盛業성업
	晟$_{2}$	밝을 **성**	※주로 이름자로 쓰임.
수	戍$_{1}$	수자리 **수**	戍樓수루, 戍鼓수고, 戍甲수갑
술	戌$_{3}$	지지 **술**	甲戌갑술, 戌初술초, 戌時술시
월	越$_{3}$	넘을 **월**	越等월등, 優越우월, 移越이월, 超越초월
융	戎$_{1}$	병장기 **융**	戎馬융마, 戎服융복, 戎士융사
		오랑캐 **융**	戎狄융적
	絨$_{1}$	가는 베 **융**	絨緞융단, 絨衣융의, 製絨제융
적	賊$_{4}$	도둑 **적**	賊反荷杖적반하장, 寇賊구적, 山賊산적

誇

자랑할 과

3급

言 | 6획 | 총13획

言(말씀 언) + 夸(큰 체할 과)

말(言)로써 자신의 재주가 비상하다고 잘난 체한다(夸)는 데서, '자랑하다'의 뜻이다.

- 誇張과장 : 실제보다 지나치게 나타내 보임.

• 誇示과시 : 뽐내어 보임.

고	袴 1	바지 **고**	袴衣고의, 紈袴환고, 短袴단고
오	汚 3	더러울 **오**	汚名오명, 汚點오점, 汚穢오예, 汚物오물
후	朽 1	썩을 **후**	不朽불후, 老朽노후, 衰朽쇠후, 朽敗후패

벼슬 관 | 준4급

| 宀 | 5획 | 총8획 |

宀(집 면) + 𠂤(많을 이)

건물 안(宀)에 여러 사람이 모여(𠂤) 일하는 데서, '벼슬, 벼슬아치'의 뜻이다.

• 官吏관리 : 벼슬아치.
• 依官仗勢의관장세 : 관리가 직권을 남용하여 민폐를 끼침.

관	管 4	대롱 **관**	管絃樂관현악, 血管혈관, 管鮑之交관포지교
		주관할 **관**	主管주관, 管掌관장, 管轄관할, 管理관리
	館 3	집 **관**	公館공관, 旅館여관, 別館별관, 休館휴관
	琯 2	옥피리 **관**	
	棺 1	널 **관**	剖棺斬屍부관참시, 蓋棺개관, 石棺석관

꿸 관 | 3급

| 貝 | 4획 | 총11획 |

毌(꿸 관) + 貝(조개 패)

조개 화폐(貝)를 실로 뚫어 꿰는(毌) 데서, '꿰다'의 뜻이다.

• 貫徹관철 : 자신의 주장, 방침 등을 끝까지 믿고 나감.
• 貫鄕관향 : 한 가계의 시조가 난 마을.

관	慣$_3$	익숙할 **관**	慣習관습, 慣例관례, 慣性관성, 慣行관행
	實$_5$	열매 **실**	實際실제, 實效실효, 實技실기, 口實구실

빛 광

6급

儿 | 4획 | 총6획

火(불 화) + 儿(사람 인)

사람의 머리 위에 불이 있는 모양, '빛'의 뜻이다.

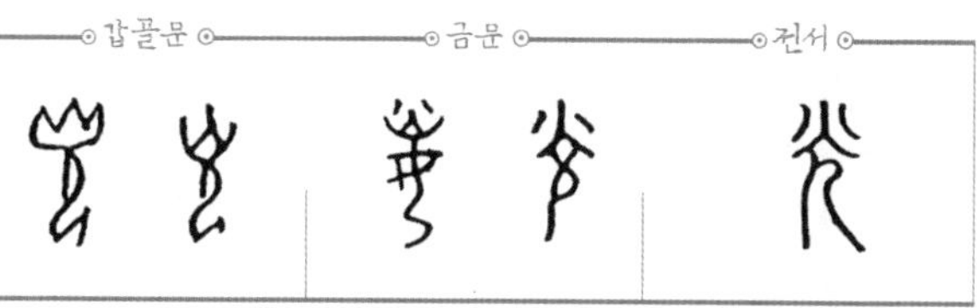

• 光陰광음 : 빛과 그림자. 시간. 세월.
• 電光石火전광석화 : 번갯불과 부싯돌의 불. 빠른 동작. 순간.

광	胱$_1$	오줌보 **광**	膀胱방광, 膀胱炎방광염
황	晃$_2$	밝을 **황**	晃晃황황, 晃然황연
	滉$_2$	깊을 **황**	李滉이황
	恍$_1$	황홀할 **황**	恍惚황홀

점괘 괘 | 1급

| 卜 | 6획 | 총8획 |

圭(연결되는 모양) + 卜(점 복)

점(卜)칠 때 나타나는 갖가지 연결되는 모양(圭)을 본뜬 글자로, '점괘'의 뜻이다.

- 占卦점괘 : 점을 쳐서 나오는 괘.
- 八卦팔괘 : 복희씨伏羲氏가 지었다는 여덟 가지 괘.

괘	掛3	걸 괘	掛念괘념, 掛圖괘도, 掛意괘의
	罫1	줄 괘	兩面罫紙양면괘지, 罫紙괘지, 罫線괘선

어그러질 괴 | 1급

| 丿 | 7획 | 총8획 |

양(羊)의 뿔과 등이 서로 어그러져 떨어진 형상을 본떠, '어그러지다'의 뜻이다.

- 乖愎괴퍅→괴팍 : 성격이 어그러져 매우 까다로움.
- 乖離感괴리감 : 어그러져 동떨어진 느낌.
- 乖散괴산 : 배반하여 멀리 도망침.

승	乘3	탈 승	乘客승객, 乘勝長驅승승장구, 乘車승차
잉	剩1	남을 잉	剩餘잉여, 過剩과잉, 剩額잉액

肱

팔뚝 굉

1급

月/肉	4획	총8획

月(살 육) + 厷(팔꿈치 굉)

팔꿈치(厷) 부분에 솟아난 근육(月)을 나타내서, '팔뚝'의 뜻이다.

갑골문 · 금문 · 전서

- 股肱之臣고굉지신 : 다리와 팔같이 가장 믿는 중요한 신하.
- 曲肱而枕之곡굉이침지 : 팔뚝을 베개 삼아 벰.

굉	宏1	클 굉	宏壯굉장, 宏富굉부, 宏弘굉홍
웅	雄5	수컷 웅	雌雄자웅, 雄姿웅자, 群雄군웅, 英雄영웅

사귈 교

6급

亠	4획	총6획

두 발을 교차해서 서 있는 사람모양으로, '사귀다'의 뜻이다.

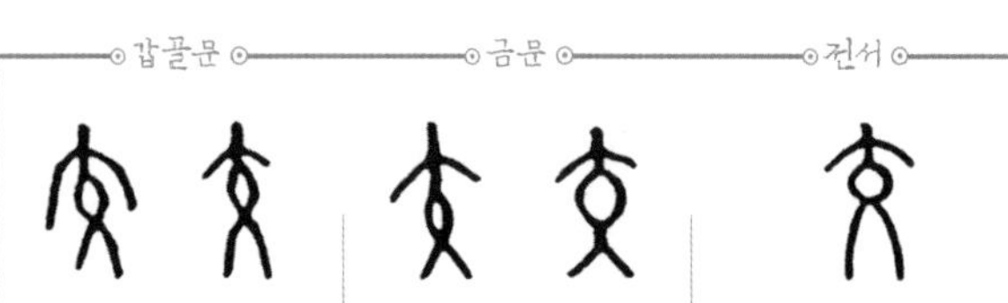

갑골문 · 금문 · 전서

- 交際교제 : 서로 사귐.

- 交淺言深교천언심 : 사귄 지 얼마 되지 않는데, 속을 털어 깊이 얘기함.
- 交尾교미 : 동물의 암수가 교접하는 일.
- 交易교역 : 나라들 사이에서 물건을 사고 팖.

교	校$_{8}$	학교 **교**	學校학교, 校舍교사, 校庭교정, 校長교장
	較$_{3}$	견줄 **교**	比較비교, 較差교차, 較計교계
	郊$_{3}$	교외 **교**	郊外교외, 東郊동교, 近郊근교
	絞$_{2}$	목멜 **교**	絞首刑교수형, 絞殺교살, 絞扼교액
	狡$_{1}$	교활할 **교**	狡猾교활, 狡童교동, 狡兔교토
	咬$_{1}$	물 **교**	咬傷교상, 咬咬교교
	皎$_{1}$	달 밝을, 흴 **교**	皎皎교교, 皎潔교결
	姣$_{1}$	아리따울 **교**	姣姣교교, 姣童교동
	蛟$_{1}$	교룡 **교**	蛟龍교룡, 蛟蛇교사, 潛蛟잠교
효	效$_{5}$	본받을 **효**	效驗효험, 效果효과, 效則효칙
	爻$_{1}$	사귈, 가로 그을 **효**	六爻육효, 爻辭효사, 卦爻괘효

다리 교

5급

木 | 12획 | 총16획

木(나무 목) + 喬(큰나무 교)

개울, 강 위에 걸쳐놓은 나무, 곧 '다리'의 뜻이다.

- 橋脚교각 : 다리 기둥.
- 陸橋육교 : 교통 안전을 위해 땅 위에 놓은 다리.
- 橋梁교량 : 다리.

교	矯3	바로잡을 **교**	矯正교정, 矯角殺牛교각살우, 矯導교도
	僑2	더부살이 **교**	僑胞교포, 華僑화교, 僑居교거
	喬1	높을, 큰나무 **교**	喬木교목, 喬松교송
	嬌1	아리따울 **교**	愛嬌애교, 嬌態교태, 嬌聲교성, 嬌客교객
	驕1	교만할 **교**	驕慢교만, 驕倨교거, 驕態교태
	轎1	가마 **교**	轎子교자, 轎夫교부

입 구

7급

口 | 0획 | 총3획

입의 모양을 본뜬 글자로, '입'의 뜻이다.

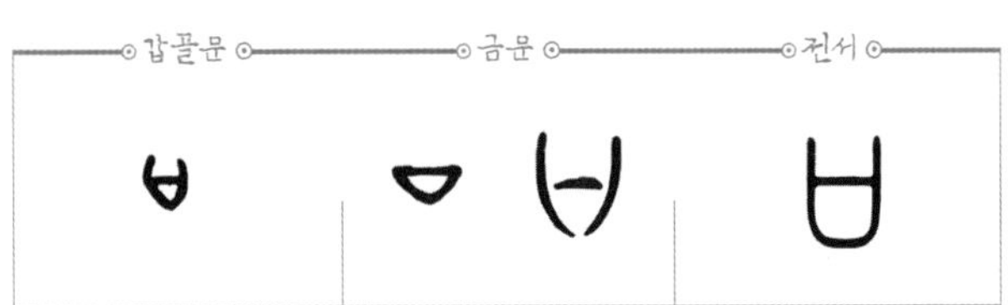

- 口舌구설 : 입과 혀. 남의 입에 오르내림.
- 入口입구 : 들어가는 곳.

고	叩1	두드릴 **고**	叩門고문, 叩頭고두, 叩首고수
상	商5	장사 **상**	商品상품, 商魂상혼, 商船상선, 通商통상
		헤아릴 **상**	商量상량, 商度상탁
	喪3	죽을, 잃을 **상**	喪服상복, 喪失상실, 喪家상가, 喪輿상여
애	哀3	슬플 **애**	哀乞애걸, 哀矜애긍, 哀歡애환, 哀切애절
우	右7	오른쪽 **우**	右側우측, 左右間좌우간
	佑2	도울 **우**	天佑神助천우신조, 保佑보우, 神佑신우
	祐2	도울, 복 **우**	福祐복우, 降祐강우, 嘉祐가우

치	嗤1	비웃을 **치**	嗤笑치소, 嗤侮치모, 嗤罵치매
품	品5	물건 **품**	品質품질, 性品성품, 品位품위, 品貴품귀
향	向6	향할 **향**	向上향상, 傾向경향, 動向동향, 意向의향
		접때 **향**	向時향시
호	呼준4	부를 **호**	呼名호명, 呼稱호칭, 呼價호가, 呼兄呼弟호형호제
	乎3	온, 어조사 **호**	確乎확호, 斷乎단호, 杳乎묘호

구분할, 지경 구 | 6급

| 匸 | 9획 | 총11획 |

匸(감출 혜) + 品(물건 품)

일정한 구역(匸) 안의 건물이나 물건(品)을 구분하는 데서, '구분하다, 지경'의 뜻이다.

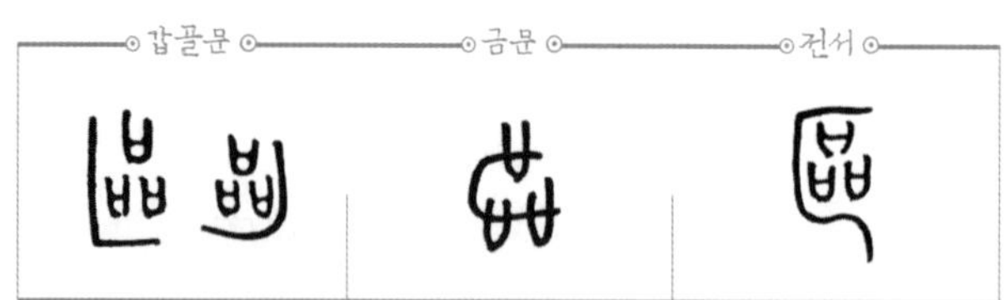

- 區域구역 : 나누어 구분된 지역.
- 特區특구 : 특별하게 정한 구역.
- 區分구분 : 따로따로 갈라서 나눔.

구	驅3	몰아낼 **구**	驅蟲구충, 驅迫구박, 驅逐艦구축함
	鷗2	갈매기 **구**	白鷗백구, 海鷗해구
	歐2	유럽 **구**	歐美구미, 東歐동구, 西歐서구
	嘔1	토할 **구**	嘔吐구토, 嘔心구심, 嘔血구혈

	毆$_1$	때릴 **구**	毆打구타, 毆擊구격, 毆殺구살
	謳$_1$	노래할 **구**	謳歌구가, 謳謠구요, 謳音구음
	嶇$_1$	산 험할 **구**	崎嶇기구
	軀$_1$	몸 **구**	體軀체구, 衰軀쇠구, 軀幹구간
추	樞$_1$	지도리 **추**	中樞중추, 樞機卿추기경, 樞密院추밀원

오랠 구

3급

丿 | 2획 | 총3획

ㄅ는 사람의 두 다리를, ㇏는 붙잡고 있는 모양을 나타내어, 떠나려는 사람의 다리를 꼭 잡고 놓지 않아 오래도록 머무르게 한다는 데서, '오래다'의 뜻이다.

- 悠久유구 : 아득하게 오래됨.
- 恒久항구 : 변함없이 오램.
- 持久力지구력 : 오랫동안 버티며 견디는 힘.

구	玖$_2$	옥돌 **구**	
	灸$_1$	뜸 **구**	鍼灸침구, 蝦灸하구, 灸薑구강
	柩$_1$	널 **구**	靈柩車영구차, 運柩운구, 棺柩관구
묘	畝$_1$	밭이랑 **묘/무**	田畝전묘, 壟畝농묘, 頃畝경무

언덕 구

3급

一 | 4획 | 총5획

쌓인 흙더미를 본뜬 글자로, '언덕'의 뜻이다.

갑골문 금문 전서

• 丘陵구릉 : 낮은 언덕.
• 首丘初心수구초심 : 여우가 죽을 때 자신의 굴이 있던 언덕 쪽을 향함. 근본을 잊지 않음.

구	邱 3	언덕 **구**	大邱대구, 青邱圖청구도
병	兵 5	군사 **병**	兵卒병졸, 精兵정병, 撤兵철병, 兵站병참
악	岳 3	큰산 **악**	山岳산악, 岳丈악장, 雉岳치악

두려워할, 놀랄 구 | 3급

| 忄/心 | 18획 | 총21획 |

忄(마음 심) + 瞿(놀랄 구)

마음(忄)으로 깜짝 놀라서(瞿) 사방을 두리번거리는 모양에서, '놀라다, 두려워하다'의 뜻이다.

• 懼然구연 : 두려워하는 모양.
• 悚懼송구 : 두렵고 죄송함.
• 疑懼心의구심 : 의심하고 두려워함.

구	衢 1	네거리 **구**	康衢煙月강구연월, 衢街구가, 衢路구로

구할 구

준4급

氺/水 | 2획 | 총7획

가죽으로 만든 덧옷 모양을 본뜬 글자로, 가죽옷은 누구나 입고 싶어 한다는 데서, '구하다'의 뜻이다.

- 追求추구 : 뒤좇아 구함.
- 求職구직 : 직업을 구함.
- 求愛구애 : 사랑을 구함.

구			
	救5	구원할 **구**	救助구조, 救難구난, 救命구명, 救濟구제
	球6	공 **구**	球技구기, 氷球빙구, 球根구근, 氣球기구

글귀 구

준4급

口 | 2획 | 총5획

갈고리로 고리에 거는 모양에서 '갈고리'의 뜻이었으나, '글귀'의 뜻으로 확장되자, 鉤(갈고리 구) 자가 새로 생겨났다.

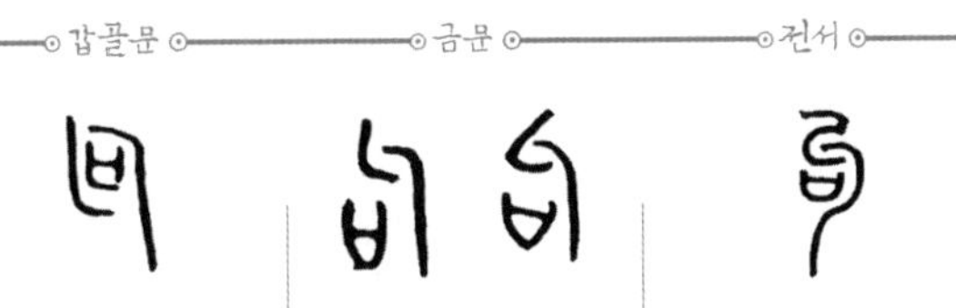

- 句節구절 : 글귀와 절.
- 字句자구 : 글자와 글귀.

구			
	拘3	잡을 **구**	拘束구속, 拘礙구애, 不拘불구, 拘禁구금
	狗3	개 **구**	狗尾續貂구미속초, 鷄鳴狗盜계명구도

苟3	진실로 **구**	
	구차할 **구**	苟且구차, 苟安구안, 艱苟간구, 苟免구면
枸1	구기자 **구**	拘杞子구기자, 枸橘구귤, 枸骨구골
鉤1	갈고리 **구**	鉤餌구이, 鉤用구용, 鉤勒法구륵법
駒1	망아지 **구**	千里駒천리구, 隙駒극구, 白駒백구

절구 구

1급

臼 | 0획 | 총6획

나무나 돌 등을 파서 만든 절구의 모양을 본뜬 글자로, '절구'의 뜻이다.

- 臼齒구치 : 어금니.
- 脫臼탈구 : 뼈의 관절이 삐어 물러나는 일.

거	擧5	들 **거**	擧行거행, 擧國的거국적, 列擧열거, 選擧선거
구	舊5	예 **구**	舊面구면, 舊態依然구태의연, 復舊복구
	舅1	시아비, 외삼촌 **구**	舅姑구고, 外舅외구, 內舅내구
서	嶼1	섬 **서**	島嶼도서, 草嶼초서, 綠嶼녹서
	鼠1	쥐, 근심할 **서**	鼠盜서도, 鼠蹊서혜, 首鼠兩端수서양단
여	與4	줄 **여**	與奪여탈, 授與수여, 貸與대여, 賦與부여
		더불 **여**	參與참여, 關與관여
	輿3	수레, 여럿, 땅 **여**	輿論여론, 喪輿상여, 輿望여망, 輿地여지
예	譽3	기릴 **예**	名譽명예, 稱譽칭예, 榮譽영예

菊

국화 **국** | 3급

| ++/艸 | 8획 | 총12획 |

艹(풀 초) + 匊(쥘 국)

두 손으로 물건을 잡을(匊) 때의 손가락 모양으로 꽃잎(艹)이 피는 꽃이라는 데서, '국화'이다.

- 菊花국화 : 가을에 피는 꽃.
- 霜菊상국 : 서리 맞은 국화.
- 菊月국월 : 음력 9월의 딴 이름.

국 鞠2		
	국문할 **국**	鞠問국문, 拿鞠나국
	공 **국**	蹴鞠축국
	기를 **국**	鞠育국육

軍

군사 **군** | 8급

| 車 | 2획 | 총9획 |

冖(덮을 멱) + 車(수레 거)

전차를(車) 빙 둘러싸고(冖) 있는 사람이라는 데서, '군사'의 뜻이다.

- 軍事군사 : 군에 관한 일.
- 白衣從軍백의종군 : 벼슬 없이 종군함.
- 軍備군비 : 군사 장비.

운	運$_6$	옮길 **운**	運搬운반, 運身운신, 運送운송
		운수 **운**	悲運비운, 厄運액운, 幸運행운, 國運국운, 運數운수
혼	渾$_1$	흐릴 **혼**	混沌혼돈, 雄渾웅혼, 混濁혼탁, 混線혼선
훈	暈$_1$	무리 **훈**	暈輪훈륜, 暈圍훈위, 月暈월훈
휘	揮$_4$	휘두를 **휘**	指揮지휘, 發揮발휘, 揮毫휘호
		흩어질 **휘**	揮發性휘발성
	輝$_3$	빛날 **휘**	輝煌燦爛휘황찬란, 光輝광휘, 德輝덕휘

君

임금 군 | 4급

口 | 4획 | 총7획

지휘봉(尹)을 들고 명을 내리는 장면에서, '임금'의 뜻이다.

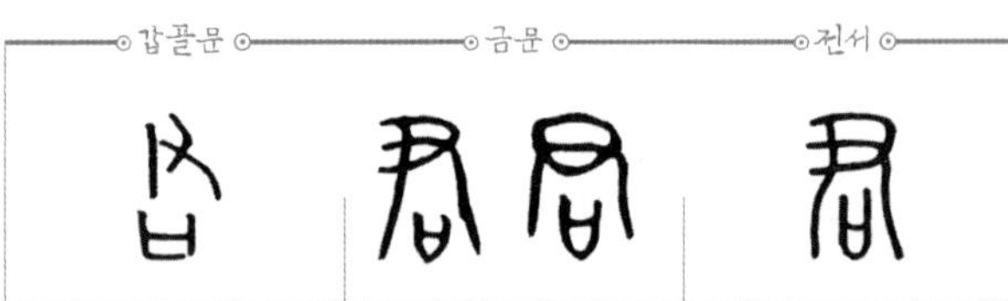

- 君臣군신 : 임금과 신하.
- 暴君폭군 : 사납고 모진 임금.

군	群$_4$	무리 **군**	群衆군중, 群雄割據군웅할거, 群落군락
	郡$_6$	고을 **군**	郡民군민, 郡界군계, 郡守군수
	窘$_1$	군색할 **군**	窘塞군색, 窘乏군핍, 窘困군곤, 窘迫군박
윤	尹$_2$	맏, 다스릴 **윤**	卿尹경윤, 令尹영윤, 府尹부윤
		성(姓) **윤**	大尹대윤
이	伊$_2$	저 **이**	伊時이시, 伊湌이찬

弓 활 궁 3급

| 弓 | 0획 | 총3획 |

활의 모양을 본뜬 글자로, '활'의 뜻이다.

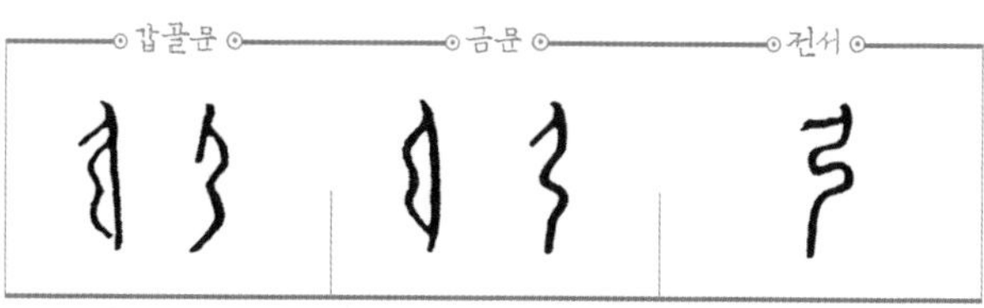

- 弓術궁술 : 활 쏘는 기술.
- 傷弓之鳥상궁지조 : 한번 화살에 상처 입은 새는 구부러진 가지만 봐도 놀란다는 뜻.

강	強 6급	굳셀 **강**	強健강건, 強賣강매, 強調강조, 列強열강
	窮 4급	궁할 **궁**	窮色궁색, 窮乏궁핍, 窮地궁지
		다할 **궁**	窮理궁리, 窮究궁구, 窮極궁극
	躬 1	몸 **궁**	實踐躬行실천궁행, 責躬책궁, 躬耕궁경
	穹 1	하늘 **궁**	穹蒼궁창, 淸穹청궁, 穹窿궁륭
신	身 6	몸 **신**	身元신원, 操身조신, 亡身망신, 身世신세
인	引 준4	끌 **인**	引力인력, 割引할인, 引退인퇴, 引責인책
	蚓 1	지렁이 **인**	蚯蚓구인, 春蚓秋蛇춘인추사
조	弔 3	조상할 **조**	弔意조의, 弔哭조곡, 弔電조전, 弔問조문
필	弼 2	도울 **필**	輔弼보필, 弼匡필광, 弼善필선
홍	弘 3	넓을 **홍**	弘報홍보, 宏弘굉홍, 弘毅홍의
	泓 2	물깊을 **홍**	深泓심홍

卷

책 권 | 4급

| 卩/㔾 | 6획 | 총8획 |

龹(말 권) + 㔾(구부리다)

무릎을 구부리고(㔾) 무언가를 둘둘 마는(龹) 데서, '두루마리'를 가리킨다. '책'의 뜻이다.

- 席卷석권 : 굉장한 기세로 차지함.
- 手不釋卷수불석권 : 손에서 책을 놓지 않음.

권			
	券₄	문서 **권**	旅券여권, 證券증권, 福券복권, 食券식권
	拳₃	주먹 **권**	跆拳태권, 拳鬪권투, 拳法권법
	圈₂	우리, 둘레 **권**	圈牢권뢰, 圈外권외, 商圈상권
	眷₁	보살필 **권**	眷率권솔, 眷庇권비, 眷愛권애
	倦₁	게으를 **권**	倦怠권태, 倦備권비, 休倦휴권
	捲₁	말, 걷을 **권**	捲土重來권토중래, 捲舌音권설음, 席捲석권

權

권세, 저울대 권 | 준4급

| 木 | 18획 | 총22획 |

木(나무 목) + 雚(황새 관)

저울을 만드는 나무라는 뜻으로, '저울질하다'는 뜻이다. 힘의 균형을 유지하는 저울의 원리에서 '권세'의 뜻이 확장되었다.

- 權輿권여 : 저울대와 수레 바탕. 사물의 시초.

• 權謀術數권모술수 :형편에 따라 변동되는 모략과 술수.
• 權益권익 : 권리와 그에 따르는 이익.

관	觀5	볼 관	觀照관조, 觀察관찰, 觀念관념, 觀相관상
	顴1	광대뼈 관	顴骨관골
	灌1	물댈 관	灌漑관개, 灌腸관장
		떨기나무 관	灌木관목
권	勸4	권할 권	勸免권면, 勸誘권유, 勸善懲惡권선징악
환	歡4	기쁠 환	歡心환심, 歡待환대, 歡喜환희, 哀歡애환
	驩1	기뻐할 환	交驩교환, 驩然환연

나라이름, 그 궐

3급

厂 | 10획 | 총12획

厂(바위굴 한) + 欮(숨찰 궐)

벼랑(厂) 밑에서 숨이 차서(欮) 돌을 파내는 데서, '파다'의 뜻이었으나 지금은 확장되어, '그'의 뜻이다.

• 突厥돌궐 : 종족 이름.
• 厥者궐자 : 그 사람.

궐	闕2	대궐 궐	宮闕궁궐, 入闕입궐, 大闕대궐, 闕內궐내
		빠트릴 궐	闕席裁判궐석재판, 補闕選擧보궐선거
	蹶1	일어날 궐	蹶起궐기, 蹶然궐연
		넘어질 궐	顚蹶전궐, 蹶躓궐지

안석 궤

1급

| 几 | 0획 | 총2획 |

의자의 모양을 본뜬 글자로, '책상, 안석'의 뜻이다.

- 几席궤석 : 책상과 좌석.
- 書几서궤 : 책상.

궤	机$_1$	책상 **궤**	机上궤상, 机床궤상
기	飢$_3$	주릴 **기**	飢渴기갈, 飢餓기아, 飢寒기한, 飢饉기근
	肌$_1$	살 **기**	肌膚기부, 肌骨기골, 雪肌설기

귀할 귀

5급

| 貝 | 5획 | 총12획 |

⾠(삼태기) + 貝(재물)

삼태기(⾠)에 재물(貝)을 모아 담는 것으로, '귀하다'의 뜻이다.

- 富貴부귀 : 부하고 귀함.
- 尊貴존귀 : 높고 귀함.
- 騰貴등귀 : 물건 값이 뛰어오름.

궤	潰$_1$	무너질 **궤**	潰決궤결, 潰瘍궤양, 潰滅궤멸, 潰敗궤패
	櫃$_1$	상자 **궤**	金櫃금궤, 書櫃서궤, 冊櫃책궤
유	遺$_4$	남길 **유**	遺訓유훈, 遺稿유고, 遺棄유기, 遺物유물

鬼

귀신 **귀**

3급

| 鬼 | 0획 | 총10획 |

사람과 다른 큰 머리를 가진 귀신의 형상에서, '귀신'의 뜻이다.

갑골문 · 금문 · 전서

- 鬼神귀신 : 눈에 보이지 않는 무서운 영혼.
- 鬼才귀재 : 재주가 아주 뛰어난 인물.

괴	塊3	덩어리 **괴**	金塊금괴, 塊石괴석, 粘塊점괴
	愧3	부끄러울 **괴**	自愧感자괴감, 慚愧참괴, 羞愧수괴
	傀2	꼭두각시 **괴**	傀儡괴뢰, 傀奇괴기, 傀然괴연
	槐2	회화나무 **괴**	槐木괴목, 槐實괴실, 槐花괴화
	魁1	우두머리 **괴**	魁首괴수, 巨魁거괴, 魁傑괴걸
마	魔2	마귀 **마**	惡魔악마, 魔手마수, 伏魔殿복마전
매	魅2	호릴, 도깨비 **매**	魅力매력, 魅了매료, 魅殺매쇄
백	魄1	혼 **백**	魂魄혼백, 氣魄기백, 落魄낙백
수	蒐1	모을 **수**	蒐集수집, 蒐羅수라, 蒐討수토
추	醜3	더러울 **추**	醜惡추악, 陋醜누추, 醜聞추문, 醜行추행
혼	魂3	넋 **혼**	魂靈혼령, 鎭魂진혼, 魂飛魄散혼비백산

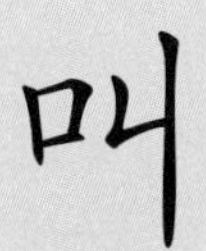

부르짖을 **규**

3급

| 口 | 2획 | 총5획 |

口(입 구) + 丩(얽힐 구)

입을 가로 세로로 크게 움직이는 데서, '부르짖다'의 뜻이다.

• 絕叫절규 : 힘을 다하여 부르짖음.
• 阿鼻叫喚아비규환 : 울부짖음. 아비지옥과 규환지옥.

규	糾3	살필 **규**	糾明규명, 糾問규문
		얽힐 **규**	紛糾분규, 糾結규결
		모을 **규**	糾合규합, 糾率규솔
		탄핵할 **규**	糾彈규탄
수	收준4	거둘 **수**	收合수합, 買收매수, 收支수지, 吸收흡수

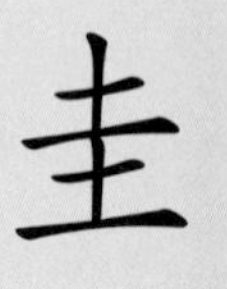

서옥 규 | 2급

土 | 3획 | 총6획

천자가 제후를 봉할 때 내려주는 홀笏을 본뜬 것으로 '서옥瑞玉'의 뜻이다. '흙 토'가 두 개 겹쳐져 '쌍토 규'라고도 한다.

• 圭角규각 : 옥의 모서리. 물건이 서로 들어맞지 아니함.
• 圭璧규벽 : 서옥 구슬.

가	佳3	아름다울 **가**	佳人가인, 佳作가작, 佳景가경, 佳約가약
	街3	거리 **가**	街路燈가로등, 街巷가항, 市街시가, 街頭가두
계	桂3	계수나무 **계**	桂冠계관, 桂皮계피, 月桂월계, 桂樹계수
규	閨2	안방 **규**	閨秀규수, 閨房규방, 閨怨규원, 閨中규중
	奎2	별 **규**	奎文규문, 奎星규성, 奎運규운
	珪2	홀 **규**	珪石규석, 珪璋규장, 珪幣규폐
	硅1	규소 **규**	硅素규소
애	涯3	물가 **애**	生涯생애, 際涯제애, 天涯천애, 水涯수애

崖1 언덕 **애** 蒼崖창애, 磨崖마애, 斷崖단애

劇

심할, 연극 극 | 4급

| 刂/刀 | 13획 | 총15획 |

虍(범 호) + 豕(멧돼지 시) + 刂(칼 도)

범(虍)과 멧돼지(豕)의 싸움이나 칼(刂)싸움은 격렬하다는 데서, '심하다'의 뜻이다.

- 劇烈극렬 : 심하고 맵게 맹렬함.
- 劇場극장 : 영화, 연극을 상연하는 곳.
- 喜劇희극 : 인생을 경쾌한 측면에서 표현한 연극.

거 據4 근거 **거** 據點거점, 根據근거, 占據점거, 論據논거

醵1 추렴할 **갹/거** 醵金갹금, 醵飮갹음, 醵出갹출

가시 극 | 1급

| 木 | 8획 | 총12획 |

가시나무가 나란히 서 있는 모양에서, '가시'의 뜻이다.

갑골문	금문	전서
	棘	棘

- 荊棘형극 : 나무의 가시. 고난의 길.
- 棘籬극리 : 가시 울타리.

자	刺$_{3}$	찌를 **자**	刺客자객, 諷刺풍자, 刺傷자상, 亂刺난자
		칼로 찌를 **척**	刺殺척살
		수라 **라**	水刺床수라상
조	棗$_{1}$	대추 **조**	大棗대조, 棗脩조수, 乾棗건조, 棗栗조율
책	策$_{3}$	꾀, 채찍 **책**	策定책정, 對策대책, 策動책동, 散策산책

도끼, 무게단위 근

3급

斤 | 0획 | 총4획

도끼의 모양을 본뜬 글자로, '도끼'의 뜻이다.

- 斧斤부근 : 도끼.
- 斤量근량 : 저울에 단 무게.

근	近$_{6}$	가까울 **근**	近似근사, 近接근접, 遠近원근, 近視근시
기	祈$_{3}$	빌 **기**	祈願기원, 祈禱기도, 祈求기구, 祈雨祭기우제
	沂$_{2}$	물이름 **기**	浴沂之樂욕기지락
단	斷$_{준4}$	끊을 **단**	斷絕단절, 決斷결단, 斷面단면, 斷續단속
서	誓$_{3}$	맹세할 **서**	盟誓맹서, 墨誓묵서, 宣誓선서, 誓約서약
	逝$_{3}$	갈 **서**	逝去서거, 急逝급서, 遠逝원서, 永逝영서
석	析$_{3}$	쪼갤 **석**	分析분석, 蕩析탕석, 析出석출, 解析해석
	晳$_{2}$	밝을 **석**	明晳명석, 白晳백석
소	訴$_{3}$	호소할 **소**	誣訴무소, 公訴공소, 告訴고소, 訴追소추
	泝$_{1}$	거스를 **소**(遡/溯)	泝流소류
신	新$_{6}$	새로울 **신**	新規신규, 新綠신록, 新婚신혼, 新鮮신선
	薪$_{1}$	땔나무 **신**	薪樵신초, 負薪부신, 臥薪嘗膽와신상담
장	匠$_{1}$	장인 **장**	匠伯장백, 巨匠거장, 名匠명장, 木匠목장

절	折$_4$	꺾을 **절**	半折반절, 曲折곡절, 骨折골절, 屈折굴절
		타협할 **절**	折衷절충
		일찍 죽을 **절**	夭折요절
질	質$_5$	바탕, 볼모 **질**	本質본질, 人質인질, 質問질문, 質朴질박
척	斥$_3$	내리칠 **척**	排斥배척, 斥和척화, 斥候척후, 攘斥양척
철	哲$_3$	밝을 **철**	明哲명철, 哲人철인, 哲學철학

勤

부지런할 **근** | 4급

力 | 11획 | 총13획

堇(진흙 근) + 力(힘 력)

진흙(堇)을 힘써(力) 잘 개어서 토기를 만들 듯이, 힘써 일하는 데서 '부지런하다'는 뜻이다.

- 勤勉근면 : 부지런히 힘씀.
- 勤儉근검 : 부지런하고 검소함.

근	僅$_3$	겨우 **근**	僅少근소, 僅僅得生근근득생, 僅僅근근
	謹$_3$	삼갈 **근**	謹恪근각, 謹愼근신, 謹賀新年근하신년
	槿$_2$	무궁화 **근**	槿花근화, 槿域근역, 槿花근화
	瑾$_2$	아름다운 옥 **근**	細瑾세근
	饉$_1$	가뭄 들 **근**	饑饉기근, 凶饉흉근
	覲$_1$	뵐 **근**	覲親근친, 覲光근광, 覲見근현

이제 금

6급

| 人 | 2획 | 총4획 |

亼(모일 집, 集의 古字) + ㄱ(이를 급, 及의 古字)

과거부터 흐르는 시간이 모여(亼) 지금에 이르렀다(ㄱ)는 데서 '지금'의 뜻이다.

- 今昔之感금석지감 : 예와 지금의 차이에서 오는 느낌.
- 今後금후 : 지금 이후.
- 今始初聞금시초문 : 지금 처음 듣는 것.

금	琴3	거문고 금	琴瑟금슬, 心琴심금, 風琴풍금, 奚琴해금
	衾1	이불 금	鴛鴦衾枕원앙금침, 孤衾고금, 衾具금구
긍	矜1	자랑할 긍	矜持긍지, 自矜자긍
		불쌍히 여길 긍	矜恤긍휼, 矜憐긍련, 矜悶긍민, 可矜가긍
념	念5	생각 념	執念집념, 無念無想무념무상, 信念신념
음	吟3	읊을 음	吟風弄月음풍농월, 吟味음미, 呻吟신음
탐	貪3	탐낼 탐	貪吝탐린, 貪官汚吏탐관오리, 貪慾탐욕
함	含3	머금을 함	含蓄함축, 包含포함, 含量함량, 含有함유

날짐승 금

3급

| 内 | 8획 | 총13획 |

새를 잡는 손잡이 있는 그물의 모양을 본뜬 글자로 원래 뜻은 '새 잡는 그물'이었으나, 나중에 '새'의 뜻으로 확장되자, 擒(사로잡을 금)이 새로 생겨났다.

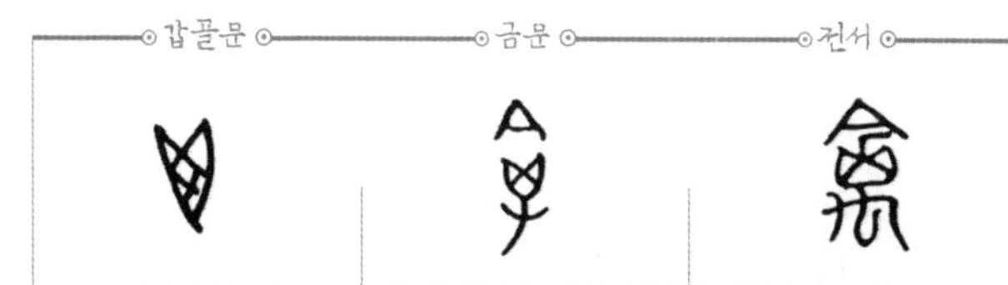

• 禽獸금수 : 날짐승과 들짐승.
• 家禽類가금류 : 집에서 기르는 날짐승.

금	擒1	사로잡을 **금**	擒縛금박, 七縱七擒칠종칠금, 生擒생금
우	禹2	하우씨, 성(姓) **우**	禹王우왕, 夏禹하우, 禹域우역

①쇠 **금** ②성(姓) **김** 8급

| 金 | 0획 | 총8획 |

今(이제 금) + 土(흙 토) + 丷(광석)

흙(土) 속에서 지금(今) 나온 것이 금속(丷)이라는 데서, '쇠'의 뜻이다.

• 金塊금괴 : 금덩어리.
• 募金모금 : 어떤 목적을 위하여 돈을 모음.
• 金鑛금광 : 금을 캐는 광산.

쇄	鎖3	쇠사슬 **쇄**	連鎖연쇄, 閉鎖폐쇄, 鎖國政策쇄국정책
착	鑿1	뚫을 **착**	掘鑿굴착, 鑿井착정, 鑿巖器착암기
		구멍 **조**	圓鑿方枘원조방예
철	鐵5	쇠 **철**	鐵則철칙, 鐵石肝腸철석간장, 鐵筋철근
함	銜1	재갈, 직함 **함**	銜勒함륵, 名銜명함, 銜字함자

及 미칠 급 | 3급

| 又 | 2획 | 총4획 |

앞서 가는 사람을 따라잡아 손으로 잡는다에서 '미치다'의 뜻이다.

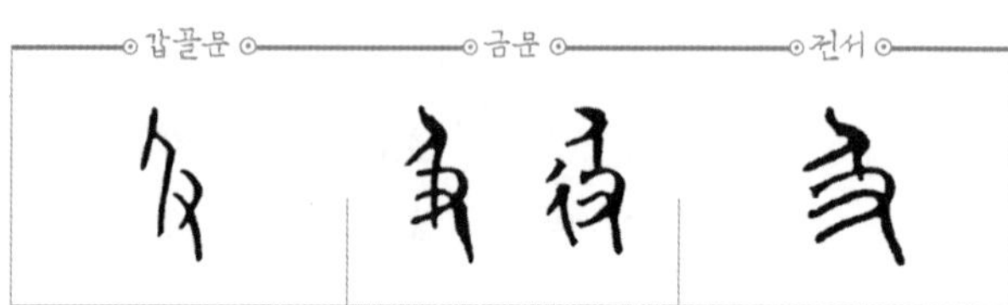

- 普及보급 : 널리 미치게 퍼뜨림.
- 過猶不及과유불급 : 지나친 것은 미치지 못한 것과 같음. 중용中庸이 중요함.

級6	등급 급	等級등급, 階級계급, 首級수급, 體級체급
汲1	물 길을 급	汲汲급급, 汲水급수
扱1	거둘 급	取扱취급, 車扱차급, 小扱소급

己 몸 기 | 5급

| 己 | 0획 | 총3획 |

구부러져 있는 실의 모양을 본뜬 것으로, 원래의 뜻은 '실마리, 실뭉치를 간추리다'의 뜻이었으나, 이 의미로는 紀(벼리 기)자가 새로 만들어졌고, 지금은 '자기의 몸'이란 뜻으로 쓰인다.

- 克己극기 : 자신을 이겨냄.
- 一己之慾일기지욕 : 자기 한 몸만을 위한 욕심.
- 知己지기 : 자기를 알아주는 친구.

기	記$_{7}$	기록할 **기**	記錄기록, 記事기사, 表記표기, 手記수기
	紀$_{4}$	벼리, 해, 다스릴 **기**	紀行기행, 紀綱기강, 紀元기원, 紀念기념
	起$_{준4}$	일어날 **기**	勃起발기, 蜂起봉기, 起牀기상
	忌$_{3}$	꺼릴 **기**	忌憚기탄, 忌諱기휘, 禁忌금기, 忌避기피
	杞$_{1}$	구기자, 나라이름 **기**	枸杞子구기자, 杞憂기우, 杞柳기류
배	配$_{준4}$	짝, 나눌 **배**	配偶者배우자, 配給배급, 分配분배
비	妃$_{3}$	왕비 **비**	王妃왕비, 妃嬪비빈, 后妃후비

豈

어찌 기 | 3급

| 豆 | 3획 | 총10획 |

개선할 때 연주하는 장식을 단 군악기를 본뜬 글자로 '승전하다'의 뜻이다. 전쟁에서 이긴 것이 어찌 경사스럽지 않은가라는 데서, '어찌'의 뜻이다. 뜻이 '승전하다'에서 '어찌'로 확장되자 새로 凱(승전할 개) 자가 생겨났다.

- 豈敢기감 : 어찌 감히.
- 豈不기불 : 어찌 아닌가?

개	塏$_{2}$	높은 땅 **개**	塽塏상개, 勝塏승개
	凱$_{1}$	개선할 **개**	凱歌개가, 凱旋개선, 凱歸개귀, 凱風개풍

몇, 낌새, 거의, 위태로울 기 | 3급

| 幺 | 9획 | 총12획 |

幺(작을 요) + 戍(지킬 수)

몇 명(幺) 안 되는 병사들로 지키려니(戍) 위태롭다는 데서, '몇'의 뜻이다.

- 幾何기하 : 얼마, 물건의 크기, 위치에 관한 성질을 연구하는 수학의 한 분과.
- 幾微기미 : 낌새.
- 幾敗기패 : 거의 패함.

기			
	機$_4$	베틀, 기계 **기**	斷機之戒단기지계, 機械기계, 機務기무
	畿$_3$	경기 **기**	京畿경기, 畿內기내, 畿湖기호
	璣$_2$	구슬 **기**	珠璣주기, 璇璣玉衡선기옥형
	譏$_1$	비웃을, 나무랄 **기**	譏察기찰, 譏謗기방, 譏弄기롱

그 기

3급

八 | 6획 | 총8획

곡식을 까부는 키를 본뜬 글자이다. '키'의 뜻에서 3인칭 대명사 '그'의 뜻으로 확장되자, 箕(키 기) 자가 새로 생겨났다.

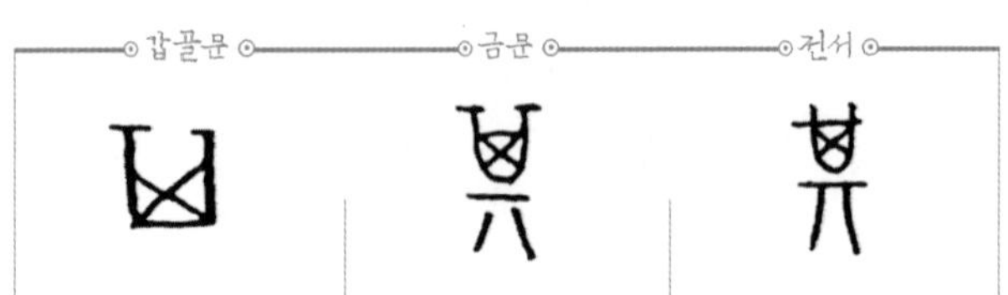

- 其他기타 : 그것 외에.
- 其實기실 : 사실은. 그 실제는.

기			
	基$_5$	터 **기**	基幹기간, 基礎기초, 基軸기축, 基調기조
	旗$_7$	깃발 **기**	旗幟기치, 叛旗반기, 旗章기장, 旗手기수

期5	기약할 **기**	期待기대, 期限기한, 期必기필
欺3	속일 **기**	詐欺사기, 欺滿기만, 欺罔기망
棋2	바둑 **기**(碁)	棋局기국, 棋院기원, 棋譜기보
祺2	상서로울 **기**	壽祺節수기절
麒2	기린 **기**	麒麟기린, 麒麟兒기린아
箕2	키 **기**	箕山之節기산지절, 箕子기자, 箕星기성
琪2	아름다운 옥 **기**	琪花瑤草기화요초, 琪樹기수
淇2	물이름 **기**	淇園長기원장
騏2	준마 **기**	騏驥기기
朞1	돌 **기**	朞年기년, 朞月기월, 大朞대기
사 斯3	이, 이것 **사**	斯界사계, 斯學사학, 斯文亂賊사문난적

旣

이미 기 | 3급

旡 | 7획 | 총11획

음식을 이미 먹고 다른 곳을 보고 있는 모습에서, '이미, 끝나다'의 뜻이다.

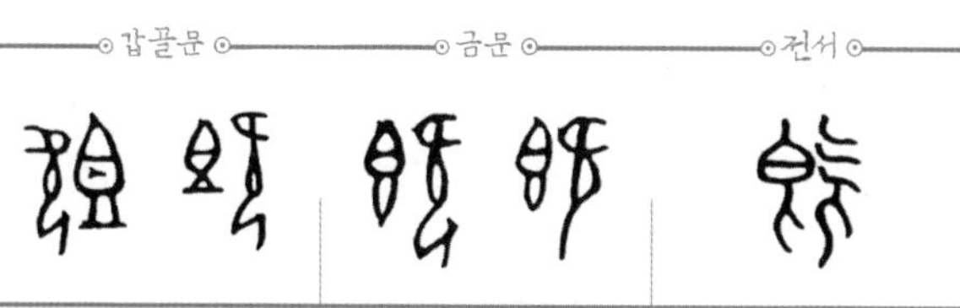

- 旣得기득 : 이미 얻음.
- 旣望기망 : 보름이 이미 지난 음력 열엿샛날 밤.

개 槪3	대개, 기개 **개**	槪括개괄, 槪念개념, 氣槪기개, 槪論개론
慨3	슬퍼할 **개**	慷慨강개, 慨歎개탄, 憤慨분개
漑1	물댈 **개**	灌漑관개

구 廏₁ 마구 구 — 馬廏마구, 內廏내구, 廏舍구사

氣

기운 **기** | 7급

| 气 | 6획 | 총10획 |

气(김 기) + 米(쌀 미)

밥(米)을 지을 때 솥에서 나는 김(气)의 모양에서, '기운'의 뜻이다.

- 氣運기운 : 어떤 일이 벌어지려고 하는 분위기.
- 天氣천기 : 하늘의 기운.

개 愾₁ 성낼 개 — 敵愾心적개심, 憤愾분개

기 汽₅ 물끓는 김 기 — 汽車기차, 汽船기선, 汽笛기적

기이할 **기** | 4급

| 大 | 5획 | 총8획 |

원래 뜻은 말을 탄 사람의 모습에 '말을 타다'였으나, '기이하다'로 확장되자, 騎(말탈 기) 자가 새로 생겨났다.

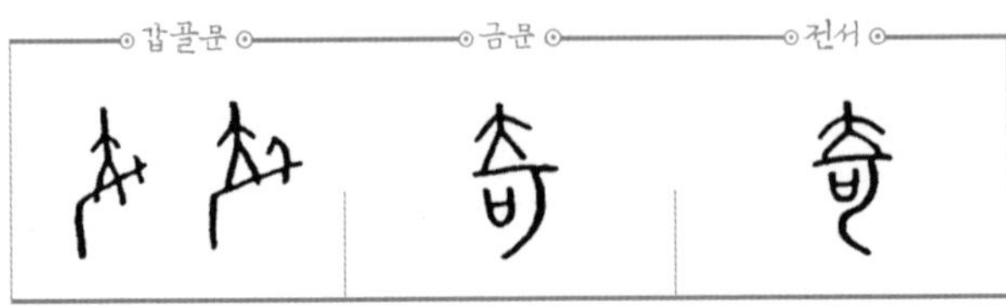

- 奇蹟기적 : 사람의 능력으로는 할 수 없는 신기한 행적.
- 奇薄기박 : 운수가 사납고 고생스러움.
- 奇拔기발 : 매우 재치 있고 뛰어남.

기	寄4	부칠 **기**	寄附기부, 寄生기생, 寄與기여, 寄宿기숙
	騎3	말탈 **기**	騎馬기마, 騎兵기병, 騎手기수, 騎士기사
	琦2	옥이름 **기**	琦辭기사
	崎1	산 험할 **기**	崎險기험, 崎嶇기구
	畸1	불구 **기**	畸人기인, 畸形기형
		뙈기밭 **기**	畸零기령
	綺1	비단 **기**	綺羅星기라성, 綺麗기려, 羅綺나기
	羇1	나그네 **기**	羇愁기수, 羇寓기우
		굴레 **기**	羇束기속
의	椅1	의자 **의**	椅子의자, 高椅고의, 交椅교의

吉

길할 **길**

5급

口 | 3획 | 총6획

士(선비 사) + 口(입 구)

선비(士)의 입(口)에서는 길한 말이 나온다는 데서, '길하다'의 뜻이다.

- 吉祚길조 : 길하고 복됨.
- 吉凶길흉 : 길하고 흉함.
- 不吉불길 : 길하지 못함.

결	結5	맺을 **결**	結縛결박, 結氷결빙, 結果결과, 結實결실
길	拮1	일할, 버틸 **길**	拮抗길항, 拮据길거
철	喆2	밝을 **철**	羅喆나철
힐	詰1	꾸짖을 **힐**	詰難힐난, 詰責힐책, 詰問힐문, 詰誅힐주

難

어려울, 꾸짖을 **난** | 준4급

| 隹 | 11획 | 총19획 |

菫(진흙) + 隹(새 추)

새가(隹) 진흙(菫)을 감당하기는 어렵다는 데서, '어렵다'의 뜻이다.

- 難攻不落난공불락 : 공격하기 어려워 함락시키지 못함.
- 非難비난 : 남의 잘못을 나무람.

나			
	儺$_1$	역귀 쫓을, 푸닥거리 **나**	儺禮나례, 驅儺구나, 儺戱나희
	歎$_4$	탄식할 **탄**	歎息탄식, 歎願탄원, 感歎감탄, 嗟歎차탄
	灘$_2$	여울 **탄**	玄海灘현해탄, 灘聲탄성, 沙灘사탄
	漢$_7$	한수 **한**	漢江한강, 漢水한수
		한나라 **한**	漢族한족, 漢字한자
		사나이 **한**	惡漢악한, 癡漢치한

乃

이에, 너 **내** | 3급

| 丿 | 1획 | 총2획 |

본래 뱃속의 태아를 본뜬 글자이나, 주로 조사로 '이에, 이리하여'의 뜻으로 쓰인다.

- 乃至내지 : 얼마에서 얼마까지.
- 人乃天인내천 : 사람이 곧 하늘임.

영			
	盈$_2$	찰 **영**	戒盈杯계영배, 日月盈昃일월영측, 盈滿영만

잉 孕$_1$ 아이 밸 **잉** 孕胎잉태, 孕母잉모, 孕育잉육

奈

어찌 내 | 3급

大 | 5획 | 총8획

본래의 모양은 柰로 사람을 하늘, 신(示)과 연결시켜 주는 '나무(木)'를 나타냈으나, 의문사로 쓰여, '어찌'의 뜻으로 쓰인다.

- 奈落나락 : 지옥.
- 莫無可奈막무가내 : 고집이 세 도저히 융통성이 없음.

날 捺$_1$ 누를 **날** 捺印날인, 捺章날장, 捺染날염

안 내 | 7급

入 | 2획 | 총4획

冂(빌 경) + 入(들 입)

빈 집(冂) 안으로 들어가는(入) 데서, '안, 속, 들이다'의 뜻이다.

- 內幕내막 : 막사의 안. 내부의 사정.
- 內患내환 : 내부의 근심.

납	納$_4$	들일, 바칠 **납**	納得납득, 納品납품, 滯納체납, 納稅납세
	衲$_1$	기울 **납**(縫)	衲衣납의, 衲僧납승, 衲子납자
눌	訥$_1$	말더듬거릴 **눌**	語訥어눌, 訥辯눌변, 訥澁눌삽
예	芮$_2$	작을, 성(姓) **예**	芮芮예예, 芮氏예씨

계집, 딸, 너 녀

8급

| 女 | 0획 | 총3획 |

무릎을 꿇고 허리를 굽혀 다소곳이 양손을 모은 여자의 모습, '여자'의 뜻이다.

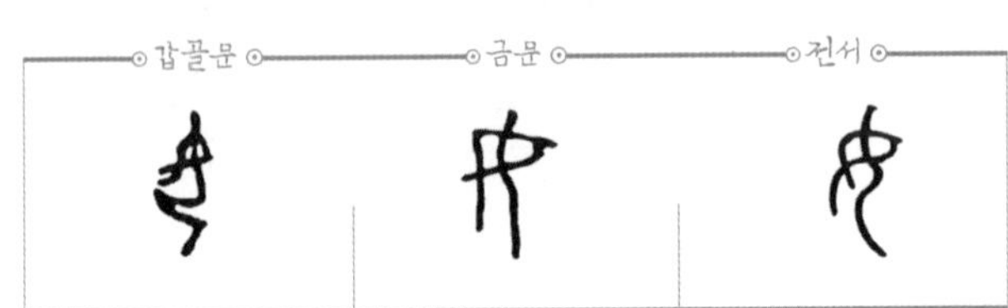

- 女權여권 : 여성의 권익.
- 女史여사 : 결혼한 여자를 점잖게 이르는 말.

간	姦3	간사할, 간음할 **간**	姦淫간음, 姦慝간특, 姦邪간사
강	姜2	성(姓) **강**	姬姜희강, 姜氏강씨
서	恕3	용서할 **서**	容恕용서, 忠恕충서, 寬恕관서
여	如준4	같을 **여**	如意여의, 如此여차, 如前여전, 如反掌여반장
		어찌 **여**	如何間여하간, 何如하여
	汝3	너 **여**	汝等여등, 爾汝이여, 汝輩여배
위	威4	으를 **위**	威脅위협, 威嚴위엄, 威風위풍, 威容위용
타	妥3	온당, 타협할 **타**	妥協타협, 妥結타결, 妥當타당
호	好준4	좋을 **호**	好轉호전, 好感호감, 好況호황, 友好우호

종 노

3급

| 女 | 2획 | 총5획 |

여자(女) 종을 큰 손(又)으로 잡은 모습으로, 원래 '여자 종'을 뜻하였으나, 나중에는 일반적인 '남자종'을 뜻한다.

갑골문 금문 전서

• 奴婢노비 : 남녀 종.
• 耕當問奴경당문 : 농사일은 머슴에게 물어야 함.

나	拏1	잡을 나(拿)	拏捕나포, 紛拏분나
노	努준4	힘쓸 노	努力노력, 努肉노육, 努責노책
	怒준4	성낼 노	怒濤노도, 憤怒분노, 嗔怒진노, 怒氣노기
	弩1	쇠뇌 노	强弩之末강노지말, 弩砲노포, 弩樓노루
	駑1	둔한 말 노	駑怯노겁, 駑鈍노둔, 愚駑우노, 駑頑노완

農

농사 농

7급

辰 | 6획 | 총13획

曲(田의 변형) + 辰(무명조개 신)

밭의 곡물 사이에 난 잡초를 무명조개껍질로 제거하는 장면에서, '농사'의 뜻이다.

갑골문 금문 전서

• 農耕농경 : 농사를 지음.
• 農家농가 : 농촌 주택.
• 農業농업 : 농사를 짓는 일.

농	濃2	짙을 농	濃艶농염, 濃淡농담, 濃度농도, 濃縮농축
	膿1	고름 농	膿漏농루, 化膿화농, 膿血농혈, 膿汁농즙

腦

골 뇌 | 3급

月/肉 | 9획 | 총13획

月(몸 육) + 巛(머리털 천) + 囟(정수리 신)

머리털(巛)과 두개골 정수리(囟)가 딸려 있는 신체 부위(月), '골'의 뜻이다.

- 腦裏뇌리 : 머릿속.
- 洗腦세뇌 : 뇌를 씻음. 의도된 방향으로 교육시킴.
- 頭腦두뇌 : 머릿골, 사물의 이치를 판단하는 힘.

뇌	惱3	번뇌할 뇌	煩惱번뇌, 惱殺뇌쇄, 苦惱고뇌, 懊惱오뇌

能

능할 능 | 5급

月/肉 | 6획 | 총10획

원래 큰 입, 둥근 등, 강한 발톱, 짧은 꼬리의 '곰'을 표현한 글자이며, '재능, 능력'의 뜻으로 확장되자 곰은 熊(곰 웅) 자로 새로 생겨났다.

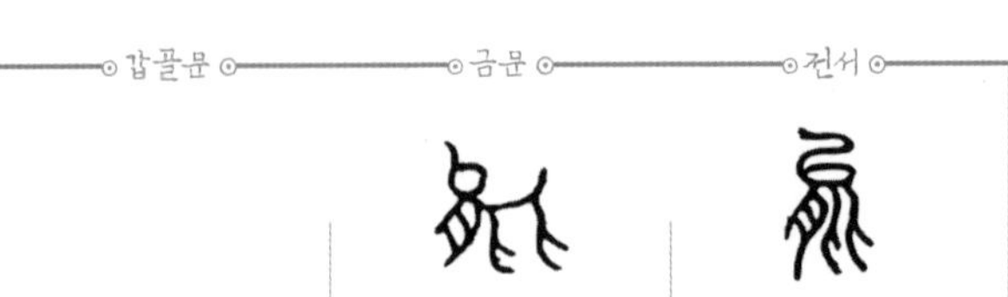

• 能動능동 : 스스로 움직이거나 작용하는 것.
• 能通능통 : 어떤 일에 통달함.
• 能熟능숙 : 능란하고 익숙함.

웅	熊2	곰 **웅**	熊膽웅담, 熊女웅녀, 熊津웅진
태	態준4	모양 **태**	態勢태세, 變態변태, 擬態의태, 態度태도
파	罷3	마칠 **파**	罷免파면, 罷場파장, 罷市파시

壇

제단 **단** | 5급

| 土 | 13획 | 총16획 |

土(흙 토) + **亶**(클 단)

흙(土)으로 높고 크게(亶) 쌓고, 바닥을 평평하게 만든, '단'의 뜻이다.

- 祭壇제단 : 제를 올리는 단상.
- 演壇연단 : 연설을 하기 위해 만든 단상.

단	檀₃	박달나무 **단**	檀君단군, 檀紀단기, 檀木단목
전	顫₁	떨 **전**	顫動전동, 手顫症수전증
	氈₁	담요 **전**	氈笠전립, 氈帽전모, 毛氈모전
천	擅₁	멋대로 할 **천**	擅斷천단, 擅權천권, 獨擅독천, 專擅전천

아침 **단** | 3급

| 日 | 1획 | 총5획 |

해(日)가 지평선(一) 위에 나타난 장면에서, '아침'의 뜻이다.

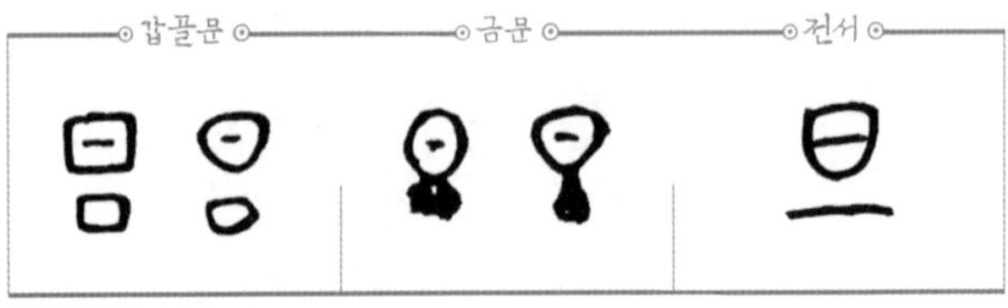

- 元旦원단 : 새해 아침.
- 旦暮단모 : 아침과 저녁.

긍	亘$_1$	뻗칠 **긍**	亘古긍고, 緜亘면긍, 延亘연긍
단	但$_3$	다만 **단**	但書단서, 非但비단, 但只단지, 但空단공
달	疸$_1$	황달 **달**	黃疸황달, 穀疸곡달, 酒疸주달
선	宣$_4$	베풀 **선**	宣撫선무, 宣傳선전, 宣布선포, 宣敎선교
	瑄$_2$	도리옥 **선**	瑄玉선옥
일	日$_8$	날, 해 **일**	日常일상, 日光浴일광욕, 日傘일산, 消日소일
탄	坦$_1$	평탄할 **탄**	坦坦大路탄탄대로, 平坦평탄, 順坦순탄
항	恒$_3$	항상 **항**	恒星항성, 恒常항상, 恒心항심, 恒溫항온
환	桓$_2$	굳셀 **환**	桓雄환웅, 檀桓단환, 盤桓반환
훤	喧$_1$	떠들썩할 **훤**	喧騷훤소, 紛喧분훤, 喧言훤언

층계 단

4급

殳 | 5획 | 총9획

손(又)에 도구(几)를 들고 벼랑(厂)에서 돌(二)을 캐내는 장면에서, '층계'의 뜻이 나왔다.

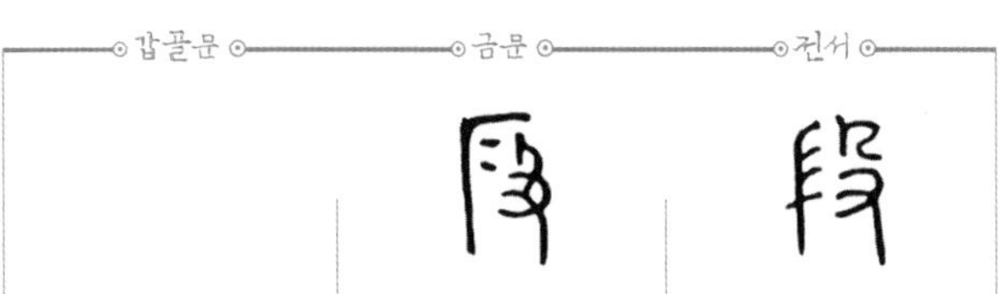

• 段階단계 : 일이 되어가는 과정, 순서, 등급.

• 手段수단 : 어떤 일을 하는 데 쓰이는 도구, 방편.

단	鍛$_2$	쇠불릴 **단**	鍛冶단야, 鍛鍊단련, 鍛鐵단철
	緞$_1$	비단 **단**	緞子단자, 絨緞융단, 緋緞비단

①홑 단 ②성(姓) 선

준4급

| 口 | 9획 | 총12획 |

끝이 갈라진 나무에 돌을 매달아 쓰던 '사냥 도구'를 본뜬 글자이다. '홑, 홀로'의 뜻이다.

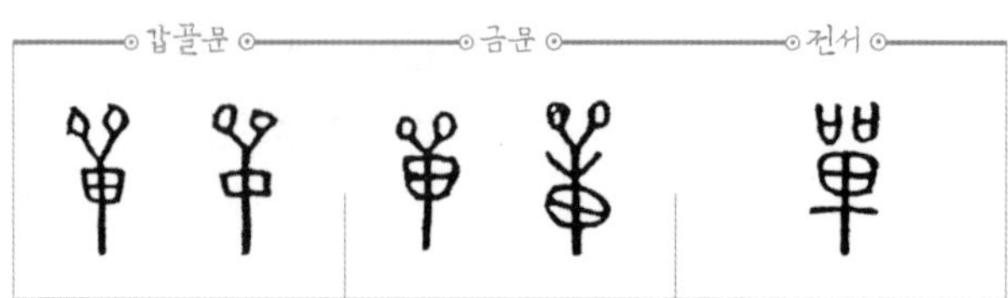

- 孑孑單身혈혈단신 : 혼자의 몸. 홀몸.
- 單于선우 : 흉노족의 왕.
- 簡單간단 : 까다롭지 않고 단순함.

단	簞1	소쿠리 단	一簞일단, 簞食瓢飮단사표음
선	禪3	선, 사양할 선	禪房선방, 坐禪좌선, 禪讓선양, 禪位선위
전	戰6	싸울 전	戰爭전쟁, 冷戰냉전, 戰勝전승, 戰雲전운
천	闡1	밝힐 천	闡究천구, 闡明천명, 闡揚천양
탄	彈4	탄알 탄	糾彈규탄, 彈劾탄핵, 彈力탄력, 指彈지탄
	憚1	꺼릴 탄	忌憚기탄, 敬憚경탄, 嚴憚엄탄

端

끝 단

준4급

| 立 | 9획 | 총14획 |

立(설 립) + 耑(끝 단)

식물의 끝인 싹이 땅 위로 솟아 올라와 있는 데서, '끝, 바르다, 비롯하다, 실마리'의 뜻이다.

- 端緖단서 : 일의 실마리.
- 首鼠兩端수서양단 : 구멍에서 머리만 내밀고 양쪽을 살피는 쥐. 결정을 짓지 못함.

단	湍$_2$	여울 **단**	急湍급단, 飛湍비단, 激湍격단
서	瑞$_2$	상서로울 **서**	瑞光서광, 祥瑞상서, 瑞雪서설
천	喘$_1$	숨찰 **천**	喘急천급, 喘息천식, 久喘구천

達

통달할 달 | 준4급

辶/辵 | 9획 | 총12획

사람이 목적지에 도달하기 위하여 걷고 있는 모양을 본뜬 글자로, 뜻이 확장되어 현재는 '통달하다'의 뜻이다.

갑골문 | 금문 | 전서

- 達觀달관 : 세속을 벗어난 높은 식견.
- 榮達영달 : 지위가 높고 귀하게 됨.
- 達辯달변 : 말이 능숙함.

달	撻$_1$	때릴 **달**	指導鞭撻지도편달, 楚撻초달, 撻笞달태

맑을 담 | 3급

氵/水 | 8획 | 총11획

水(물 수) + 炎(불꽃 염)

氵(水)는 뜻을, 炎(염〈담)은 소리를 나타낸다. 물이 맑기 때문에 여기서 유추하여, '맑다'는 뜻이다.

- 冷淡냉담 : 무관심하고 차가움.
- 淡泊담박 : 맑고 느끼하지 않음.
- 雅淡아담 : 고상하고 깔끔함.

담	談$_5$	말씀 **담**	鼎談정담, 情談정담, 談判담판, 險談험담
	痰$_1$	가래 **담**	痰唾담타, 血痰혈담, 祛痰거담
염	炎$_3$	불꽃 **염**	暴炎폭염, 炎天염천, 酷炎혹염, 炎涼염량
		염증 **염**	腦炎뇌염, 肝炎간염, 胃炎위염, 肺炎폐렴

멜 담

준4급

扌/手 | 13획 | 총16획

手(손 수) + 危(위태할 위) + 言(말씀 언)

어떤 사람이 위태하다(危)는 말(言)을 듣고 손(扌)에 들것을 들고 가 메고 온다는 데서, '메다'의 뜻이다.

- 加擔가담 : 더하여 멤. 참여함.
- 負擔부담 : 지고 멤. 의무. 책임을 짐.
- 擔當담당 : 어떤 일을 맡음.

담	膽$_2$	쓸개 **담**	肝膽간담, 熊膽웅담, 落膽낙담, 膽力담력
	澹$_1$	맑을 **담**	澹泊담박, 澹艶담염, 暗澹암담, 沖澹충담
	憺$_1$	참담할 **담**	慘憺참담, 憺畏담외
섬	蟾$_2$	두꺼비 **섬**	蟾宮섬궁, 蟾桂섬계, 蟾光섬광

첨 瞻2 볼 **첨** 瞻星臺첨성대, 瞻望첨망, 瞻仰첨앙

遝

이를, 뒤섞일 **답** | 1급

| 辶/辵 | 10획 | 총13획 |

辵(쉬엄쉬엄 갈 착) + 眔(눈으로 뒤따를 답)

辶(辵)은 뜻을, 眔은 소리를 나타낸다. 쉬엄쉬엄 가다 보면 목적지에 이른다는 데서, '이르다'의 뜻이다.

- 遝至답지 : 몰려듦.
- 雜沓잡답 : 복잡하게 뒤섞임.

환 鰥1 홀아비 **환** 鰥寡孤獨환과고독, 鰥居환거, 鰥夫환부

唐

당나라, 황당할 **당** | 3급

| 口 | 7획 | 총10획 |

庚(흔들 경) + 口(입 구)

말(口)을 종잡을 수 없이 해대다(庚)에서, '황당하다'의 뜻이다.

- 荒唐황당 : 종잡을 수 없이 마음이 들떠 미덥지 못함.
- 唐突당돌 : 거리끼거나 어려워함 없이 올차고 다부짐.

당 糖3 엿 **당** 糖分당분, 砂糖사탕, 糖尿당뇨, 果糖과당

塘2 못 **당** 池塘지당, 蓮塘연당, 春塘춘당

큰 대

8급

大 | 0획 | 총3획

사람이 두 다리와 두 팔을 크게 벌리고 서 있는 모습을 본뜬 글자로, '크다'의 뜻이다.

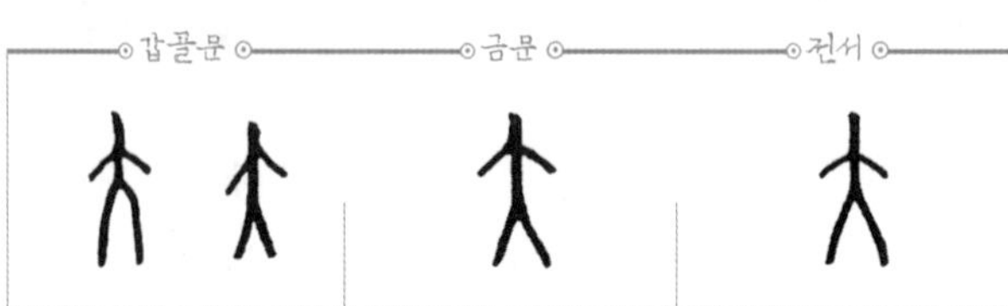

- 大器晩成대기만성 : 큰 그릇, 큰 인물은 늦게 완성됨.
- 大抵대저 : 무릇. 대체로.

분	奮3	떨칠 분	興奮흥분, 奮然분연, 奮發분발, 奮戰분전
상	爽1	시원할 상	爽快상쾌, 淸爽청상, 爽然상연, 豪爽호상
석	奭2	클 석	※이름자로 주로 쓰임.
주	奏3	아뢸 주	上奏상주, 奏請주청, 奏文주문, 奏疏주소
		연주할 주	獨奏독주, 伴奏반주, 演奏연주, 協奏협주
천	天7	하늘 천	天地천지, 天稟천품, 天惠천혜, 天賦的천부적
	遷3	옮길 천	變遷변천, 遷都천도, 左遷좌천, 播遷파천
탈	奪3	빼앗을 탈	侵奪침탈, 强奪강탈, 奪取탈취, 削奪삭탈
태	太6	클 태	太初태초, 太古태고, 太陽태양, 太半태반
	汰1	일 태	人爲淘汰인위도태, 沙汰사태, 汰金태금
투	套1	씌울, 버릇, 낡을 투	套習투습, 常套상투, 外套외투, 封套봉투, 陳套진투, 舊套구투

帶

띠 대 | 준4급

巾 | 8획 | 총11획

천을 겹쳐 장식을 붙인 허리띠의 모양을 본뜬 글자로, '띠'의 뜻이다.

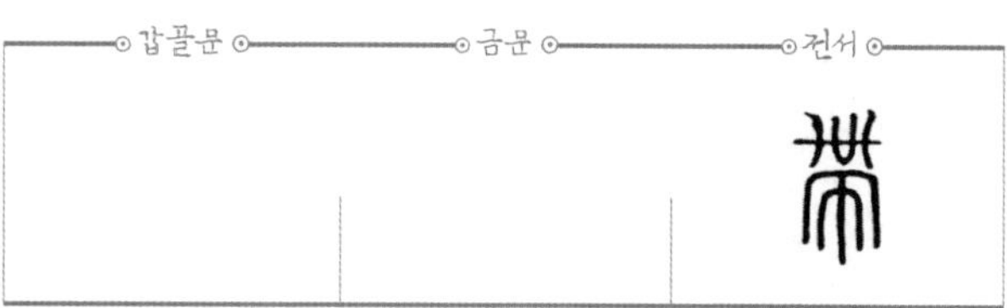

- 帶劍대검 : 칼을 참.
- 帶同대동 : 함께 데리고 감.
- 携帶휴대 : 어떤 물건을 몸에 지님.

체 滯$_3$ 막힐 **체** 滯症체증, 澁滯삽체, 積滯적체, 滯納체납

代

대신할 대 | 6급

亻/人 | 3획 | 총5획

人(사람 인) + 弋(주살 익)

국경에 세워두었던 말뚝(弋) 대신에 사람(人)이 당번을 선다는 데서, '대신하다'의 뜻이다.

- 交代교대 : 서로 대신함.
- 代置대치 : 위치를 바꿔 대신함.
- 代辯대변 : 어떤 사람이나 기관을 대신하여 의견을 말함.

대	貸$_3$	빌릴 **대**	貸借대차, 賃貸임대, 貸與대여
	垈$_2$	집터 **대**	家垈가대, 垈地대지, 垈田대전
	袋$_1$	자루 **대**	麻袋마대, 魚袋어대, 布袋포대

德

큰 덕 | 5급

彳 | 12획 | 총15획

彳(자축거릴 척) + 直(곧을 직) + 心(마음 심)

바르고 곧은(直) 마음(心)씨로 인생길을 걸어가는(彳) 데서, '바른 마음, 덕'의 뜻이다.

- 德望덕망 : 덕행으로 얻은 명망.
- 功德공덕 : 공훈과 덕망.
- 美德미덕 : 아름다운 덕성.

청	聽$_4$	들을 **청**	傾聽경청, 視聽시청, 聽聞청문, 幻聽환청
	廳$_4$	관청 **청**	官廳관청, 道廳도청, 大廳대청, 廳舍청사

벼 도 | 3급

禾 | 10획 | 총15획

禾(벼 화) + 爪(손톱 조) + 臼(절구 구)

절구(臼)에 넣어 손(爪)으로 찧어야 먹을 수 있는 곡식(禾)이라는 데서, '벼'의 뜻이다.

• 早稻조도 : 올벼.
• 立稻先賣입도선매 : 아직 논에서 자라고 있는 벼를 수확하기 전에 미리 팖.

도	滔1	물 넘칠 **도**	滔滔도도, 滔蕩도탕, 滔天도천
	蹈1	밟을 **도**	舞蹈무도, 蹈襲도습, 手舞足蹈수무족도

칼 도

3급

刀 | 0획 | 총2획

짧은 손잡이에 둥근 칼날이 있는 외날칼을 본뜬 글자로, '칼'의 뜻이다.

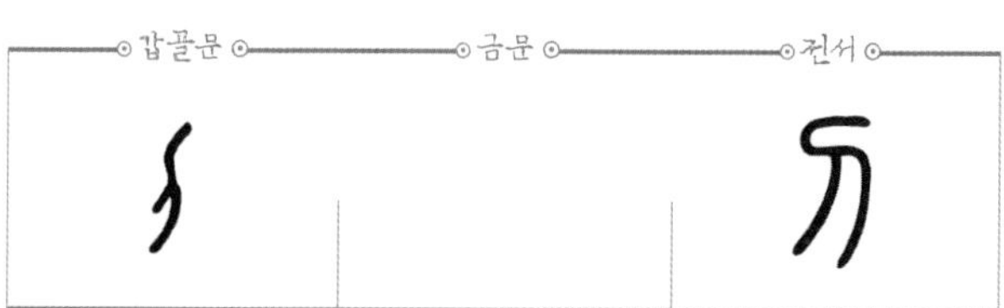

• 單刀直入단도직입 : 칼 한 자루 들고 곧장 쳐들어감. 요점을 곧바로 말함.
• 纖刀섬도 : 가느다란 칼.

류	劉2	죽일, 성(姓) **류**	劉邦유방, 劉備유비
쇄	刷3	인쇄할 **쇄**	印刷인쇄, 刷新쇄신, 縮刷축쇄
인	認준4	알 **인**	承認승인, 認定인정, 容認용인, 確認확인
	忍3	참을 **인**	忍耐인내, 堪忍감인, 忍從인종
	刃2	칼날 **인**	自刃자인, 白刃백인, 刃傷인상
	靭1	질길 **인**	靭帶인대, 堅靭견인, 强靭강인
절	切5	끊을 **절**	切齒腐心절치부심, 切斷절단, 品切품절,

			親切친절, 適切적절, 切感절감, 哀切애절
		온통 **체**	一切일체
초	初$_5$	처음 **초**	初心초심, 初志초지, 初場초장, 最初최초

度

①법도 도 ②헤아릴 탁 | 6급

| 广 | 6획 | 총9획 |

广(돌집 엄) + 甘(자) + 又(손)

집(广)의 크기를 손(又)에 자(甘)를 들고 재는 데서, '헤아리다, 법도'의 뜻이다.

- 法度법도 : 법과 제도.
- 忖度촌탁 : 헤아림.

도	渡$_3$	건널 **도**	渡江도강, 讓渡양도, 明渡명도, 渡來도래
	鍍$_1$	도금할 **도**	鍍金도금

陶

질그릇, 가르칠, 즐길 도 | 3급

| 阝/阜 | 8획 | 총11획 |

阝(언덕 부) + 勹(쌀 포) + 缶(장군 부)

언덕(阜) 위의 가마(勹)에서 흙을 빚어 구워내는 항아리(缶)에서, '질그릇'의 뜻이다.

- 陶冶도야 : 도기를 만드는 일과 쇠를 주조하는 일. 곧 심신을 닦고 기름.

• 陶器도기 : 질그릇.

도	萄1	포도 도	葡萄포도
	淘1	일 도	淘金도금, 淘淸도청, 淘汰도태

讀

①읽을 독 ②구절 두 | 6급

言 | 15획 | 총22획

言(말씀 언) + 賣(팔 매)

책을 읽는 것은 장사꾼이 물건을 팔기(賣) 위해 소리 내는(言) 것처럼 소리내어 읽어야 한다는 데서, '읽다'의 뜻이다.

• 讀書독서 : 책을 읽음.
• 句讀法구두법 : 글을 편하게 읽기 위한 점, 표 등 문장 부호에 관한 규칙.

독	瀆1	더럽힐, 도랑 독	瀆職독직, 溝瀆구독, 汚瀆오독, 冒瀆모독
속	續준4	이을 속	繼續계속, 勤續근속, 續報속보, 手續수속
	贖1	속바칠, 속죄할 속	贖錢속전, 贖罪속죄, 代贖대속

동녘 동 | 8급

木 | 4획 | 총8획

양 쪽 끝이 묶인 주머니 모양을 본뜬 글자로 '주머니 속의 물건'을 나타냈으나, 후에 방위 '동녘'의 뜻이 되었다.

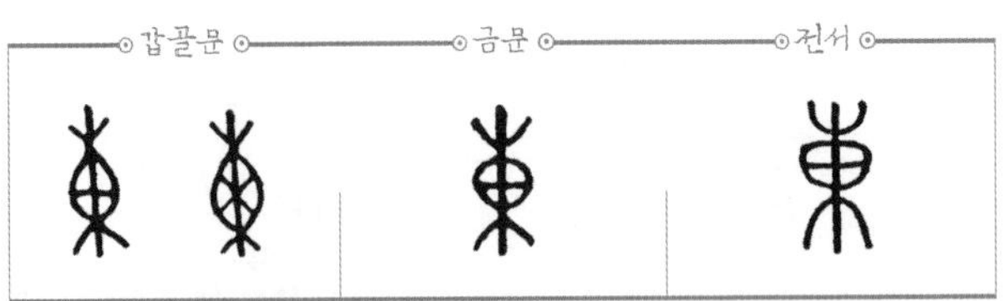

- 東問西答동문서답 : 질문에 엉뚱한 답을 함.
- 東京동경 : 일본의 수도.

동	凍$_3$	얼 **동**	凍結동결, 凍氷동빙, 凍破동파, 不凍液부동액
	棟$_2$	마룻대 **동**	棟樑동량, 病棟병동, 汗牛充棟한우충동
진	陳$_3$	베풀 **진**	陳列진열, 陳設진설
		묵을 **진**	陳腐진부, 陳套진투
		말할 **진**	陳述진술, 陳謝진사, 陳情진정, 開陳개진

아이 동 | 6급

立 | 7획 | 총12획

辛(매울 신) + 重(무거울 중)

얼굴에 문신(辛)을 하고 힘든 노동(重)을 하는 '노예'를 가리키는 글자였으나, 후에 '아이'를 뜻하게 되었다.

- 童心동심 : 아이의 마음.
- 惡童악동 : 나쁜 아이.
- 童話동화 : 아이들의 이야기.

당	撞$_1$	칠 **당**	自家撞着자가당착, 撞球당구, 撞座당좌
동	憧$_1$	동경할 **동**	憧憬동경, 憧憧동동
	瞳$_1$	눈동자 **동**	瞳孔동공, 瞳人동인, 綠瞳녹동

종	鐘$_4$	쇠북 **종**	鐘閣종각, 打鐘타종, 晩鐘만종

한가지 **동**

7급

口 | 3획 | 총6획

둥근 통 모양을 본뜬 글자로 대나무의 앞뒤로 구멍을 뚫으면 구멍이 앞뒤가 모두 같다는 데서, '한가지, 같다'의 뜻이다.

- 和同화동 : 화목하게 동화됨.
- 吳越同舟오월동주 : 서로 나쁜 사이의 사람이 같은 처지에 놓임.

동	銅$_{준4}$	구리 **동**	銅鏡동경, 銅像동상, 銅版동판, 靑銅청동
	洞$_7$	골 **동**	洞口동구, 洞里동리, 洞窟동굴, 同穴동혈
		밝을 **통**	洞察통찰, 洞燭통촉, 洞達통달
	桐$_2$	오동나무 **동**	梧桐오동, 絲桐사동, 桐油동유
	胴$_1$	큰창자, 몸통 **동**	胴體동체, 胴部동부
통	筒$_1$	통 **통**	算筒산통, 煙筒연통, 竹筒죽통
흥	興$_{준4}$	일어날 **흥**	遊興유흥, 興行흥행, 振興진흥, 興味흥미

겨울 **동**

7급

冫 | 3획 | 총5획

본래 노끈의 양쪽 끝을 묶어 매듭을 지은 모양을 본뜬 글자로 '마치다'의 뜻이다. 농사를 마치고 집에서 새끼를 꼬는 계절이라는 데서, '겨울'의 뜻이 되었다. 원래 뜻이 '마치다'에서 '겨울'로 확장되자 새로 終(마칠 종) 자가 생겨났다.

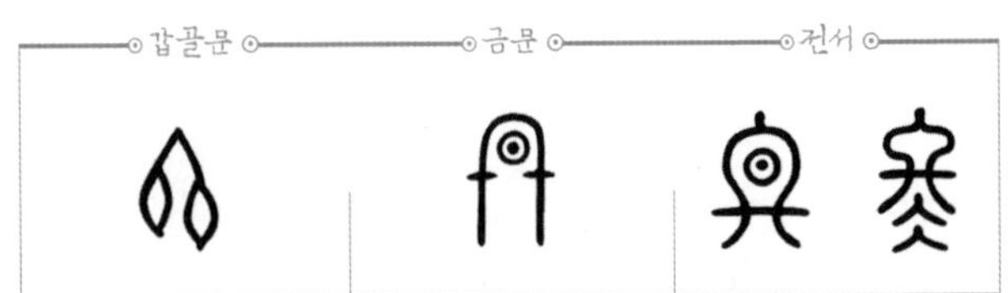

- 越冬월동 : 겨울나기.
- 冬眠동면 : 겨울잠.

동	疼1	아플 동	骨疼골동, 疼痛동통
종	終5	마칠 종	終身종신, 終熄종식, 終末종말, 臨終임종

豆

콩, 제기 두

준4급

豆 | 0획 | 총7획

제사 때 쓰는 그릇의 형상을 본뜬 글자로, '제기祭器'의 뜻이다. 음을 가차하여 '콩'의 뜻으로 쓰게 되었다.

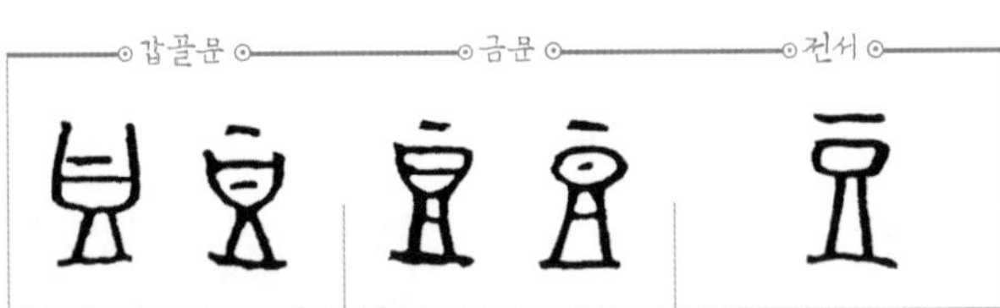

- 豆腐두부 : 콩으로 만든 음식.
- 籩豆변두 : 제사 때 쓰는 그릇.
- 豆乳두유 : 콩으로 만든 우유.

두	頭6	머리 두	擡頭대두, 頭目두목, 念頭염두, 頭相두상
	痘1	마마 두	牛痘우두, 痘痕두흔, 水痘수두, 痘面두면
례	禮6	예도 례	缺禮결례, 克己復禮극기복례, 巡禮순례
	醴2	단술 례	甘醴감례, 醴酒예주, 醴泉예천

투	鬪4	싸울 투	鬪爭투쟁, 健鬪건투, 亂鬪난투, 奮鬪분투
풍	豊준4	풍년 풍	豊滿풍만, 豊盛풍성, 豊饒풍요, 豊年풍년
희	戱3	놀이, 연극 희	戱曲희곡, 戱弄희롱, 遊戱유희

말 두

준4급

斗 | 0획 | 총4획

곡식의 분량을 되는 데 쓰는 말을 본뜬 글자로, '말'의 뜻이다.

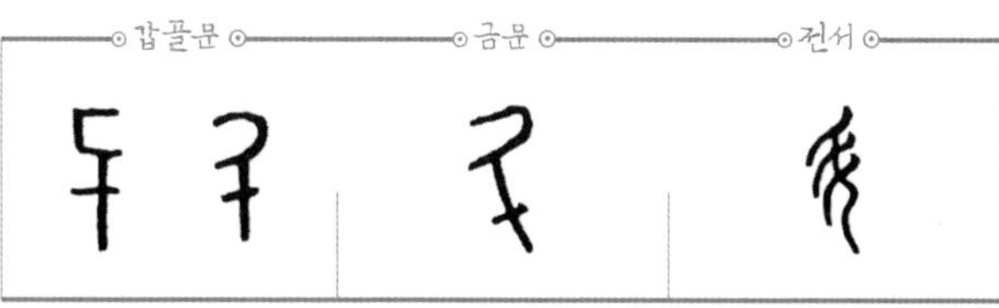

- 斗起두기 : 우뚝 솟음.
- 車載斗量거재두량 : 수레에 싣고 말로 된다는 뜻으로 많고 흔함을 비유.

과	科6	과목, 형벌, 과거 과	科程과정, 外科외과, 科擧과거, 罪科죄과
료	料5	값, 헤아릴, 재료 료	料量요량, 料金요금, 染料염료, 香料향료
알	斡1	돌 알	斡旋알선, 斡流알류

①어려울, 주둔할 둔 ②어려울 준

3급

屮 | 1획 | 총4획

어린 싹이 땅을 뚫고 나오는 모양을 본뜬 글자로, 어린 싹이 땅을 뚫고 나오기 어려우므로 '어렵다'의 뜻이 있다. 뒤에 '모이다, 주둔하다'의 뜻이 보태졌다.

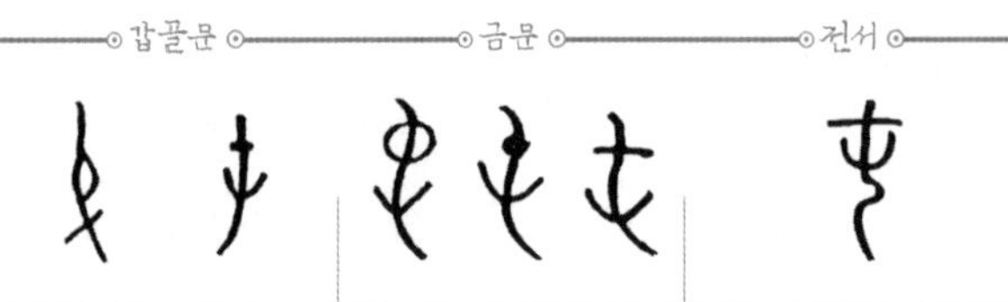

• 駐屯주둔 : 진을 치고 머묾.
• 屯田둔전 : 군대의 군량을 마련하기 위한 토지.

돈	頓2	조아릴 **돈**	頓絕돈절, 頓首돈수, 整頓정돈, 査頓사돈
	沌1	엉길 **돈**	渾沌/混沌혼돈
둔	鈍3	둔할 **둔**	鈍濁둔탁, 魯鈍노둔, 鈍器둔기, 鈍感둔감
순	純준4	순박할 **순**	純粹순수, 純朴순박, 單純단순, 純潔순결

오를 등

7급

癶 | 7획 | 총12획

제물이 담긴 그릇을 두 손으로 바치는 장면을 본뜬 글자로, 원 뜻은 '공물을 바치다'였으나, 후에 확장되어 '오르다, 신다, 익다'의 뜻이 되었다.

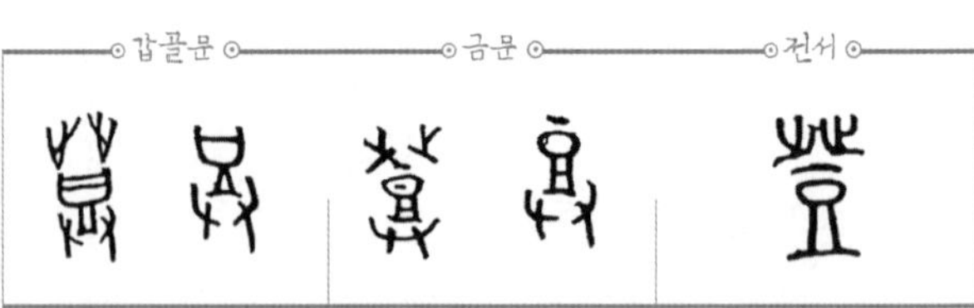

• 登用등용 : 인재를 뽑아 씀.
• 登龍門등용문 : 출세의 관문. 크게 이루어 영달함.
• 登山등산 : 산에 오르다.

등	燈준4	등 **등**	貧者一燈빈자일등, 燈臺등대, 消燈소등

	鄧 2	나라이름 **등**	
	橙 1	등자나무 **등**	橙子등자, 橙色등색
증	證 4	증거 **증**	檢證검증, 干證간증, 查證사증, 辨證法변증법
징	澄 1	맑을 **징**	淸澄청징, 澄淨징정, 明澄명징

藤

등나무 **등**

2급

艹/艸 | 15획 | 총19획

艹(풀 초) + 滕(오를 등)

물이 솟아 오르듯이(滕) 덩굴(艹)이 위로 퍼지는 데서, '등나무'의 뜻이다.

- 葛藤갈등 : 칡뿌리와 등나무처럼 서로 뒤엉켜 풀기 어려운 상태.
- 藤鞭등편 : 등나무로 만든 채찍.

등	騰 3	오를 **등**	騰貴등귀, 騰落등락, 反騰반등, 沸騰비등
	謄 2	베낄 **등**	謄本등본, 謄記등기, 謄錄등록
승	勝 6	이길 **승**	健勝건승, 勝訴승소, 勝利승리, 勝因승인
		경치 좋을, 훌륭할 **승**	名勝명승, 景勝경승

그물, 벌일 라

준4급

| 罒/网 | 14획 | 총19획 |

罒(그물 망) + 糸(실 사) + 隹(새 추)

새(隹)를 잡는 실(糸)로 짠 그물(罒)을 펼친다는 데서, '벌이다'의 뜻이다.

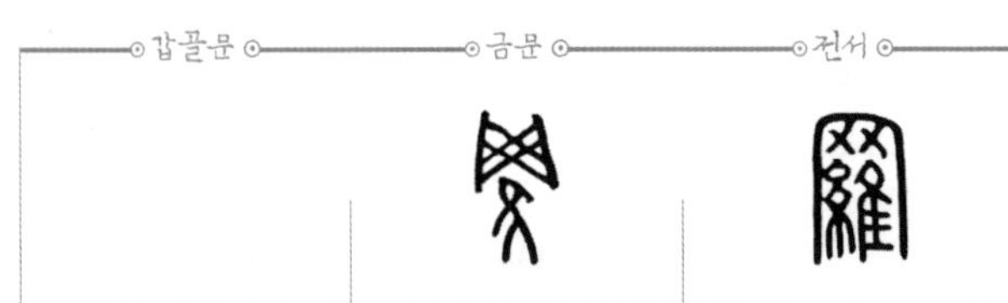

• 羅列나열 : 죽 벌여놓음.
• 網羅망라 : 큰 그물과 작은 그물. 모두 빠짐 없이 휘몰아 들임.
• 森羅삼라 : 숲과 나무처럼 많이 늘어서 있음.

라 邏$_1$ 순라 라 巡邏순라, 邏卒나졸

①즐거울 락 ②좋아할 요 ③악기 악

6급

| 木 | 11획 | 총15획 |

나무에 줄을 매서 만든 현악기를 본뜬 글자로, 뜻이 '악기→즐겁다→좋아하다'로 확장되어 변하였다.

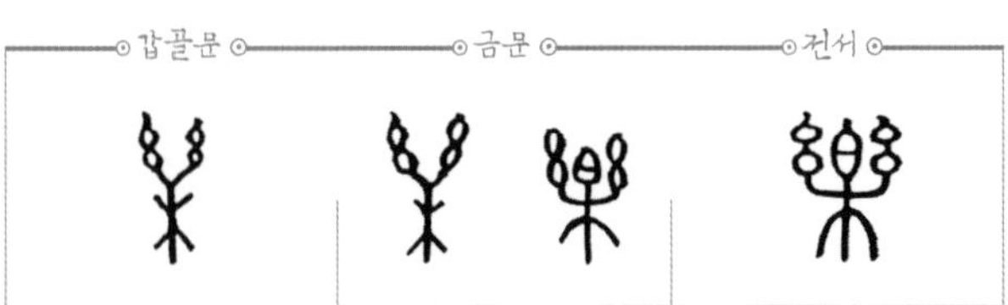

- 快樂쾌락 : 기분이 좋고 즐거움.
- 樂山樂水요산요수 : 산수山水를 좋아함.
- 樂器악기 : 연주하는 도구.

력	礫1	조약돌 **력**	沙礫사력, 礫巖역암, 石礫석력
약	藥6	약 **약**	藥房甘草약방감초, 試藥시약, 湯藥탕약

蘭

난초 란 3급

艹/艸 | 17획 | 총21획

艹(풀 초) + 門(문 문) + 柬(가릴 간)

문(門) 안에 가려서(柬) 심은 화초(艹)에서, '난초'의 뜻이다.

- 蘭交난교 : 뜻이 맞아 서로 친밀한 사람들의 사귐.
- 春蘭춘란 : 봄에 꽃이 피는 난의 일종.

란	欄3	난간 **란**	欄干난간, 空欄공란, 欄檻난함
	爛2	빛날, 익을 **란**	爛商討議난상토의, 爛熟난숙, 絢爛현란
	瀾1	물결 **란**	波瀾萬丈파란만장, 狂瀾광란, 碧瀾渡벽란도

섣달, 납향 랍 1급

月/肉 | 15획 | 총19획

月(고기 육) + 巤(긴 갈기 렵)

긴 갈기(巤)가 있는 동물(月)을 사냥하여 조상께 제사를 지내는 '납향제' 또 그것을 행하던 '섣달'의 뜻이다.

• 舊臘구랍 : 지난해의 섣달.
• 臘享납향 : 섣달에 여러 신께 지내는 제사.

랍	蠟$_1$	밀 **랍**	蠟淚납루, 蜜蠟밀랍, 蠟畫납화
렵	獵$_3$	사냥 **렵**	狩獵수렵, 獵奇엽기, 獵銃엽총

들보, 돌다리 량

준3급

| 木 | 7획 | 총11획 |

氵(물 수) + 刅(칼날 인) + 丶(점 주) + 木(나무 목)

나무(木)나 돌을 칼(刅)로 다듬어(丶) 물(氵) 위에 걸쳐놓은 것으로, '다리, 돌다리, 들보'의 뜻이다.

• 橋梁교량 : 다리.
• 上梁상량 : 마룻대. 집을 지을 때 기둥에 보를 얹고 위에 마룻대를 올림.
• 梁上君子양상군자 : 들보 위의 군자. 도둑을 이름.

량	樑$_2$	들보 **량**	續樑속량, 樑奉양봉
	粱$_1$	기장 **량**	膏粱珍味고량진미, 高粱酒고량주

두 량

준4급

| 入 | 6획 | 총8획 |

수레의 두 바퀴 형태처럼 좌우가 같은 형태라는 데서, '둘'의 뜻이다.

• 兩家양가 : 양쪽 두 집안.

• 兩親양친 : 양쪽 부모.

량	輛 2	수레 **량**	車輛차량
	倆 1	재주 **량**	伎倆/技倆기량
만	滿 준4	찰 **만**	滿期만기, 滿足만족, 圓滿원만, 滿朔만삭
	瞞 1	속일 **만**	瞞着만착, 欺瞞기만

어질 **량**

5급

| 艮 | 1획 | 총7획 |

원래 큰 집을 연결하는 '툇마루, 복도, 행랑'의 뜻이었으나 '어질다'의 뜻으로 확장되자, 廊(행랑 랑) 자가 새로 생겨났다.

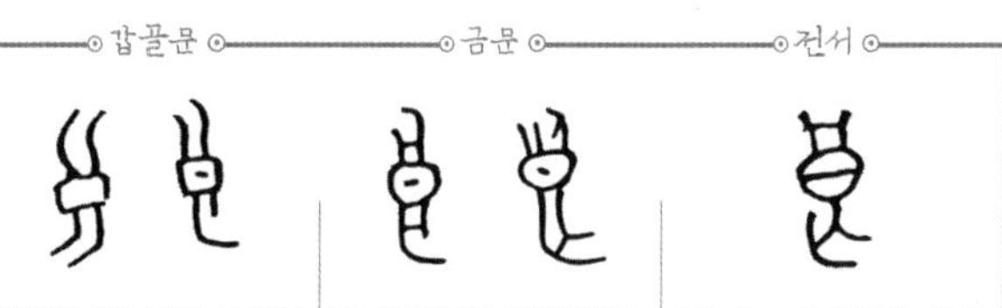

• 良心양심 : 어진 마음.

• 改良개량 : 좋게 고침.

• 優良우량 : 우수하고 좋음.

낭	娘 3	계집 **낭**	娘子낭자, 令娘영랑, 娘家낭가
랑	朗 5	밝을 **랑**	明朗명랑, 朗報낭보, 朗誦낭송, 朗讀낭독
	浪 3	물결, 터무니없을 **랑**	激浪격랑, 浪說낭설, 浪費낭비, 浪漫낭만, 孟浪맹랑, 浪人낭인
	郎 3	사내 **랑**	郎君낭군, 新郎신랑, 花郎화랑, 郎子낭자
	廊 3	행랑 **랑**	行廊행랑, 畫廊화랑, 舍廊房사랑방, 回廊회랑

狼$_1$ 이리 **랑** 狼狽낭패, 狼藉낭자, 虎狼호랑

어그러질, 돌려줄 려

1급

戶 | 4획 | 총8획

戶(집 호) + 犬(개 견)

문(戶)간에 있는 집 지키는 개(犬)에서, '사납다'의 뜻이고, 나아가 '어그러지다'의 뜻이다.

- 悖戾패려 : 도리에 어그러지고 사나움.
- 返戾반려 : 되돌려줌.
- 貪戾탐려 : 성격이 어그러지고 욕심이 많음.

루 淚$_3$ 눈물 **루** 憤淚분루, 感淚감루, 催淚彈최루탄

등뼈, 음률, 성(姓) 려

2급

口 | 4획 | 총7획

사람의 등뼈 두 개가 이어져 있는 모양에서 '등뼈'의 뜻이나, 현재는 '음률, 성씨'로 쓰이고, 膂(등골 려) 자가 새로 생겨났다.

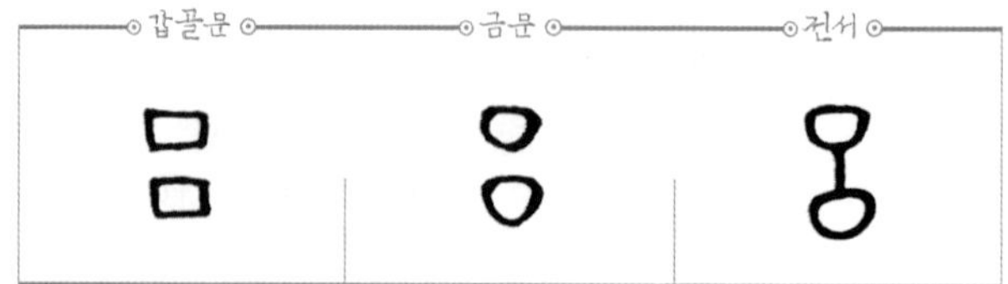

- 律呂율려 : 음악이나 음성의 가락.

궁	宮4	집, 궁형, 오음 **궁**	宮女궁녀, 宮刑궁형, 東宮동궁
려	侶1	짝 **려**	僧侶승려, 伴侶반려, 法侶법려, 同侶동려
	閭1	마을 **려**	閭閻여염, 閭巷여항, 村閭촌려
영	營4	경영할, 진영 **영**	經營경영, 陣營진영, 營繕영선

力

힘 력

7급

力 | 0획 | 총2획

밭을 가는 쟁기의 모양을 본뜬 글자로, 원래 '쟁기'의 뜻이었으나 쟁기를 이용해 밭을 갈려면 큰 힘이 필요하므로 '힘'의 뜻이 되었다.

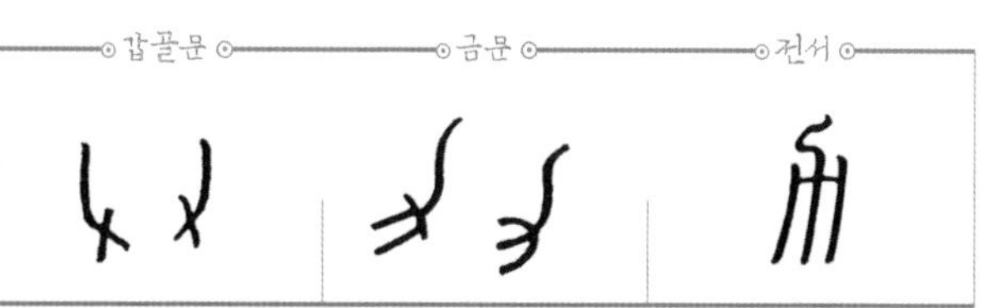

- 力說역설 : 자신의 주장, 의견 등을 힘주어 말함.
- 力點역점 : 힘을 많이 들이는 주안점.

근	筋4	힘줄 **근**	筋力근력, 鐵筋철근, 筋肉근육, 心筋심근
륵	肋1	갈빗대 **륵**	肋骨늑골, 肋膜늑막, 鷄肋계륵
	勒1	굴레, 억지로 할, 새길 **륵**	乙巳勒約을사늑약, 勒兵늑병, 勒銘늑명, 勒買늑매, 勒婚늑혼, 勒奪늑탈, 彌勒미륵
칙	勅1	칙서 **칙**	勅書칙서, 勅命칙명, 勅使칙사
협	協준4	화할 **협**	和協화협, 協力협력, 妥協타협, 協商협상
	脅3	으를, 갈빗대 **협**	脅痛협통, 脅迫협박, 威脅위협

歷

지날, 분명할 력

3급

厂 | 14획 | 총16획

厂(바위굴 한) + 禾(벼 화) + 止(발 지)

벼랑(厂) 밑에서 벼를 차례차례 늘어놓기(禾) 위해 순서대로 발(止)을 놓는 데서, '지나다'의 뜻이다.

- 經歷경력 : 겪어 지나온 날들.
- 歷歷역력 : 분명함, 뚜렷함.

력			
	曆3	책력 **력**	冊曆책력, 曆法역법, 陰曆음력, 月曆월력
	瀝1	거를, 스밀 **력**	瀝瀝역력, 披瀝피력, 瀝淸역청

列

벌일 렬

준4급

刂/刀 | 4획 | 총6획

歹(뼈앙상할 알) + 刀(칼 도)

짐승의 뼈(歹)를 칼(刂)로 발라 고기만 늘어놓는 데서, '벌이다'의 뜻이다.

- 列强열강 : 여러 강한 나라들.
- 戰列전렬 : 전선의 대열.
- 陳列臺진열대 : 상품 등을 늘어놓는 선반.

렬			
	烈4	매울, 절개 굳을 **렬**	烈士열사, 猛烈맹렬, 熱烈열렬, 烈祖열조, 遺烈유열, 烈女열녀

	裂 3	찢어질 **렬**	決裂결렬, 破裂파열, 龜裂균열, 潰裂궤열

명령, 법, 우두머리, 좋을 령 | 5급

| 人 | 3획 | 총5획 |

방에 앉아서 명을 받고 있는 모습에서, '명령'의 뜻이다.

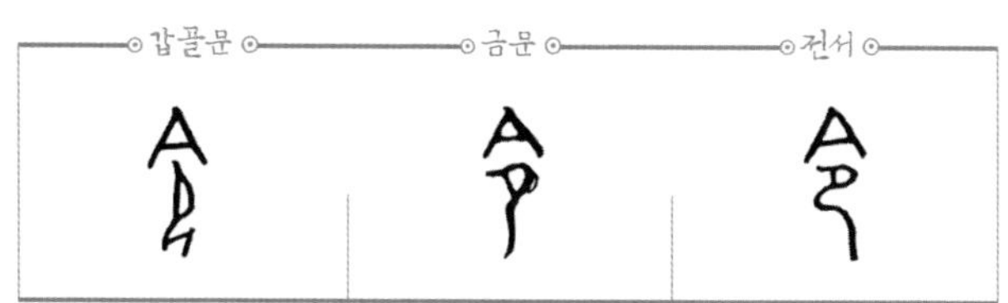

- 命令명령 : 웃사람이 시키는 분부.
- 令胤영윤 : 남의 아들에 대한 높임말.
- 令狀영장 : 명령을 적은 문서.

랭	冷 5	찰 **랭**	冷凍냉동, 冷情냉정, 冷藏庫냉장고, 冷嚴냉엄
령	領 5	옷깃, 우두머리, 받을, 차지할 **령**	領首영수, 酋領추령, 領洗영세, 領收영수, 占領점령
	嶺 3	재 **령**	分水嶺분수령, 峻嶺준령, 嶺西영서
	零 3	떨어질, 작을 **령**	零細영세, 零落영락, 零下영하
	玲 2	옥소리 **령**	玲玲영령, 玲瓏영롱
	囹 1	옥 **령**	囹圄영어
	齡 1	나이 **령**	高齡고령, 妙齡묘령, 適齡期적령기
	鈴 1	방울 **령**	鈴聲영성, 鈴語영어, 鈴鐸영탁
명	命 7	목숨 **명**	亡命망명, 悲命비명, 運命운명, 延命연명

老

늙을, 익숙할 로 | 7급

老 | 0획 | 총6획

머리가 길고 등이 굽은 노인이 지팡이를 짚고 서 있는 모양에서, '노인'의 뜻이다.

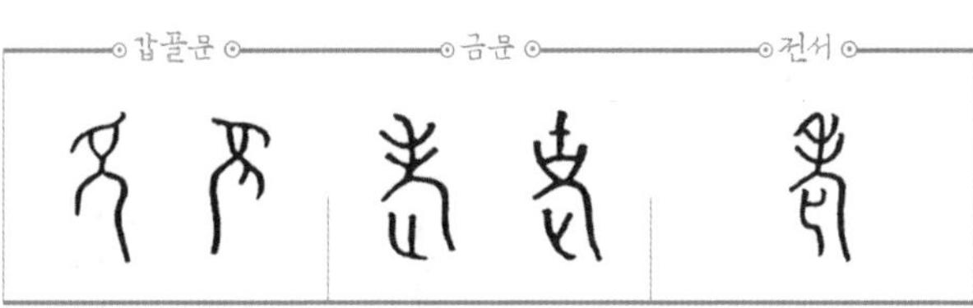

- 元老원로 : 오랫동안 한 가지 일을 하여 공로가 큰 사람.
- 老鍊노련 : 익숙하게 숙달됨. 능란함.
- 老朽노후 : 오래되고 낡음.

고	考5	생각할 **고**	熟考숙고, 長考장고, 考案고안, 考試고시
		죽은아비 **고**	考妣고비
	拷1	칠 **고**	拷問고문, 拷訊고신, 拷打고타
기	耆2	늙은이 **기**	耆年기년, 耆蒙기몽, 耆儒기유, 耆老所기로소
	嗜1	즐길 **기**	嗜好品기호품, 嗜僻기벽, 嗜眠기면

爐

화로 로 | 3급

火 | 16획 | 총20획

火(불 화) + 盧(그릇 로)

불(火)을 담는 그릇(盧)에서, '화로'의 뜻이다.

- 紅爐點雪홍로점설 : 벌겋게 단 화로에 한 점의 눈. 큰 일에

작은 힘이 미치지 못함.

• 冶爐야로 : 풀무. 대장간에서 쇠를 불리는 화로.

려	慮2	오두막 려	三顧草廬삼고초려, 廬幕여막
로	盧2	성(姓), 그릇, 검을 로	盧弓노궁, 盧生之夢노생지몽
	蘆2	갈대 로	蘆笛노적, 蘆錐노추, 蘆花노화

綠

푸를 록 6급

糸 | 8획 | 총14획

糸(실 사) + 彔(나무 깎을 록)

나무 껍질을 깎으면 푸른색이 나오는 데서, '푸르다'의 뜻이다.

• 草綠同色초록동색 : 풀빛과 녹색은 같은 빛깔이란 뜻으로, 같은 처지의 사람과 어울림.

• 綠陰녹음 : 푸르게 우거진 그늘.

록	錄2	기록할 록	紀錄기록, 收錄수록, 錄畫녹화
	祿3	녹 록	官祿관록, 祿俸녹봉, 食祿식록, 國祿국록
	碌1	푸른돌, 녹록할 록	碌碌녹록
박	剝1	벗길 박	剝製박제, 刻剝각박, 剝皮박피, 剝奪박탈

鹿

사슴 록 3급

鹿 | 0획 | 총11획

사슴의 뿔, 긴 목, 가는 다리를 본뜬 글자로, '사슴'의 뜻이다.

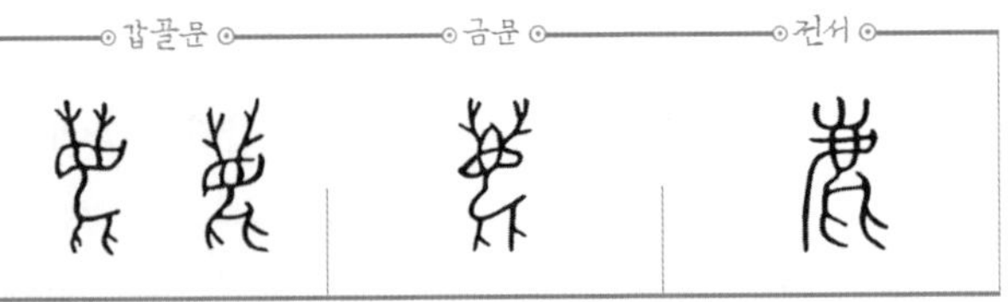

• 鹿皮녹피 : 사슴의 가죽.

• 鹿茸녹용 : 사슴의 뿔.

려	麗준4	고울 **려**	美麗미려, 高麗고려, 秀麗수려, 纖麗섬려
	驪2	검은말 **려/리**	驪州여주, 驪珠이주, 驪龍이룡
록	麓1	산기슭 **록**	山麓산록, 短麓단록
사	麝1	사향노루 **사**	麝香사향, 麝鼠사서, 麝鹿사록
쇄	灑1	물뿌릴 **쇄**	灑掃巾櫛쇄소건즐, 灑掃쇄소, 灑塵쇄진
진	塵2	티끌 **진**	落塵낙진, 蒙塵몽진, 塵世진세, 風塵풍진

쟁기 뢰

0급

耒 | 0획 | 총6획

쟁기를 손에 잡고 있는 모습으로, '쟁기'의 뜻이다.

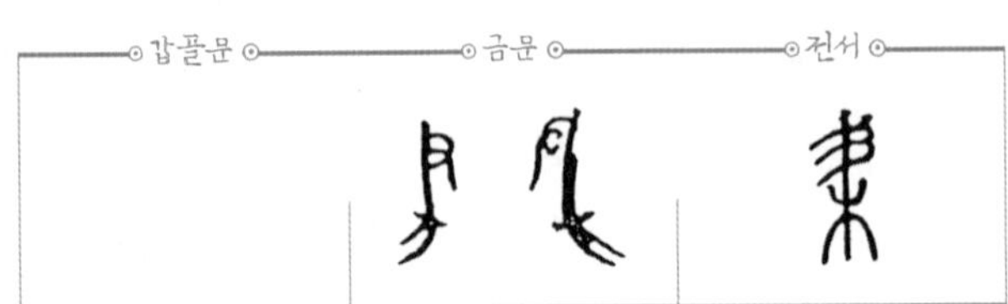

• 耒耜뇌사 : 쟁기와 보습.

경	耕3	밭갈 **경**	耕山釣水경산조수, 耕作경작, 農耕농경, 筆耕필경, 耕耘機경운기
모	耗1	덜, 어지러울 **모**	消耗소모, 損耗손모, 耗盡모진

운	耘1	김맬 **운**	耕耘경운, 耘耔운자, 耘穫운확
자	藉1	깔, 핑계할, 어지러울 **자**	慰藉料위자료, 藉藉자자, 憑藉빙자
		친경할 **적**	藉田적전
적	籍4	문서 **적**	國籍국적, 史籍사적, 學籍학적, 移籍이적

라

賴

의뢰할 **뢰** 3급

| 貝 | 9획 | 총16획 |

束(묶을 속) + 刀(칼 도) + 貝(조개 패)

칼(刀)과 재물(貝)을 묶어(束) 가져다 주면서 어떤 일을 부탁하는 데서, '의뢰하다'의 뜻이다.

- 信賴신뢰 : 믿고 의지함.
- 無賴漢무뢰한 : 일정한 업이 없이 불량한 사람.
- 依賴의뢰 : 남에게 부탁함.

라	懶1	게으를 **라**	懶怠나태, 懶慢나만, 懶惰나타
	癩1	문둥이 **라**	癩菌나균, 癩病나병, 癩腫나종, 癩疹나진

동료 **료** 3급

| 亻/人 | 12획 | 총14획 |

人(사람 인) + 尞(관청 료)

관청(尞)에서 함께 일하는 사람(人)에서, '동료, 벼슬아치'의 뜻이다.

• 幕僚막료 : 본부에서 지휘관을 보좌하는 간부.

• 同僚동료 : 같이 일하는 사람.

료	療2	병고칠 료	治療치료, 療飢요기, 療法요법, 療養요양
	遼2	멀 료	遼遠요원, 遼隔요격, 遼東豕요동시
	瞭1	밝을 료	一目瞭然일목요연, 簡單明瞭간단명료
	燎1	횃불 료	燎原요원, 燎炬요거, 燎火요화
	寮1	동관(同官) 료	寮舍요사, 百寮백료, 內寮내료

마칠 료

3급

| 亅 | 1획 | 총2획 |

일을 마치고 쓰던 갈고리(亅)를 벽 선반 못(ㄱ)에 거는 데서, '마치다'의 뜻이다.

• 完了완료 : 완전히 끝마침.

• 了解요해 : 사정과 형편을 완전히 앎.

• 修了수료 : 일정한 학업이나 과정을 마침.

사	事7	일 사	事件사건, 事務사무, 事理사리, 事態사태
		섬길 사	事大사대, 事君사군
서	序5	차례 서	序列서열, 序曲서곡, 序頭서두, 秩序질서
	抒1	풀 서	抒情서정
여	予3	나, 줄(與) 여	予奪여탈, 欲取先予욕취선여
예	預2	미리(豫), 참여할 예	參預참예, 干預간예
		맡길 예	預金예금, 預託예탁, 預置예치

龍

용 룡 | 4급

龍 | 0획 | 총16획

큰 입, 길고 구부러진 몸체를 지닌 상상의 동물 용을 본떠, '용'의 뜻이다.

갑골문 · 금문 · 전서

- 蟄龍칩룡 : 숨어 있는 용. 숨어 있는 영웅을 뜻함.
- 龍頭蛇尾용두사미 : 용머리에 뱀꼬리. 시작은 좋으나 끝이 시시함.

롱	籠2	대바구니 롱	籠絡농락, 籠城농성, 牢籠뇌롱, 籠球농구
	瓏1	영롱할 롱	玲瓏영롱
	聾1	귀머거리 롱	聾兒농아, 聾盲농맹, 治聾酒치롱주
	壟1	언덕 롱	壟斷농단, 丘壟구롱, 土壟토롱
방	龐2	클, 높은 집 방	龐眉皓髮방미호발
습	襲3	엄습할, 염습할, 물려받을 습	奇襲기습, 世襲세습, 殮襲염습, 掩襲엄습, 逆襲역습
총	寵1	사랑할 총	寵兒총아, 寵愛총애, 寵臣총신

樓

다락 루 | 3급

木 | 11획 | 총15획

木(나무 목) + 婁(여러 루)

나무(木)를 여러(婁)개 이어서 지은 건물로, '다락'의 뜻이다.

- 砂上樓閣사상누각 : 모래 위에 지은 집. 기초가 부실함.
- 戍樓수루 : 적의 동정을 살피기 위해 성 위에 지은 망루.

루	屢$_3$	여러 **루**	屢差누차, 屢代누대, 屢屢누누
수	數$_7$	셈 **수**	權謀術數권모술수, 數學수학, 段數단수
		자주 **삭**	數數往來삭삭왕래, 煩數번삭, 疏數소삭
		촘촘할 **촉**	數罟촉고

累 여러, 자주, 폐 끼칠 루

3급

| 糸 | 5획 | 총11획 |

田(밭 전) + 糸(실 사)

밭(田) 사이에 실(糸)처럼 가늘게 나 있는 밭두렁이 여러 개 포개어 보인다는 데서, '여러, 자주'의 뜻이다.

- 累積누적 : 포개어 쌓음.
- 累卵之勢누란지세 : 알을 포개 쌓아놓은 형세. 위기.

라	螺$_1$	소라 **라**	螺旋나선, 螺階나계, 螺髮나발

謬 그르칠 류

2급

| 言 | 11획 | 총18획 |

言(말씀 언) + 翏(날아갈 류)

멀리 벗어나 높이 날아가는(翏) 말(言)은 잘못이라는 데서, '그르치다'의 뜻이다.

- 誤謬오류 : 그릇되어 이치에 어긋남.
- 謬見유견 : 잘못된 견해.

교	膠₂	아교 **교**	膠着교착, 阿膠아교, 膠漆교칠
료	寥₁	쓸쓸할 **료**	寂寥적료, 荒寥황료
륙	戮₁	죽일 **륙**	殺戮살륙, 戮辱육욕, 屠戮도륙, 刑戮형륙

머무를 류

준4급

| 田 | 5획 | 총10획 |

卯(토끼 묘) + 田(밭 전)

토끼(卯)가 풀밭(田)에 머물러(留) 풀을 뜯어 먹는 데서, '머무르다'의 뜻이다.

- 留念유념 : 마음에 기억하여 둠.
- 留鄕유향 : 시골에 머묾.
- 保留보류 : 미루어둠.

류	溜₁	물방울, 처마물 **류**	溜槽유조, 蒸溜증류, 溜飮유음
	瘤₁	혹 **류**	石瘤석류

輪 바퀴 륜

4급

車	8획	총15획

車(수레 거) + 侖(바퀴살 륜)

車는 뜻을, 侖은 소리를 나타내어, '수레바퀴'의 뜻이다.

- 輪禍윤화 : 교통사고.
- 輪番윤번 : 돌아가며 차례로 번듦.

론	論준4	논의할 론	論功行賞논공행상, 論斷논단, 論議논의
륜	倫3	인륜 륜	悖倫패륜, 人倫인륜, 不倫불륜, 倫理윤리
	崙2	산이름 륜	河崙하륜
	淪1	빠질 륜	淪落윤락, 渾淪혼륜, 淪塞윤색
	綸1	벼리 륜	經綸경륜, 綸言윤언, 彌綸미륜
		관건 관	綸巾관건

律 법 률

준4급

彳	6획	총9획

彳(자축거릴 척) + 聿(붓 율)

법률은 붓(聿)으로 쓰여진 뒤에 나라 전체에 퍼져 나가는(彳) 데서, '법'의 뜻이다.

- 律法율법 : 법률.
- 二律背反이율배반 : 서로 모순된 두 명제가 동등하게 주장됨.

진 津2 나루, 진액, 넘칠 **진** 津船진선, 津液진액, 興味津津흥미진진

필 筆5 붓 **필** 筆舌필설, 鉛筆연필, 筆禍필화, 宸筆신필

栗

밤 률 3급

木 | 6획 | 총10획

밤나무에 밤이 많이 열린 모양을 본뜬 글자로, '밤'의 뜻이다.

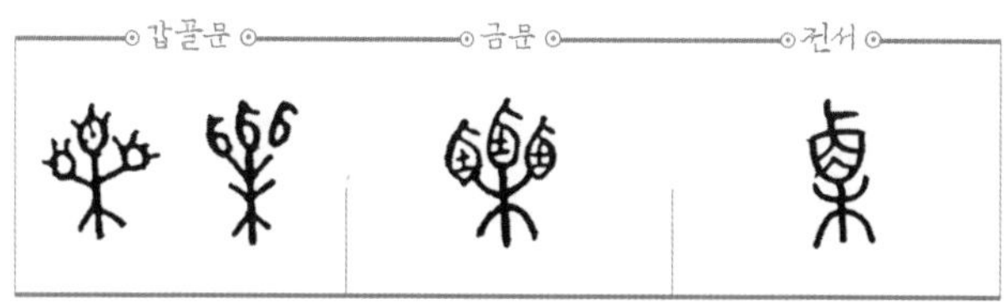

- 生栗생률 : 날밤.
- 栗刺율자 : 밤나무 가시.

률 慄1 두려워할 **률** 戰慄전율, 悚慄송률, 恐慄공률

陵

언덕, 임금무덤, 쇠할 릉 3급

阝/阜 | 8획 | 총11획

흙(土)이 완만한 비탈을 이루며 넓게 펼쳐져(八)이 있어 천천히 걸어(夊) 올라갈 수 있는 언덕(阝)에서, '언덕'의 뜻이다.

- 丘陵구릉 : 낮은 언덕. 임금의 무덤.
- 陵夷능이 : 언덕이 차차 평이해짐.

릉	凌1	업신여길, 능가할, 범할, 심할 **릉**	凌蔑능멸, 凌辱능욕, 陵遲處斬능지처참, 凌駕능가
	綾1	비단 **릉**	綾紗능사, 綾衾능금, 細綾세릉
	稜1	모, 위엄 **릉**	稜線능선, 稜威능위, 稜角능각
	菱1	마름 **릉**	菱鐵능철, 菱形능형, 菱花능화

離

떠날 리 | 4급

隹 | 11획 | 총19획

禽(날짐승 금) + 隹(새 추)

날짐승(禽)인 철새(隹)는 계절이 바뀌면 둥지를 버리고 떠나는 데서, '떠나다'의 뜻이다.

- 離別이별 : 헤어짐.
- 會者定離회자정리 : 만나면 헤어지게 되어 있음.

리	籬1	울타리 **리**	籬菊이국, 圍籬安置위리안치, 東籬동리

利

이로울, 날카로울 리 | 6급

刂/刀 | 5획 | 총7획

禾(벼 화) + 刂(칼 도)

벼(禾)를 베는 칼(刂)이 날카롭다는 데서, '날카롭다, 이롭다'의 뜻이다.

- 銳利예리 : 날카로움.
- 見利思義견리사의 : 이익을 보면 의를 생각함.

리	梨3	배 리	梨花이화, 棠梨당리, 梨園이원
	痢1	이질 리	痢疾이질, 痢症이증, 滑痢활리

마을 리 | 7급

里 | 0획 | 총7획

田(밭 전) + 土(흙 토)

밭과 흙이 있어 사람이 모여 사는 곳, '마을'의 뜻이다.

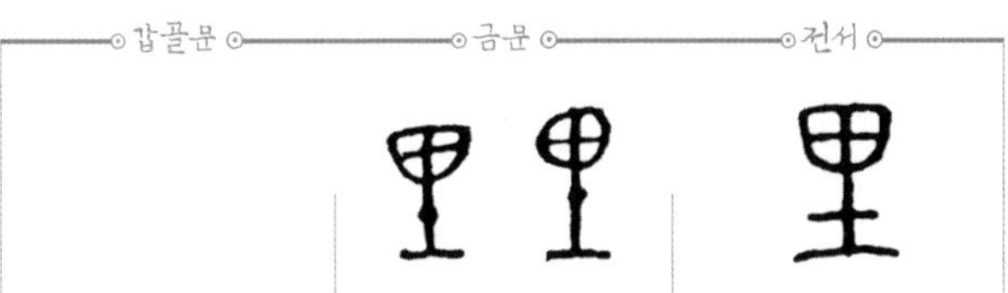

- 里程標이정표 : 길의 이수를 나타내는 표.
- 鄕里향리 : 시골 마을.

량	量5	헤아릴 량	雅量아량, 計量계량, 器量기량, 量産양산
	糧4	양식 량	軍糧군량, 柴糧시량, 糧穀양곡
리	理6	다스릴, 이치 리	理事이사, 理致이치, 格物致知격물치지
	俚1	속될 리	俚諺이언, 俚語이어, 俚歌이가
	釐1	다스릴, 푼 리	釐正이정, 釐革이혁, 釐金이금, 毫釐之差호리지차
매	埋3	묻을 매	埋沒매몰, 埋藏매장, 埋葬매장, 埋伏매복
야	野6	들 야	淸野戰術청야전술, 野外야외, 野獸야수

전	廛$_1$	가게 **전**	廛房전방, 廛市전시, 廛鋪전포
	纏$_1$	얽을 **전**	纏足전족, 纏縛전박

설 립 | 7급

| 立 | 0획 | 총5획 |

사람이 땅 위에 서 있는 전면의 모습을 본뜬 글자로, '서다'의 뜻이다.

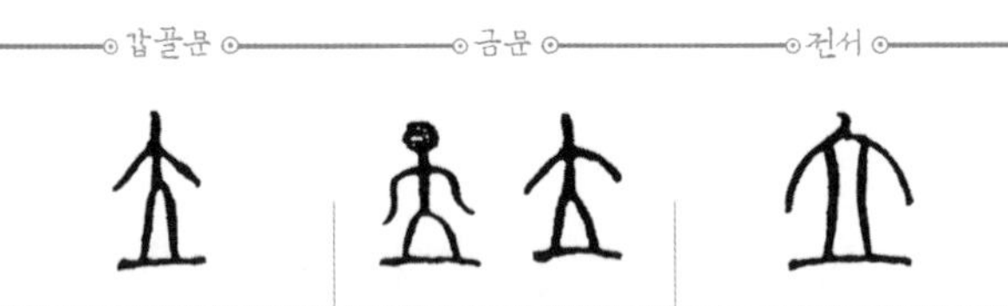

- 立件입건 : 사건을 성립시킴.
- 立體입체 : 3차원의 공간에 놓인 물체.
- 立場입장 : 당면하고 있는 처지.

랍	拉$_2$	끌 **랍**	拉北납북, 拉致납치, 被拉피랍
립	粒$_1$	낟알 **립**	粒子입자, 米粒미립
	笠$_1$	삿갓 **립**	笠帽입모, 蓬笠봉립, 簑笠사립
병	竝$_3$	나란할 **병**	竝設병설, 竝列병렬, 竝用병용, 竝行병행
욱	煜$_2$	빛날 **욱**	炳煜병욱, 曄煜엽욱
	昱$_2$	햇빛 밝을 **욱**	昱昱욱욱
위	位$_5$	자리 **위**	位置위치, 位階위계, 位相위상, 體位체위
읍	泣$_3$	울 **읍**	泣訴읍소, 感泣감읍, 哭泣곡읍, 涕泣체읍
익	翌$_1$	다음날 **익**	翌日익일, 翌夕익석, 翌月익월
	翊$_1$	도울 **익**(翼)	翊戴公臣익대공신, 輔翊보익, 翊成익성

馬

말 마 | 5급

馬 | 0획 | 총10획

말의 머리, 갈기, 꼬리 그리고 네 다리 등 옆모양을 본뜬 글자로, '말'의 뜻이다.

갑골문 · 금문 · 전서

• 馬脚마각 : 말의 다리. 가식으로 숨긴 본성이나 진상.

• 馬耳東風마이동풍 : 말 귀에 봄바람. 즉 남의 말을 귀담아 듣지 않음.

독	篤3	도타울, 심할 **독**	篤信독신, 篤志독지, 危篤위독, 敦篤돈독
매	罵1	꾸짖을 **매**	罵倒매도, 唾罵타매, 責罵책매, 罵辱매욕
박	駁1	논박할, 얼룩말 **박**	論駁논박, 駁擊박격, 駁雜박잡, 反駁반박
치	馳1	달릴 **치**	相馳상치, 背馳배치, 馳突치돌

麻

삼 마 | 3급

麻 | 0획 | 총11획

원래 집(广)에서 삼껍질을 벗겨 삼실을 만드는 것을 나타내는 글자였으나, 후에 '삼'을 뜻하는 글자가 되었다.

• 亂麻난마 : 어지럽게 얽혀있는 마. 꼬인 형국.

• 麻布마포 : 삼베.

마	磨$_3$	갈 **마**	磨耗마모, 鍊磨연마, 磨滅마멸, 研磨연마
	摩$_2$	문지를 **마**	摩擦마찰, 摩尼마니, 按摩안마
	痲$_2$	저릴, 홍역 **마**	痲疹마진, 痲藥마약, 痲醉마취
미	靡$_1$	쓰러질, 아름다울 **미**	風靡풍미, 奢靡사미, 靡爛미란
휘	麾$_1$	대장기 **휘**	麾下휘하, 指麾지휘, 麾動휘동

없을, 아닐 막

3급

| 艹/艸 | 7획 | 총11획 |

초목 덤불 사이로 해가 지고 있는 장면에서 '저물다'의 뜻이었으나, 뜻이 '없다, 아니다'로 확장되자, 暮(저물 모) 자가 새로 생겨났다.

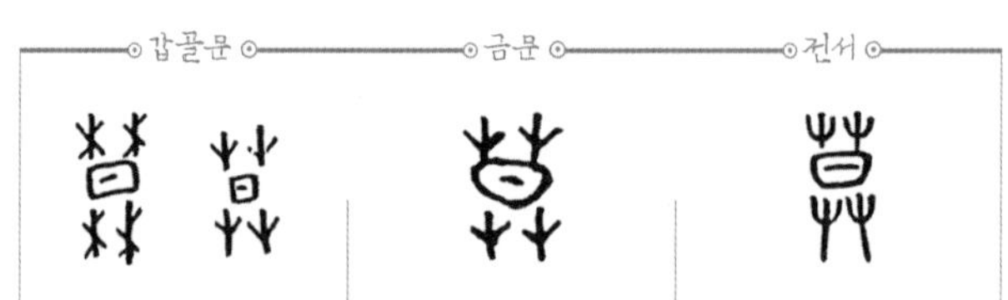

- 莫重막중 : 매우 중요함.
- 莫逆之友막역지우 : 거스름이 없는 친구. 아주 가까운 친구.

막	漠$_3$	사막 **막**	沙漠사막, 漠漠막막, 漠然막연, 茫漠망막
	幕$_3$	장막 **막**	帳幕장막, 內幕내막, 煙幕연막, 酒幕주막
	膜$_2$	꺼풀, 막 **막**	肋膜늑막, 鼓膜고막, 網膜망막, 粘膜점막
	寞$_1$	고요할 **막**	寞寞막막, 寂寞적막, 索寞삭막
모	模$_4$	본뜰, 법, 모호할 **모**	模倣모방, 規模규모, 模寫모사, 模型모형, 模湖모호

	한자	훈음	용례
	暮$_3$	저물 **모**	朝三暮四조삼모사, 旦暮단모, 歲暮세모
	慕$_3$	사모할, 그리워할 **모**	思慕사모, 追慕추모, 戀慕연모
	募$_3$	모집할 **모**	募集모집, 公募공모, 急募급모, 應募응모
	謨$_2$	꾀 **모**	嘉謨가모, 高謨고모
	摸$_1$	더듬을 **모**	暗中摸索암중모색, 摸倣모방, 摸擬모의
	糢$_1$	모호할 **모**	糢糊모호
묘	墓$_4$	묘지 **묘**	墓碑묘비, 省墓성묘, 墳墓분묘, 墓域묘역

漫

흩어질 만 | 3급

氵/水 | 11획 | 총14획

氵(물 수) + 曼(퍼질 만)

땅바닥에 물(氵)이 흘러 질펀하고(曼) 물건이 흩어져 떠다니는 데서, '흩어지다'의 뜻이다.

- 散漫산만 : 어수선하여 정리되지 않음.
- 浪漫낭만 : 현실보다는 감정에 따라 하는 사고방식.

	한자	훈음	용례
만	慢$_3$	거만할, 게으를 **만**	倨慢거만, 怠慢태만, 自慢자만, 懈慢해만
	蔓$_1$	덩굴 **만**	蔓衍만연, 蔓草만초
	饅$_1$	만두 **만**	饅頭만두
	鰻$_1$	뱀장어 **만**	養鰻양만, 風鰻풍만, 海鰻해만

활 당길, 굽을 만 | 1급

弓 | 19획 | 총22획

弓(활 궁) + 䜌(어지러울 란/련)

弓은 뜻을, 䜌(란→만)은 음을 나타내어, '활을 당기다'의 뜻이며, 활이 구부러져 있어서 '굽다'의 뜻이 파생되었다.

- 彎曲만곡 : 굽어짐.
- 彎月만월 : 활처럼 굽은 달.

란	鸞$_1$	난새 **란**	鸞駕난가, 鸞殿난전, 鸞車난거
련	戀$_3$	그리워할 **련**	戀愛연애, 戀慕연모, 失戀실연
만	灣$_2$	물굽이 **만**	港灣항만, 臺灣대만, 灣商만상
	蠻$_2$	오랑캐 **만**	野蠻야만, 蠻行만행, 蠻勇만용
변	變$_2$	변할, 재앙 **변**	逢變봉변, 變節변절, 激變격변

끝, 가루 말 | 5급

| 木 | 1획 | 총5획 |

나무의 끝을 가리키는 자로, '끝'의 뜻이다.

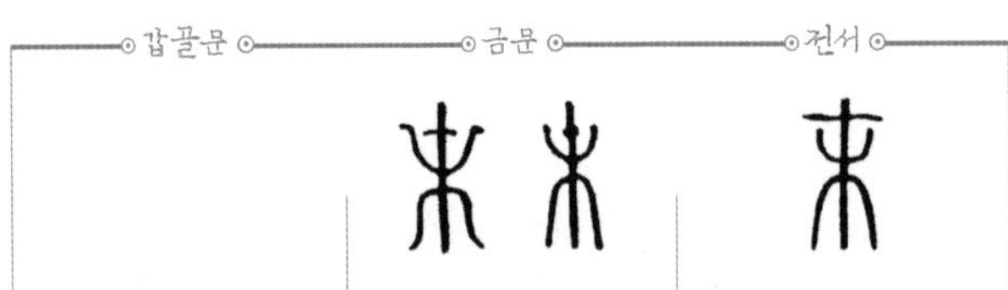

- 末尾말미 : 끝.
- 粉末분말 : 가루.
- 終末종말 : 끝판. 맨 끝.

말	靺$_2$	종족이름 **말**	靺鞨말갈
	沫$_1$	물거품 **말**	泡沫포말, 浮沫부말, 白沫백말, 飛沫비말
	抹$_1$	지울, 스칠, 문지를, 바를 **말**	抹殺말살, 一抹일말, 塗抹도말, 抹消말소

罔

없을, 속일 망 | 3급

| 罒/网 | 3획 | 총8획 |

원래 그물을 본뜬 글자로 '그물'의 뜻이었으나, 소리 요소인 망(亡)이 추가되어 뜻이 '없을 망'으로 확장되자, 그물의 뜻으로는 網(그물 망) 자가 새로 생겨났다.

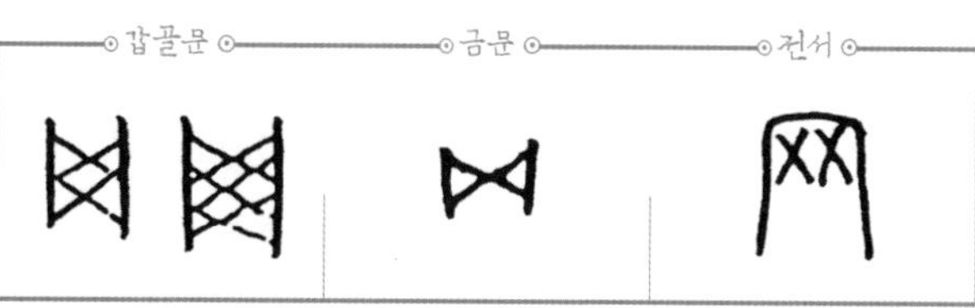

- 欺罔기망 : 남을 그럴듯하게 속임.
- 昊天罔極호천망극 : 어버이 은혜는 하늘처럼 끝이 없음.

기	羈 1	굴레 **기**	羈絆기반, 羈束기속, 羈靡기미
		나그네 **기**	羈愁기수, 羈旅기려
망	網 2	그물 **망**	網羅망라, 網紗망사, 投網투망, 法網법망
	惘 1	멍할 **망**	憫惘민망, 悵惘창망
벌	罰 준4	벌줄 **벌**	懲罰징벌, 嚴罰엄벌, 罰金벌금, 處罰처벌
죄	罪 5	허물 **죄**	犯罪범죄, 斷罪단죄, 餘罪여죄, 有罪유죄

도망할, 망할, 죽을, 없어질 망 | 5급

| 亠 | 1획 | 총3획 |

원래 모양이 亾이며, 숨을(乚) 곳으로 들어간다는(入) 데서, '도망하다'의 뜻이 되었으며, '망하다, 죽다, 없어지다'의 뜻이 파생되었다.

• 亡者망자 : 죽은 자.
• 滅亡멸망 : 존재가 사라짐.
• 亡身망신 : 잘못을 저질러서 자신의 체면이나 명예 등을 망침.

망	望$_5$	바랄, 보름 **망**	希望희망, 望月망월, 怨望원망, 渴望갈망, 名望명망, 展望전망, 熱望열망
	妄$_3$	망령될 **망**	輕擧妄動경거망동, 妄言망언, 誕妄탄망
	忘$_3$	잊을 **망**	忘却망각, 健忘건망, 備忘錄비망록, 忘恩망은
	茫$_3$	아득할 **망**	茫然自失망연자실, 茫漠망막, 茫茫大海망망대해
	忙$_3$	바쁠 **망**	奔忙분망, 多忙다망, 忙中閑망중한, 慌忙황망
	芒$_1$	까끄라기 **망**	芒種망종, 竹杖芒鞋죽장망혜
맹	盲$_3$	소경 **맹**	文盲退治문맹퇴치, 盲目맹목, 色盲색맹
황	荒$_3$	거칠 **황**	荒蕪地황무지, 荒野황야, 荒淫황음
	慌$_1$	다급할, 어리둥절할 **황**	慌忙황망, 恐慌障碍공황장애

①맹꽁이 맹 ②힘쓸 민 | 0급

| 黽 | 0획 | 총13획 |

큰 머리, 둥근 배, 네 다리의 맹꽁이를 본뜬 글자로, '맹꽁이'의 뜻이다.

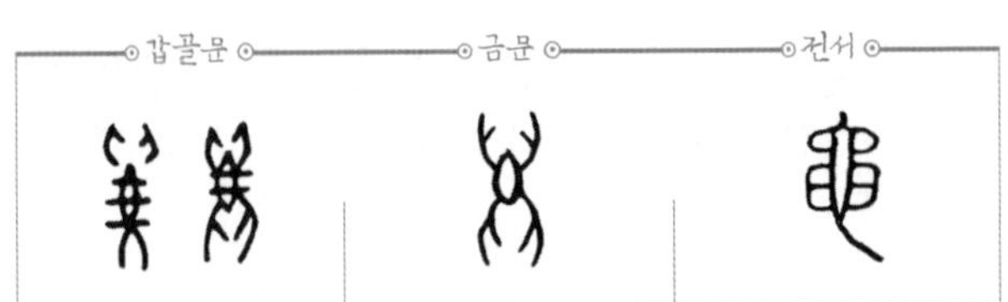

• 黽勉민면 : 근면하게 힘씀.

귀	龜$_3$	거북이 **귀 / 구**	龜旨歌구지가, 龜甲귀갑, 龜卜귀복
		본보기 **귀**	龜鑑귀감
		터질 **균**	龜裂균열
승	繩$_2$	노끈 **승**	自繩自縛자승자박, 繩矩승구, 捕繩포승

免

면할, 허가할 면 | 3급

儿 | 5획 | 총8획

머리에 모자를 쓴 사람을 본뜬 글자로, 원래 뜻은 '장식모자'이나, '면하다, 피하다'로 확장되자, 冕(면류관 면) 자가 새로 생겨났다.

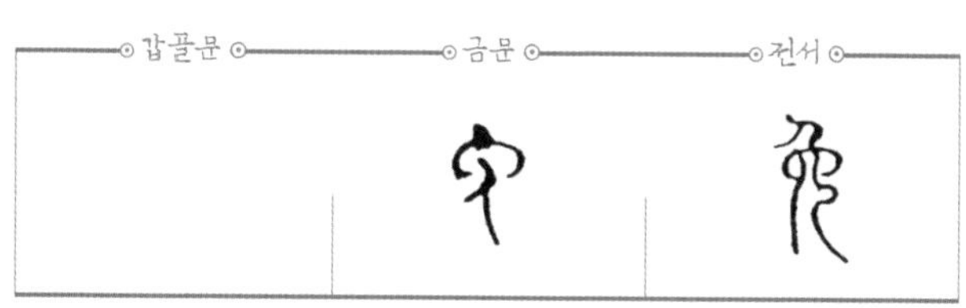

- 免除면제 : 면하여 줌.
- 免許면허 : 허가해 줌.
- 放免방면 : 얽매인 상태에 있던 것을 풀어줌.

만	晩$_3$	늦을 **만**	晩秋만추, 晩産만산, 晩年만년, 晩時만시
	娩$_2$	낳을 **만**	分娩분만, 解娩해만
	挽$_1$	당길 **만**	挽留만류, 挽回만회, 挽歌만가, 挽引만인
	輓$_1$	수레 끌 **만**	輓馬만마, 推輓추만
		애도할 **만**	輓歌만가, 輓詞만사, 輓章만장
면	勉$_4$	힘쓸 **면**	勸勉권면, 勤勉근면, 勉學면학, 勉勵면려
	冕$_2$	면류관 **면**	冕服면복, 冕旒冠면류관

	俛₂	구부릴 **부/면**	俛首부수/면수
원	寃₁	원통할 **원**	寃痛원통, 寃鬼원귀, 寃憤원분, 結寃결원
일	逸₃	편안할 **일**	安逸안일
		일탈할, 달아날 **일**	逸脫일탈, 逸走일주
		뛰어날, 빠질 **일**	逸品일품, 逸話일화, 逸民일민, 逸德일덕
참	讒₁	참소할 **참**	讒訴참소, 讒誣참무, 讒陷참함
토	兎₃	토끼 **토**	家兎가토, 兎影토영, 守株待兎수주대토

眄

곁눈질할 면 | 1급

目 | 4획 | 총9획

目 (눈 목) + 丏 (가릴 면)

탈을 써서 눈(目)이 가려져(丏) 잘 보이지 않는 데서, '곁눈질하다'의 뜻이다.

- 左顧右眄좌고우면 : 좌우를 돌아보고 살핌.
- 仰眄앙면 : 우러러봄.

면	沔₂	물이름 **면**	沔水면수, 沔川면천
	麪₁	국수 **면**(麵)	麪類면류

낯 면 | 7급

面 | 0획 | 총9획

얼굴 외관에 눈이 강조된 모습으로, '낯'의 뜻이다.

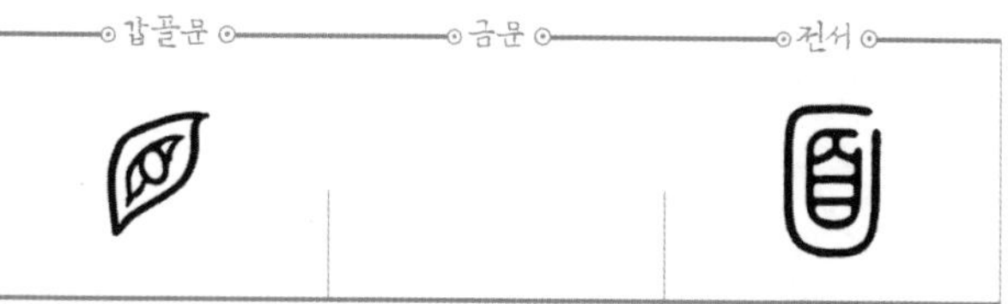

• 四面春風사면춘풍 : 사방에 두루 봄바람. 누구에게나 모나지 않게 처신함.
• 面駁면박 : 마주 보고 공박함.

마

면	緬₁	멀 **면**	緬憶면억
		가는 실 **면**	緬羊면양
		옮겨 장사 지낼 **면**	緬禮면례

蔑

업신여길 **멸** 2급

艹/艸 | 11획 | 총15획

艹(눈썹) + 罒(눈 목) + 戍(수자리 수)

수자리(戍) 서는 병사가 피곤하여 눈썹(艹)이 눈(罒=目)을 가리는 듯 쳐다보는 데서, '업신여기다'의 뜻이다.

• 輕蔑경멸 : 가볍게 보아 업신여김.
• 侮蔑모멸 : 업신여겨 멸시함.

말	襪₁	버선 **말**	洋襪양말, 四十初襪사십초말

名

이름 **명** | 7급

| 口 | 3획 | 총6획 |

夕(저녁 석) + 口(입 구)

저녁(夕)에는 얼굴이 보이지 않으므로 큰 소리(口)로 이름을 부르는 데서, '이름'의 뜻이다.

- 名札명찰 : 이름표.
- 匿名익명 : 이름을 숨김.

명			
명	銘3	새길 **명**	銘心명심, 感銘감명, 碑銘비명, 座右銘좌우명
	酩1	술취할 **명**	酩酊명정

冥

어두울, 저승 **명** | 3급

| 冖 | 8획 | 총10획 |

冖(덮을 멱) + 日(날 일) + 六(여섯 륙)

음력 그믐을 전후한 육일(六日) 동안은 달이 가려져(冖) 어둡다는 데서, '어둡다'의 뜻이다.

- 冥福명복 : 죽은 후의 행복.
- 冥想명상 : 눈을 감고 조용히 생각함.

명			
명	溟1	바다 **명**	溟洲명주, 鴻溟홍명, 滄溟창명
	暝1	저물 **명**	死不暝目사불명목, 暝想명상
	螟1	멸구 **명**	螟蟲명충, 螟蛉子명령자

明

밝을 **명** | 6급

| 日 | 4획 | 총8획 |

日(날 일) + 月(달 월)

해(日)와 달(月)이 있으니 더욱 '밝다'는 뜻이다.

- 明滅명멸 : 반복적으로 켜졌다 꺼졌다 함.
- 明暗명암 : 밝고 어두움.
- 明若觀火명약관화 : 불을 보는 것과 같이 뚜렷함.

맹	盟₃	맹세 **맹**	盟誓맹서, 盟邦맹방, 盟主맹주
	萌₁	움 **맹**(芽)	萌芽期맹아기, 萌動맹동, 未萌미맹

皿

그릇 **명** | 1급

| 皿 | 0획 | 총5획 |

음식을 담는 그릇을 본뜬 것으로, '그릇'의 뜻이다.

갑골문 · 금문 · 전서

- 器皿기명 : 그릇.

녕	寧₃	편안 **녕**	康寧강녕, 安寧안녕, 寧日영일, 丁寧정녕
도	盜₃	도둑 **도**	盜難도난, 竊盜절도, 盜聽도청, 盜掘도굴
맹	孟₃	맏, 맹랑할 **맹**	孟仲季맹중계, 孟浪맹랑, 孟冬맹동

猛3	사나울 **맹**	勇猛용맹, 猛烈맹렬, 猛毒맹독, 猛禽類맹금류

毛

털 모 | 준4급

| 毛 | 0획 | 총4획 |

사람, 짐승의 털 모양을 본뜬 글자로, '털'의 뜻이다.

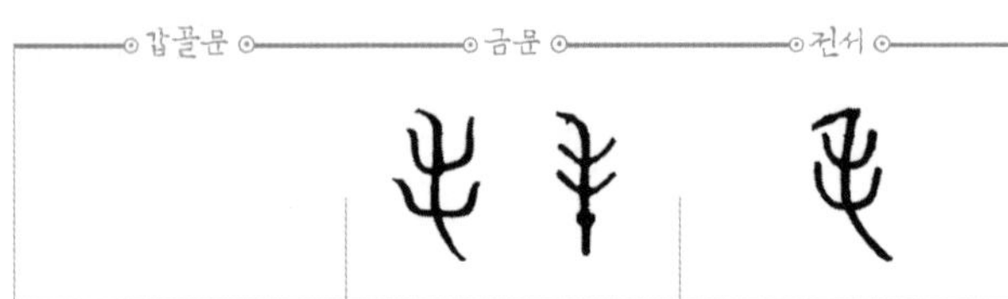

- 豪毛호모 : 가는 털.
- 毛髮모발 : 사람의 머리털.
- 毛皮모피 : 털가죽.

미	尾3	꼬리 **미**	尾行미행, 首尾수미, 末尾말미, 掉尾도미
호	毫3	터럭 **호**	秋毫추호, 揮毫휘호, 毫髮호발, 毫末호말

모양 모 | 3급

| 豸 | 7획 | 총14획 |

豸(발없는 벌레 치) + 皃(모양 모)

맹수가 덤벼드는 모양(豸)과 사람의 모양(皃)을 합하여, '모양'의 뜻이다.

- 貌様모양 : 됨됨이, 생김새, 형상.
- 容貌용모 : 사람의 얼굴 모양.

맥	貊 2	맥국, 종족 **맥**	濊貊예맥, 蠻貊만맥
시	豺 1	승냥이, 늑대 **시**	豺狼시랑, 豺虎시호
표	豹 1	표범 **표**	豹變표변, 豹皮표피, 豹死留皮표사유피

矛

창 모

2급

矛 | 0획 | 총5획

장대 끝에 휘어진 두 개의 칼날이 달린 창의 모양을 본떠, '창'의 뜻이다.

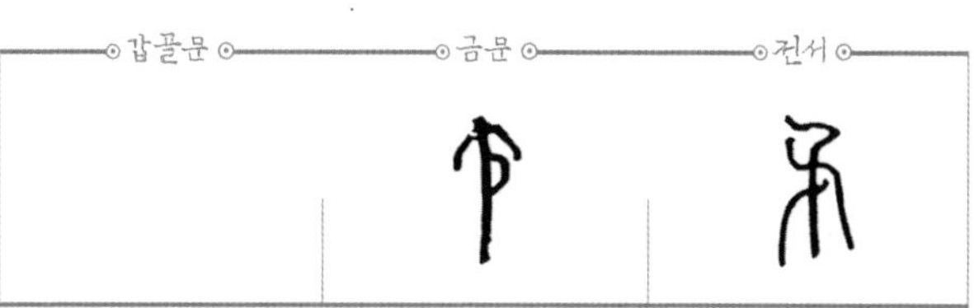

- 矛盾모순 : 창과 방패. 앞뒤가 맞지 않음.
- 矛矢모시 : 창과 활.

모	茅 2	띠 **모**	茅塞모색, 茅屋모옥, 茅草모초, 茅芒모망
무	務 준4	힘쓸 **무**	公務공무, 業務업무, 激務격무, 義務의무
	霧 3	안개 **무**	濃霧농무, 霧散무산, 雲霧운무, 煙霧연무
유	柔 3	부드러울 **유**	柔軟유연, 柔順유순, 柔脆유취, 懷柔회유
	蹂 1	밟을 **유**	蹂躪유린

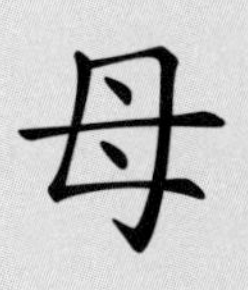

어미 모

8급

毋 | 1획 | 총5획

두 손을 모으고 꿇어 앉은 여인의 모습(유방이 강조됨)으로, '어미'의 뜻이다.

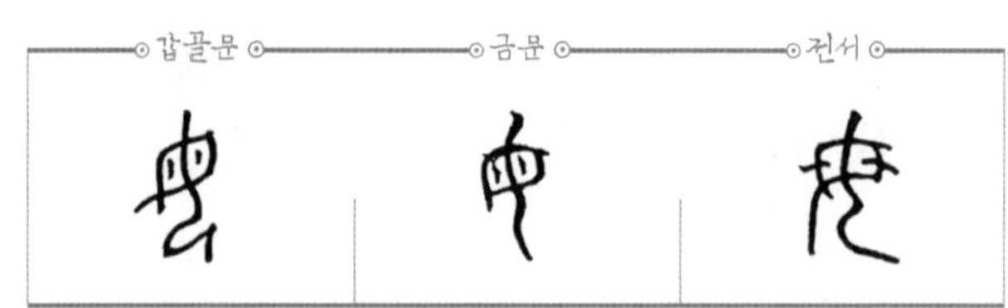

- 毋胎모태 : 어머니의 태 안. 사물 발생의 근거.
- 毋國모국 : 자기가 출생한 나라.

독	毒준4	독 **독**	毒蟲독충, 毒素독소, 毒種독종, 酷毒혹독
매	每7	매양 **매**	每番매번, 每週매주, 每回매회, 每事매사
	梅3	매화 **매**	梅毒매독, 梅雨매우, 梅蘭菊竹매란국죽
모	侮3	업신여길 **모**	侮蔑모멸, 凌侮능모, 侮辱모욕, 嗤侮치모
무	毋1	말, 없을 **무**	毋論무론, 毋望之福무망지복
	拇1	엄지손가락 **무**	拇印무인, 拇指무지
민	敏3	민첩할 **민**	敏捷민첩, 敏感민감, 過敏과민, 機敏기민
번	繁3	번성할 **번**	繁盛번성, 繁文縟禮번문욕례, 繁榮번영
해	海7	바다 **해**	海洋해양, 海流해류, 海域해역, 公海공해, 嶺海영해, 海拔해발, 海底해저, 海峽해협
회	悔3	뉘우칠 **회**	後悔후회, 懺悔참회, 悔悟회오, 悔恨회한
	誨1	가르칠 **회**	訓誨훈회, 誨諭회유, 冶容之誨야용지회
	晦1	그믐 **회**	晦日회일, 昏晦혼회, 遵養時晦준양시회

나무 목

8급

木 | 0획 | 총4획

나무의 뿌리와 줄기와 가지를 본뜬 글자로, '나무'의 뜻이다.

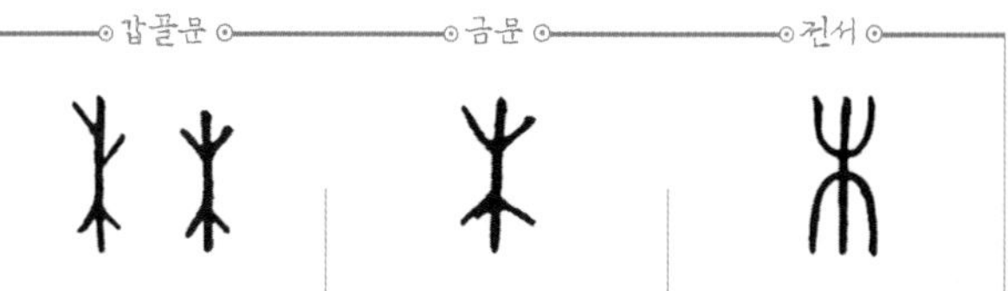

- 樹木수목 : 나무.
- 木石목석 : 나무와 돌. 묵뚝뚝한 사람의 비유.

걸	杰$_2$	뛰어날 **걸**(傑)	※이름자로 많이 쓰임.
곤	困$_4$	곤할 **곤**	勞困노곤, 困境곤경, 困辱곤욕, 疲困피곤
기	棄$_3$	버릴 **기**	棄權기권, 棄却기각, 抛棄포기, 委棄위기
다	茶$_3$	차 **다**	茶房다방, 喫茶끽다, 茶菓다과, 茶飯事다반사
당	棠$_1$	아가위, 산사나무 **당**	棠梨당리, 甘棠감당, 海棠花해당화
리	李$_6$	오얏, 성(姓), 행장 **리**	張三李四장삼이사, 行李행리, 桃李도리
림	林$_7$	수풀 **림**	林野임야, 林業임업, 儒林유림
	淋$_1$	임질(痳), 물 흐를 **림**	淋疾임질, 氣淋기림, 沙淋사림
목	沐$_2$	머리 감을 **목**	沐雨목우, 沐浴목욕
묘	杳$_1$	아득할 **묘**	杳然묘연, 杳冥묘명, 杳杳묘묘
분	焚$_1$	불사를 **분**	焚書坑儒분서갱유, 焚身분신, 焚蕩분탕
빈	彬$_2$	빛날 **빈**	彬彬빈빈, 彬蔚빈울
삼	森$_3$	빽빽할, 엄할 **삼**	森嚴삼엄, 森羅萬象삼라만상, 鬱森울삼
상	床$_{준4}$	평상 **상**	兼床겸상, 交子床교자상, 溫床온상, 臨床임상, 起床기상, 着床착상, 龍床용상
	桑$_3$	뽕나무 **상**	桑葉상엽, 滄桑之變창상지변, 桑田상전
송	宋$_2$	송나라 **송**	宋襄之仁송양지인, 南宋남송, 宋學송학
업	業$_6$	업 **업**	産業산업, 盛業성업, 業報업보, 轉業전업
염	染$_3$	물들일 **염**	染色염색, 感染감염, 汚染오염, 傳染전염
울	鬱$_2$	답답할 **울**	鬱寂울적, 躁鬱症조울증, 憂鬱우울
		우거질 **울**	鬱蒼울창

재	材 2	재목 **재**	人材인재, 惡材악재, 骨材골재
	才 6	재주 **재**	鬼才귀재, 奸才간재, 才能재능, 英才영재
편	片 3	조각 **편**	一片丹心일편단심, 片道편도, 阿片아편
행	杏 2	살구 **행**	銀杏은행, 杏林행림, 杏仁행인, 杏花행화
휴	休 7	쉴 **휴**	休養휴양, 休紙휴지, 休診휴진, 休憩室휴게실
	烋 2	아름다울 **휴**	※이름자로 많이 쓰임.

눈 목

6급

目 | 0획 | 총5획

사람의 눈 모양을 본뜬 글자로, '눈'의 뜻이다.

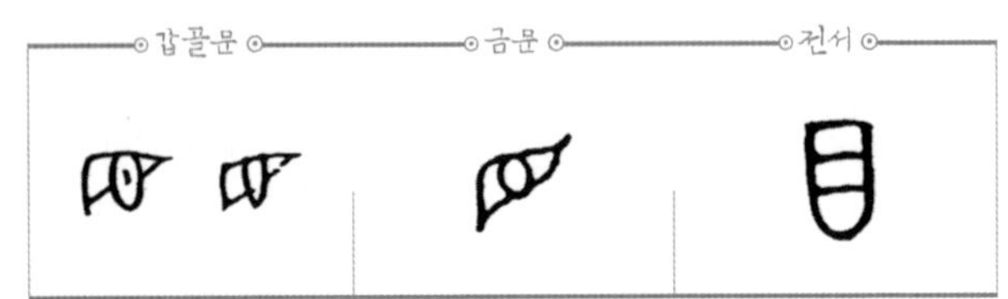

- 目算목산 : 눈대중. 눈어림.
- 目不識丁목불식정 : '丁' 자를 보고도 알지 못함.

간	看 4	볼 **간**	走馬看山주마간산, 看做간주, 看守간수, 看破간파, 看板간판, 看過간과
모	冒 3	무릅쓸 **모**	冒險모험, 僭冒참모, 冒頭모두, 冒濫모람
	帽 2	모자 **모**	帽子모자, 軍帽군모, 防寒帽방한모
미	眉 3	눈썹 **미**	眉間미간, 眉目秀麗미목수려, 纖眉섬미
	媚 1	아첨할, 예쁠 **미**	風光明媚풍광명미, 媚笑미소, 媚藥미약
성	省 6	살필 **성**	反省반성, 省察성찰, 省墓성묘, 歸省귀성
		덜 **생**	省略생략, 節省절생
정	鼎 2	솥 **정**	鼎立정립, 鼎談정담, 鼎峙정치

착	着5	붙을, 입을 **착**	着工착공, 着用착용, 固着고착, 密着밀착

卯

넷째 지지 묘

3급

| 卩 | 3획 | 총5획 |

대문을 활짝 연 모양을 본뜬 글자로, 시간은 5~7시, 띠는 '토끼'이다.

- 卯方묘방 : 24방위 중, 정동正東을 중심으로 한 방위.
- 卯時묘시 : 12시의 넷째 시, 5시 30분~6시 30분.

경	卿3	벼슬 **경**	卿尹경윤, 卿相경상, 公卿공경
란	卵4	알 **란**	卵育난육, 鷄卵계란, 卵管난관
료	聊1	즐거워할, 편안할 **료**	無聊무료, 聊賴요뢰
류	柳4	버들 **류**	楊柳양류, 路柳노류, 路柳墻花노류장화
묘	昴2	별이름 **묘**	昴宿묘수
인	印준4	도장 **인**	封印봉인, 捺印날인, 烙印낙인, 刻印각인

苗

싹, 자손 묘

3급

| ++/艸 | 5획 | 총9획 |

밭에서 돋아나 새싹의 모양을 본뜬 글자로, '싹'의 뜻이다.

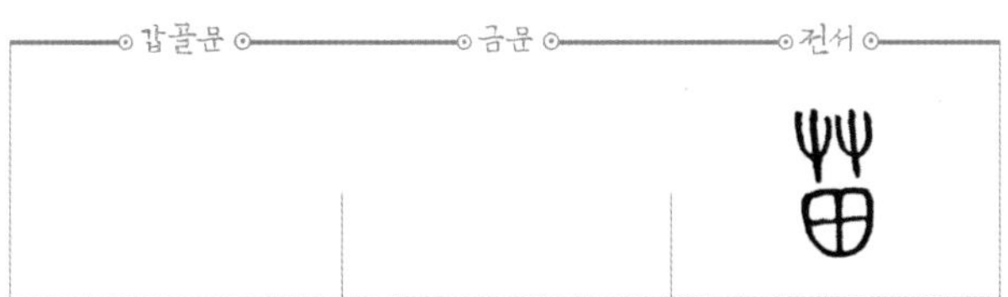

- 苗木묘목 : 이식하기 전의 어린 나무.

• 苗裔묘예 : 먼 후대의 자손.

묘		
描₁	그릴 **묘**	描寫묘사, 素描소묘, 點描점묘
猫₁	고양이 **묘**	猫兒묘아, 猫項懸鈴묘항현령

舞

춤출 무 4급

舛 | 8획 | 총14획

사람이 손에 리본을 들고 춤을 추는 모습으로, '춤추다'의 뜻이다.

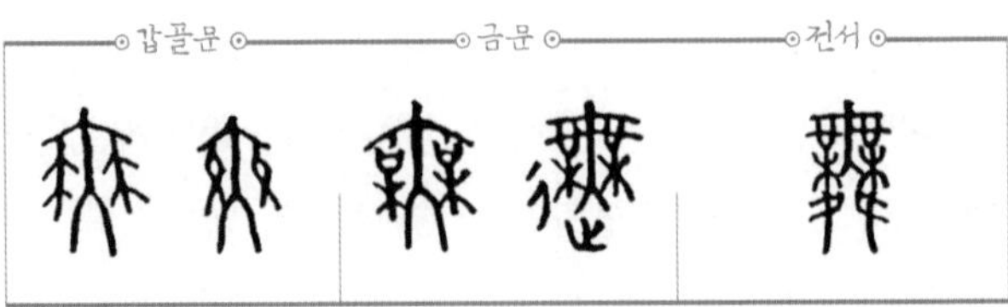

• 舞踊무용 : 춤.

• 舞文弄法무문농법 : 법조문을 마음대로 해석하여 법을 남용함.

• 舞姬무희 : 춤추는 것을 직업으로 삼은 여자.

무		
無₅	없을 **무**	無念無想무념무상, 無顔무안, 無難무난
蕪₁	거칠 **무**	荒蕪地황무지, 蕪穢무예, 蕪草무초
憮₁	어루만질(마음) **무**	憮然무연, 懷憮회무
撫₁	어루만질(몸) **무**	撫鎭무진, 愛撫애무, 安撫안무

호반, 군사 무

준4급

止 | 4획 | 총8획

戈(창 과) + 止(발 지)

무기를 들고 앞으로 나아가는 모습으로, '호반虎班(무관의 반열)'의 뜻이다.

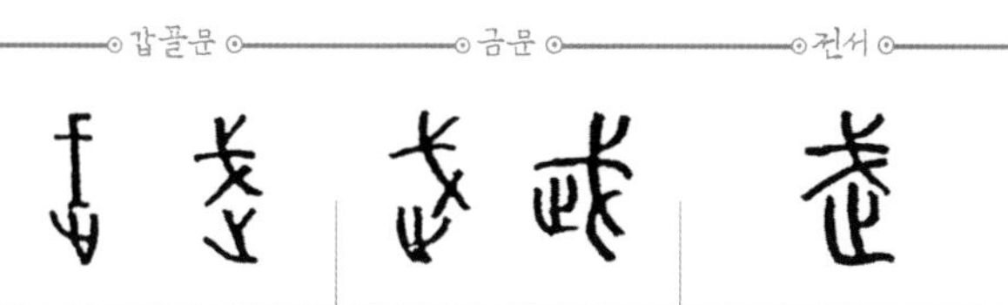

- 武勇무용 : 굳세고 용감함.
- 尙武상무 : 무武를 숭상함.

무 賦3 부세, 줄, 문체 부 — 賦課부과, 天賦천부, 詩賦시부, 稟賦품부, 賦役부역, 割賦할부

무당 무

1급

工 | 4획 | 총7획

신에게 제사 지내는 장막 속에서 사람이 양손으로 제구를 받드는 모양을 형상화한 글자로, '무당'의 뜻이다.

- 巫俗무속 : 무당이 굿을 하는 풍속.
- 靈巫영무 : 영험한 무당.

격 覡1 박수(남자무당) 격 — 巫覡信仰무격신앙

령	靈$_3$	신령 **령**	惡靈악령, 英靈영령, 精靈정령, 靈感영감
무	誣$_1$	속일 **무**	誣告무고, 誣罔무망, 欺誣기무

文

글월 문

7급

文 | 0획 | 총4획

원래는 가슴에 문신을 새긴 사람의 모습을 본뜬 글자로, '문신'의 뜻이었다. 후에 '문자'의 뜻으로 확장되자, 紋(무늬 문) 자가 새로 생겨났다.

- 文章문장 : 생각, 느낌을 글로 적은 것.
- 文飾문식 : 글의 꾸밈.

린	吝$_1$	아낄 **린**	吝嗇인색, 吝惜인석, 儉吝검린, 貪吝탐린
문	紋$_3$	무늬 **문**	紋章문장, 波紋파문, 渦紋와문, 指紋지문
	紊$_2$	어지러울, 문란할 **문**	紊亂문란
	汶$_2$	물이름 **문**	汶山문산, 汶水문수
	蚊$_1$	모기 **문**	見蚊拔劍견문발검, 蚊群문군
민	憫$_3$	민망할 **민**	憐憫연민, 憫恤민휼, 不憫불민
	閔$_2$	성(姓), 불쌍히 여길 **민**	閔忠正公민충정공
	旼$_2$	화할 **민**	※이름자.
	玟$_2$	옥돌 **민**	※이름자.
	旻$_2$	하늘 **민**	旻天민천, 九旻구민, 蒼旻창민

門

문 문

8급

| 門 | 0획 | 총8획 |

두 짝 문을 본뜬 모양으로, '문'의 뜻이다.

갑골문 · 금문 · 전서

- 門外漢문외한 : 비전문가. 일에 관계없는 사람.
- 門下生문하생 : 스승의 가르침을 받는 제자.

간	間7	사이 **간**	間隔간격, 間或간혹, 近間근간, 離間이간
	簡4	간략할, 편지 **간**	簡略간략, 簡素化간소화, 簡易간이, 書簡서간
	澗1	산골물 **간**	澗松간송, 澗谷간곡, 澗水간수
	癎1	간질 **간**	癎病간병, 癎疾간질, 癲癎전간
개	開6	열 **개**	開會개회, 開廷개정, 打開타개, 開放개방
관	關5	빗장, 관계할 **관**	關與관여, 關係관계, 稅關세관, 關節관절
문	問7	물을 **문**	問答문답, 問招문초, 問責문책, 問喪문상
섬	閃1	번쩍거릴 **섬**	閃光섬광, 閃火섬화, 閃忽섬홀
윤	閏3	윤달 **윤**	閏年윤년, 閏位윤위, 閏統윤통, 閏朔윤삭
	潤3	불을 **윤**	潤澤윤택, 利潤이윤, 潤氣윤기, 潤滑윤활
은	誾2	온화할 **은**	※이름자.
한	閑4	한가할 **한**(閒)	等閑등한, 閑良한량, 閑暇한가, 閑散한산

勿 말 물

3급

| 勹 | 2획 | 총4획 |

금지를 나타내는 기旗의 모양으로, 금지신호의 깃발이 올랐으니 하지 말라는 데서, '말다'의 뜻이다.

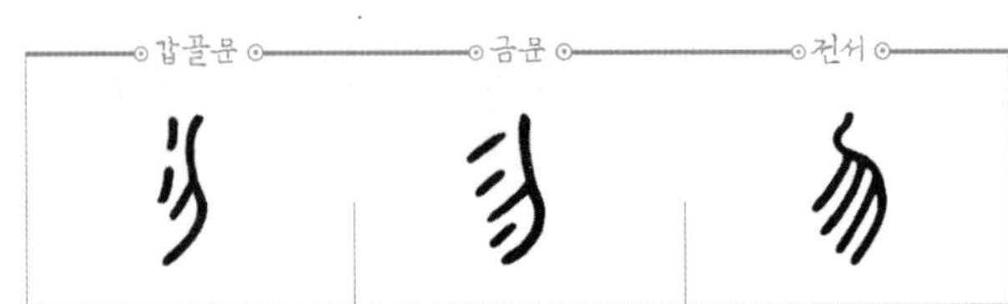

- 勿論물론 : 논의할 것도 없이.
- 勿驚물경 : 놀라지 마라.

물	物7	물건 물	物理물리, 物外閑人물외한인, 物件물건
홀	忽3	갑자기, 소홀할 홀	忽然홀연, 疏忽소홀, 忽待홀대
	惚1	황홀할 홀	恍惚/慌惚황홀, 自惚자홀
	笏1	홀 홀	投笏투홀, 笏記홀기

未 아닐 미

준4급

| 木 | 1획 | 총5획 |

원래는 잎이 무성한 나무를 본뜬 글자인데, 지금은 '여덟째 지지, 아니다'의 뜻으로 쓰인다.

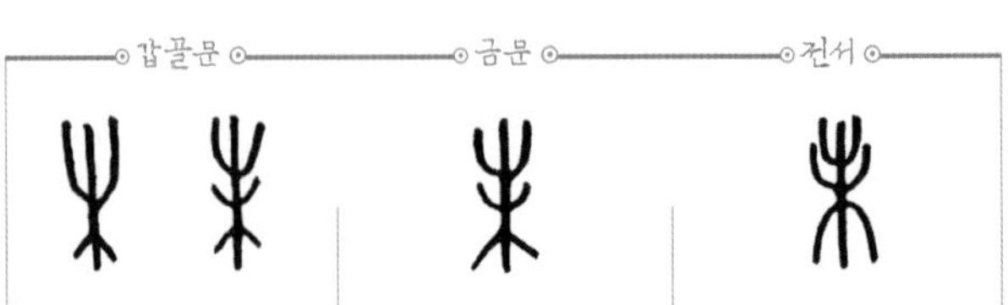

• 未決미결 : 아직 결재하지 않음. 해결하지 못함.
• 未來미래 : 아직 오지 않은 시간.
• 未知미지 : 아직 모름.

매	妹4	손아래누이 **매**	姉妹자매, 妹夫매부, 男妹남매
	昧1	어두울 **매**	曖昧模糊애매모호, 三昧境삼매경, 愚昧우매
	寐1	잘 **매**	寤寐不忘오매불망, 夢寐몽매, 假寐가매
미	味준4	맛 **미**	味覺미각, 妙味묘미, 別味별미, 珍味진미

쌀 미 6급

米 | 0획 | 총6획

十은 껍질이 벌어진 모양을, 네 개의 점은 껍질 속에 있던 곡식의 모양을 본떠, '쌀'의 뜻이다.

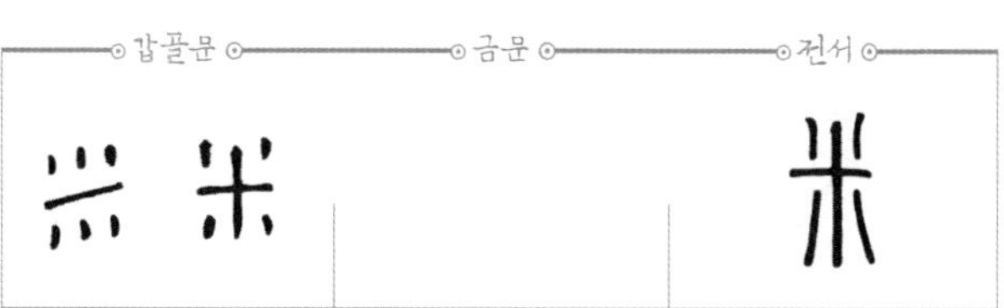

• 米穀商미곡상 : 쌀장사.
• 精米정미 : 쓿은 쌀.
• 米飮미음 : 쌀이나 좁쌀을 푹 끓여 체에 걸러낸 음식.

미	迷3	미혹할 **미**	迷信미신, 迷惑미혹, 迷宮미궁, 迷路미로
속	粟1	조 **속**	黍粟서속, 菽粟숙속, 粟餠속병

微

작을 미 | 3급

| 彳 | 10획 | 총13획 |

彳(자축거릴 척) + 耑(새싹) + 攵(칠 복)

막 돋아난 싹(耑)을 치면(攵) 작아지거나 없어지듯 움직임(彳)이 그와 같다는 데서, '작다, 없다'의 뜻이다.

- 微賤미천 : 보잘것없이 천함.
- 微妙미묘 : 뚜렷하지 않고 야릇함.

미	薇1	장미, 고사리 **미**	薔薇장미, 薇院미원
휘	徽2	아름다울 **휘**	徽章휘장, 徽琴휘금

民

백성 민 | 8급

| 氏 | 1획 | 총5획 |

노예의 눈을 송곳으로 찌르는 장면을 본뜬 글자로, '노예'를 뜻하였으나, 지금은 일반 '백성'의 뜻이다.

갑골문	금문	전서

- 民怨민원 : 백성의 원망.
- 民營민영 : 민간인이 경영함.
- 民心민심 : 백성들의 마음.

면	眠$_3$	잠잘 면	睡眠수면, 永眠영면, 熟眠숙면, 催眠최면
민	珉$_2$	옥돌 민	※이름자.

빽빽할, 비밀 밀

2급

| 宀 | 8획 | 총11획 |

宓(편안할 밀) + 山(뫼 산)

山은 뜻을, 宓은 음을 나타내며, 산에 나무가 빽빽하여 남의 눈에 잘 띄지 않는 데서, '빽빽하다, 비밀'의 뜻이다.

- 密會밀회 : 비밀리에 모임.
- 稠密조밀 : 매우 촘촘하고 빽빽함.
- 密輸밀수 : 법을 어겨가며 몰래 수입하거나 수출함.

밀	蜜$_3$	꿀 밀	蜜語밀어, 蜜柑밀감, 蜂蜜봉밀, 蜜月밀월
	謐$_1$	고요할 밀	靜謐정밀, 寧謐영밀

칠 박

1급

扌/手 | 12획 | 총15획

手(손 수) + 菐(번거로울 복)

扌(手)는 뜻을, 菐(복〈박〉)은 소리를 나타내며, 손으로 칠 때 나는 소리를 형상하여, '치다'의 뜻이다.

- 撲殺박살 : 쳐 죽임.
- 擊撲격박 : 침.

박	樸1	순박할, 통나무 박	拙樸졸박, 質樸질박, 樸厚박후
복	僕1	종 복	家僕가복, 公僕공복, 奴僕노복

돌이킬, 돌아올 반

6급

又 | 2획 | 총4획

원래는 손으로 절벽을 기어오르는 모양을 본뜬 글자로 '오르다'의 뜻이나, 후에 '돌이키다'의 뜻으로 확장되자, 扳(오를 반) 자가 새로 생겨났다.

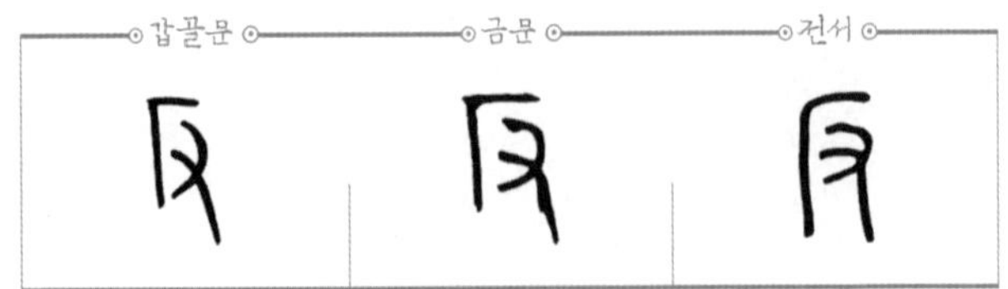

- 反復반복 : 되풀이.
- 反則반칙 : 규칙을 어김.

반	飯$_3$	밥 **반**	白飯백반, 飯饌반찬, 蔬飯소반
	返$_3$	돌이킬 **반**	返納반납, 返送반송, 返還반환
	叛$_3$	배반할 **반**	叛逆반역, 謀叛모반, 背叛배반
판	板$_5$	널 **판**	板子판자, 看板간판, 鋼板강판
	版$_3$	판목 **판**	版圖판도, 出版출판, 版畫판화
	販$_3$	팔 **판**	販賣판매, 販路판로, 販促판촉
	阪$_2$	언덕 **판**	阪上走丸판상주환, 嶮阪험판

절반 반

6급

十 | 3획 | 총5획

八(나눌 팔) + 牛(소 우)

소(牛)를 잡아 반씩 나누는(八) 데서, '절반'이 뜻이다.

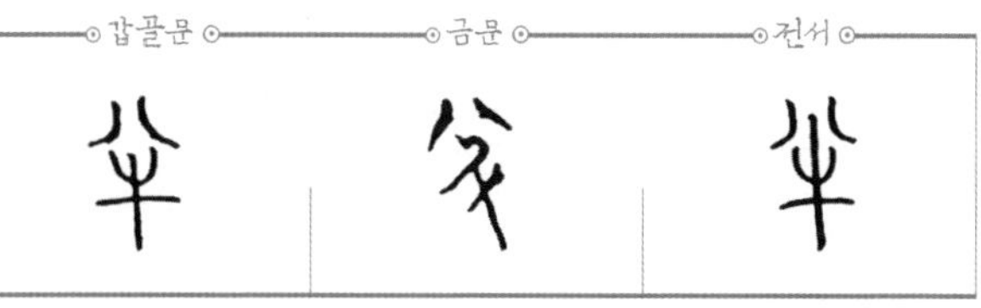

- 半信半疑반신반의 : 반은 믿고 반은 의심함.
- 半子반자 : 사위.

반	伴$_3$	짝 **반**	伴侶반려, 同伴동반, 伴奏반주, 隨伴수반
	絆$_1$	얽어맬 **반**	羈絆기반, 脚絆각반, 絆瘡膏반창고
	畔$_1$	밭두둑, 경계 **반**	湖畔호반, 河畔하반, 水畔수반
	拌$_1$	버릴, 섞을 **반**	攪拌교반
판	判$_4$	판단할 **판**	判斷판단, 判別판별, 判讀판독, 判事판사

般

일반, 가지 반 | 3급

| 舟 | 4획 | 총10획 |

舟(배 주) + 殳(노 수)

배(舟)를 노(殳) 저어 움직이는 데서, '옮기다'의 뜻이 었으나, '가지, 일반'의 뜻으로 확장되자, 搬(옮길 반) 자가 새로 생겨났다.

- 一般일반 : 한 모양. 같은 모양. 두루 널리 미침.
- 全般전반 : 전체. 모두.

반			
	盤$_3$	쟁반 **반**	盤溪曲徑반계곡경, 基盤기반, 骨盤골반
	搬$_2$	옮길 **반**	搬出반출, 運搬운반, 搬入반입
	槃$_1$	소반, 즐길 **반**	涅槃열반, 槃桓반환, 盤遊반유

터럭 발 | 4급

| 髟 | 5획 | 총15획 |

髟(머리 늘어질 표) + 犮(개 달릴 발)

髟는 뜻을, 犮은 음을 나타내어, '터럭'의 뜻이다.

- 頭髮두발 : 머리털.
- 危機一髮위기일발 : 위급함. 한 가닥 터럭에 달려 있음.

발			
	拔$_3$	뽑을 **발**	拔群발군, 拔山蓋世발산개세, 拔本발본
	魃$_1$	가뭄 귀신 **발**	旱魃한발, 炎魃염발

跋$_1$	밟을, 발문 **발**	跋扈발호, 跋涉발섭, 跋文발문, 序跋서발

發

쏠 **발** | 6급

癶 | 7획 | 총12획

弓(활 궁) + 癸(짓밟을 수)

弓은 뜻을, 癸은 소리를 나타내어, '활을 쏘다'의 뜻이다. '피다, 일어나다, 베풀다'의 뜻도 있다.

- 發作발작 : 병세가 갑자기 일어남.
- 勃發발발 : 갑자기 크게 일어남.
- 發達발달 : 진보하여 더 높은 경지에 이름.

潑$_1$	물 뿌릴 **발**	活潑활발, 潑剌발랄, 潑墨발묵
醱$_1$	술 괼 **발**	醱酵발효
撥$_1$	다스릴, 튕길 **발**	反撥반발, 擺撥馬파발마, 撥軍발군

方

나란할, 모, 방향, 견줄 **방** | 7급

方 | 0획 | 총4획

두 척의 배를 나란히 묶어놓은 모양을 본뜬 글자로, '나란하다'의 뜻이다.

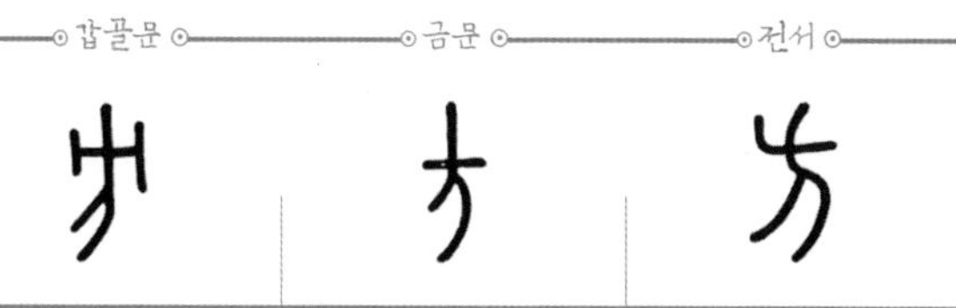

- 天方地軸천방지축 : 허둥지둥 종작없이 덤벙대는 모양.
- 方頰방협 : 모가 난 뺨.
- 方便방편 : 형편에 따라 일을 쉽게 처리할 수 있는 수단.

릉	楞 2	네모질 **릉**	楞嚴經능엄경
방	防 준4	막을 **방**	防備방비, 防諜방첩, 防衛방위, 防塵방진
	放 6	놓을 **방**	放生방생, 放置방치, 追放추방, 放送방송
	訪 준4	찾을 **방**	尋訪심방, 來訪내방, 訪問방문, 探訪탐방
	妨 4	방해할 **방**	妨害방해, 無妨무방, 妨礙방애
	房 준4	방 **방**	暖房난방, 廚房주방, 廛房전방, 冊房책방
	芳 3	꽃다울 **방**	芳香방향, 芳年방년, 芳名錄방명록
	倣 3	본뜰 **방**	摸倣/模倣모방, 倣似방사, 依倣의방
	傍 3	곁 **방**	傍若無人방약무인, 傍觀방관, 傍系방계, 傍助방조
	紡 2	길쌈 **방**	紡績방적, 紡織방직, 紡錘방추, 混紡혼방
	旁 2	곁 **방**	旁牌방패, 上雨旁風상우방풍
	彷 1	헤맬 **방**	彷徨방황
		비슷할 **방**	彷彿방불
	坊 1	동네 **방**	坊坊曲曲방방곡곡, 坊舍방사, 僧坊승방
	肪 1	기름 **방**	脂肪지방, 松肪송방
	膀 1	오줌통 **방**	膀胱방광
	榜 1	방 붙일 **방**	落榜낙방, 榜文방문, 坼榜탁방
	枋 1	다목 **방**	引枋인방, 蘇枋소방, 平枋평방
	昉 1	밝을 **방**	※이름자.
	謗 1	헐뜯을 **방**	誹謗비방, 毁謗훼방, 譏謗기방
변	邊 준4	가 **변**	江邊강변, 身邊신변, 底邊저변
알	閼 2	막을 **알**	閼英알영, 閼伽알가
어	於 3	어조사 **어**	間於齊楚간어제초, 於此彼어차피

		탄식할 **오**	於呼오호
	瘀$_1$	멍들 **어**	瘀血어혈, 瘀熱어열, 瘀肉어육

흰, 아뢸, 밝을 백

8급

白 | 0획 | 총5획

해(日)가 비치면 그 빛(丿)이 밝은 데서, '희다, 밝다'의 뜻이다.

- 白晝백주 : 밝은 대낮.
- 自白자백 : 스스로 털어놓음.
- 白眼視백안시 : 업신여기거나 무시하는 태도로 흘겨봄.

고	皐$_2$	언덕, 혼 부를, 오월 **고**	皐復고복, 皐蘭草고란초, 九皐구고
금	錦$_3$	비단 **금**	錦繡江山금수강산, 錦紋금문, 錦衣還鄕금의환향
두	兜$_1$	투구 **두**	馬兜鈴마두령
		도솔천 **도**	兜率도솔
면	綿$_3$	솜, 이어질 **면**	綿綿면면, 綿密면밀, 石綿석면, 純綿순면
	棉$_1$	목화 **면**	棉花면화
박	拍$_4$	손뼉칠 **박**	拍車박차, 拍手박수, 拍子박자
	泊$_3$	배댈, 묵을 **박**	碇泊정박, 宿泊숙박, 外泊외박, 歇泊헐박
	迫$_3$	핍박할 **박**	逼迫핍박, 迫害박해, 脅迫협박, 臨迫임박
	舶$_2$	큰배 **박**	船舶선박, 商舶상박, 市舶시박, 大舶대박
	珀$_1$	호박 **박**	琥珀호박, 明珀명박
	箔$_1$	발 **박**(簾)	金箔紙금박지, 銀箔은박, 錫箔석박
	粕$_1$	지게미 **박**	糟粕조박, 酒粕주박, 油粕유박
방	幫$_1$	도울 **방**(幇)	幫助방조, 幫工방공
백	百$_7$	일백 **백**	百果백과, 百姓백성, 百穀백곡, 百貨店백화점
	伯$_3$	맏 **백**	道伯도백, 伯父백부, 畫伯화백, 伯爵백작

	한자	뜻	용례
	柏2	측백나무 **백**	松柏송백, 側柏측백, 扁柏편백
	帛1	비단 **백**	帛書백서, 信帛백신
		폐백 **백**	幣帛폐백
숙	宿5	잘 **숙**	宿願숙원, 宿敵숙적, 宿主숙주, 宿醉숙취
		별자리 **수**	星宿성수, 昴宿묘수
적	的5	과녁 **적**	的中적중, 標的표적, 的確적확, 目的목적
축	縮4	줄일 **축**	萎縮위축, 伸縮신축, 縮地축지, 緊縮긴축

차례 번

6급

| 田 | 7획 | 총12획 |

들판에 나 있는 동물의 발자국을 본뜬 글자로, '발자국'의 뜻이었으나, '차례, 번갈다'의 뜻이 되자, 蹯(발자국 번)자가 새로 생겨났다.

• 輪番윤번 : 차례로 돌아가며 번을 섬.

• 番號번호 : 차례로 표시하는 숫자와 부호.

	한자	뜻	용례
반	潘2	성(姓) **반**	潘岳반악
	磻2	반계(磻溪) **반/번**	磻溪隧錄반계수록
	蟠1	서릴 **반**	蟠居반거, 蟠桃반도, 龍蟠虎踞용반호거
번	飜3	번역할, 뒤집을 **번**	飜譯번역, 飜案번안, 飜覆번복
	蕃1	불을, 오랑캐 **번**	蕃盛번성, 蕃息번식, 蕃族번족
	藩1	울타리 **번**	藩國번국, 藩王번왕, 藩籬번리

심	審3	살필 **심**	陪審배심, 誤審오심, 審理심리
	瀋2	물이름, 즙낼 **심**	瀋水심수, 瀋陽심양
파	播3	씨뿌릴, 달아날 **파**	播種파종, 播遷파천, 傳播전파

樊

울타리, 새장 번 | 0급

木 | 11획 | 총15획

나무(林)를 얽어(㸚) 만든 큰(大) 새장을 나타내어, '새장'의 뜻이다.

- 樊籠번롱 : 새장. 자유의 속박을 의미.
- 樊籬번리 : 울타리. 학문, 문장 등의 길로 들어가는 입구의 비유.

반	礬1	백반 **반**	明礬명반, 白礬백반
	攀1	더위잡을 **반**	登攀등반, 攀龍附鳳반룡부봉, 攀緣반연

칠 벌 | 준4급

亻/人 | 4획 | 총6획

人(사람 인) + 戈(창 과)

사람(人)이 창(戈)으로 적의 머리를 치는 모습에서, '치다, 베다'의 뜻이다.

갑골문 · 금문 · 전서

• 征伐정벌 : 군사로 적군을 침.
• 伐木벌목 : 나무를 벰.
• 伐採벌채 : 나무를 베고 섶을 깎아냄.

벌			
	閥2	문벌 **벌**	門閥문벌, 族閥족벌, 財閥재벌, 派閥파벌
	筏2	뗏목 **벌**	筏夫벌부, 筏橋벌교, 津筏진벌

무릇 범

3급

几 | 1획 | 총3획

그릇을 본뜬 글자로, 盤(쟁반 반)의 원형자이다. 후에 뜻이 '무릇, 보통'으로 변하였고, 쟁반의 뜻으로 盤이 사용되고 있다.

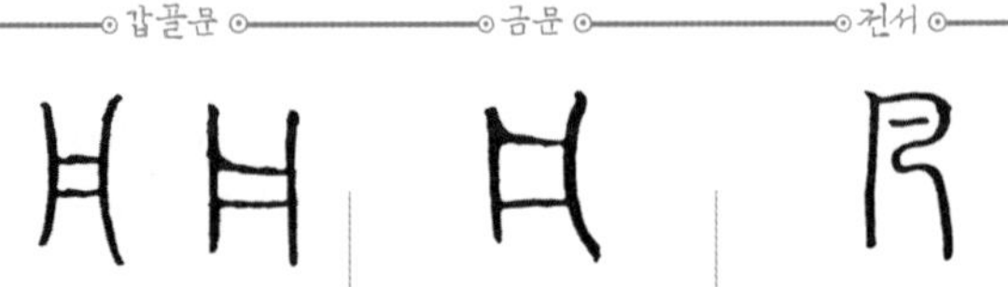

• 非凡비범 : 평범하지 아니함.
• 凡常범상 : 보통 일상적임.

범			
	汎2	넓을 **범**	汎論범론, 汎濫범람, 汎稱범칭
	帆1	돛 **범**	帆船범선, 出帆출범, 風帆풍범
	梵1	불경 **범**	梵語범어, 梵鐘범종, 梵偈범게

범할 범

4급

犭/犬 | 2획 | 총5획

개(犭)가 사람의 다리(㔾)를 물려고 덤비는 데서, '범하다'의 뜻이다.

• 犯罪범죄 : 죄를 범함.
• 冒犯모범 : 무릅쓰며 범함.
• 共犯공범 : 두 사람 이상이 공모하여 범한 죄.

범	範4	법 **범**	模範모범, 範圍범위, 軌範궤범
	范2	성(姓), 거푸집 **범**	鎔范용범
	氾1	넘칠 **범**	氾濫범람, 氾論범론, 氾溢범일

바

壁

벽 벽

준4급

土 | 13획 | 총16획

辟(물리칠 벽) + 土(흙 토)

적을 물리치기(辟) 위해 흙(土)으로 쌓는 담으로, '벽'의 뜻이다.

• 面壁면벽 : 벽을 마주함.
• 鐵壁철벽 : 쇠로 된 벽. 강한 방어 체계.

벽	僻2	궁벽할 **벽**	僻見벽견, 僻村벽촌, 偏僻편벽, 僻地벽지
	璧1	구슬 **벽**	完璧완벽, 連璧연벽
	癖1	버릇 **벽**	盜癖도벽, 潔癖결벽, 奇癖기벽, 酒癖주벽
	闢1	열 **벽**	開闢개벽, 闔闢합벽, 闢土벽토
	擘1	엄지손가락 **벽**	巨擘거벽, 擘指벽지
	劈1	쪼갤 **벽**	劈開벽개, 劈頭벽두, 劈破벽파
비	臂1	팔 **비**	臂力비력, 臂膊비박, 一臂之力일비지력
	譬1	비유할 **비**	譬喩비유
피	避4	피할 **피**	回避회피, 避脫피탈, 忌避기피, 避難피난

別

다를, 나눌 별 | 6급

| 刂/刀 | 5획 | 총7획 |

另(나눌 령) + 刀(칼 도)

동물의 뼈와 살을 칼(刂)로 나누어(另) 구별하는 데서, '나누다, 다르다'의 뜻이다.

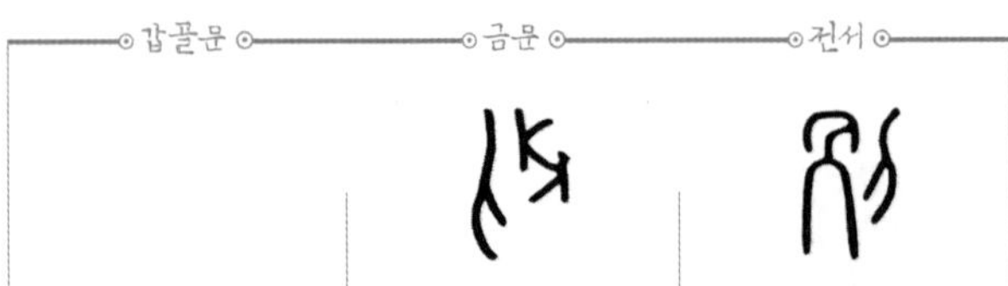

- 送別송별 : 헤어져 보냄.
- 告別고별 : 헤어짐을 알림.
- 別味별미 : 별다른 맛 또는 음식.

괴 拐1 후릴 괴 誘拐유괴, 拐引괴인, 拐帶괴대

아우를 병 | 2급

| 亻/人 | 8획 | 총10획 |

人(사람 인) + 幷(합칠 병)

사람(亻)이 합쳐지는(幷) 데서, '아우르다'의 뜻이다.

- 合倂합병 : 둘 이상을 합하여 하나로 만듦.
- 倂呑병탄 : 아울러 삼킴. 아울러서 모두 자기 것으로 함.

병	屛3	병풍, 물리칠 **병**	屛風병풍, 屛去병거, 屛黜병출
	甁1	병 **병**	花甁화병, 甁盆병분, 金甁금병
	餠1	떡 **병**	畫中之餠화중지병, 松餠송병, 煎餠전병

丙

남녘, 셋째 천간 병

3급

一 | 4획 | 총5획

冂(공간) + 火(불 화)

벽으로 둘러싸인 공간(冂) 안에 불(火)을 놓은 데서 '밝다'의 뜻이다.

- 丙種병종 : 세 번째 등급.
- 丙時병시 : 오전 10시 30분에서 11시 30분 사이.

루	陋1	더러울 **루**	陋名누명, 固陋고루, 陋醜누추, 陋鄙누비
병	病6	병들 **병**	病床병상, 病弊병폐, 病菌병균, 看病간병
	柄2	자루, 권세 **병**	權柄권병, 斗柄두병, 身柄신병
	炳2	불꽃 **병**	炳然병연, 炳燭병촉, 炳煜병욱
	昺2	밝을 **병**	※이름자.
	昞2	밝을 **병**	※이름자.

步

걸음 보

준4급

止 | 3획 | 총7획

왼발과 오른발을 차례로 내딛는 모양의 글자로, '걸음, 걷다'의 뜻이다.

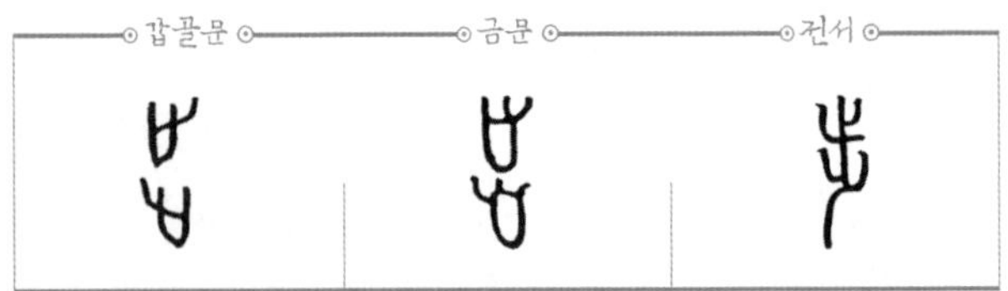

- 步兵보병 : 걸어다니며 전투하는 병사.
- 五十步百步오십보백보 : 조금 차이는 있으나 본질적으로는 같음.
- 步調보조 : 걸음걸이의 속도. 여럿이 행동할 때, 그 행동의 통일 상태.

빈	頻$_3$	자주 **빈**	頻度빈도, 頻發빈발, 頻數빈삭
	嚬$_1$	찡그릴 **빈**(顰)	嚬蹙빈축, 嚬眉빈미, 嚬笑빈소
	瀕$_1$	물가 **빈**	瀕海빈해
		가까울, 거의 **빈**	瀕死빈사
섭	涉$_3$	건널 **섭**	涉外섭외, 涉獵섭렵, 干涉간섭, 交涉교섭
척	陟$_2$	오를 **척**	進陟진척, 陟降척강, 三陟삼척, 黜陟출척

保 지킬 보

준4급

亻/人 | 7획 | 총9획

등에 아기를 업은 모습에서, '지키다'의 뜻이다.

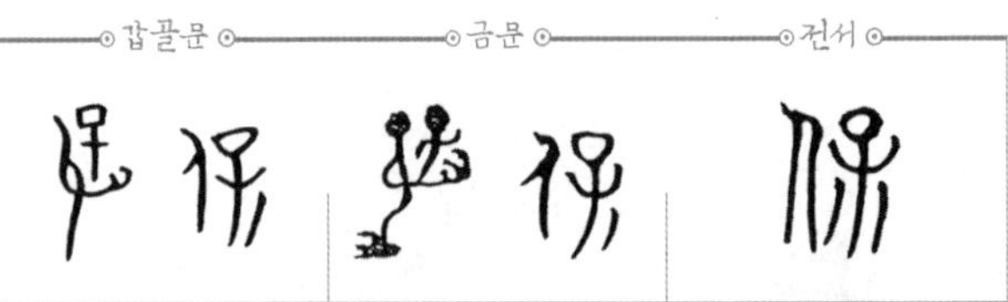

- 保障보장 : 잘못되는 일이 없도록 보증함.
- 保護보호 : 지키고 살펴줌.

• 保全보전 : 온전하게 잘 간수하여 유지함.

매	呆1	어리석을 **매**	癡呆치매
보	堡1	작은 성 **보**	堡壘보루, 烽堡봉보, 哨堡초보
포	褒1	기릴 **포**	褒賞포상, 褒懲포징, 褒章포장, 褒貶포폄

普

넓을 보 | 4급

日 | 8획 | 총12획

幷(나란할 병) + 日(날 일)

농작물을 넓게 나란히(幷) 펴서 두루 햇빛(日)에 쪼이는 데서, '넓다, 두루'의 뜻이다.

• 普及보급 : 널리 공급함.
• 普通보통 : 널리 통함.

보	譜3	족보 **보**	家譜가보, 系譜계보, 族譜족보, 樂譜악보
	潽2	물이름 **보**	※이름자.

復

①회복할 복 ②다시 부 | 준4급

彳 | 9획 | 총12획

彳(자축거릴 척) + 复(돌아갈 복)

길을 떠났다가(彳) 다시 되돌아온다(复)는 데서, '다시, 회복하다'의 뜻이다.

- 恢復회복 : 이전 상태로 돌이킴.
- 復習복습 : 배운 것을 되풀이하여 익힘.
- 復活부활 : 다시 살아남.
- 復興부흥 : 어떤 일을 다시 일으킴.

리	履3	신, 밟을 **리**	木履목리, 履歷書이력서, 履修이수, 履行이행
복	複4	겹칠 **복**	重複중복, 複雜복잡, 複製복제, 複合복합
	腹3	배, 마음 **복**	口蜜腹劍구밀복검, 腹案복안, 複話術복화술
	覆3	덮을 **부**	覆蓋부개→복개, 覆載부재, 覆面부면→복면
		엎을 **복**	顚覆전복
	馥2	향기 **복**	郁馥욱복
	鰒1	전복 **복**	全鰒전복, 乾鰒건복, 生鰒생복
퍅	愎1	강퍅할 **퍅**	剛愎강퍅, 乖愎괴퍅→괴팍

福

복 복 | 5급

示 | 9획 | 총14획

두 손으로 술병을 들고 제단에 술을 따르며 복을 기원하는 장면에서, '복'의 뜻이다.

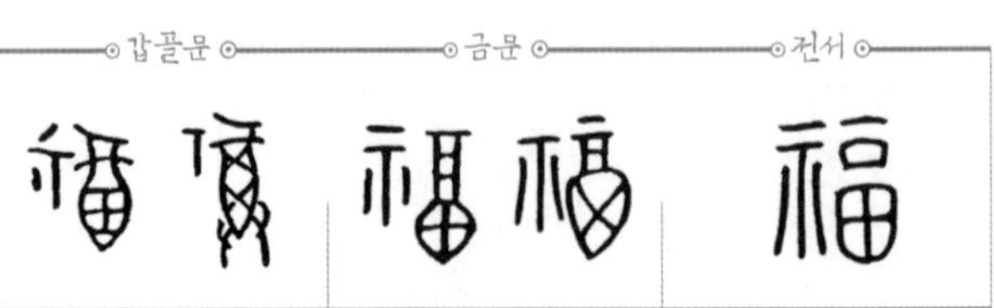

- 禍福화복 : 재난과 복록.
- 飮福음복 : 제사 후 제사에 쓴 술이나 음식을 먹는 것.
- 福祉복지 : 행복. 만족할 만한 생활환경.

복	匐$_1$	길 **복**	匍匐포복, 扶匐부복
부	富$_{준4}$	넉넉할 **부**	富裕부유, 富者부자, 猝富졸부, 富饒부요
	副$_{준4}$	버금 **부**	副葬부장, 副題부제, 副次부차, 副業부업
폭	幅$_3$	폭 **폭**	江幅강폭, 落幅낙폭, 全幅的전폭적, 畫幅화폭
	輻$_1$	바퀴살, 복사 **복**	輻輳幷臻복주병진→폭주병진, 輻射熱복사열
핍	逼$_1$	핍박할 **핍**	逼迫핍박, 逼奪핍탈, 逼塞핍색

점 복

3급

卜 | 0획 | 총2획

옛날에 점을 칠 때는 거북의 등을 태워서 나타나는 무늬를 보았는데, 그 무늬를 본뜬 글자로, '점'의 뜻이다.

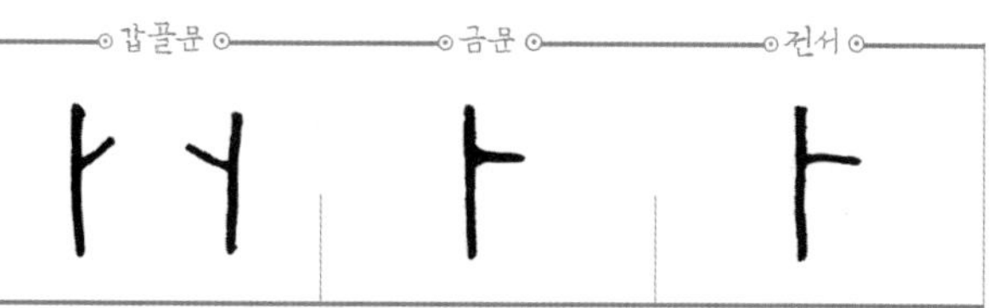

- 卜債복채 : 점을 치고 주는 돈.
- 龜卜귀복 : 거북이 등껍질로 치는 점.

박	朴$_6$	성(姓), 순박할 **박**	朴氏박씨, 素朴소박, 質朴질박
변	卞$_2$	성(姓), 법, 조급할 **변**	卞急변급, 抗卞항변, 卞正변정
부	赴$_3$	다다를, 갈 **부**	赴任부임, 赴役부역, 赴湯蹈火부탕도화
	訃$_1$	부고 **부**	訃告부고, 訃音부음, 訃聞부문

服

옷, 따를 **복** | 6급

| 月/肉 | 4획 | 총8획 |

손(又)과 발(㔾)을 사용해서 몸(月)에 걸치는 물건에서 '옷'의 뜻이다. 또 옷은 사람에 따라 지어지므로, '따르다, 복종하다'의 뜻이 생겨났다.

- 服裝복장 : 옷차림.
- 歎服탄복 : 매우 훌륭하다고 감탄함.
- 服屬복속 : 복종하여 따름.

보 報준4 갚을, 알릴 **보** 報告보고, 急報급보, 報恩보은, 報償보상

근본 **본** | 6급

| 木 | 1획 | 총5획 |

나무 아래에 점을 찍어 뿌리를 나타내어, '뿌리, 근본'의 뜻이다.

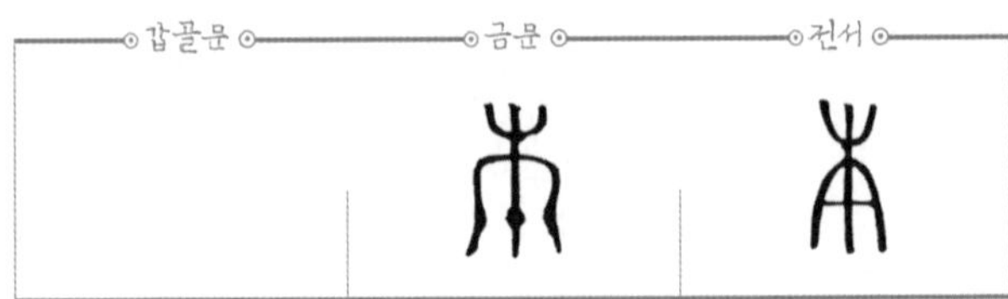

- 根本근본 : 사물의 본질이나 본바탕.
- 拔本塞源발본색원 : 폐단의 뿌리를 뽑고 근원을 막음.
- 本色본색 : 본래의 색상. 원래의 모습.

발 鉢2 바리때 **발** 周鉢주발, 衣鉢의발, 沙鉢사발, 托鉢탁발

받들 **봉** 5급

| 大 | 5획 | 총8획 |

예쁜 꽃다발(丰)을 두 손으로 받들어 바치면(廾) 이를 손(扌)으로 받는 데서, '받들다'의 뜻이다.

- 信奉신봉 : 믿고 받듦.
- 奉養봉양 : 받들어 모시고 섬김.
- 奉仕봉사 : 남을 위하여 일함.

봉			
	俸2	녹 **봉**	俸給봉급, 薄俸박봉, 年俸연봉, 俸米봉미
	捧1	받들 **봉**	捧納봉납, 徵捧징봉, 當捧之物당봉지물
	棒1	몽둥이 **봉**	針小棒大침소봉대, 棍棒곤봉, 鐵棒철봉

만날 **봉** 3급

| 辶/辵 | 7획 | 총10획 |

辶(쉬엄쉬엄갈 착) + 夆(만날 봉)

길을 가다가(辶) 사람을 만나는(夆) 데서, '만나다'의 뜻이다.

- 逢着봉착 : 어떤 처지에 맞닥뜨림.
- 逢變봉변 : 변(사고)을 당함.
- 相逢상봉 : 서로 만남.

봉			
	峯3	봉우리 **봉**	巨峰거봉, 峻峰준봉, 疊峰첩봉
	蜂3	벌 **봉**	蜂起봉기, 蜂蜜봉밀, 養蜂양봉
	縫2	꿰맬 **봉**	天衣無縫천의무봉, 裁縫재봉, 縫合봉합

蓬$_2$	쑥 **봉**	蓬頭亂髮봉두난발, 蓬萊봉래, 蓬笠봉립
烽$_1$	봉화 **봉**	烽火봉화, 烽燧봉수, 烽火臺봉화대
鋒$_1$	칼날 **봉**	銳鋒예봉, 先鋒선봉, 舌鋒설봉

簿 문서 부

3급

竹 | 13획 | 총19획

竹(대 죽) + 溥(펼 부)

종이가 없던 고대에는 대나무에 글을 적었는데, 竹은 뜻을, 溥는 소리를 나타내어, 종이에 기록한다는 데서, '장부, 문서'의 뜻이다.

- 簿記부기 : 장부에 기입함.
- 帳簿장부 : 물건의 출납이나 돈의 수지 계산을 적어두는 책.

박	博$_3$	넓을, 노름 **박**	博學박학, 博覽박람, 賭博도박, 博士박사
	薄$_3$	엷을, 육박 **박**	薄待박대, 肉薄육박, 奇薄기박, 淺薄천박
	搏$_1$	두드릴 **박**	搏殺박살, 脈搏맥박, 搏擊박격
	膊$_1$	팔뚝 **박**	上膊상박, 肩膊견박, 前膊전박
	縛$_1$	얽을 **박**	束縛속박, 捕縛포박, 結縛결박
부	敷$_2$	펼 **부**	敷設부설, 敷衍부연, 敷地부지
	傅$_2$	스승, 붙을 **부**	師傅사부, 太傅태부, 木石不傅목석불부
	賻$_1$	부의 **부**	賻儀부의, 賻助부조, 弔賻조부

部

떼 부 | 6급

⻏/邑 | 8획 | 총11획

咅(깔볼 부) + ⻏(고을 읍)

⻏은 뜻을, 咅는 소리를 나타내어, 마을을 구역으로 나누어 다스리는 데서, '마을'의 뜻이다. 또 마을은 사람들이 떼 지어 사는 곳이므로 '떼'의 뜻이다.

- 部隊부대 : 한 단위의 군대.
- 恥部치부 : 부끄러운 부분.
- 細部세부 : 자세한 부분.

배	倍5	곱, 배반할 **배**	倍加배가, 倍率배율, 倍數배수
	培3	북돋울 **배**	培養배양, 栽培재배
	賠2	물어줄 **배**	賠償배상, 賠款배관, 均賠균배
	陪1	모실 **배**	陪審배심, 奉陪봉배, 陪行배행
부	剖1	쪼갤 **부**	解剖해부, 剖檢부검, 剖棺斬屍부관참시

夫

지아비 부 | 7급

大 | 1획 | 총4획

머리를 틀어 올려 비녀를 꽂은 남자의 모습으로, '지아비'의 뜻이다.

갑골문	금문	전서

• 雜夫잡부 : 여러 가지 일을 하는 사람.
• 夫唱婦隨부창부수 : 남편이 부르면 아내가 따름.
• 夫君부군 : 상대방의 남편을 높여 부르는 말.

부	扶3	도울 부	相扶相助상부상조, 扶助부조, 扶養부양
	芙1	연꽃 부	芙蓉부용

아비 부

8급

| 父 | 0획 | 총4획 |

손에 돌도끼를 들고 있는 가장의 모습에서, '아비'의 뜻이다. 父는 斧(도끼 부)의 원형자이다.

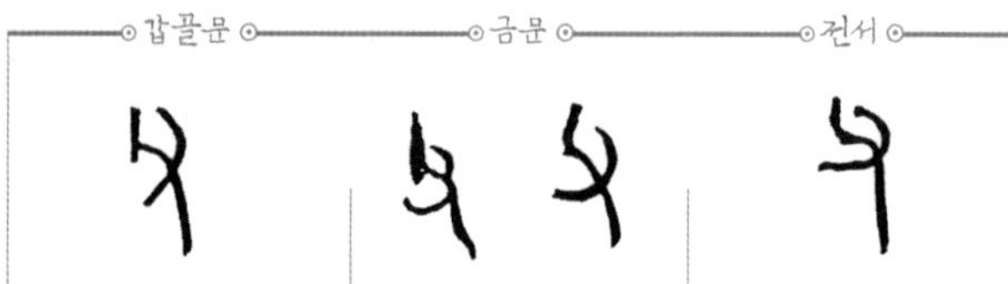

• 父情부정 : 아버지의 정.
• 父母부모 : 아버지와 어머니.

부	釜2	가마 부	釜山부산, 釜鼎부정
	斧1	도끼 부	刀斧手도부소, 斧斤부근, 螳螂之斧당랑지부

뜰, 가벼울, 덧없을 부

3급

| 氵/水 | 7획 | 총10획 |

氵(물 수) + 孚(미쁠 부)

氵는 뜻을, 孚는 소리를 나타내어, 사물이 물 위에 뜬다는 데서, '뜨다'의 뜻이다.

• 浮力부력 : 물에 뜨는 힘.
• 浮浪부랑 : 떠돌아다님.

부	孵₁	알깔 부	孵化부화, 孵卵부란
	乳₄	젖 유	授乳수유, 乳頭유두, 豆乳두유

줄, 부칠 부

3급

| 亻/人 | 3획 | 총5획 |

사람(亻)에게 손(寸)으로 물건을 주는 데서, '주다, 부치다'의 뜻이다.

• 交付교부 : 나누어줌.
• 付託부탁 : 어떤 일을 해달라고 청함.

부	府준4	마을, 관청 부	政府정부, 幕府막부, 冥府명부
	附₃	붙을 부	附着부착, 附屬부속, 添附첨부, 回附회부
	符₃	부신 부	名實相符명실상부, 符信부신, 符節부절
	腐₃	썩을 부	腐敗부패, 防腐방부, 腐心부심
	咐₁	분부할, 불 부	吩咐분부, 咐囑부촉
	腑₁	육부(六腑) 부	五臟六腑오장육부, 肺腑폐부

駙1	부마(결마) **부**	駙馬부마
俯1	구부릴 **부**	俯仰부앙, 俯瞰부감, 俯察부찰

나눌, 분수 분

6급

刀 | 2획 | 총4획

八(나눌 팔) + 刀(칼 도)

칼(刀)로 쪼개어 나눈다(八)는 데서, '나누다'의 뜻이다.

- 分家분가 : 가족 일부가 떨어져 나와 사는 것.
- 分別분별 : 구분하여 나눔.
- 過分과분 : 분수에 넘침.

반	頒1	나눌, 널리 퍼뜨릴 **반**	頒布반포, 頒白반백, 頒賜반사
분	粉4	가루 **분**	粉末분말, 粉骨碎身분골쇄신, 葛粉갈분
	紛3	어지러울 **분**	紛爭분쟁, 紛亂분란, 紛紛분분, 紛失분실
	芬2	향기 **분**	芬蘭분란, 芬芳분방, 芬芬분분
	扮1	꾸밀 **분**	扮裝분장, 扮飾분식, 假扮가분
	盆1	동이 **분**	花盆화분, 盆地분지, 金盆금분
	雰1	안개, 눈 날릴 **분**	雰圍氣분위기, 雰虹분홍
	忿1	성낼 **분**	忿怒분노, 忿淚분루, 激忿격분
	吩1	분부할 **분**	吩咐분부
빈	貧준4	가난할 **빈**	貧弱빈약, 貧乏빈핍, 貧寒빈한, 貧民빈민

墳

무덤 분

3급

| 土 | 12획 | 총15획 |

土(흙 토) + 賁(불룩 솟을 분)

흙(土)을 돋우어 불룩 솟게(賁) 만든 데서, '무덤'의 뜻이다.

- 墳墓분묘 : 무덤.
- 古墳고분 : 옛 무덤.

분	憤4	분할 분	憤怒분노, 公憤공분, 憤痛분통, 憤死분사
	噴1	뿜을 분	噴出분출, 噴水분수, 噴火분화

不

아닐 불/부

7급

| 一 | 3획 | 총4획 |

지면(一)과 그 밑에서 자라는 어린 싹(小)의 모습에서, '배아'의 뜻이었으나, 부정사 '아니다, 없다'로 확장되자 胚(배아 배) 자가 새로 생겨났다.

갑골문	금문	전서

- 不當부당 : 정당하지 못함.
- 不撓不屈불요불굴 : 꺾이거나 굴하지 않음.

배	杯3	잔 배	乾杯건배, 苦杯고배, 毒杯독배, 祝杯축배

	胚$_1$	아이 밸, 배아 **배**	胚胎배태, 胚芽배아, 胚孕배잉
부	否$_4$	아니 **부**	可否가부, 拒否거부, 否認부인
		막힐 **비**	否塞비색, 否運비운
비	丕$_2$	클 **비**	丕基비기, 丕圖비도, 丕業비업

아닐, 말(勿) 불

2급

| 弓 | 2획 | 총5획 |

서로 반대쪽으로 굽은 두 선을 실로 묶은 모양으로, 서로 어긋나고 맞지 않으므로, '아니다, 말다(勿)'의 뜻이다.

- 弗豫불예 : 즐거워하지 않음. 병에 걸림.
- 弗治불치 : 명령을 어김. 그 사람.

불	佛$_{준4}$	부처 **불**	佛像불상, 佛堂불당, 佛供불공, 念佛염불
	拂$_3$	떨칠, 거스를, 치를 **불**	拂拭불식, 拂逆불역, 支拂지불, 拂入불입
	彿$_1$	비슷할 **불**	彷彿방불
비	費$_5$	쓸 **비**	虛費허비, 經費경비, 消費소비, 軍費군비
	沸$_1$	끓을 **비**	沸騰비등, 沸熱비열
		용솟음칠 **불**	沸泉불천, 沸沫불말, 沸派불파

벗, 무리 붕

3급

| 月 | 4획 | 총8획 |

두 줄에 꿰어진 조개의 모양을 본뜬 글자로, '두 줄의 조개'가 원뜻이었으나, 후에 '벗, 무리'의 뜻으로 확장되었다.

갑골문 | 금문 | 전서

- 朋友붕우 : 벗.
- 朋黨붕당 : 같은 뜻으로 무리를 이룬 단체.

崩$_3$	산 무너질 **붕**	崩壞붕괴, 土崩토붕
	임금 죽을 **붕**	崩御붕어
鵬$_2$	붕새 **붕**	鵬程萬里붕정만리, 鵬圖붕도, 鵬飛붕비
硼$_1$	붕사 **붕**	硼砂붕사, 硼酸붕산
繃$_1$	묶을 **붕**	繃帶붕대
棚$_1$	사다리, 선반 **붕**	大陸棚대륙붕, 山棚산붕

非

아닐, 어긋날, 비난할 **비**

준4급

非 | 0획 | 총8획

새의 날개가 서로 반대로 향한 모습을 본뜬 글자로, '아니다, 어긋나다'의 뜻이다.

갑골문 | 금문 | 전서

- 非理비리 : 도리에 어긋나는 일.
- 非難비난 : 남의 잘못을 나무람.
- 非一非再비일비재 : 한두 번이 아님.

배	輩$_3$	무리 **배**	輩出배출, 後輩후배, 卿輩경배, 年輩연배
	排$_3$	물리칠 **배**	排他的배타적, 排斥배척, 排除배제
	俳$_2$	배우 **배**	俳優배우, 俳倡배창, 嘉俳가배
	裵$_2$	성(姓) **배**	裵裨將傳배비장전, 裵氏배씨
	徘$_1$	어정거릴 **배**	徘徊배회
비	悲$_{준4}$	슬플 **비**	悲劇비극, 悲咽비열, 悲愴비창, 悲哀비애
	匪$_2$	도둑 **비**	共匪공비, 匪賊비적, 匪徒비도, 土匪토비
	蜚$_1$	날, 메뚜기 **비**	流言蜚語유언비어
	誹$_1$	헐뜯을 **비**	誹謗비방, 誹毁비훼
	翡$_1$	물총새, 비취 **비**	翡翠비취
	緋$_1$	비단 **비**	緋緞비단, 緋甲비갑
	扉$_1$	사립문 **비**	柴扉시비, 竹扉죽비

비수, 숟가락 비

1급

匕 | 0획 | 총2획

숟가락의 모양을 본뜬 글자로, '숟가락'의 뜻이다. 그 모양이 날카로운 비수를 연상시켜 '비수'의 뜻으로도 쓰인다.

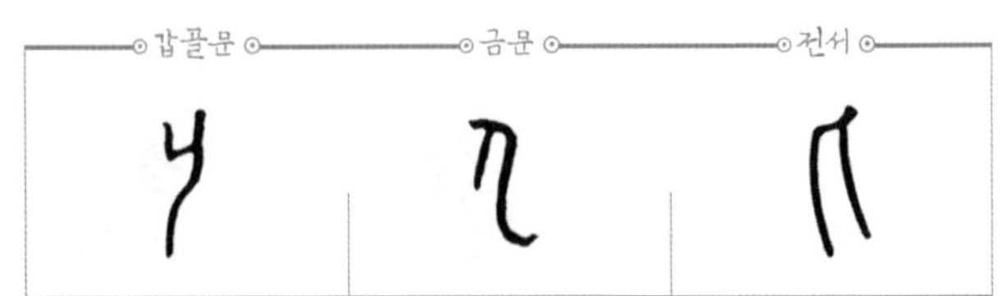

- 匕首비수 : 날카롭고 짧은 칼.
- 匕箸비저 : 숟가락과 젓가락.

경	傾$_4$	기울 **경**	傾國之色경국지색, 傾注경주, 傾斜경사

	頃 3	잠깐, 이랑 **경**	頃刻경각, 頃年경년, 萬頃蒼波만경창파
니	泥 3	진흙 **니**	雲泥之差운니지차, 泥田鬪狗이전투구, 途泥도니
	尼 2	여중 **니**	比丘尼비구니, 尼寺이사, 僧尼승니
배	北 8	달아날 **배**	敗北패배, 挫北좌배
		북녘 **북**	北極북극, 北魚북어, 北向북향
	背 준4	등 **배**	背叛배반, 背信배신, 背景배경, 向背향배
예	詣 1	이를(至), 나아갈 **예**	造詣조예, 詣闕예궐, 參詣참예
지	指 준4	가리킬, 손가락 **지**	指鹿爲馬지록위마, 指呼之間지호지간, 擘指벽지
	旨 2	뜻 **지**	趣旨취지, 論旨논지, 密旨밀지
	脂 2	비계 **지**	脂肪지방, 脂膏지고, 脫脂油탈지유
질	叱 1	꾸짖을 **질**	叱責질책, 叱正질정, 虎叱호질

견줄 비

5급

| 比 | 0획 | 총4획 |

두 사람이 나란히 서 있는 모양을 본 뜬 글자로, '견주다'의 뜻이다.

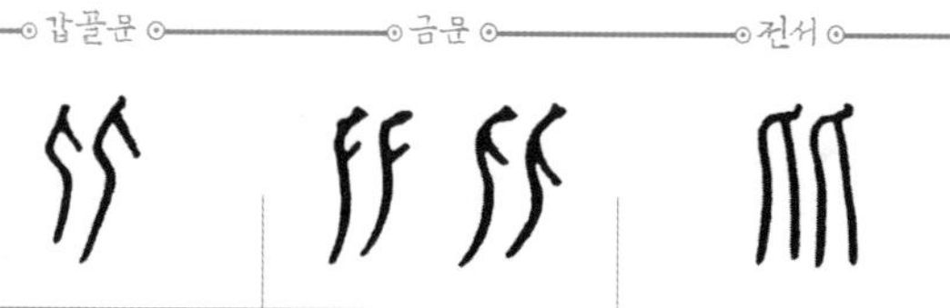

- 比肩비견 : 어깨를 견줌. 나란히 함.
- 比較비교 : 서로 견주어 차이를 살핌.
- 比重비중 : 다른 사물과 비교할 때의 중요한 정도.

비	批$_4$	비평할, 비준할 **비**	批評비평, 批准비준, 批判비판, 批頰비협
	毘$_2$	도울 **비**(毗)	毘益비익, 茶毘다비
	庇$_1$	덮을 **비**	庇護비호, 陰庇음비
	砒$_1$	비상 **비**	砒霜비상, 砒石비석, 砒酸비산, 砒素비소
	妣$_1$	죽은 어미 **비**	先妣선비, 考妣고비, 祖妣조비, 皇妣황비
	琵$_1$	비파 **비**	琵琶비파
	秕$_1$	쭉정이(粃), 더러울 **비**	秕政비정
폐	陛$_1$	섬돌 **폐**	陛下폐하, 殿陛전폐, 天陛천폐

낮을 비

3급

| 十 | 6획 | 총8획 |

손(十)에 술 바가지(由)를 들어 술을 퍼내는 사람은 신분이 낮다는 데서, '낮다, 천하다'의 뜻이다.

- 卑賤비천 : 낮고 천함.
- 登高自卑등고자비 : 높은 곳에 오르려면 낮은 곳부터 시작해야 함.
- 野卑야비 : 성질이나 언행이 상스럽고 천함.

비	碑$_4$	비석 **비**	墓碑銘묘비명, 建碑건비, 陵碑능비
	婢$_3$	계집종 **비**	奴婢노비, 婢僕비복, 婢妾비첩
	脾$_1$	지라 **비**	脾胃비위, 脾臟비장
	裨$_1$	도울 **비**	裨益비익, 裨將비장, 裨助비조
	痺$_1$	저릴 **비**(痹)	痲痺마비, 風痺풍비, 頑痺완비
패	牌$_1$	패 **패**	門牌문패, 位牌위패, 賞牌상패
	稗$_1$	피 **패**	稗官文學패관문학, 稗史패사, 稗說패설

備

갖출 비 | 준4급

| 亻/人 | 10획 | 총12획 |

人(사람 인) + 共(함께 공) + 用(쓸 용)

사람(亻)은 함께(共) 써야(用) 할 때를 위해 물자를 비축해야 한다는 데서, '갖추다'의 뜻이다.

- 準備준비 : 미리 마련하여 갖추는 것.
- 未備미비 : 갖추어져 있지 않음.

비 憊1 고단할 비 憊色비색, 倦憊권비, 衰憊쇠비, 疲憊피비

賓

손 빈 | 3급

| 貝 | 7획 | 총14획 |

선물(貝)을 가지고 집(宀)에 오는(丏) 사람, 곧 '손님'의 뜻이다.

갑골문 · 금문 · 전서

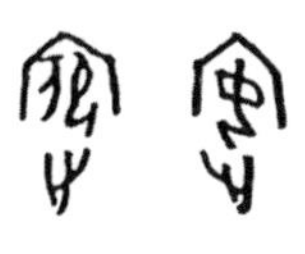

- 貴賓귀빈 : 귀한 손님.
- 賓客빈객 : 손님. 조선시대 세자시강원에 속하여 경사經史와 도의道義를 가르치던 벼슬.
- 來賓내빈 : 초대받아 온 손님.

빈 嬪1 궁녀 빈 嬪宮빈궁, 妃嬪비빈

殯1	빈소 **빈**	殯所빈소, 殯宮빈궁, 殯殿빈전
濱1	물가, 다가올 **빈**	海濱해빈, 水濱수빈

馮

①탈 **빙** ②성(姓) **풍** | 2급

| 馬 | 2획 | 총12획 |

冫(얼음 빙) + 馬(말 마)

얼음(冫)에 금이 가듯 빨리 달리는 말(馬)에 탄 데서, '타다'의 뜻이다. 성씨로도 쓰인다.

- 暴虎馮河포호빙하 : 맨손으로 범을 때려잡고 걸어서 황하를 건넌다는 뜻으로, 용기는 있으나 무모함을 이르는 말.
- 馮氏풍씨 : 풍씨.

빙	憑1	비길, 의지할 **빙**	憑公營私빙공영사, 憑據빙거, 憑藉빙자, 證憑증빙, 信憑신빙

사

絲

실 사 | 4급

糸 | 6획 | 총12획

두 줄의 명주실을 본뜬 글자로, '실'의 뜻이다.

갑골문 · 금문 · 전서

- 繭絲견사 : 고치에서 뽑은 실.
- 一絲不亂일사불란 : 한 올의 실도 엉키지 않음.

계	系4	이어 맬 **계**	家系가계, 系列계열, 系譜계보, 直系직계
	係준4	맬 **계**	係員계원, 係長계장, 關係관계, 係累계루
	繼4	이을 **계**	繼母계모, 繼續계속, 中繼중계, 承繼승계
색	索3	찾을 **색**	探索탐색, 摸索모색, 檢索검색, 思索사색
		노, 헤어질 **삭**	架空索道가공삭도, 索居삭거, 索莫삭막
소	素준4	흴(白), 본디 **소**	素服소복, 素朴소박, 繪事後素회사후소, 簡素간소, 儉素검소, 毒素독소
철	綴1	엮을 **철**	點綴점철, 綴字철자, 編綴편철
총	總준4	다(皆), 거느릴 **총**	總括총괄, 總督총독, 總體총체
현	縣3	고을 **현**	縣監현감, 縣令현령, 郡縣군현
	懸3	달(繫) **현**	懸隔현격, 懸垂幕현수막, 懸案현안, 懸板현판

詐

속일 사 | 3급

言 | 5획 | 총12획

言(말씀 언) + 乍(잠깐 사)

잠깐(乍) 사이에 그럴듯한 거짓말(言)을 지어내는 데서, '속이다'의 뜻이다.

- 詐稱사칭 : 거짓으로 속여 이름.
- 詐欺사기 : 남을 속임.

작	作6	지을 **작**	作心三日작심삼일, 作戰작전, 發作발작
	昨6	어제 **작**	昨今작금, 昨日작일, 昨宵작소, 昨夢작몽
	炸1	터질 **작**	炸裂작렬, 炸發작발, 炸藥작약
조	祚2	복(福) **조**	吉祚길조, 登祚등조, 福祚복조, 溫祚王온조왕
착	窄1	좁을 **착**	狹窄협착, 窄袖착수
	搾1	짜낼 **착**	搾乳착유, 搾取착취, 壓搾압착

긴 뱀 사 | 3급

| 虫 | 5획 | 총11획 |

虫(벌레 충) + 它(뱀 사)

它(뱀 사)는 원래 뱀을 나타냈으나, 무생물을 가리키는 대명사가 되자, 虫을 더해 蛇(뱀 사)가 새로 생겨났다.

- 長蛇陣장사진 : 뱀 모양으로 길게 늘어섬.
- 畫蛇添足화사첨족 : 뱀 그림에 발 더하기. 군더더기.

타	舵1	키 **타**	操舵手조타수, 方向舵방향타
	駝1	낙타 **타**	駱駝낙타, 駝峰타봉
	陀1	비탈질 **타**	盤陀반타
		부처 **타**	佛陀불타, 頭陀두타, 彌陀미타

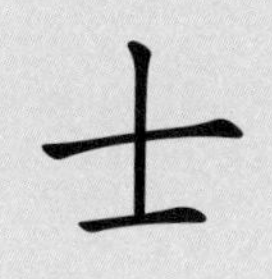

선비 사

5급

| 士 | 0획 | 총3획 |

무사나 법 집행자가 들고 있는 도끼를 본뜬 글자로, '선비'의 뜻이다.

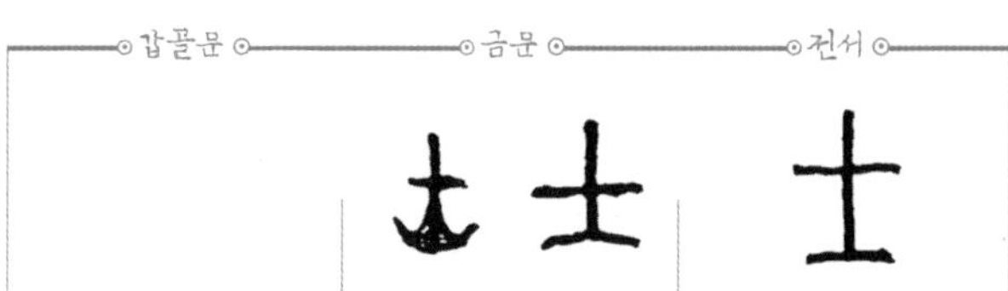

• 士氣사기 : 선비의 기개. 싸움에 임한 병사의 기세.
• 才士재사 : 재주가 있는 선비.

사	仕5	섬길, 벼슬 **사**	給仕급사, 奉仕봉사, 仕官사관
일	壹2	한 **일**(一)	壹是일시
지	志준4	뜻 **지**	志操지조, 篤志독지, 志望지망, 同志동지
	誌4	기록할 **지**	墓誌묘지, 誌上지상, 校誌교지, 書誌서지

①절 사 ②관청, 내시 시

준4급

| 寸 | 3획 | 총6획 |

寸(마디 촌) + 土(흙 토)

손(寸)으로 흙(土)을 쌓아올려 높은 곳에 지은 '관청'의 뜻이다. 불교가 처음 들어왔을 때 관청을 빌려 불법을 전파한 데서, '절'의 뜻이 생겨났다.

• 寺刹사찰 : 절.

• 司僕寺사복시 : 궁중의 가마나 말을 맡아 보던 관청.

대	待 6	기다릴, 대우할 **대**	待機대기, 接待접대, 冷待냉대, 待遇대우
등	等 6	무리, 같을 **등**	均等균등, 等級등급, 越等월등
시	詩 준4	시, 글귀 **시**	詩想시상, 詩情시정, 律詩율시
	時 7	때 **시**	時刻시각, 時效시효, 常時상시, 臨時임시
	侍 3	모실 **시**	內侍내시, 侍下시하, 憑侍빙시, 近侍근시
지	持 4	가질 **지**	持久力지구력, 堅持견지, 持論지론, 持分지분
치	峙 2	언덕, 산 우뚝할 **치**	對峙대치, 峻峙준치
	痔 1	치질 **치**	痔疾치질, 痔漏치루, 痔核치핵
특	特 6	특별할 **특**	奇特기특, 英特영특, 特徵특징, 特惠특혜

베낄 사

5급

宀 | 12획 | 총15획

宀(집 면) + 舃(까치 작)

집(宀)에 앉아 나무 위의 까치(舃)를 실물 그대로 그리는 데서, '그리다, 베끼다'의 뜻이다.

• 寫生사생 : 실물, 실경을 그대로 그림.

• 寫本사본 : 원본을 베낌.

사	瀉 1	쏟을, 토할 **사**	瀉出사출, 泄瀉설사, 吐瀉토사
석	潟 1	갯벌 **석**	干潟地간석지, 潟湖석호

생각 사 | 5급

| 心 | 5획 | 총9획 |

囟(정수리 신) + 心(마음 심)

옛날에 생각은 가슴과 머리에서 한다고 여겼기 때문에 심장(心)과 정수리(囟)가 합해진 글자인데, 후에 囟이 田 형태로 변화되었다.

갑골문 · 금문 · 전서

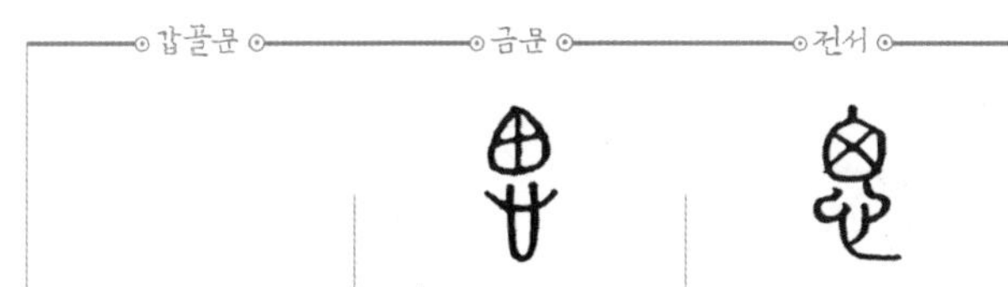

- 思慕사모 : 생각하고 그리워함.
- 去思碑거사비 : 고을을 다스리던 원님이 떠날 때 그의 공적을 기려 세운 비석.
- 思潮사조 : 그 시대 사상의 일반적인 경향.

려	慮4	생각할 **려**	心慮심려, 考慮고려, 憂慮우려, 配慮배려
	濾1	거를 **려**	濾過紙여과지, 濾液여액, 濾紙여지
시	媤1	시집 **시**	媤宅시댁, 媤父母시부모, 媤叔시숙
터	攄1	펼 **터**	攄得터득, 攄抱터포, 攄懷터회

맡을, 벼슬 사 | 3급

| 口 | 2획 | 총5획 |

后(임금 후)자의 반대 모양으로, 신하가 임금의 명령을 받아 일을 맡아보는 데서, '맡다'의 뜻이다.

- 司祭사제 : 제사를 맡아보는 사람.
- 上司상사 : 자기보다 높은 벼슬의 사람.
- 司會사회 : 회의나 의식의 진행을 맡아봄.

사	詞$_3$	말, 글 **사**	歌詞가사, 臺詞대사, 品詞품사, 弔詞조사
	飼$_2$	먹일 **사**	飼料사료, 飼育사육, 放飼방사, 飼養사양
	祠$_1$	사당 **사**	神祠신사, 祠堂사당, 祠宇사우, 淫祠음사
	嗣$_1$	이을 **사**	後嗣후사, 嗣子사자, 嫡嗣적사, 嗣續사속

죽을 사

6급

歹 | 2획 | 총6획

歹(뼈 앙상할 알) + 匕(사람)

死의 옛 글자에서 匕은 人으로 되어 있으며, 죽은 자의 유골(歹) 앞에 앉아 슬퍼하는 사람(匕→人)의 모습에서, '죽다'의 뜻이다.

- 死力사력 : 죽을힘.
- 死生決斷사생결단 : 죽기 살기로 결정을 내림.
- 死活사활 : 삶과 죽음.

몰	沒$_3$	빠질, 죽을, 없을 **몰**	沒頭몰두, 沒落몰락, 沒人情몰인정
	歿$_1$	죽을 **몰**	沒殺몰살, 戰歿전몰

시	屍2	주검 **시**	屍身시신, 檢屍검시, 屍體시체
장	葬3	장사 지낼 **장**	水葬수장, 葬送曲장송곡, 殉葬순장

역사, 사기 **사** | 5급

| 口 | 2획 | 총5획 |

中(가운데 중) + 又(손 우)

에는 '바르다'의 뜻이 있으며, 손(又)에 붓을 들고 사실을 바르게(中) 기록하는 데서, '사기史記, 사관史官'의 뜻이다.

- 史官사관 : 역사를 기록하는 관리.
- 史草사초 : 지난 날 사관이 기록하여둔 사기의 초고.

리	吏3	관리 **리**	官吏관리, 吏讀이두, 吏房이방, 稅吏세리
사	使6	부릴, 하여금 **사**	使喚사환, 使役사역, 使臣사신, 使命사명, 特使특사, 行使행사, 勅使칙사

山

산 **산** | 8급

| 山 | 0획 | 총3획 |

산의 모양을 본뜬 것으로, '산'의 뜻이다.

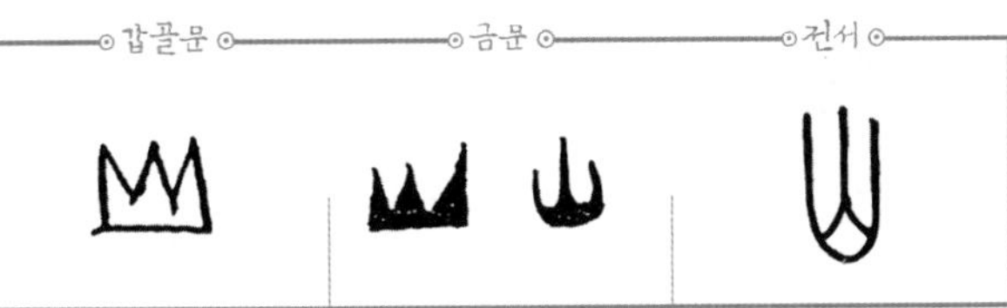

- 山野산야 : 산과 들.

• 山積산적 : 산더미처럼 쌓임.

도	島5	섬 **도**	孤島고도, 群島군도, 列島열도, 落島낙도
	搗1	찧을 **도**	搗精도정, 搗鍊도련
산	疝1	산증 **산**	疝症산증, 疝氣산기, 疝痛산통
선	仙5	신선 **선**	仙丹선단, 仙人掌선인장, 仙境선경
암	癌2	암 **암**	胃癌위암, 膵癌췌암, 舌癌설암

散

흩을 산 | 4급

攵 | 8획 | 총12획

共(함께 공) + 月(몸 육) + 攵(칠 복)

한곳에 함께(共) 모여 있는 사람이나 짐승(月)을 채찍으로 쳐서(攵) 흩어지게 하는 데서, '흩다'의 뜻이다.

• 散在산재 : 흩어져 있음.
• 散華산화 : 꽃같이 흩어져 짐. 나라를 위해 꽃다운 나이에 죽음.

살	撒1	뿌릴 **살**	撒布살포, 撒水車살수차

①삼성, 석 삼 ②참여할, 뵐 참 | 5급

厶 | 9획 | 총11획

이십팔수二十八宿의 하나인 삼성參星의 세 별이 하늘 위에서 사람에게 빛을 비추는 모양을 본뜬 글자로, '삼성'의 뜻이다.

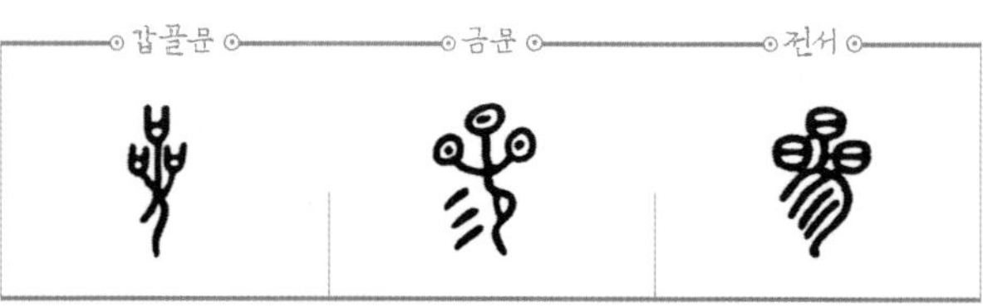

- 參商之歎삼상지탄 : 삼성參星과 상성商星이 동서로 멀리 떨어져 있는 데서, 두 사람이 멀리 떨어져 있어 만나기 어려움을 한탄함.
- 參拜참배 : 뵙고 배례를 드림.
- 參照참조 : 참고로 대조하여 봄.
- 參加참가 : 참여하거나 가입함.

삼	蔘₂	삼 삼	蔘圃삼포, 蔘茸삼용, 蔘鷄湯삼계탕
	滲₁	물 스밀 삼	滲透삼투, 滲出삼출, 滲泄삼설
참	慘₃	참혹할 참	慘酷참혹, 慘憺참담, 慘劇참극, 慘狀참상

象 코끼리, 형상 상

4급

豕 | 5획 | 총11획

긴 코와 큰 몸통의 코끼리 옆모습을 본뜬 글자로, '코끼리, 형상'의 뜻이다.

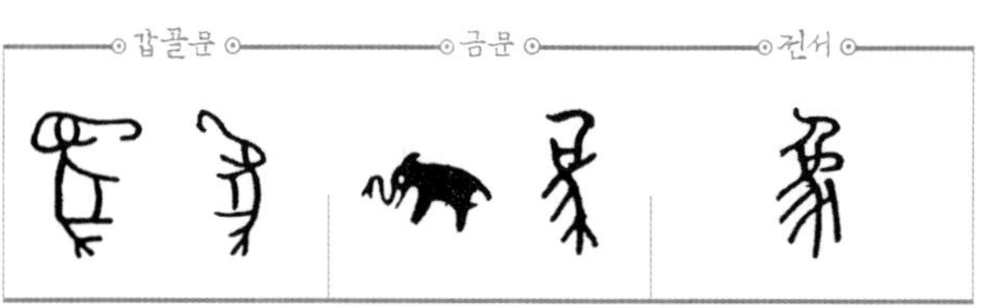

- 象牙상아 : 코끼리의 이빨.
- 象徵상징 : 추상적인 것을 사물로 나타내는 것. 그 사물.
- 現象현상 : 관찰할 수 있는 사물의 현상.

상	像3	모양 **상**	群像군상, 偶像우상, 胸像흉상, 氣像기상
예	豫2	미리 **예**	豫感예감, 豫見예견, 豫報예보, 豫買예매
		머뭇거릴 **예**	猶豫유예
	預2	맡길, 미리 **예**	預金예금, 預度예탁, 預置예치

서로, 모양 상

5급

目 | 4획 | 총9획

나무(木)를 주의깊게 바라보는(目) 것으로, '서로, 모양'의 뜻이다.

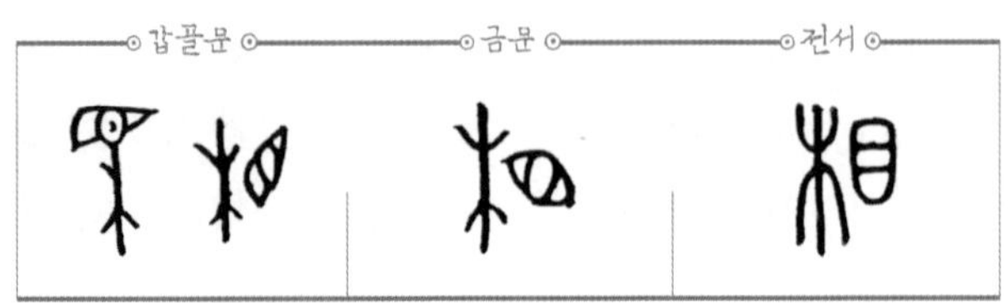

- 眞相진상 : 참된 모습.
- 同病相憐동병상련 : 같은 병이 있는 사람끼리 서로 가엾게 여김.
- 相續상속 : 다음 차례에 이어받거나 이어줌.

상	想준4	생각 **상**	回想회상, 構想구상, 想像상상, 想念상념
	霜3	서리, 세월 **상**	秋霜추상, 星霜성상, 霜柹상시
	箱2	상자 **상**	箱子상자, 藥箱약상, 書箱서상
	孀1	홀어미 **상**	靑孀寡婦청상과부, 孀閨상규

오하려, 높을 상 3급

| 小 | 5획 | 총8획 |

同(문 경) + 小(작을 소)

창문(同) 밖에 연기가 하늘로 가늘게(小) 올라가는 모양에서, '높다'의 뜻이다, '오히려'의 뜻도 있다.

- 尙武상무 : 무武를 높게 보는 것.
- 高尙고상 : 품은 뜻과 몸가짐이 높음.
- 尙存상존 : 아직 존재함.

상	賞5	상줄 상	賞罰상벌, 副賞부상, 褒賞포상, 賞牌상패
		구경할 상	賞春客상춘객, 鑑賞감상, 觀賞관상
	常준4	항상, 떳떳할, 보통, 법 상	常道상도, 常識상식, 常備상비, 常理상리, 恒常항상
	償3	갚을 상	補償보상, 辨償변상, 償還상환, 賠償배상
	嘗3	일찍이, 맛볼 상	未嘗不미상불, 臥薪嘗膽와신상담
	裳3	치마 상	同價紅裳동가홍상, 衣裳의상, 彩裳채상
창	敞2	높을, 시원할 창	高敞고창, 通敞통창
	廠1	헛간, 공장 창	工廠공창, 造兵廠조병창

①변방 새 ②막을 색 3급

| 土 | 10획 | 총13획 |

寒(추울 한) + 土(흙 토)

추위(寒)를 이겨내기 위하여 바람 구멍을 흙(土)으로 막는 데서, '막다, 막히다'의 뜻이다. 적의 침입을 막는 것으로까지 확대되어, '변방邊方'의 뜻이다.

- 要塞요새 : 중요한 방어시설.
- 塞翁之馬새옹지마 : 변방 늙은이의 말. 인생의 길흉화복은 변화가 무쌍하다는 뜻.
- 閉塞폐색 : 닫아 막음.

채	寨$_1$	목책 채	木寨목채, 山寨산채
한	寒$_5$	찰 한	惡寒오한, 寒氣한기, 防寒帽방한모, 寒冷한랭

아낄 색

1급

口 | 10획 | 총13획

來(보리 래) + 㐭(창고 름)

보리(來)를 곡식 창고(㐭)에 집어 넣으면 밖으로 잘 나오지 않는 데서, '아끼다'의 뜻이다.

- 吝嗇인색 : 재물을 지나치게 아낌.
- 節嗇절색 : 절약하고 아낌.
- 嗇用색용 : 아껴 씀.

장	墻$_3$	담 장(牆)	堵墻도장, 路柳墻花노류장화
	薔$_1$	장미 장	薔薇장미
	檣$_1$	돛대 장	檣杆장간, 檣頭장두, 檣樓장루

빛 색 7급

| 色 | 0획 | 총6획 |

사람이 무릎 꿇고 윗사람의 얼굴빛을 살피는 모양을 본떠, '얼굴빛'의 뜻이다. '여자의 미모, 정욕, 모습, 종류' 등의 뜻도 있다.

- 色情색정 : 남녀간의 욕망. 춘정.
- 物色물색 : 물건의 빛깔. 쓸 만한 것을 찾음.
- 氣色기색 : 얼굴에 나타난 마음속의 생각.

염	艷1	고울 **염**	妖艶요염, 艷聞염문, 艷色염색, 嬌艶교염
절	絶준4	끊을, 으뜸, 뛰어날 **절**	絶交절교, 絶好절호, 哀絶애절, 絶色절색, 絶讚절찬, 絶世절세, 絶命절명, 絶妙절묘, 氣絶기절

生

날 생 8급

| 生 | 0획 | 총5획 |

흙에서 새롭게 나온 어린 식물을 본뜬 글자로, '낳다, 살다'의 뜻이다.

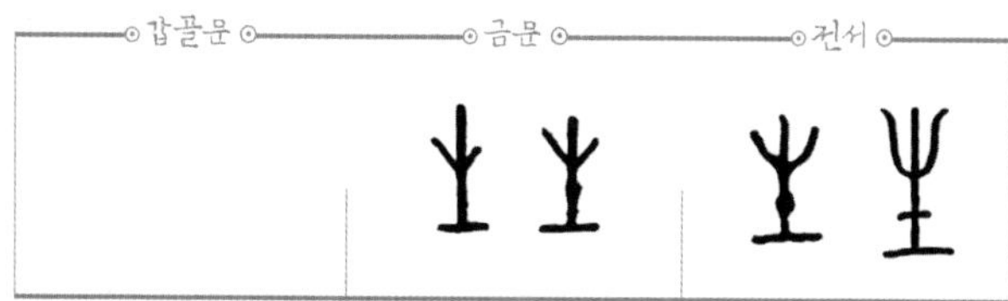

- 生疏생소 : 낯설음.
- 生縛생박 : 산 채로 묶음.
- 生面不知생면부지 : 만난 적이 없어 전혀 모르는 사람.

륭	隆$_3$	높을, 성할 **륭**	隆起융기, 隆盛융성, 隆替융체, 隆崇융숭
산	產$_5$	낳을, 재산 **산**	產母산모, 家產가산, 倒產도산, 量產양산
살	薩$_1$	보살 **살**	菩薩보살, 薩水살수
생	甥$_1$	생질 **생**	甥姪생질, 外甥외생, 舅甥구생
	牲$_1$	희생 **생**	牲犢생독, 犧牲희생
성	性$_5$	성품 **성**	性品성품, 根性근성, 優性우성, 乾性건성
	姓$_7$	성씨 **성**	姓氏성씨, 百姓백성, 姓銜성함, 通姓名통성명
소	甦$_1$	깨어날 **소**	甦生소생, 甦息소식
항	降$_4$	항복할 **항**	降服항복, 降書항서, 投降투항
		내릴 **강**	降雨강우, 降等강등, 昇降機승강기, 降板강판

여러, 서자, 거의, 바랄 서

3급

广 | 8획 | 총11획

집에서 돌에 불을 지펴서 음식을 하는 장면에서, 원래 뜻은 '삶다, 끓이다'이다. 이 뜻이 '여러'로 확장되자 원래 뜻은 煮(삶을 자)가 새로 생겨났다.

갑골문	금문	전서

- 庶子서자 : 첩에게 난 자식.
- 庶務서무 : 여러 가지 일반적인 업무.
- 庶民서민 : 일반 사람들. 백성.

자	蔗$_1$	사탕수수 **자**	甘蔗감자, 蔗糖자당, 蔗境자경

차 遮2 가릴 **차** 遮光차광, 遮日차일, 遮陽차양, 遮斷차단

書

글 서 | 6급

| 日 | 6획 | 총10획 |

옛 글자를 보면 聿(붓 율)과 者(놈 자)가 결합된 것으로, 聿은 뜻을, 者(자→서)는 소리를 나타내어, '글, 편지, 쓰다'의 뜻이다.

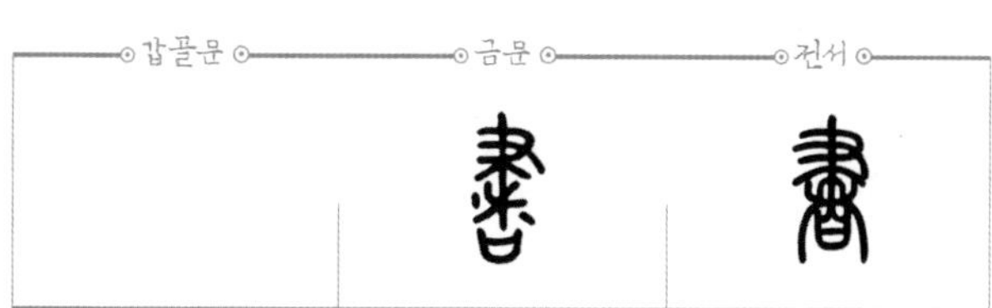

- 書齋서재 : 공부, 독서하는 방.
- 淨書정서 : 글씨를 깨끗이 씀.
- 書簡서간 : 편지. 서신書信. 서찰書札. 서한書翰.

주	晝6	낮 **주**	白晝백주, 晝耕夜讀주경야독, 晝夜주야
화	畫6	그림 **화**	墨畫묵화, 畫板화판, 自畫自讚자화자찬
		그을, 꾀할 **획**	畫順획순
획	劃3	그을 **획**	計劃계획, 劃期的획기적, 區劃구획, 劃策획책

西

서녘 서 | 8급

| 西 | 0획 | 총6획 |

새의 둥지를 본뜬 모양으로, '둥지, 쉬다'의 뜻이다. 새가 둥지에 돌아올 때는 해가 질 때니까 '서쪽'을 의미하게 되었다.

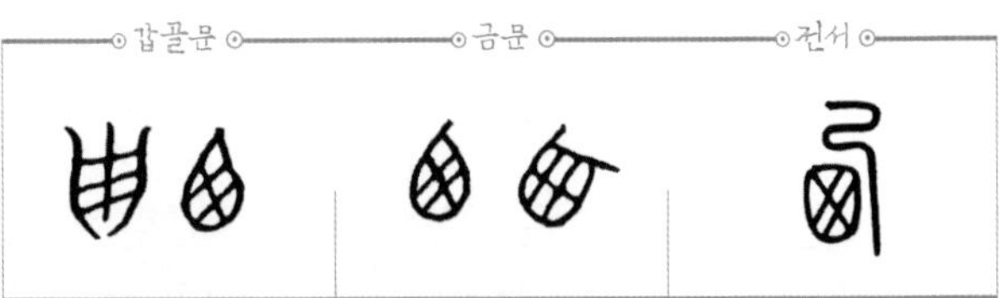

- 東奔西走동분서주 : 동서로 달림. 즉 매우 바쁨.
- 西紀서기 : 예수 탄생을 기원으로 하는 책력.
- 西歐서구 : 서부 유럽의 여러 나라.

담	潭2	못 담	潭淵담연, 澄潭징담, 潭思담사
	譚1	말씀 담	民譚민담, 奇譚기담, 後日譚후일담
요	要5	구할, 종요로울 요	需要수요, 訣要결요, 要點요점
	腰3	허리 요	腰痛요통, 纖腰섬요, 腰折腹痛요절복통

돌 석

6급

石 | 0획 | 총5획

낭떠러지의 바위굴(厂)에서 떨어져 나온 돌(口)의 모양을 본떠, '돌'의 뜻이다.

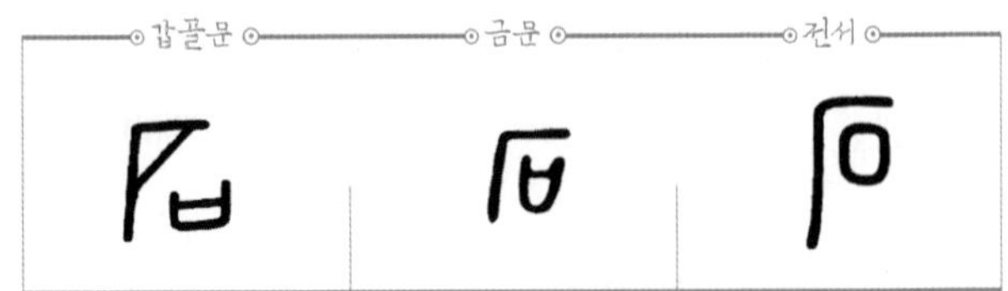

- 玉石俱焚옥석구분 : 옥과 돌이 함께 불에 탐. 재앙은 선·악을 구분하지 않음.
- 上下撑石상하탱석 :윗돌 빼서 아랫돌 괴기. 임시방편.
- 壽石수석 : 모양이나 빛깔, 무늬 등이 묘한 돌.

뢰	磊$_1$	돌무더기 **뢰**	落磊낙뢰, 磊塊뇌괴, 磊磊뇌뢰
벽	碧$_3$	푸를 **벽**	碧溪벽계, 碧眼紫髥벽안자염, 碧昌牛벽창우
석	碩$_2$	클 **석**	碩學석학, 碩儒석유, 碩士석사
연	研$_{준4}$	갈 **연**	研究연구, 研磨연마, 研修연수, 研鑽연찬
	姸$_2$	고울 **연**	姸醜연추, 姸麗연려, 姸粧연장
척	拓$_3$	열 **척**	開拓개척, 干拓간척
		탁본 **탁**	拓本탁본
탕	宕$_1$	호탕할, 탕건 **탕**	豪宕호탕, 宕巾탕건, 跌宕질탕
투	妬$_1$	강새암할 **투**	妬忌투기, 嫉妬질투
확	確$_{준4}$	확실할 **확**	確固확고, 堅確견확, 確證확증

예(古) 석 | 3급

| 日 | 4획 | 총8획 |

잘라낸 고기를 햇볕에 말리는 모양을 본뜬 글자로, 원래 '말린 고기'의 뜻이었으나, 후에 '옛날'의 뜻이 파생되었다.

- 今昔之感금석지감 : 옛날과 지금의 느낌.
- 夙昔숙석 : 조금 오래된 옛날.

석	惜$_3$	아낄 **석**	惜吝석린, 惜別석별, 惜敗석패, 哀惜애석
작	鵲$_1$	까치 **작**	鵲語작어, 扁鵲편작
조	措$_2$	둘 **조**	措置조치, 罔措망조, 擧措거조, 措處조처

차	借$_{3}$	빌 **차**	借用차용, 借款차관, 借名차명, 借入차입
착	錯$_{3}$	어긋날 **착**	錯誤착오, 錯覺착각, 倒錯도착, 錯雜착잡
초	醋$_{1}$	초 **초**	食醋식초, 醋酸초산, 醋醬초장

저녁 석

7급

| 夕 | 0획 | 총3획 |

月(달)에서 한 획(丶)을 뺀 모양으로, 초저녁에 뜨는 달을 표현하였다. '저녁'의 뜻이다.

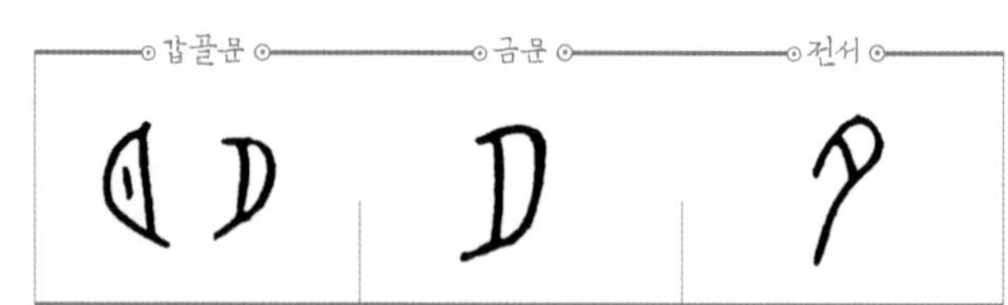

- 夕陽석양 : 저녁노을. 저녁 햇볕.
- 夕霞석하 : 저녁노을.
- 夕刊석간 : 저녁에 발행되는 신문.

다	多$_{6}$	많을 **다**	多樣다양, 多幸다행, 多彩다채, 雜多잡다
명	名$_{7}$	이름 **명**	命名명명, 名望명망, 名節명절, 名技명기
	銘$_{3}$	새길 **명**	銘心명심, 感銘감명, 座右銘좌우명
	酩$_{1}$	술취할 **명**	酩酊명정
몽	夢$_{3}$	꿈 **몽**	夢想몽상, 解夢해몽, 迷夢미몽, 夢精몽정
숙	夙$_{1}$	일찍 **숙**	夙成숙성, 夙悟숙오, 夙起숙기, 夙夜숙야
이	移$_{준4}$	옮길 **이**	移徙이사, 移秧이앙, 轉移전이, 移替이체
치	侈$_{1}$	사치할 **치**	奢侈사치, 侈濫치람

先

먼저 선 | 8급

儿 | 4획 | 총6획

사람(儿)이 앞으로 발걸음(㞢)을 내딛는 모양에서, '먼저'의 뜻이다. 옛 글자에서 㞢는 止(발 지)로 되어 있다.

갑골문 / 금문 / 전서

- 行先地행선지 : 가는 목적지.
- 率先垂範솔선수범 : 먼저 모범을 보여 이끎.

선	銑$_1$	무쇠 **선**	銑鐵선철, 白銑백선
세	洗$_5$	씻을 **세**	洗劑세제, 洗腦세뇌, 洗手세수, 洗淨세정

舌

혀 설 | 4급

舌 | 0획 | 총6획

침을 뚝뚝 떨어뜨리며 혀가 입 밖으로 나와 있는 모습으로, '혀'의 뜻이다.

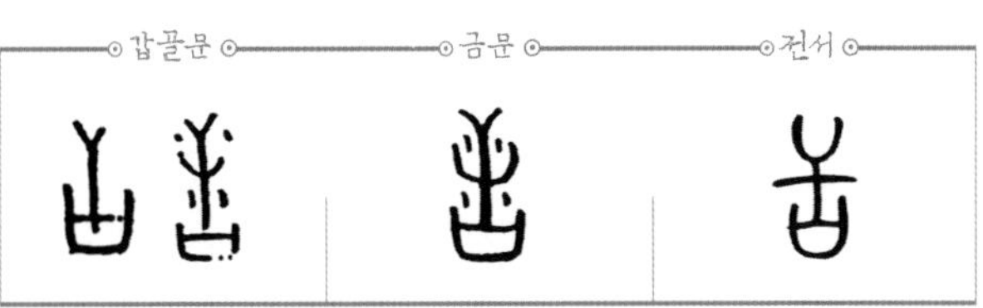

- 舌禍설화 : 혀로 인해 생긴 재난.
- 毒舌독설 : 독기 있는 말.

괄	括 1	묶을 괄	括弧괄호, 一括일괄, 總括총괄, 包括포괄
	刮 1	긁을, 눈 비빌 괄	刮目相對괄목상대, 刮取괄취
사	舍 준4	집 사	舍利사리, 寄宿舍기숙사, 兵舍병사, 幕舍막사
	捨 3	버릴, 베풀 사	取捨취사, 喜捨희사, 捨撤사철
서	舒 2	펼 서	平心舒氣평심서기, 舒縮서축
화	話 7	말씀 화	談話담화, 揷話삽화, 話頭화두
활	活 7	살 활	活躍활약, 活潑활발, 再活재활, 活況활황
	闊 1	넓을, 우둔할 활	闊達활달, 廣闊광활, 久闊구활, 迂闊우활

가늘 섬

2급

糸 | 17획 | 총23획

糸(실 사) + 韱(산부추 섬)

가는 실(糸)과 산부추(韱)를 함께 써서, '가늘다'의 뜻이다.

- 纖細섬세 : 곱고 가늘음.
- 纖纖玉手섬섬옥수 : 가늘고 여린 여인의 손.
- 纖維섬유 : 실이나 털과 같은 물체.

섬	殲 1	다 죽일 섬	殲滅섬멸, 殲盡섬진, 殲撲섬박
참	懺 1	뉘우칠 참	懺悔참회, 懺洗참세
	讖 1	예언 참	讖書참서, 讖言참언
첨	籤 1	제비 첨	抽籤추첨, 當籤당첨, 落籤낙첨

별 성 | 준4급

日 | 5획 | 총9획

밤 하늘에 반짝이는 별(日)의 모양을 본뜬 글자로, '별'의 뜻이다.

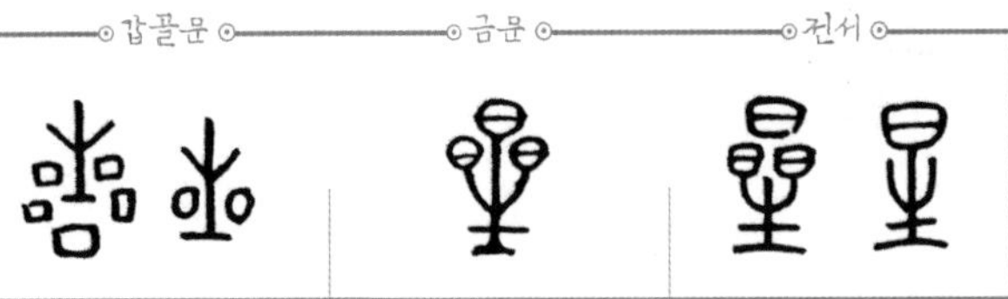

- 星座성좌 : 별자리.
- 隕星운성 : 떨어지는 별.

성 醒$_1$ 깰 성 覺醒각성, 半睡半醒반수반성

소리 성 | 준4급

耳 | 11획 | 총17획

돌로 만든 악기 경쇠(声→磬)를 나무망치로 치면서(殳) 그 소리를 귀(耳)로 듣는 장면에서 '소리'의 뜻이다.

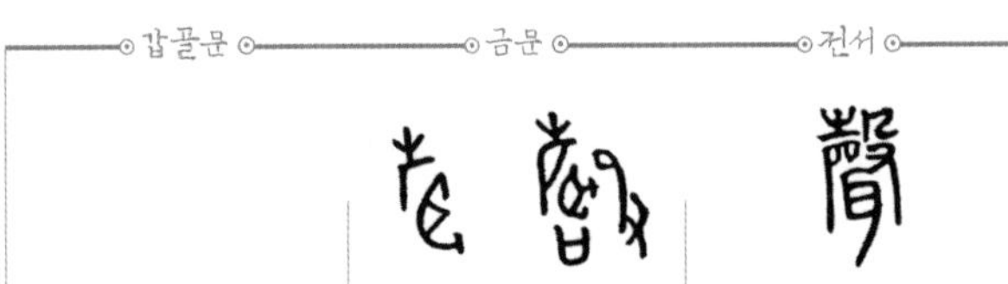

- 嬌聲교성 : 애교 있는 소리.
- 假聲가성 : 거짓 목소리.
- 聲援성원 : 소리쳐서 사기를 북돋우어 줌.

경	磬$_{1}$	경쇠 **경**	石磬석경, 風磬풍경, 編磬편경
형	馨$_{2}$	꽃다울, 향기로울 **형**	馨香형향, 素馨소형

世

세상, 인간 세

7급

一 | 4획 | 총5획

卅(서른 삽) + 一(한 일)

30년(卅) 은 한(一) 세대라는 데서, '세대'의 뜻이다. 또 자손 대대로 살아가는 세상에서, '인간, 세상'의 뜻이다.

- 世代세대 : 한 시대.
- 流芳百世유방백세 : 꽃향기가 백 세대에 걸쳐 풍김. 후세에 길이 남음.

설	泄$_{5}$	셀 **설**(洩)	漏泄누설, 排泄배설, 泄瀉설사, 泄氣설기
	渫$_{1}$	파낼, 칠 **설**	浚渫준설
세	貰$_{2}$	세놓을 **세**	專貰전세, 貰房세방, 月貰월세, 貰錢세전
엽	葉$_{5}$	입 **엽**	枯葉고엽, 落葉낙엽, 葉書엽서, 枝葉지엽
접	蝶$_{3}$	나비 **접**	蝴蝶호접, 蝶泳접영, 蝶夢접몽
첩	諜$_{2}$	염탐할 **첩**	間諜간첩, 諜報첩보, 防諜방첩
	牒$_{1}$	편지, 문서 **첩**	家牒가첩, 請牒청첩, 通牒통첩, 移牒이첩

해 세

5급

止 | 9획 | 총13획

옛 글자를 보면 步(걸음 보)와 戌(도끼의 모양을 본뜸)로 되어 있으며, 한 곳에서 다른 곳으로 걸어가는 걸음을 도끼로 나누어 시간이 흘러가는 것을 암시하는 글자로 '해, 세월'의 뜻이다.

갑골문 금문 전서

- 年歲연세 : 나이의 높임말.
- 歲拜세배 : 정초에 웃어른께 올리는 큰절.
- 歲月세월 : 흘러가는 시간.

예	濊2	종족, 더러울 **예**	東濊동예, 濊貊예맥
	穢1	더러울, 거칠 **예**	荒穢황예, 穢汚예오

小

작을 **소** | 8급

小 | 0획 | 총3획

아주 작은 세 개의 모래알로 표시하여, '작다'의 뜻이다.

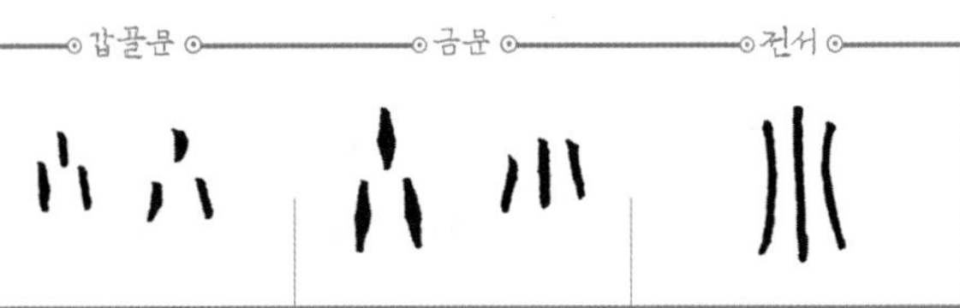

- 小康소강 : 형세가 잠시 안정됨.
- 弱小약소 : 약하고 작음.

극	隙1	틈 **극**	間隙간극, 隙駒극구, 寸隙촌극
렬	劣3	못할 **렬**	庸劣용렬, 拙劣졸렬, 劣等열등, 劣惡열악

묘	妙2	묘할 **묘**	奧妙오묘, 奇妙기묘, 妙訣묘결, 妙手묘수
	渺1	아득할 **묘**	渺茫묘망, 渺漫묘만, 渺然묘연
사	砂3	모래 **사**(沙)	砂漠사막, 黃砂황사, 砂器사기
	紗1	비단 **사**	紗帽冠帶사모관대, 紗窓사창, 羅紗나사
소	少7	적을 **소**	多少다소, 稀少희소, 僅少근소, 減少감소
		젊을 **소**	少女소녀
작	雀1	참새 **작**	雀躍작약, 孔雀공작, 麻雀마작, 雀羅작라
첨	尖3	뾰족할 **첨**	尖端첨단, 尖兵첨병, 尖銳첨예, 鋒尖봉첨
초	抄3	뽑을 **초**	抄本초본, 抄啓초계, 抄錄초록, 抄譯초역
	秒3	분초 **초**	秒速초속, 閏秒윤초, 秒針초침, 分秒분초
	炒1	볶을 **초**	炒麵초면, 鷄炒계초

召

부를 소

3급

口 | 2획 | 총5획

刀(칼 도) + 口(입 구)

윗사람이 칼(刀)을 차고 위엄을 부리며 아랫사람을 오라고 말하는(口) 데서, '부르다'의 뜻이다.

- 召喚소환 : 법원이 필요한 사람을 부르는 것.
- 遠禍召福원화소복 : 화를 멀리하고 복을 불러들임.

소	昭3	밝을 **소**	昭明소명, 昭詳소상, 昭昭應感소소응감
	沼2	못 **소**	沼澤소택, 沼池소지
	紹2	이을 **소**	紹介소개, 紹述소술
	邵2	땅이름, 성(姓) **소**	邵雍소옹
조	照3	비칠 **조**	肝膽相照간담상조, 對照대조, 參照참조

	詔1	조서 조	詔命조명, 詔勅조칙, 詔書조서
초	招4	부를 초	招待초대, 問招문초, 招聘초빙, 招請초청
	超3	뛰어넘을 초	超越초월, 超過초과, 超脫초탈, 超黨초당
	貂1	담비 초	狗尾續貂구미속초, 黑貂흑초

疏

소통할, 성길(疎), 상소할, 나물(蔬) 소 | 3급

疋 | 7획 | 총13획

疋(발 소) + 㐬(아기가 나오는 모습)

아기가 나올 때 양막을 발(疋)로 차고 양수가 흘러 아기가 나오는(㐬) 데서, '소통하다'의 뜻이다.

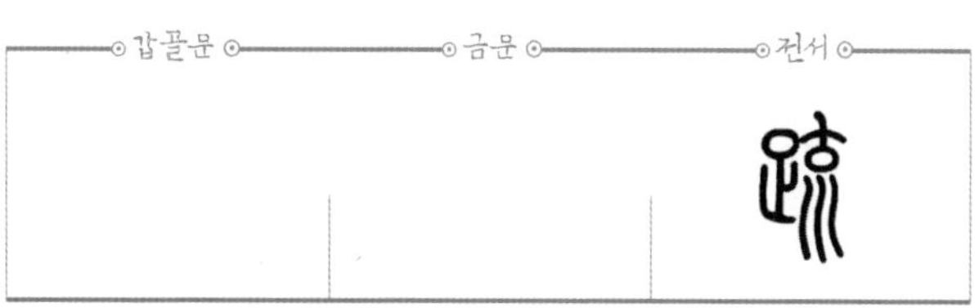

- 疏通소통 : 막히지 않고 잘 통함.
- 疏遠소원 : 성기어 멀어짐.
- 上疏상소 : 임금께 올리는 글.
- 疏脫소탈 : 수수하고 털털함.

류	流5	흐를, 귀양갈, 계층 류	流水유수, 流配유배, 上流層상류층, 漂流표류 流轉유전, 流産유산
	硫2	유황 류	硫黃유황, 硫酸유산
	琉1	유리 류	琉璃유리, 琉球유구
소	蔬3	나물 소	菜蔬채소, 春蔬춘소, 蔬果소과
	梳1	빗 소	梳沐소목, 梳櫛소즐, 月梳월소

묶을 속 | 2급

| 木 | 3획 | 총7획 |

나무 다발을 끈으로 묶은 모습으로, '묶다'의 뜻이다.

갑골문 · 금문 · 전서

- 束縛속박 : 얽어매 제한함.
- 束手無策속수무책 : 손이 묶여 대책이 없음.
- 團束단속 : 경계해 단단히 다잡음.

랄	剌1	물고기 뛸, 발랄할 **랄**	潑剌발랄
	辣1	매울 **랄**	辛辣신랄, 惡辣악랄
소	疎3	성길 **소**(疏)	親疎친소
속	速6	빠를 **속**	拙速졸속, 過速과속, 低速저속, 速決속결
송	悚1	두려워할 **송**	悚懼송구, 悚慄송률, 惶悚황송
칙	勅1	칙서 **칙**(敕/勑)	勅使칙사, 勅命칙명

갖출, 괘이름, 사양할 손 | 0급

| 己 | 9획 | 총12획 |

두 손으로(共)으로 물건(巳巳)을 갖추어 올리는 데서, '갖추다'의 뜻이다.

- 巽方손방 : 24방위의 하나.
- 巽與之言손여지언 : 유순하여 남에게 거슬리지 않는 말씨.

선	選5	가릴 **선**	選擧선거, 當選당선, 選拔선발, 精選정선
찬	撰1	글 지을 **찬**	撰述찬술, 杜撰두찬
	饌1	반찬 **찬**	飯饌반찬, 饌母찬모, 饌具찬구

樹

나무, 세울 수 | 6급

木 | 12획 | 총16획

木(나무 목) + 尌(세울 주)

나무(木)를 땅에 심어 똑바로 세우는(尌) 데서, '나무, 세우다'의 뜻이다.

- 樹立수립 : 세우다.
- 風樹之嘆풍수지탄 : 효도를 다 못하고 부모를 여읜 자식의 탄식을 이르는 말.

주	廚1	부엌 **주**	廚奴주노, 庖廚포주

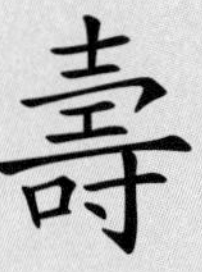

壽

목숨 수 | 3급

士 | 11획 | 총14획

士(선비 사) + 一(한 일) + 工(장인 공) + 口(입 구) + 寸(손 수)

선비(士)가 한(一)평생 공부(工)에 뜻을 두고 입(口)과 손(寸)을 한결같이 하면 목숨이 길게 이어진다는 데서, '목숨, 장수하다'의 뜻이다.

- 壽命수명 : 생물의 목숨.
- 減壽감수 : 생명이 줄어듦.
- 長壽장수 : 목숨이 김. 오래 삶.

도	燾$_{2}$	비칠 **도**	燾育도육
	濤$_{1}$	물결 **도**	波濤파도, 狂濤광도, 怒濤노도
	禱$_{1}$	빌 **도**	祈禱기도, 默禱묵도,
주	鑄$_{3}$	쇠붙릴, 녹여 만들 **주**	鑄貨주화, 鑄造주조, 鑄鐵주철
	疇$_{2}$	이랑, 항목 **주**	範疇범주, 田疇전주
	躊$_{1}$	머뭇거릴 **주**	躊躇주저

빼어날, 이삭 팰 수

4급

禾 | 2획 | 총7획

禾(벼 화) + 乃(아이밸 잉=孕)

벼(禾) 이삭이 패서(乃) 알갱이가 열리면 아름답다는 데서, '빼어나다'의 뜻이다.

- 秀穎수영 : 벼의 이삭이 팸. 재능이 뛰어나고 훌륭함.
- 俊秀준수 : 인물됨이 빼어남.
- 秀麗수려 : 빼어나고 아름다움.

유	誘$_{3}$	꾈 **유**	誘惑유혹, 誘拐유괴, 誘發유발, 誘引유인
투	透$_{3}$	사무칠, 통할 **투**	透視투시, 透徹투철, 浸透침투, 透明투명

需 기다릴, 쓰일, 쓸 수 3급

雨 | 6획 | 총12획

사람이 비를 만난 것을 본 뜬 것으로, 비가 그치기를 기다린다는 데서 '기다리다'는 뜻이다.

- 需要수요 : 필요로 하는 것.
- 需事之賊수사지적 : 일에 직면하여 주저하는 것이 일을 망치는 도적이라는 뜻.
- 軍需군수 : 군사상의 수요.

나	懦1	약할 나	懦弱나약, 怯懦겁나, 懦劣나열
유	儒4	선비 유	儒家유가, 儒教유교, 儒林유림, 儒生유생

睡 잠잘 수 3급

目 | 8획 | 총13획

目(눈 목) + 垂(드리울 수)

앉아서 눈을 감고 졸고 있는 장면에서 '잠자다'의 뜻이다.

• 昏睡혼수 : 정신이 혼미하여 수면 상태인 것.

• 睡眠수면 : 잠자는 것.

• 午睡오수 : 낮잠.

수	垂3	드리울 수	垂直수직, 懸垂幕현수막, 垂範수범, 垂柳수류
우	郵4	우편 우	郵送우송, 郵遞우체, 郵便우편, 郵票우표
추	錘1	저울 추	枰錘칭추, 紡錘방추, 鉛錘연추
타	唾2	침 타	唾液타액, 唾具타구, 唾罵타매, 咳唾해타

물 수

8급

水 | 0획 | 총4획

흐르는 물의 모양을 본뜬 글자로, '물'의 뜻이다.

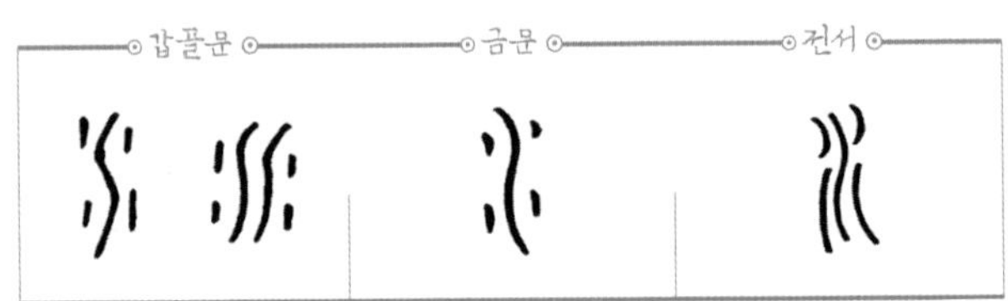

• 水脈수맥 : 물줄기.

• 水魚之交수어지교 : 물과 물고기처럼 떨어질 수 없는 친밀한 사이.

• 水準수준 : 사물의 가치, 등급 따위의 일정한 표준.

골	汨1	빠질 골	汨沒골몰
		물이름 멱	汨羅水멱라수
녈	涅1	열반 녈	涅槃열반
뇨	尿2	오줌 뇨	尿道요도, 排尿배뇨, 夜尿야뇨, 放尿방뇨
답	沓3	논 답	田畓전답, 京畓경답, 乾畓건답

	踏$_3$	밟을 **답**	踏查답사, 踏步답보, 踏襲답습
루	漏$_3$	샐 **루**	漏落누락, 脫漏탈루, 漏電누전, 漏出누출
멸	滅$_3$	꺼질, 멸할, 죽을 **멸**	生者必滅생자필멸, 滅種멸종, 明滅명멸, 壞滅괴멸, 滅菌멸균, 滅亡멸망
빙	氷$_5$	얼음 **빙**(冰)	氷山빙산, 結氷결빙, 氷菓빙과, 氷板빙판
사	四$_8$	넉 **사**	四方사방, 四肢사지, 四隅사우, 四端사단
	泗$_2$	물이름 **사**	泗川사천
영	永$_6$	길 **영**	永劫영겁, 永世영세, 永生영생, 永遠영원
	泳$_3$	헤엄칠 **영**	遠泳원영, 泳法영법, 游泳유영, 水泳수영
	詠$_3$	읊을 **영**	詠歌영가, 詠誦영송, 詠吟영음, 吟詠음영
준	準$_{준4}$	준할, 법도, 수준, 콧마루 **준**	準則준칙, 水準수준, 隆準융준, 照準조준, 基準기준
	准$_2$	비준, 결재할 **준**	認准인준, 批准비준, 准尉준위, 准將준장
창	昶$_2$	해 길 **창**	※이름자.
태	泰$_3$	클, 편안할 **태**	泰山태산, 泰斗태두, 泰然태연, 泰平태평
회	淮$_2$	물이름 **회**	淮陽회양

머리 수

5급

首 | 0획 | 총9획

눈과 머리털이 강조된 동물 머리를 본떠, '머리'의 뜻이다.

갑골문 · 금문 · 전서

- 首肯수긍 : 머리를 끄덕임. 인정함.
- 首席수석 : 맨 윗자리. 1등을 함.

• 首腦수뇌 : 어떤 자리나 집단 중에서 가장 중요한 자리에 있는 인물.

도	道7	길 도	作舍道傍작사도방, 道義도의, 沿道연도
		말할 도	報道보도
	導준4	인도할 도	導入도입, 導出도출, 誘導유도, 引導인도

찾을 수 | 3급

| 扌/手 | 10획 | 총13획 |

扌(손 수) + 叟(늙은이 수)

원래 叟는 방에서 사람이 촛불을 들고 무엇을 찾는 모습에서 '찾다'의 뜻이었는데, 뜻이 찾다에서 '늙은이'로 확장되자, 搜(찾을 수)가 새로 생겨났다.

• 搜査수사 : 찾아서 조사함.
• 搜索수색 : 찾아나섬.
• 搜所聞수소문 : 세상에 떠도는 소문을 더듬어 찾음.

수	嫂1	형수 수	兄嫂형수, 嫂叔수숙
	瘦1	여윌 수	瘦瘠수척, 瘦馬수마, 瘦身수신

손 수 | 7급

| 手 | 0획 | 총4획 |

사람의 다섯 손가락과 손바닥을 본떠, '손'의 뜻이다.

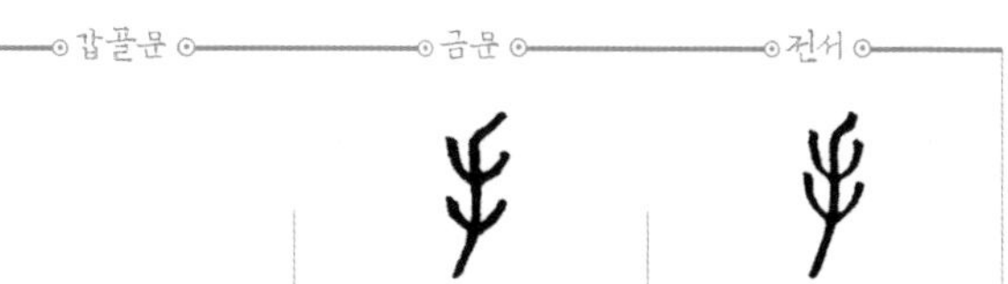

- 手配수배 : 범인을 잡으려고 수사하는 일.
- 眼高手卑안고수비 : 눈은 높으나 재주가 없음. 이상만 높음.
- 手續수속 : 일을 행하는 절차.

날	捏$_{1}$	꾸밀 날	捏造날조, 構虛捏無구허날무
배	拜$_{준4}$	절 배	敬拜경배, 禮拜예배, 拜謁배알, 參拜참배
	湃$_{1}$	물결칠 배	澎湃팽배
삽	揷$_{2}$	꽂을 삽	揷入삽입, 揷紙삽지, 揷畫삽화, 揷花삽화
승	承$_{준4}$	이을 승	承諾승낙, 傳承전승, 承繼승계, 承認승인
장	掌$_{3}$	손바닥, 맡을, 주관할 장	車掌차장, 管掌관장, 掌握장악, 合掌합장
탱	撐$_{1}$	버틸 탱	支撐지탱
포	拋$_{2}$	던질 포	拋物線포물선, 拋棄포기, 拋置포치
휴	携$_{3}$	이끌, 가질 휴	携帶휴대, 提携제휴, 携貳휴이

叔 아재비 숙

4급

又 | 6획 | 총8획

上(위 상) + 小(작을 소) + 又(또 우)

손(又) 위(上) 항렬의 아버지보다 작은(小) 아버지에서, '아재비'의 뜻이다.

- 叔父숙부 : 작은 아버지.
- 叔姪숙질 : 아저씨와 조카.

독	督준4	감독할 **독**	監督감독, 督勵독려, 督促독촉, 提督제독
숙	淑3	맑을 **숙**	淑女숙녀, 靜淑정숙, 私淑사숙, 賢淑현숙
	菽1	콩 **숙**	菽麥不辨숙맥불변, 菽粟숙속
적	寂3	고요할 **적**	寂寂적적, 寂寞적막, 寂寥적료, 孤寂고적
척	戚3	친척 **척**	姻戚인척, 親戚친척
		근심할 **척**(慽)	休戚휴척

肅

엄숙할 숙 | 4급

| 聿 | 7획 | 총13획 |

聿(붓 율) + 淵(연못 연)

聿은 몸을 움츠린 모양을 나타내고, 淵은 연못인데, 옛 글자를 보면 깊은 연못 앞에서 몸을 움츠리고 두려워하는 모양을 나타내어, '엄숙하다, 삼가다'의 뜻이다.

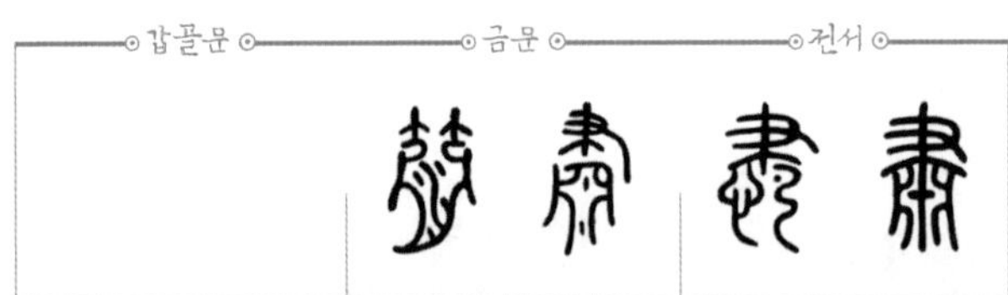

- 自肅자숙 : 스스로 몸가짐을 삼감.
- 肅虔숙건 : 엄숙하고 경건함.

소	蕭1	쓸쓸할 **소**	蕭寂소적, 蕭條소조, 蕭瑟소슬, 蕭散소산
	簫1	퉁소 **소**	玉簫옥소, 太平簫태평소
수	繡1	수놓을 **수**	錦繡江山금수강산, 夜行被繡야행피수, 刺繡자수

연 淵2 못, 깊을 연 深淵심연, 淵源연원, 淵遠연원

盾

방패 순 | 2급

目 | 4획 | 총9획

적의 공격으로부터 머리와 눈을 보호하는 방패를 본뜬 글자로, '방패'의 뜻이다.

갑골문 · 금문 · 전서

- 矛盾모순 : 창과 방패. 양립할 수 없는 사이.
- 圓盾원순 : 둥근 방패.

둔 遁1 숨을, 달아날 둔 遁甲둔갑, 遁逃둔도, 遁世둔세

순 循3 돌, 좇을 순 循行순행, 循環순환, 因循姑息인순고식

旬

열흘 순 | 3급

日 | 2획 | 총6획

日(날 일) + 勹(쌀 포)

천간(甲乙丙丁戊己庚辛壬癸)을 하나로 포괄하여(勹) 날(日)의 계산 단위로 삼아 열흘에 한번씩 甲日갑일이 돌아오는 데서, '열, 열흘'의 뜻이다.

- 旬刊순간 : 열흘 만에 출간되는 것.

• 上旬상순 : 월초 열흘.

• 七旬칠순 : 나이 70세.

순	殉3	따라죽을 순	殉國순국, 殉職순직, 旬葬순장
	珣2	옥이름 순	※이름자.
	洵2	참으로 순	※이름자.
	荀2	풀이름, 성(姓) 순	荀子순자
	筍1	죽순 순	雨後竹筍우후죽순, 石筍석순
현	絢1	고울 현	絢爛현란

습할 습 3급

| 氵/水 | 14획 | 총17획 |

水(물 수) + 日(날 일) + 絲(실 사) + 灬(불 화)

별(日)에 잘 말린(灬) 실(絲)을 물(氵)에 담그면 젖는 데서, '젖다, 축축하다'의 뜻이다.

• 濕疹습진 : 습기가 많아 생기는 피부의 염증.

• 乾濕건습 : 마르고 젖음.

• 濕度습도 : 공기 중에 들어 있는 수증기의 정도.

현	顯4	나타날 현	顯著현저, 破邪顯正파사현정, 發顯발현
		돌아가신 부모 경칭 현	顯考현고, 顯妣현비

升

되, 태평할 승 | 2급

| 十 | 2획 | 총4획 |

곡식을 일정한 분량으로 되는 그릇을 본떠, '되'의 뜻이다.

갑골문 · 금문 · 전서

- 斗升之利두승지리 : 말과 되의 이익. 대수롭지 않은 이익.
- 升平승평 : 나라가 태평함.

비	飛준4	날 비	飛火비화, 飛行비행, 飛躍비약, 飛報비보
승	昇3	오를 승	昇進승진, 昇降승강, 昇天승천, 昇華승화

정승 승 | 1급

| 一 | 5획 | 총6획 |

구덩이에 빠진 사람을 양손으로 구해주는 장면으로, 원래 뜻은 '구하다'이다. 뜻이 '정승'으로 확장되자, 원래의 뜻은 拯(건질 증)이 새로 생겨났다.

갑골문 · 금문 · 전서

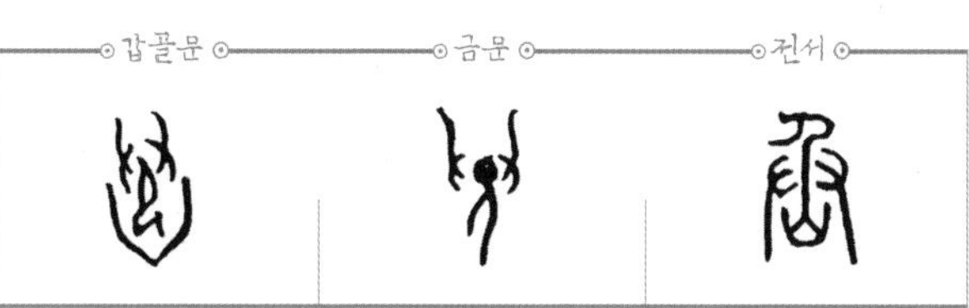

- 丞相승상 : 정승.
- 郡丞군승 : 군의 우두머리.

극	極준4	다할, 극진할 **극**	至極지극, 北極북극, 窮極궁극, 極端극단, 極烈극렬, 極限극한, 極樂극락
증	蒸3	찔 **증**	蒸氣증기, 汗蒸幕한증막, 蒸發증발
함	函1	함 **함**	密函밀함, 私書函사서함, 函籠함롱
	涵1	젖을 **함**	涵養薰陶함양훈도, 涵泳함영

옳을, 이(斯) 시

준4급

| 日 | 5획 | 총9획 |

日(날 일) + 正(바를 정)

해(日)와 같이 광명정대(正)하자는 데서, '옳다'의 뜻이다.

- 是正시정 : 옳게 바로잡음.
- 是認시인 : 옳다고 인정함.
- 是是非非시시비비 : 옳은 것은 옳고 그른 것은 그르다고 함. 옳고 그름을 따지며 다툼.

시	匙1	숟가락 **시**	十匙一飯십시일반, 茶匙다시
식	湜2	물 맑을 **식**	※이름자.
제	提준4	끌 **제**	前提전제, 提案제안, 提供제공, 提訴제소
	題6	제목 **제**	課題과제, 難題난제, 議題의제, 話題화제
	堤3	둑 **제**	防潮堤방조제, 防波堤방파제, 堤防제방

矢

화살, 맹세할 시

3급

| 矢 | 0획 | 총5획 |

화살의 모양을 본뜬 글자로, '화살'의 뜻이다.

갑골문 · 금문 · 전서

- 弓矢궁시 : 활과 화살.
- 矢心시심 : 마음속으로 맹세함.

단	短$_6$	짧을 **단**	短縮단축, 長短장단, 短點단점, 短期단기
애	埃$_2$	티끌, 먼지 **애**	塵埃진애, 埃及애급, 黃埃황애
의	矣$_3$	어조사 **의**	萬事休矣만사휴의, 汝矣島여의도
지	知$_5$	알 **지**	感知감지, 告知고지, 未知미지, 無知무지
	智$_4$	지혜 **지**	叡智예지, 銳智예지, 衆智중지, 智略지략
질	疾$_3$	병 **질**	疾病질병, 疾患질환, 稱疾칭질, 痔疾치질
		빠를 **질**	疾走질주, 疾風질풍
	嫉$_1$	미워할 **질**	嫉視질시, 嫉妬질투, 憎嫉증질

주검 시

0급

| 尸 | 0획 | 총3획 |

예전에 제사를 지낼 때 신위神位 대신 앉히던 어린아이를 시동尸童이라 하였는데, 그 시동이 앉아 있는 모습을 본떴다.

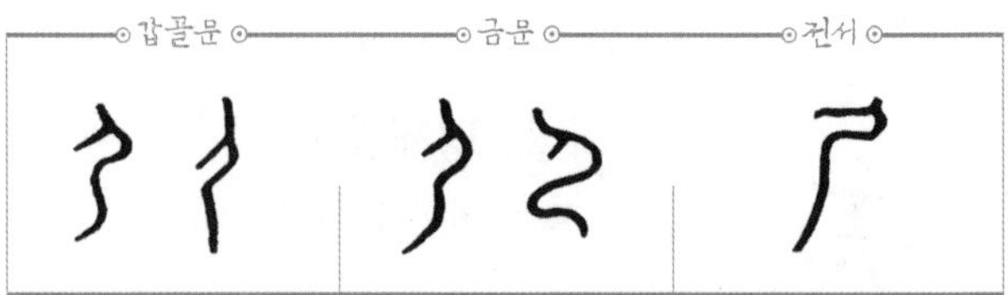

- 尸童시동 : 제사 때 신위 대신 앉혀놓던 아이.
- 尸位素餐시위소찬 : 시동처럼 하는 일 없이 녹만 축내는 사람을 비유하는 말.

국	局5	판 국	局面국면, 開局개국, 局量국량, 結局결국
척	尺3	자 척	尺度척도, 矩尺구척, 越尺월척, 咫尺지척

示

보일 시 5급

示 | 0획 | 총5획

二는 上(위 상)과 같은 글자이고, 小는 빛이 내려 비치는 모양으로, 하늘 위에서 빛이 비쳐 보이게 한다는 데서, '보이다'의 뜻이다.

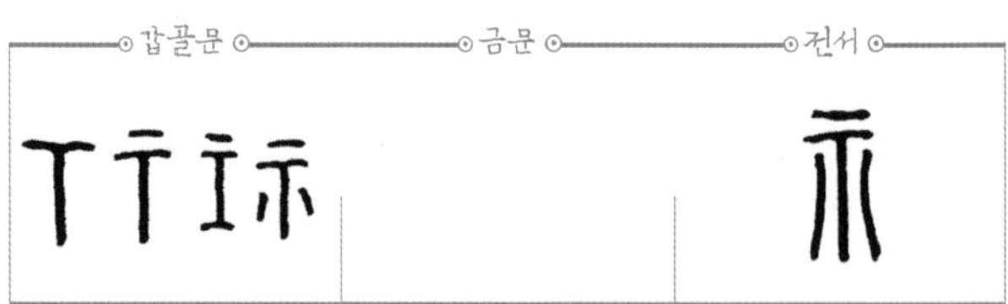

- 示唆시사 : 미리 암시하여 알려줌.
- 暗示암시 : 넌지시 깨우쳐줌.
- 示威시위 : 위력이나 기세를 드러내 보임.

금	禁준4	금할, 대궐 금	禁錮금고, 拘禁구금, 禁煙금연, 禁止금지, 監禁감금, 禁軍금군, 禁中금중

	襟$_{1}$	옷깃 **금**	胸襟흉금, 心襟심금, 襟度금도
사	社$_{6}$	모일 **사**	社交사교, 社會사회, 結社결사, 公社공사

돼지 시

0급

豕	0획	총7획

돼지의 옆모습을 본뜬 글자로, '돼지'의 뜻이다.

갑골문 · 금문 · 전서

• 豕牢시뢰 : 돼지 우리.

가	家$_{7}$	집 **가**	家門가문, 專門家전문가, 家什가집, 仇家구가
	嫁$_{1}$	시집갈, 떠나갈 **가**	出嫁출가, 轉嫁전가, 嫁娶가취
	稼$_{1}$	심을, 가동할 **가**	稼穡가색, 稼動가동, 稼器가기
돈	豚$_{3}$	돼지 **돈**	豚肉돈육. 養豚양돈. 豚舍돈사, 種豚종돈
몽	蒙$_{3}$	어두울 **몽**	蒙昧몽매
		어릴 **몽**	童蒙동몽
		입을 **몽**	蒙利몽리, 蒙塵몽진
		나라이름 **몽**	蒙古몽고
연	緣$_{4}$	인연 **연**	奇緣기연, 結緣결연, 緣分연분, 緣由연유
	椽$_{1}$	서까래 **연**	椽端연단, 椽木연목, 屋椽옥연
전	篆$_{1}$	전자 **전**	篆刻전각, 篆書전서
탁	琢$_{2}$	갈 **탁**	彫琢조탁, 切磋琢磨절차탁마
호	豪$_{3}$	호걸 **호**	豪傑호걸, 豪快호쾌, 富豪부호, 文豪문호
	壕$_{2}$	해자 **호**	塹壕참호, 城壕성호

	濠2	호주, 해자 **호**	濠洲호주, 外濠외호
훼	喙2	부리 **훼**	容喙용훼, 喙長三尺훼장삼척

법 식

| 6급

| 弋 | 3획 | 총6획 |

弋(주살 익) + 工(장인 공)

주살을 만드는 데는 정해진 방식이 있다는 데서, '법, 본보기'의 뜻이다.

- 洋式양식 : 서양의 방식.
- 略式약식 : 간소화한 방식.
- 形式형식 : 격식, 절차, 겉모양.

시	試준4	시험 **시**	試圖시도, 試金石시금석, 試錐시추
	弑1	윗사람 죽일 **시**	弑害시해, 弑逆시역, 弑殺시살
식	軾2	수레 앞 가로나무 **식**	蘇軾소식
	拭1	씻을, 닦을 **식**	拂拭불식, 拭淸식청

①먹을, 녹봉 식 ②밥, 먹일 사

| 7급

| 食 | 0획 | 총9획 |

음식이 가득 담긴 그릇의 뚜껑이 약간 열려 있는 모양에서 '먹다, 밥'의 뜻이다.

갑골문 금문 전서

- 食言식언 : 약속한 대로 실행하지 않음.
- 食慾식욕 ; 음식을 먹고 싶은 욕구.
- 疏食소사 : 거친 음식.
- 簞食瓢飮단사표음 : 도시락밥과 표주박의 물. 소박한 생활의 비유.

음 飮6 마실 음 飮酒음주, 過飮과음, 飮食음식

쉴, 숨쉴 식

준4급

心 | 6획 | 총10획

自(코 자) + 心(마음 심)

코(自)로 숨을 쉬는 것은 마음(心)의 편안함을 나타낸다에서, '숨쉬다, 쉬다'의 뜻이다.

- 窒息질식 : 숨이 막힘.
- 棲息서식 : 깃들어 사는 것.
- 休息휴식 : 하던 일을 멈추고 쉼.

식 熄1 불 꺼질 식 終熄종식, 熄滅식멸

①알 식 ②기록할 지 | 5급

| 言 | 12획 | 총19획 |

言(말씀 언) + 音(소리 음) + 戈(창 과)

소리(音) 내어 말하는(言) 바를 칼이나 창(戈)으로 새겨 적는 데서, '알다, 기록하다'의 뜻이다.

- 識別식별 : 잘 알아서 분별함.
- 識字憂患식자우환 : 글자를 아는 것이 오히려 근심이 됨.
- 標識표지 : 목표를 나타내기 위해 적어놓은 것.

직	職준4	직분 직	職分직분, 瀆職독직, 職責직책, 辭職사직
	織4	짤 직	織造직조, 絹織견직, 織女직녀, 毛織모직
치	幟1	기(旗) 치	旗幟기치, 赤幟적치, 標幟표치
	熾1	성할, 불 활활 탈 치	熾熱치열, 熾烈치열, 熾盛치성

펼 신 | 준4급

| 田 | 0획 | 총5획 |

번개 칠 때 번쩍이는 빛을 본뜬 글자로, 원래 형태는 申이었고 電(번개 전)의 원형자이다. 뜻은 '펴다'로 확장되었다.

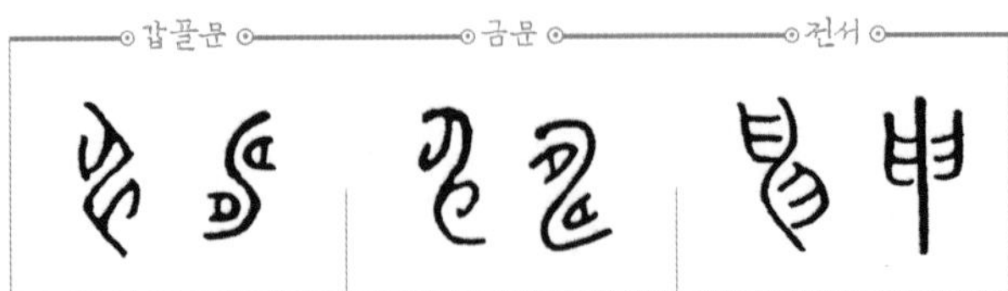

- 申請신청 : 신고하여 청구함.

• 申告신고 : 일정한 사실을 진술하여 보고하는 일.

• 內申내신 : 남모르게 비밀히 상신함.

곤	坤3	땅 곤	乾坤一擲건곤일척, 坤方곤방, 坤殿곤전
신	神6	귀신 신	神經신경, 神技신기, 神通신통, 神格신격
	伸3	펼 신	屈伸굴신, 伸張신장, 伸縮신축, 追伸추신
	紳2	띠(帶) 신	紳士신사, 鄕紳향신, 搢紳진신
	呻1	읊조릴, 신음할 신	呻吟신음

물을 신

1급

言 | 3획 | 총10획

묶여서 꿇어 앉은 죄인을 심문하는 모습을 본뜬 글자로, '묻다'의 뜻이다.

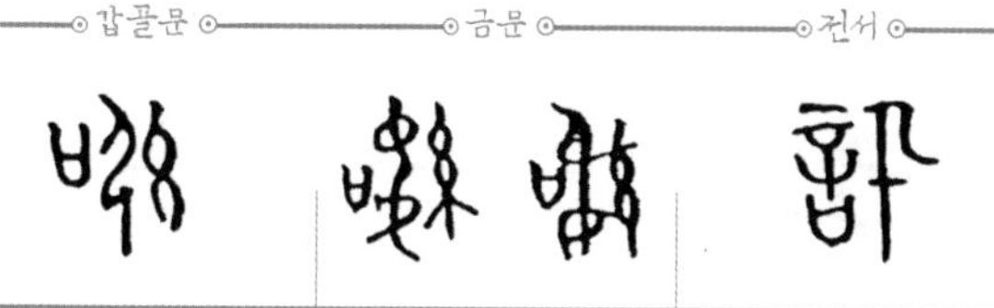

• 訊問신문 : 죄인을 문초함.

• 訊檢신검 : 물어서 검사함.

신	迅1	빠를 신	迅速신속, 迅急신급, 迅雷신뢰

신하 신

5급

臣 | 0획 | 총6획

주인 앞에 엎드려 머리를 낮추고 눈만 올려뜨고 있는 모습에서 눈이 강조된 글자로, '신하'의 뜻이다.

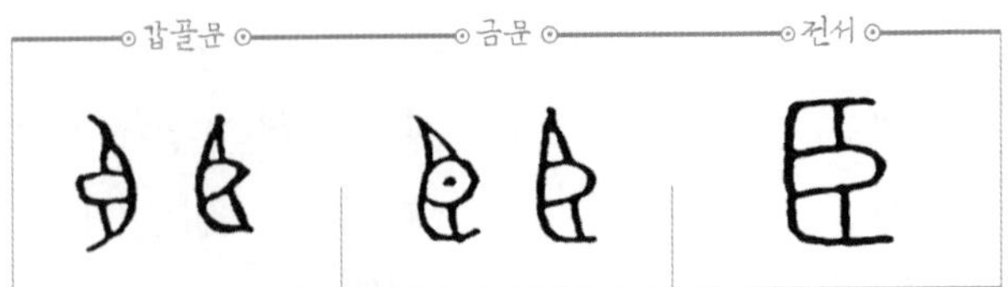

- 臣下신하 : 임금을 섬겨 벼슬하는 사람.
- 忠臣충신 : 충성을 다하는 신하.

림	臨3	임할 **림**	臨時임시, 臨政임정, 降臨강림, 臨迫임박
와	臥3	누울 **와**	臥病와병, 臥龍와룡, 臥薪嘗膽와신상담
환	宦1	벼슬, 내시 **환**	宦官환관, 宦路환로, 宦侍환시
희	姬2	계집 **희**	舞姬무희, 美姬미희, 姬妾희첩
	熙2	빛날 **희**	熙運之樂희운지악

매울 신 | 3급

辛 | 0획 | 총7획

문신할 때 쓰는 날카로운 송곳을 본뜬 글자로, 문신에는 괴로움이 따르므로, '맵다, 괴롭다'의 뜻이다.

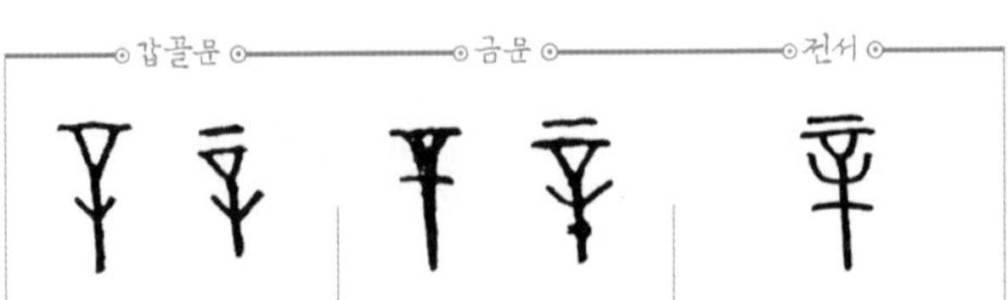

- 辛苦신고 : 맵고 씀.
- 香辛料향신료 : 향기가 있고 매운 조미료.
- 辛勝신승 : 고생스럽게 간신히 이김.

고	辜$_{1}$	허물 **고**	無辜무고, 保辜보고
변	辯$_{4}$	말 잘할 **변**	辯護변호, 言辯언변, 熱辯열변, 訥辯눌변
	辨$_{3}$	구별할 **변**	辨別力변별력, 辨明변명, 辨償변상, 辨證변증
사	辭$_{2}$	말씀, 사양할 **사**	辭典사전, 辭表사표, 致辭치사, 辭讓사양
설	薛$_{2}$	성 **설**	薛聰설총
재	宰$_{3}$	재상, 다스릴 **재**	主宰주재, 宰相재상, 宰臣재신
	滓$_{1}$	찌끼 **재**	泥滓이재, 殘滓잔재
판	辦$_{1}$	힘쓸 **판**	辦公費판공비, 買辦매판, 總辦총판

잃을 실

6급

| 大 | 2획 | 총5획 |

전서 모양을 보면, 사람의 손(手)에서 물건이 떨어지는(乙) 모양인데, 여기에서 '잃다, 그르치다'의 뜻이다.

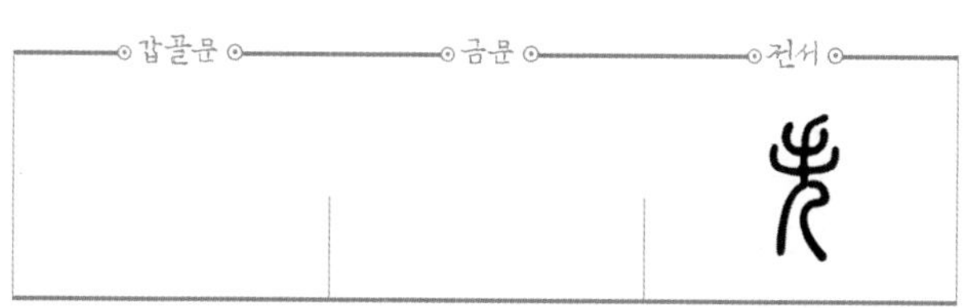

- 失敗실패 : 뜻을 이루지 못함.
- 紛失분실 : 잃어버림.
- 失業실업 : 직업을 잃음.

일	佚$_{1}$	편안할, 숨을 **일**	佚民일민, 遺佚유일
		질탕, 교체할 **질**	佚蕩질탕, 更佚경질
질	秩$_{3}$	차례 **질**	秩序질서, 秩滿질만, 秩米질미
	跌$_{1}$	넘어질 **질**	蹉跌차질

迭$_1$	갈마들 **질**	**更迭**경질, **交迭**교질
帙$_1$	책권 차례 **질**	**帙冊**질책, **卷帙**권질, **書帙**서질

悉 상세할, 다 실 | 1급

心 | 7획 | 총11획

釆은 宷 곧 審(살필 심)의 생략자로서, 잘 살펴서(釆) 마음(心)으로 이해한다는 데서, '상세하다'의 뜻이다.

- **悉皆**실개 : 모두 다.
- **悉盡**실진 : 모두 다 씀.

墺$_2$	물가, 언덕 **오**	**墺地利**오지리(오스트리아)
奧$_1$	깊을 **오**	**深奧**심오, **奧妙**오묘, **奧旨**오지
懊$_1$	한할 **오**	**懊惱**오뇌, **懊恨**오한

甚 심할, 더욱 심 | 3급

甘 | 4획 | 총9획

甘(달 감) + 匹(짝 필)

배우자(匹)와의 사랑이 정도에 지나치게 달콤하다(甘)는 데서, '지나치다, 심하다'의 뜻이다.

- **尤甚**우심 : 아주 심함.
- **甚深**심심 : 매우 깊음.
- **甚至於**심지어 : 심하게는.

감	勘1	헤아릴 감	勘當감당, 勘案감안, 勘査감사, 校勘교감
	堪1	견딜 감	堪耐감내, 難堪난감, 堪輿감여, 克堪극감
짐	斟1	짐작할 짐	斟酌짐작

깊을 심

준4급

氵/水 | 8획 | 총11획

氵(물 수)+ 冖(덮을 멱)+ 儿(사람 인)+ 木(나무 목)

물(氵)이 나무(木)에 오른 사람(儿)도 덮칠(冖) 정도로 깊다는 데서, '깊다'의 뜻이다.

- 深淵심연 : 깊은 연못.
- 深冤심원 : 깊은 원한.
- 深思熟考심사숙고 : 깊이 생각하고 곰곰이 따져봄.

탐	探4	찾을 탐	探險탐험, 探問탐문, 探索탐색, 探査탐사

마음 심

7급

心 | 0획 | 총4획

심장의 모양을 본뜬 것으로, '마음'의 뜻이다.

갑골문	금문	전서

• 心境심경 : 마음의 상태.

• 心機一轉심기일전 : 지금까지 품었던 마음을 바꿈.

경	慶준4	경사 **경**	慶事경사, 慶祝경축, 嘉慶가경, 慶節경절
괴	怪3	괴이할 **괴**	怪物괴물, 怪惡괴악, 怪異괴이, 怪盜괴도
급	急6	급할, 중요할 **급**	急所급소, 火急화급, 急迫급박
민	悶1	답답할 **민**	苦悶고민, 煩悶번민, 愁悶수민, 解悶해민
애	愛6	사랑 **애**	愛憎애증, 求愛구애, 割愛할애, 渴愛갈애
	曖1	희미할 **애**	曖昧애매, 曖曖애애
치	恥3	부끄러울 **치**	國恥국치, 羞恥수치, 廉恥염치, 恥辱치욕
헌	憲4	법 **헌**	官憲관헌, 改憲개헌, 憲法헌법, 違憲위헌
혜	慧3	지혜 **혜**	慧眼혜안, 智慧지혜, 慧縛혜박
	彗1	살별, 비 **혜**	彗星혜성, 彗掃혜소

열 십

8급

十 | 0획 | 총2획

줄에 매듭을 지어 열을 표현하여, '열'의 뜻이다.

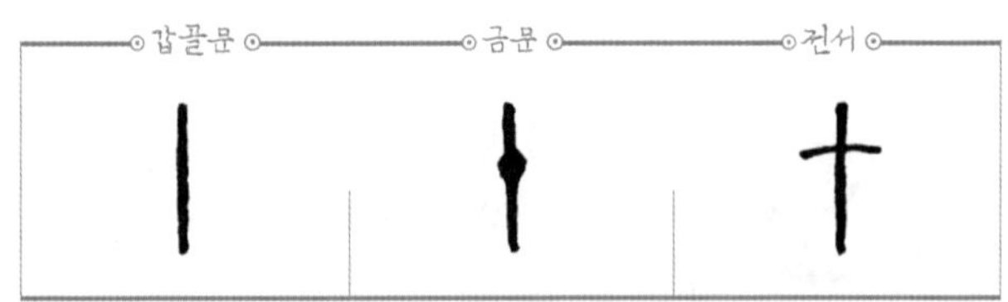

• 十中八九십중팔구 : 열 중 여덟아홉. 거의 대부분.

• 十長生십장생 : 장생불사한다는 열 가지.(해, 산, 물, 돌, 구름, 소나무, 불로초, 거북, 학, 사슴)

계	計6	셀 **계**	計量계량, 計算계산, 爲計위계, 計巧계교

남	南$_{8}$	남녘 **남**	南極남극, 南宋남송, 南端남단, 南向남향
부	阜$_{2}$	언덕 **부**	岡阜강부, 高阜고부, 曲阜곡부, 丘阜구부
	埠$_{1}$	부두 **부**	埠頭부두
십	什$_{1}$	열 **십**	什長십장
		세간 **집**	什器집기, 什具집구, 家什가집
즙	汁$_{1}$	액, 즙 **즙**	果汁과즙, 肉汁육즙, 墨汁묵즙

①성씨 씨 ②나라이름 지

4급

氏 | 0획 | 총4획

나무의 뿌리를 본뜬 것으로, 같은 뿌리에서 나온 사람들을 나타내어, '성씨'의 뜻이다.

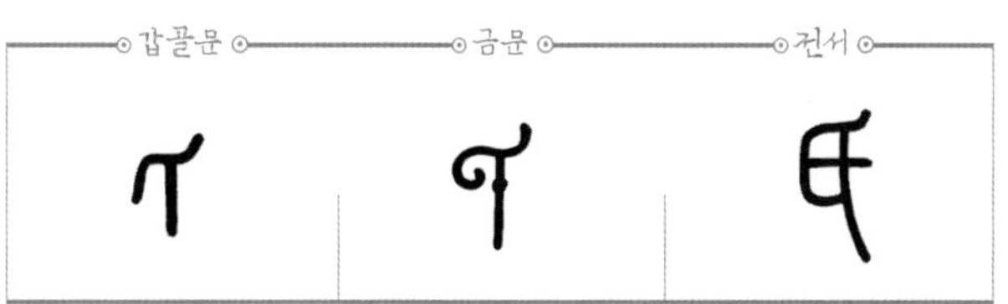

• 氏族씨족 : 원시 시대에 공동의 조상을 가진 혈족 단체.

• 月氏월지 : 나라 이름.

려	旅$_{5}$	나그네, 군사, 무리 **려**	旅行여행, 旅團여단, 旅毒여독
저	底$_{4}$	밑 **저**	徹底철저, 底意저의, 基底기저, 底力저력
	低$_{준4}$	낮을 **저**	低廉저렴, 低下저하, 低級저급, 低調저조
	抵$_{3}$	막을 **저**	抵當저당, 抵觸저촉, 抵抗저항, 大抵대저
	邸$_{1}$	집 **저**	邸宅저택, 別邸별저, 私邸사저
지	紙$_{7}$	종이 **지**	紙面지면, 板紙판지, 更紙갱지, 紙質지질
혼	婚$_{4}$	혼인할 **혼**	婚姻혼인, 結婚결혼, 早婚조혼, 婚需혼수
	昏$_{3}$	어두울 **혼**	昏迷혼미, 黃昏황혼, 昏睡혼수, 昏絕혼절

牙

어금니 아 | 3급

| 牙 | 0획 | 총4획 |

아래위의 어금니를 물고 있는 모양을 본뜬 글자로, '어금니'의 뜻이다. 나아가 '상아, 대장기, 거간'의 뜻이다.

갑골문 · 금문 · 전서

- 牙城아성 : 대장이 있는 내성.
- 象牙상아 : 코끼리의 어금니.

사	$邪_3$	간사할 사	奸邪간사, 邪氣사기, 邪心사심
		어조사 야(耶)	
아	$芽_3$	싹 아	萌芽맹아, 麥芽맥아, 發芽발아, 胎芽태아
	$雅_3$	맑을 아	雅淡아담, 優雅우아, 雅量아량, 端雅단아
	$訝_1$	의심할 아	疑訝의아, 訝惑아혹, 怪訝괴아
천	$穿_1$	뚫을 천	穿孔천공, 貫穿관천, 穿鑿천착

나 아 | 3급

| 戈 | 3획 | 총7획 |

긴 자루에 톱니날이 있는 무기를 본뜬 글자로, 뜻은 1인칭 대명사 '나'의 뜻이다.

갑골문 금문 전서

- 我田引水아전인수 : 내 논에 물대기. 자기 유리한 대로 해석함.
- 彼我피아 : 저 사람과 나. 적과 아군.

아	餓3	주릴 아	飢餓기아, 餓鬼아귀, 餓死아사
	俄1	아까, 조금, 아라사 아	俄館播遷아관파천, 俄頃아경

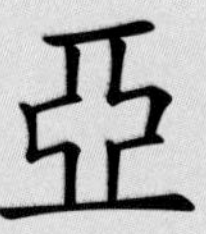

버금 아

3급

二 | 6획 | 총8획

두 곱사등이가 마주 선 모양을 본뜬 것으로, 곱사등이가 온전한 사람보다는 못하다는 데서, '버금'의 뜻이다.

- 亞流아류 : 으뜸 다음 가는 부류.
- 亞聖아성 : 성인 다음 가는 현인.

아	啞1	벙어리 아	盲啞맹아
		놀랄 아	啞然失色아연실색
악	惡5	악할 악	愚惡우악, 劣惡열악, 粗惡조악, 惡黨악당
		미워할, 병(病) 오	好惡호오, 憎惡증오, 嫌惡感혐오감, 惡寒오한
	堊1	흰흙 악	白堊館백악관, 堊塗악도

兒

아이 아 5급

| 儿 | 6획 | 총8획 |

큰 머리에 작은 몸, 머리, 정문頂門이 아직 닫히지 않은 아기를 본뜬 글자로, '아이'의 뜻이다.

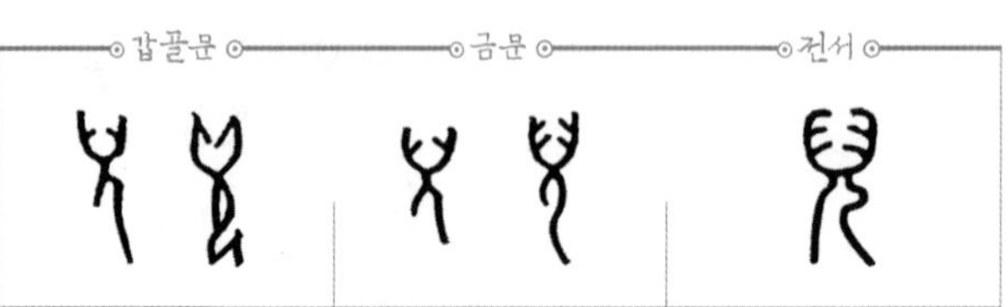

- 兒童아동 : 나이가 적은 아이.
- 健兒건아 : 건강하고 씩씩한 사나이.

날 捏1 반죽할, 꾸밀 날 捏造날조, 構虛捏無구허날무

顎

턱 악 1급

| 頁 | 9획 | 총18획 |

咢(놀랄 악) + 頁(머리 혈)

咢은 소리를 나타내며, 머리(頁)에 붙어 있는 턱을 가리켜, '턱'의 뜻이다.

- 顎骨악골 : 턱뼈.
- 上顎상악 : 위턱.

악 愕1 놀랄 악 驚愕경악, 愕視악시, 駭愕해악, 嗟愕차악

安 편안 안 | 7급

| 宀 | 3획 | 총6획 |

宀(집 면) + 女(계집 녀)

여자(女)가 집(宀) 안에서 편안하게 쉬는 모습에서, '편안하다'의 뜻이다.

갑골문 · 금문 · 전서

- 安息안식 : 편안하게 쉼.
- 安眠안면 : 편안하게 잠.
- 安否안부 : 편안 여부를 묻는 인사.

안	案5	책상, 생각, 계획 **안**	几案궤안, 案件안건, 考案고안, 原案원안, 答案답안, 代案대안
	按1	누를, 어루만질 **안**	按摩안마, 按擦안찰, 按手안수
	晏1	늦을, 편안할 **안**	晏眠안면, 晏駕안가
	鞍1	안장 **안**	鞍裝안장, 鞍馬之勞안마지로
언	堰1	둑 **언**	堰堤언제, 海堰해언
연	宴3	잔치 **연**	回甲宴회갑연, 宴會연회, 家宴가연, 饗宴향연

仰 우러를 앙 | 3급

| 亻/人 | 4획 | 총6획 |

卬(우러를 앙)이 본래 글자이며, 위를 쳐다보는 사람과 아래를

내려다보는 사람의 모양을 본떠, '우러르다'의 뜻이다.

- 仰望앙망 : 우러러 바람.
- 推仰추앙 : 믿어 우러러 받드는 것.

앙	昂$_1$	높을 앙	昂揚앙양, 昂騰앙등, 激昂격앙
억	抑$_3$	누를 억	抑何心情억하심정, 抑鬱억울, 抑留억류
영	迎$_4$	맞을 영	迎賓館영빈관, 迎接영접, 迎合영합, 歡迎환영

가운데 앙 | 3

大 | 2획 | 총5획

사람이 긴 막대 양쪽에 물건을 달고 있는 장면에서, '중앙'의 뜻이다.

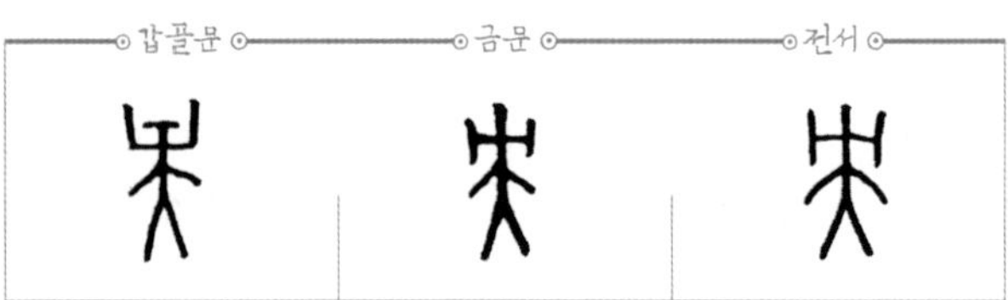

- 震央진앙 : 지진의 중심.
- 中央중앙 : 한가운데.

앙	殃$_3$	재앙 앙	殃禍앙화, 災殃재앙, 苛殃가앙
	怏$_1$	원망할 앙	怏心앙심, 怏鬱앙울, 怏怏앙앙
	秧$_1$	모 앙	秧稻앙도, 秧苗앙묘, 移秧機이앙기
	鴦$_1$	원앙 앙	鴦衾앙금, 鴛鴦원앙
영	英$_6$	꽃부리 영	英才영재, 英雄영웅, 英斷영단, 英特영특
	映$_4$	비칠 영	反映반영, 放映방영, 上映상영, 映畫영화

瑛$_2$	옥 **영**	藍瑛남영, 赤瑛적영
暎$_2$	비칠 **영**	暎花堂영화당

厄

액 액 | 3급

厂 | 2획 | 총4획

厂(바위굴 한) + 㔾(병부 절)

산비탈 바위(厂)에서 굴러 떨어져 몸을 웅크리고(㔾) 고통스러워하는 데서, '재앙, 액'의 뜻이다.

- 厄運액운 : 액을 당하는 운수.
- 橫厄횡액 : 뜻밖의 재액.

궤	詭$_1$	속일, 어그러질 **궤**	詭辯궤변, 詭計궤계, 詭妄궤망, 詭策궤책
액	扼$_1$	누를, 잡을 **액**	扼喉액후, 扼守액수
위	危$_3$	위태할 **위**	危機위기, 危急위급, 危篤위독, 危殆위태
취	脆$_1$	연할 **취**	脆弱취약, 柔脆유취

也

어조사 야 | 3급

乙 | 2획 | 총3획

여자의 음부를 본뜬 것인데 가차하여 '어조사'로 쓰인다.

- 及其也급기야 : 마침내.
- 言則是也언즉시야 : 말인즉 옳음.

시	施$_{준4}$	베풀 **시**	施設시설, 施工시공, 施術시술, 施策시책

이	弛$_1$	늦출 **이**	弛緩이완, 解弛해이, 張弛장이, 傾弛경이
지	地$_7$	땅 **지**	地域지역, 地形지형, 耕地경지, 葬地장지
	池$_3$	못 **지**	酒池肉林주지육림, 貯水池저수지, 蓮池연지
타	他$_5$	다를, 남 **타**	他山之石타산지석, 他意타의, 依他心의타심

耶

어조사 야 | 3급

| 耳 | 3획 | 총9획 |

耳(귀 이) + 阝(고을 읍)

잘 모르는 지역(阝)을 물어서 귀(耳)로 듣는 데서, 의문을 나타내는 '어조사'로 주로 쓰인다.

- 有耶無耶유야무야 : 있는 듯 없는 듯 흐지부지하는 것.
- 千耶萬耶천야만야 : 천 번 만 번.

야	倻$_2$	가야 **야**	伽倻가야, 伽倻琴가야금
	揶$_1$	야유할 **야**	揶揄야유
	爺$_1$	아비 **야**	老爺노야, 爺孃야양

밤 야 | 6급

| 夕 | 5획 | 총8획 |

人(사람 인) + 亦(겨드랑이 역) + 夕(저녁 석)

사람(亻) 겨드랑이(亦) 정도까지 달이 떨어지면 어두운 밤이라는 데서, '밤'의 뜻이다.

- 夜半逃走야반도주 : 밤을 이용하여 도망감.
- 晝耕夜讀주경야독 : 낮에는 밭을 갈고 밤에는 책을 읽음. 바쁜 틈에도 어렵게 공부함.
- 夜間주간 : 밤 동안.

액	液준4	즙 **액**	溶液용액, 唾液타액, 樹液수액, 液化액화
	腋1	겨드랑이 **액**	腋毛액모, 腋臭액취

若 ①같을, 만약 **약** ②반야 **야**

3급

艹/艸 | 5획 | 총9획

원래는 두 손으로 머리를 빗어 올리는 모습에서, '부드러운, 유순한'의 뜻이었으나, 지금은 '같을, 만약, 너'의 뜻으로 쓰인다.

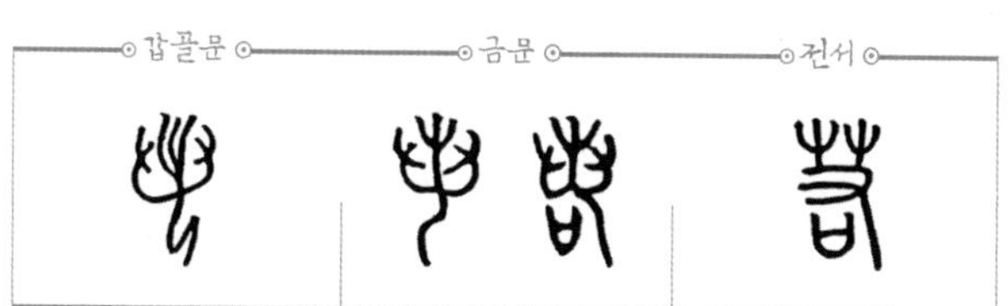

- 萬若만약 : 만일.
- 明若觀火명약관화 : 불을 보는 것처럼 확실함.

낙	諾3	허락할 **낙**	承諾승낙, 許諾허락, 快諾쾌락, 受諾수락
닉	匿1	숨길 **닉**	隱匿은닉, 匿名익명, 藏匿장닉
야	惹2	이끌 **야**	惹起야기, 惹端야단, 惹出야출

弱

약할, 어릴 약 | 6급

| 弓 | 7획 | 총10획 |

어린 새가 날개를 펼친 모양을 본뜬 것으로, '약하다, 어리다'의 뜻이다.

- 微弱미약 : 작고 약함.
- 抑强扶弱억강부약 : 강한 것을 누르고 약한 것을 도와줌.
- 弱肉强食약육강식 : 약한 것이 강한 것에 먹힘.

닉	溺$_1$	빠질 **닉**	耽溺탐닉, 溺死익사, 沒溺몰닉, 溺愛익애

흙 양 | 3급

| 土 | 17획 | 총20획 |

土(흙 토) + 襄(도울 양)

土는 뜻을, 襄은 소리를 나타내어, 농사 짓기에 좋은 부드럽고 살진, '흙, 땅'의 뜻이다.

- 擊壤격양 : 흙을 침. 풍년을 노래함.
- 天壤之差천양지차 : 하늘과 땅 차이. 큰 차이.
- 土壤토양 : 흙.

낭	囊$_1$	주머니 **낭**	囊中之錐낭중지추, 陰囊음낭, 行囊행낭
양	讓$_3$	사양할 **양**	讓渡양도, 讓位양위, 分讓분양, 辭讓사양
	孃$_2$	계집, 아가씨 **양**	老孃노양, 令孃영양
	襄$_2$	도울 **양**	宋襄之仁송양지인, 襄陽양양

攘1	물리칠, 훔칠 양	攘夷양이, 攘斥양척, 攘奪양탈
釀1	술 빚을 양	釀造양조, 釀蜜양밀, 釀成양성

羊

양 양

준4급

| 羊 | 0획 | 총6획 |

양의 머리를 본뜬 글자로, '양'의 뜻이다.

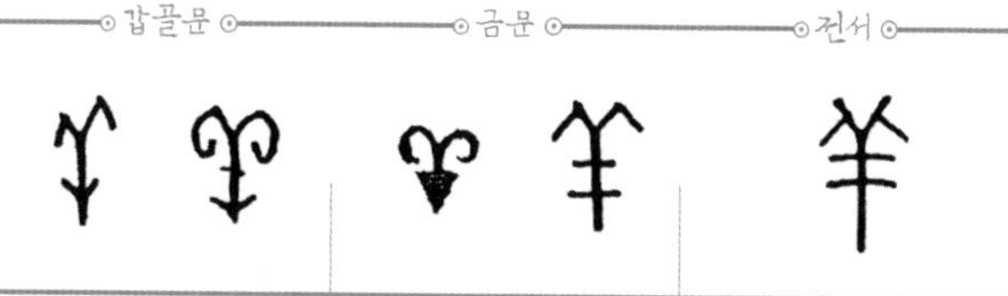

- 羊皮양피 : 양가죽.
- 羊頭狗肉양두구육 : 양머리를 내걸고 개고기를 팖. 겉과 속이 다름.

갱	羹1	국 갱	羹湯갱탕, 羹獻갱헌
미	美6	아름다울 미	耽美탐미, 美展미전, 美貌미모, 讚美찬미
상	詳3	자세할 상	詳細상세, 仔詳자상, 詳報상보, 未詳미상
	祥3	상서로울 상	祥瑞상서, 吉祥길상, 發祥발상, 小祥소상
	庠2	학교 상	庠序상서, 庠校상교
	翔1	날 상	飛翔비상, 雲翔운상, 高翔고상
선	善5	착할 선	善良선량, 積善적선, 善戰선전, 獨善독선
	繕2	기울 선	修繕수선, 繕補선보, 營繕영선
	膳1	선물 선	膳物선물
		반찬 선	珍膳진선, 御膳어선, 加膳가선, 常膳상선
	羨1	부러워할 선	羨望선망, 羨慕선모, 歆羨흠선, 仰羨앙선
		무덤길 연	羨道연도, 羨門연문

양	洋$_6$	바다 **양**	海洋해양, 洋式양식, 洋屋양옥, 洋鐵양철
	樣$_4$	모양 **양**	貌樣모양, 仕樣사양, 樣相양상, 外樣외양
	養$_5$	기를, 봉양할 **양**	奉養봉양, 養育양육, 養老양로, 養成양성
	痒$_1$	가려울 **양**	隔靴搔癢격화소양, 痒痛양통, 技痒기양
	恙$_1$	근심 **양**	恙憂양우
		병(病) **양**	無恙무양, 微恙미양
요	窯$_1$	기와가마 **요**	窯業요업, 陶窯도요, 瓦窯와요
희	羲$_2$	복희(伏羲) **희**	伏羲氏복희씨, 羲皇世界희황세계
	犧$_1$	희생 **희**	犧牲희생

물고기 어

5급

魚 | 0획 | 총11획

물고기의 모양을 본뜬 글자로, '물고기'의 뜻이다.

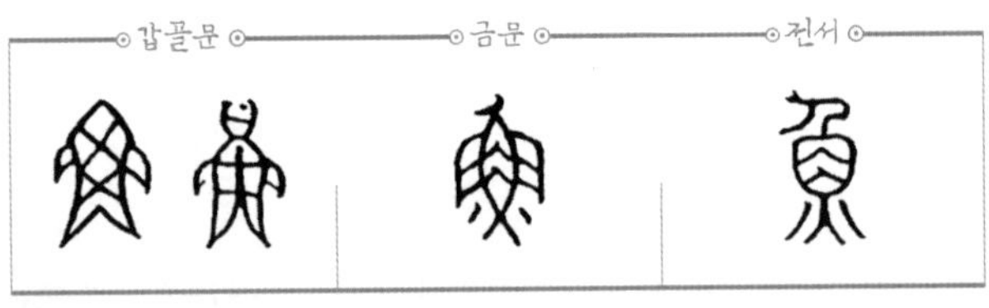

- 魚網어망 : 고기를 잡는 그물.
- 魚魯不辨어로불변 : 魚자와 魯자를 구분 못할 정도로 매우 무식함.

로	魯$_2$	둔할, 노나라 **로**	魯鈍노둔, 魯朴노박, 頑魯완로
선	鮮$_5$	고울, 싱싱할 **선**	鮮明선명, 鮮血선혈, 新鮮신선, 朝鮮조선
		생선 **선**	生鮮생선
		드물 **선**	鮮少선소
어	漁$_5$	고기잡을 **어**	漁撈어로, 漁父之利어부지리, 漁港어항

彦 선비 언 | 2급

| 彡 | 6획 | 총9획 |

文(글월 문) + 厂(바위굴 한) + 弓(활 궁)

彡은 弓의 변형으로, 문재文才(文)와 무재武才(弓)가 남보다 높은(厂) 사람에서, '선비'의 뜻이다.

- 彦士언사 : 선비.
- 諸彦제언 : 여러 선비들.

안	顔 3	얼굴 **안**	龍顔용안, 顔面안면, 童顔동안, 無顔무안, 顔色안색, 厚顔無恥후안무치, 紅顔홍안
언	言 6	말씀 **언**	失言실언, 言質언질, 確言확언, 言動언동
	諺 1	속담, 언문 **언**	諺文언문, 諺解언해, 俗諺속언, 俚諺이언

 掩 가릴, 덮칠 엄 | 1급

| 扌/手 | 8획 | 총11획 |

扌(손 수) + 奄(가릴 엄)

손(扌)으로 가리는(奄) 데서, '가리다'의 뜻이다.

- 掩蔽엄폐 : 덮어서 가림.
- 掩襲엄습 : 뜻하지 못한 사이에 갑자기 습격함.

암	庵 1	암자 **암**(菴)	庵子암자, 庵閭암려, 禪庵선암
엄	奄 1	가릴, 문득, 잠깐 **엄**	奄然엄연, 奄忽엄홀

아

余 나 여 | 3급

| 人 | 5획 | 총7획 |

원래 들보와 지주가 있는 집의 옆모습을 본뜬 글자로, '집'의 뜻이었으나, 지금은 1인칭 대명사 '나'의 뜻이다.

갑골문 · 금문 · 전서

- 余等여등 : 우리들.
- 余輩여배 : 우리들.

도	途3	길 도	途中도중, 方途방도, 別途별도, 用途용도
	塗3	바를 도	塗料도료, 糊塗호도, 塗裝도장
		길 도	道聽塗說도청도설
		진흙 도	塗炭도탄, 一敗塗地일패도지, 途泥도니
사	斜3	비낄, 기울 사	傾斜경사, 斜陽사양, 斜視사시
서	徐3	천천히 서	徐行서행, 徐脈서맥, 徐緩서완, 疾徐질서
	敍3	펼, 쓸 서	敍情서정, 敍述서술, 敍事서사, 自敍자서
여	餘준4	남을 여	餘件여건, 餘談여담, 餘念여념, 餘波여파
제	除준4	덜, 나눌 제	除去제거, 掃除소제, 削除삭제, 除雪제설
		벼슬 줄 제	除授제수

予 줄, 나 여 | 3급

| 亅 | 3획 | 총4획 |

씨실을 담은 베틀의 북을 본뜬 글자로, 날실 틈으로 주었다

받았다 하면서 씨줄을 풀어주는 데서, '주다'의 뜻이다. '余'와 음이 같아 '나'의 뜻으로도 쓴다.

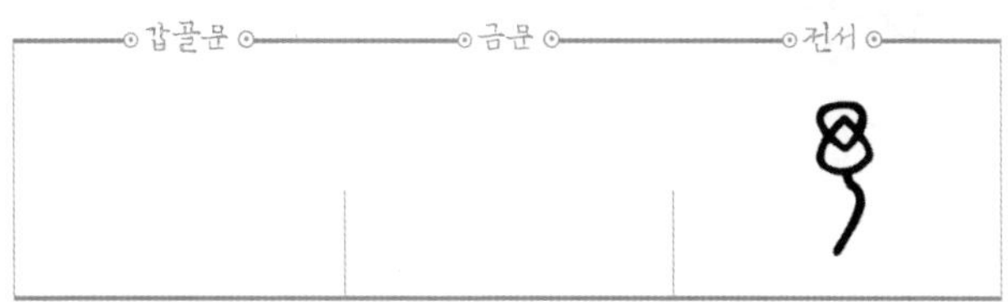

• 予奪여탈 : 주고 빼앗음.
• 欲取先予욕취선여 : 얻고자 한다면 먼저 주어야 함.

서	序5	차례, 학교 **서**	序曲서곡, 序頭서두, 序列서열, 序幕서막, 序論서론, 順序순서, 秩序질서
	抒1	풀 **서**	抒情서정

거스를, 맞이할 역

준4급

⻍/辵 | 6획 | 총9획

屰(거스를 역)이 원래 글자인데, 屰의 금문金文은 으로 사람이 거꾸로 있는 데서, '거스르다'의 뜻이다.

• 逆流역류 : 거슬러 흐름.
• 逆旅역려 : 나그네를 맞이함. 즉 여관을 뜻함.
• 逆說역설 : 언뜻 보면 진리에 어긋나는 것 같으나, 사실은 그 속에 일종의 진리를 품은 말.

삭	朔3	초하루, 북쪽 **삭**	滿朔만삭, 朔風삭풍, 八朔팔삭, 朔望삭망
소	塑1	흙 빚을 **소**	塑像소상, 塑性소성, 彫塑조소, 繪塑회소
	遡1	거스를 **소**(溯)	遡及소급, 遡流소류

번역할 역

3급

| 言 | 13획 | 총20획 |

言(말씀 언) + 睪(엿볼 역)

다른 나라 말(言)을 보고(睪) 풀이하여 나랏말로 옮기는 데서, '번역하다'의 뜻이다.

- 意譯의역 : 단어나 구절에 얽매이지 않고 문장 전체의 뜻을 살리는 번역.
- 飜譯번역 : 다른 나라의 언어로 바꾸어 옮기는 것.

음	한자	뜻	단어
석	釋3	풀 **석**	釋放석방, 釋然석연, 保釋보석, 解釋해석
역	驛3	역말 **역**	驛站역참, 簡易驛간이역, 驛勢圈역세권
	繹1	풀 **역**	演繹연역, 人馬絡繹인마낙역
탁	鐸1	방울 **탁**	木鐸목탁, 鐸鈴탁령
택	擇4	가릴 **택**	簡擇간택, 採擇채택, 擇日택일, 選擇선택
	澤3	못, 광택 **택**	光澤광택, 沼澤소택, 德澤덕택, 惠澤혜택

亦

또 역

3급

| 亠 | 4획 | 총6획 |

양 팔 밑에 두 점으로 겨드랑이를 나타내어, '겨드랑이'의 뜻이었으나, '또'의 뜻으로 확장되자, 腋(겨드랑이 액) 자가 새로 생겨났다.

갑골문 금문 전서

• 亦是역시 : 또한.
• 吾亦不知오역부지 : 나 또한 알지 못함.

적	跡3	발자취 **적**(迹)	軌跡궤적, 遺跡유적, 人跡인적, 潛跡잠적
	迹1	발자취 **적**(跡)	警迹경적, 手迹수적, 形迹형적, 奇迹기적

捐

버릴 **연** | 1급

扌/手 | 7획 | 총10획

扌(손 수) + 肙(비울 연)

손(扌)을 써서 비워버리는(肙) 데서, '버리다, 덜다'의 뜻이다.

• 義捐金의연금 : 옳은 일을 위해 금품을 내는 것. 그 금품.
• 棄捐기연 : 금품을 버림. 금품을 냄.

견	絹3	비단 **견**	絹本견본, 絹絲견사, 絹織견직, 生絹생견
	鵑1	두견새 **견**	杜鵑두견

沿

물 따라갈, 따를 **연** | 3급

氵/水 | 5획 | 총8획

氵(물 수) + 㕣(늪 연)

물(氵)은 산 정상에서 흘러 내려 산속의 늪(㕣)을 거쳐 계곡을 타고 아래로 흐르는 데서, '물 따르다, 따르다'의 뜻이다.

- 沿革연혁 : 변천되어온 내력.
- 沿邊연변 : 국경, 강가, 큰 길가의 언저리.
- 沿岸연안 : 바닷가, 강가에 잇닿은 땅.

선	船5	배 선	船長선장, 造船조선, 滿船만선, 船舶선박
연	鉛4	납 연	無鉛무연, 鉛筆연필, 亞鉛아연, 黑鉛흑연

늘일 연

4급

廴 | 4획 | 총7획

丿(삐칠 별) + 止(발 지) + 廴(길게 걸을 인)

발(止)을 끌며(丿) 길게 걷는(廴) 데서, '끌다, 늘이다'의 뜻이다.

- 延命연명 : 생명을 길게 이어감.
- 延滯연체 : 늦추어 지체함.

연	筵1	대자리 연	筵席연석, 講筵강연, 壽筵수연
탄	誕3	낳을 탄	誕辰탄신, 聖誕성탄
		거짓 탄	誕妄탄망
		방탄할 탄	放誕방탄

煙

연기 **연** | 준4급

火 | 9획 | 총13획

火(불 화) + 襾(덮을 아) + 土(흙 토)

흙(土)을 발라 덮어(襾) 만든 부뚜막에 솥을 걸고 아궁이에 불(火)을 때면 굴뚝에서 연기가 나오는 데서, '연기'의 뜻이다.

- 煙氣연기 : 불 탈 때 나는 기운.
- 煙突연돌 : 굴뚝.

견	甄$_2$	질그릇, 살필 **견**	甄拔견발, 甄差견차
인	湮$_1$	묻힐 **인**	湮滅인멸

기쁠 **열** | 3급

忄/心 | 7획 | 총10획

忄(마음 심) + 兌(기쁠 태)

마음(忄)이 기쁘다(兌)는 데서, '기쁘다, 즐겁다'의 뜻이다.

- 喜悅희열 : 기쁘고 즐거움.
- 法悅법열 : 진리나 이치를 깨달았을 때 느끼는 기쁨.
- 悅樂열락 : 기뻐하고 즐거워함.

극	克$_3$	이길 **극**	克己극기, 克服극복, 克明극명, 克堪극감
	剋$_1$	이길 **극**	相剋상극, 下剋上하극상
긍	兢$_2$	떨릴 **긍**	戰戰兢兢전전긍긍, 兢戒긍계, 兢懼긍구

설	說5	말씀 **설**	說明설명, 臆說억설, 悖說패설, 却說각설
		기쁠 **열**	不亦說乎불역열호
		달랠 **세**	遊說유세
세	稅준4	세금 **세**	稅制세제, 租稅조세, 課稅과세, 稅吏세리
열	閱3	볼 **열**	閱覽열람, 檢閱검열, 査閱사열, 閱兵열병
예	銳3	날카로울 **예**	銳利예리, 銳敏예민, 銳角예각, 新銳신예
탈	脫4	벗을 **탈**	脫出탈출, 脫漏탈루, 脫毛탈모, 虛脫허탈
태	兌2	기쁠, 괘이름 **태**	兌換券태환권, 兌方태방, 兌卦태괘, 兌管태관

더울 열

5급

灬/火 | 11획 | 총15획

灬(불 화) + 埶(심을 예)

火는 뜻을, 埶(예→열)는 소리를 나타내어, 불은 뜨겁기 때문에, '덥다, 뜨겁다'의 뜻이다.

- 熱狂열광 : 뜨겁게 미침.
- 熱心열심 : 뜨거운 마음.

규	逵1	길거리 **규**	逵路규로, 九逵구규
륙	陸5	뭍 **륙**	陸軍육군, 着陸착륙, 陸橋육교, 內陸내륙,
목	睦3	화목할 **목**	敦睦돈목, 親睦친목, 和睦화목
세	勢준4	형세, 불알 **세**	家勢가세, 形勢형세, 情勢정세, 去勢거세, 實勢실세, 威勢위세, 虛勢허세
예	藝준4	재주 **예**	藝能예능, 曲藝곡예, 工藝공예, 演藝연예

厭

①싫어할 염 ②덮을 엄 ③누를 압 | 2급

| 厂 | 12획 | 총14획 |

猒(실컷 먹을 염)이 본래 글자인데, 개(犬)가 입(日→口)으로 고기(月/肉)를 배불리 먹는 데서, '배부르다'의 뜻이며, 배부르면 맛있는 것도 물리게 되므로, '물리다, 싫어하다'의 뜻이다.

- 厭世염세 : 세상을 귀찮아하고 싫어함.
- 厭症염증 : 싫증.

압 壓준4 누를 압 壓倒압도, 指壓지압, 壓縮압축, 壓搾압착

어린아이 영 | 1급

| 女 | 14획 | 총17획 |

女(계집 녀) + 賏(조개목걸이 영)

목걸이 장식을 한 여자의 모습에서, '목걸이'의 뜻이었으나, 지금은 '어린아이'의 뜻으로 쓰인다.

- 嬰兒영아 : 어린 아기.
- 退嬰퇴영 : 발전, 진보하지 못하고 낮은 수준에 머무르거나 뒤처지는 것.

앵 櫻1 앵두 앵 　　櫻桃앵도, 櫻脣앵순, 山櫻산앵

裔

후손 예 　1급

衣 | 7획 | 총13획

衣(옷 의) + 冏 → 迥(멀 형)

옷의 끝단의 모양을 본뜬 글자로, '변방, 변방인'의 뜻이었으나, 현재는 '후손'의 뜻으로 확장되었다.

- 後裔후예 : 후손.
- 殊裔수예 : 뛰어난 후손.

귤 橘1 귤 귤 　　橘化爲枳귤화위지, 南橘北枳남귤북지, 橘顆귤과

曳

끌 예 　1급

日 | 2획 | 총6획

曳자의 전서를 보면, 두 손(臼)으로 사람(人)을 끌고 가는 모습에서, '끌다'의 뜻이다.

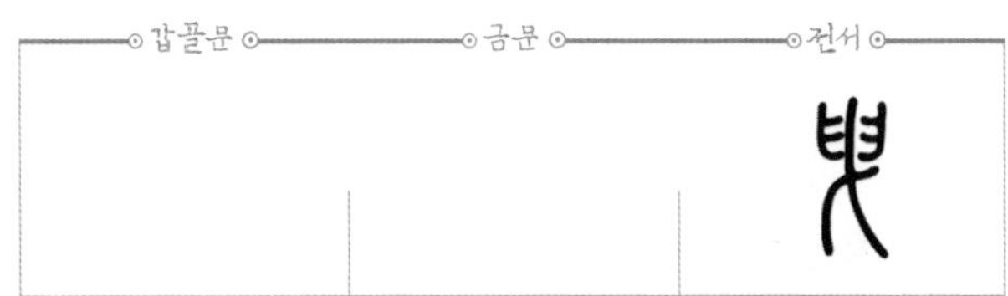

• 曳引船예인선 : 다른 배를 끄는 배.

• 曳尾예미 : 꼬리를 끌다.

설 洩1 샐 설(泄) 漏洩누설

큰소리로 말할, 나라이름, 성(姓) 오 2급

口 4획 총7획

口(입 구) + 夨(머리 기울 녈)

사람이 머리를 삐딱하게 하고(夨) 입(口)으로 큰소리를 치는 데서, '큰소리로 말하다'의 뜻이며, '나라이름, 성씨'로도 쓰인다.

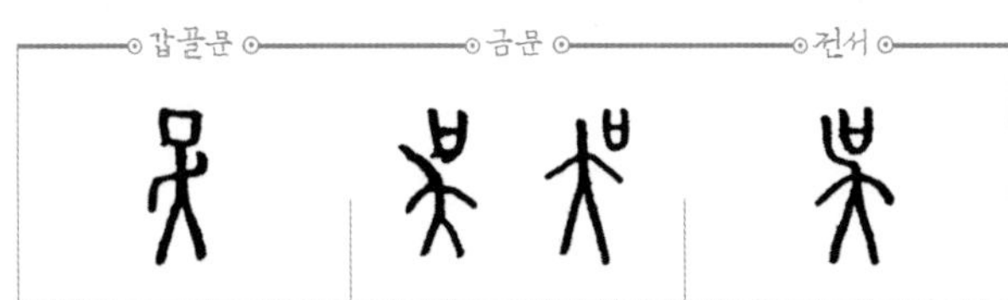

• 吳越同舟오월동주 : 오나라와 월나라 사람이 같은 배에 탐. 원수가 같은 처지가 됨.

오	誤준4	그르칠 오	誤審오심, 誤判오판, 過誤과오, 誤算오산
	娛3	즐길 오	娛樂오락, 娛遊오유,
우	虞1	염려할 우	虞犯地帶우범지대, 三虞祭삼우제, 艱虞간우

傲 거만할 오 | 3급

| 亻/人 | 11획 | 총13획 |

亻(사람 인) + 敖(놀 오)

사람(亻)이 잘난 체하며 남을 업신여기고 제멋대로 노는(敖) 데서, '거만하다'의 뜻이다.

- 傲慢不遜오만불손 : 남을 업신여기며 겸손하지 않음.
- 傲霜孤節오상고절 : 서릿발에도 굴하지 않고 외로이 지키는 절개. 국화를 이름.

췌 贅₁ 혹 췌 　 贅言췌언, 贅文췌문, 贅談췌담

낮 오 | 7급

| 十 | 2획 | 총4획 |

절구의 모양을 본뜬 글자로, '절구공이'를 뜻하였으나, 뜻이 '거스르다, 범하다'의 뜻으로 확장되자, 새로 杵(공이 저) 자가 생겨났고, 午는 다시 '낮'의 뜻으로 쓰인다.

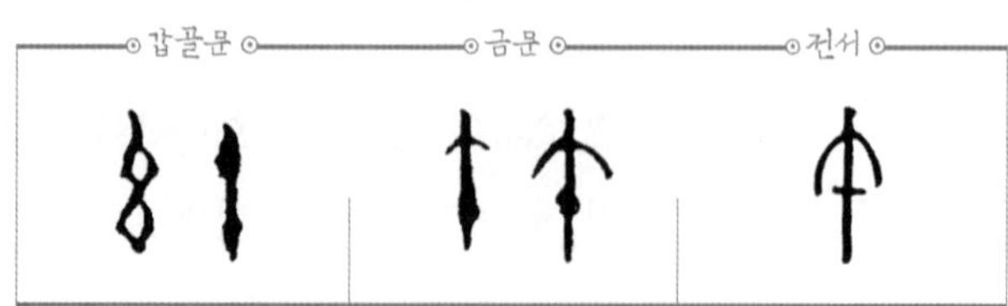

- 午睡오수 : 낮잠.
- 午餐오찬 : 점심 식사.
- 正午정오 : 낮 12시.

허	許 5	허락할, 가량, 쯤, 매우 **허**	官許관허, 認許인허, 特許특허, 許諾허락, 許多허다, 幾許기허

五

다섯 오 | 8급

| 二 | 2획 | 총4획 |

하늘(위의 一)과 땅(아래의 一) 사이에서 금金·목木·수水·화火·토土 오행五行이 교차(乂)함을 보여, '다섯'의 뜻이다.

- 五行오행 : 우주간에 운행하는 다섯 가지 원리.
- 五感오감 : 다섯 가지 느낌. 감각기관.

아	衙 1	마을, 관청 **아**	官衙관아, 殿衙전아, 衙前아전
어	語 7	말씀 **어**	語不成說어불성설, 訛語와어, 語根어근
	圄 1	감옥 **어**	囹圄영어
오	吾 3	나 **오**	吾鼻三尺오비삼척, 吾兄오형, 眞吾진오
	悟 3	깨달을 **오**	覺悟각오, 悟性오성, 悔悟회오, 醒悟성오
	梧 2	오동나무 **오**	梧桐오동, 梧葉오엽, 梧陰오음
	俉 1	다섯 사람, 대오 **오**	落俉낙오, 部俉부오
	寤 1	잠깰 **오**	寤寐不忘오매불망

따뜻할, 배울 온 | 6급

| 氵/水 | 10획 | 총13획 |

溫의 갑골문은 인데 목욕통(凵) 안에서 사람(人)이 목욕을 하는 모습을 본뜬 것이며, 4개의 점(∴)으로 수증기를 나타내어 따뜻한 물에 목욕한다는 데서, '따뜻하다'의 뜻이다.

• 溫故知新온고지신 : 옛것을 익혀 새것을 앎.
• 三寒四溫삼한사온 : 3일은 춥고 4일은 따뜻함.

온	蘊1	쌓을, 심오할 온	蘊蓄온축, 蘊奧온오, 蘊抱온포

擁

낄, 안을 옹 | 3급

扌/手 | 13획 | 총16획

扌(손 수) + 雍(막을 옹)

손(扌)으로 통로를 막으면서(雍) 사람을 에워싸는 데서, '막다, 끼다, 안다'의 뜻이다.

• 擁立옹립 : 받들어 임금 자리에 모심.
• 抱擁포옹 : 끌어 안음.

옹	雍2	화할 옹	雍容옹용, 雍和옹화
		막힐 옹	雍蔽옹폐
	甕2	독 옹	鐵甕城철옹성, 甕器옹기, 甕津옹진
	壅1	막을 옹	壅塞옹색, 壅滯옹체
		옹졸할 옹	壅拙옹졸
와	瓦3	기와 와	土崩瓦解토붕와해, 蓋瓦개와
		실패 와	弄瓦之慶농와지경

가로 왈 | 3급

曰 | 0획 | 총4획

입에서 혀가 움직여 소리가 나오는 모양에서, '가로다, 말하다'의 뜻이다.

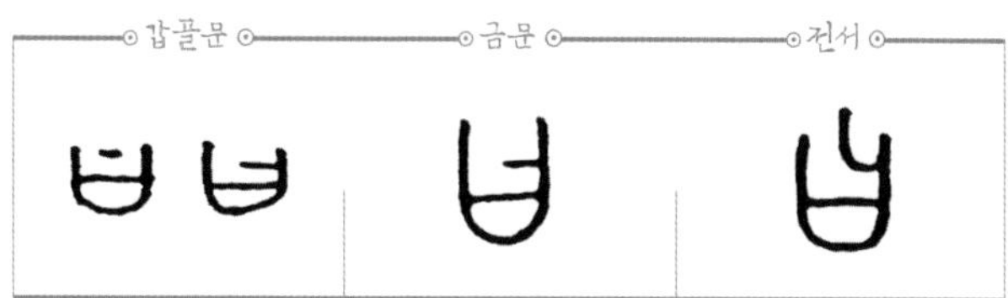

- 曰可曰否왈가왈부 : 어떤 일에 옳다, 그르다 말을 함.
- 或曰혹왈 : 혹시 가로되.

곡	曲$_5$	굽을, 가락, 자세할 곡	曲折곡절, 曲禮곡례, 曲解곡해, 樂曲악곡
체	替$_3$	바꿀 체	交替교체, 代替대체, 移替이체, 立替입체
		쇠할 체	隆替융체

王

임금 왕

8급

玉 | 0획 | 총4획

권위의 상징인 큰 도끼를 본뜬 글자로, '왕'의 뜻이다.

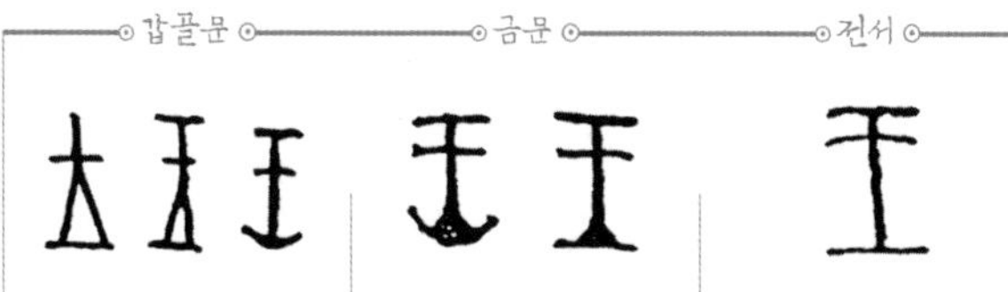

- 王妃왕비 : 왕의 아내.
- 王道왕도 : 왕의 길. 가장 바른 길.

각	珏$_2$	쌍옥 각	※이름자.
경	瓊$_2$	구슬 경	瓊玉경옥
광	狂$_3$	미칠 광	狂氣광기, 狂症광증, 狂風광풍, 發狂발광

	匡1	바를 **광**	匡正광정, 匡諫광간, 匡濟광제
롱	弄3	희롱할 **롱**	弄談농담, 戱弄희롱, 愚弄우롱, 才弄재롱
반	班6	나눌, 돌이킬, 양반 **반**	文班문반, 班常반상, 兩班양반, 首班수반
	斑1	얼룩질, 아롱질 **반**	斑白반백, 斑禿반독, 斑點반점
옥	玉준4	구슬 **옥**	瑞玉서옥, 玉稿옥고, 玉骨옥골, 珠玉주옥
	鈺2	보배 **옥**	※이름자.
왕	往준4	갈 **왕**	往來왕래, 旣往기왕, 往年왕년, 往復왕복
	旺2	왕성할 **왕**	旺盛왕성, 興旺흥왕, 旺運왕운
	汪2	깊고 넓을 **왕**	汪茫왕망, 汪洋왕양
	枉1	굽을 **왕**	枉臨왕림, 枉死왕사, 枉曲왕곡

畏 두려워할 외

3급

田 | 4획 | 총9획

지팡이를 짚은 큰 머리의 괴물 모습을 본뜬 글자로, '두려운, 무서운'의 뜻이다.

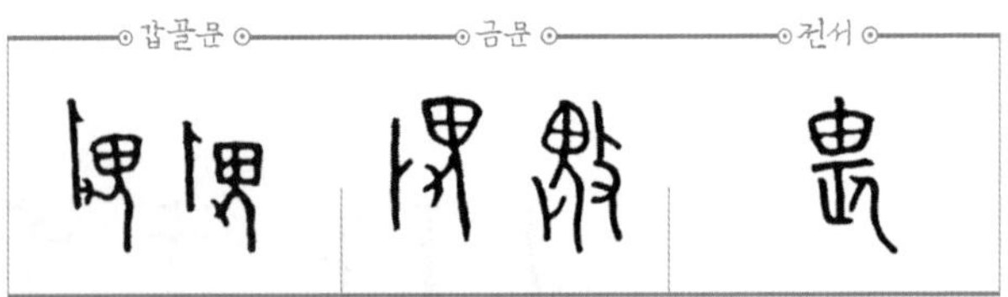

- 畏友외우 : 어렵고 두려운 친구.
- 畏敬외경 : 두렵고 존경스러움.

외	猥1	외람될, 더러울 **외**	猥濫외람, 猥雜외잡, 猥褻외설, 淫猥음외

흔들 요

3급

扌/手 | 10획 | 총13획

扌(손 수) + 夕→爫(잡을 조) + 缶(장군 부)

손(扌)으로 도자기를 만드는 돌림판(缶)을 잡고(爫) 돌리는 데서, '흔들다'의 뜻이다.

- 動搖동요 : 움직이고 흔들림.
- 搖之不動요지부동 : 흔들리고 움직임이 없음.

요	謠 준4	노래 **요**	歌謠가요, 農謠농요, 民謠민요, 俗謠속요
	遙 3	멀, 거닐 **요**	遙望요망, 遙遠요원, 逍遙소요

아리따울, 일찍 죽을 요

1급

大 | 1획 | 총4획

사람이 팔과 머리를 흔들어 춤을 추는 모습에서, '아리땁다'의 뜻이며, '일찍 죽다'의 뜻으로도 쓰인다.

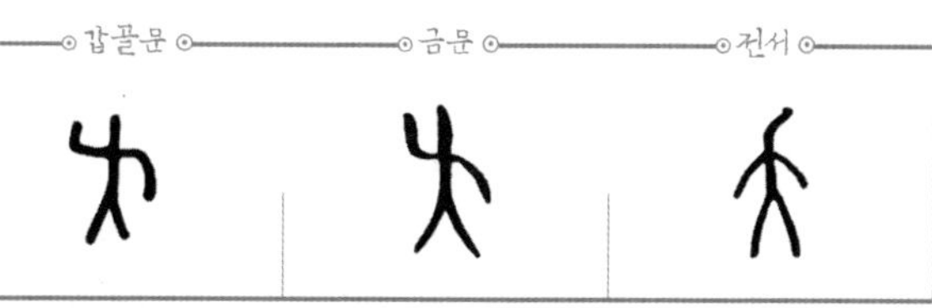

- 夭折요절 : 젊은 나이에 죽음.
- 壽夭수요 : 목숨이 짧음.

소	笑 준4	웃을 **소**	微笑미소, 失笑실소, 苦笑고소, 談笑담소

옥	沃$_2$	기름질 옥	沃畓옥답, 肥沃비옥, 沃野옥야, 沃饒옥요
요	妖$_2$	요사할 요	妖妄요망, 妖怪요괴, 妖氣요기, 妖婦요부
첨	添$_3$	더할 첨	添盞첨잔, 別添별첨, 添加첨가, 添削첨삭
탄	呑$_1$	삼킬 탄	甘呑苦吐감탄고토, 竝呑병탄

堯

요임금, 높을 요

2급

土 | 9획 | 총12획

사람 위에 흙(土)이 높이 쌓여 있는 모습으로, '높다'의 뜻이나, 후에 '요임금'의 뜻으로 확장되자, 원래 뜻은 嶢(산 높을요) 자가 새로 생겨났다.

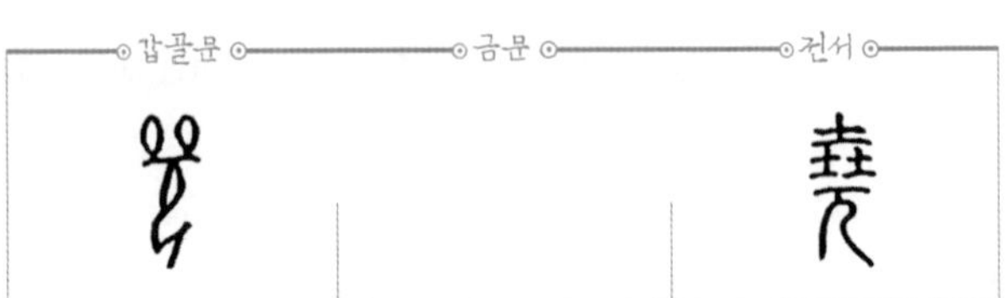

- 堯舜요순 : 고대 중국의 성군인 요임금과 순임금.
- 堯堯요요 : 높은 모양.

뇨	撓$_1$	휠 뇨	撓屈요굴
소	燒$_3$	불사를 소	燒却소각, 燒燈소등, 燒滅소멸, 燒盡소진
요	僥$_1$	요행 요	僥倖요행
	饒$_1$	넉넉할 요	豊饒풍요, 饒舌요설, 富饒부요, 饒足요족
효	曉$_3$	새벽, 깨달을 효	曉得효득, 曉星효성, 曉鐘효종, 曉達효달

庸

쓸, 떳떳할, 범상할, 어리석을 용 | 3급

| 广 | 8획 | 총11획 |

庚(바꿀 경) + 用(쓸 용)

먼저 어떤 일을 하는 데 쓰고(用) 다시 바꾸어(庚) 다른 일에 쓴다는 데서, '쓰다'의 뜻이다.

- 中庸중용 : 어느 쪽에도 치우치지 않음.
- 庸劣용렬 : 어리석고 변변치 못함.
- 庸才용재 : 변변치 못한 재주.

동			
	用6	쓸 용	雇用고용, 盜用도용, 倂用병용, 借用차용
	傭2	품팔이 용	雇傭고용, 傭兵용병, 傭船용선, 傭役용역
	鏞2	쇠북 용	※이름자.

勇

날랠, 용감할 용 | 6급

| 力 | 7획 | 총9획 |

甬→用(쓸 용) + 力(힘 력)

씩씩하게 힘(力)을 써서(用) 두려움이 없다는 데서, '용감하다'의 뜻이다.

- 勇猛용맹 : 날래고 사나움.
- 勇退용퇴 : 용기 있게 물러남.
- 勇敢용감 : 씩씩하고 기운참.

송	誦3	욀 **송**	朗誦낭송, 誦讀송독, 暗誦암송, 愛誦애송
용	涌1	물 솟을 **용**	涌泉용천, 涌出용출, 涌起용기, 涌沫용말
	踊1	뛸 **용**	踊貴용귀, 舞踊무용, 踊躍용약
통	通6	통할 **통**	通勤통근, 通知통지, 交通교통, 能通능통
	痛4	아플 **통**	痛症통증, 陣痛진통, 痛恨통한, 痛切통절
	桶1	통 **통**	水桶수통, 粉桶분통, 漆桶칠통, 木浴桶목욕통

근심 우

3급

心 | 11획 | 총15획

손으로 얼굴을 감싸 안고 근심하는 모양을 표현한 글자로, '근심, 걱정'의 뜻이다.

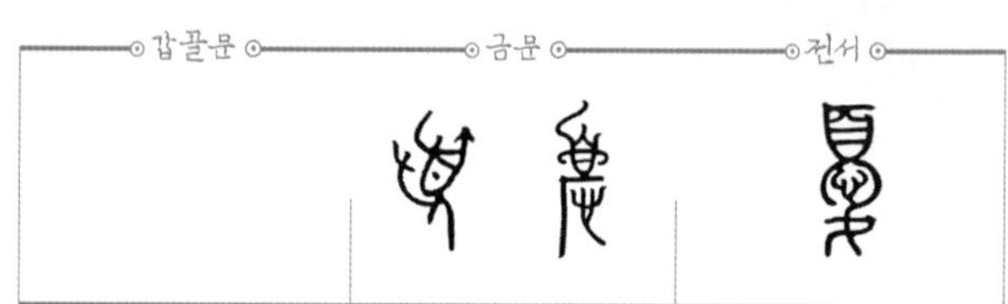

- 憂慮우려 : 근심거리.
- 內憂外患내우외환 : 나라 안팎의 근심·걱정.

요	擾1	시끄러울 **요**	擾亂요란, 騷擾소요, 紛擾분요, 憂擾우요
우	優4	넉넉할, 머뭇거릴, 광대, 우수할 **우**	優良우량, 優劣우열, 優柔不斷우유부단, 優雅우아, 女優여우, 優勝우승, 聲優성우, 優等우등, 優秀우수

羽

깃 우 | 3급

羽 | 0획 | 총6획

깃털의 모양을 본뜬 글자로, '깃'의 뜻이다.

갑골문	금문	전서

- 羽客우객 : 날개 달린 사람. 신선.
- 羽翼우익 : 새의 날개. 좌우에서 보좌하는 일.
- 羽化登仙우화등선 : 몸에 날개가 돋아 하늘로 올라감. 신선이 되는 일.

선	扇 1	부채 **선**	扇風機선풍기, 舞扇무선 ,羅扇나선
	煽 1	부추길 **선**	煽動선동, 煽惑선혹
습	習 6	익힐 **습**	習得습득, 練習연습, 舊習구습, 修習수습
옹	翁 3	늙은이 **옹**	老翁노옹, 塞翁之馬새옹지마, 翁壻옹서
완	翫 1	즐길, 가지고 놀 **완**(玩)	翫弄완롱
익	翼 3	날개 **익**	右翼우익, 左翼좌익, 鶴翼陣학익진
한	翰 2	편지, 붓 **한**	書翰서한, 翰林한림, 公翰공한, 札翰찰한

牛

소 우 | 5급

牛 | 0획 | 총4획

소 머리의 뿔과 귀가 강조된 모습으로, '소'의 뜻이다.

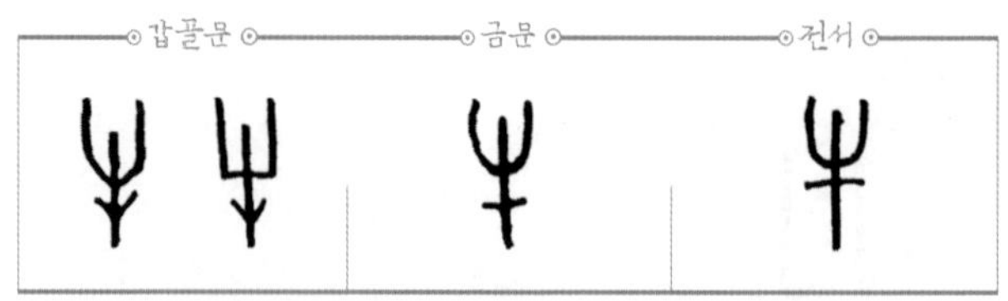

- 馬行處牛亦去마행처우역거 : 말 가는 데 소도 감.
- 九牛一毛구우일모 : 아홉 마리 소에서 털 하나. 썩 많은 가운데서 가장 적은 것을 일컫는 말.

건	件5	물건 건	立件입건, 件數건수, 案件안건, 用件용건
견	牽3	끌 견	牽引견인, 牽制견제, 牽牛견우
뢰	牢1	우리, 감옥, 굳을 뢰	牢獄뇌옥, 亡羊補牢망양보뢰, 牢拒뇌거
모	牟2	보리, 성(姓) 모	牟麥모맥, 牟尼모니
	牡1	수컷 모	牡丹모란, 牡牛모우
목	牧준4	칠, 다스릴, 벼슬 목	牧民목민, 軍牧군목, 牧師목사, 放牧방목
서	犀1	무소 서	犀皮서피, 犀角서각, 犀牛서우
지	遲3	더딜 지	陵遲능지, 遲刻지각, 遲滯지체, 遲延지연

雨 비 우 5급

雨 | 0획 | 총8획

하늘에서 떨어지는 빗방울을 본뜬 글자로, '비'의 뜻이다.

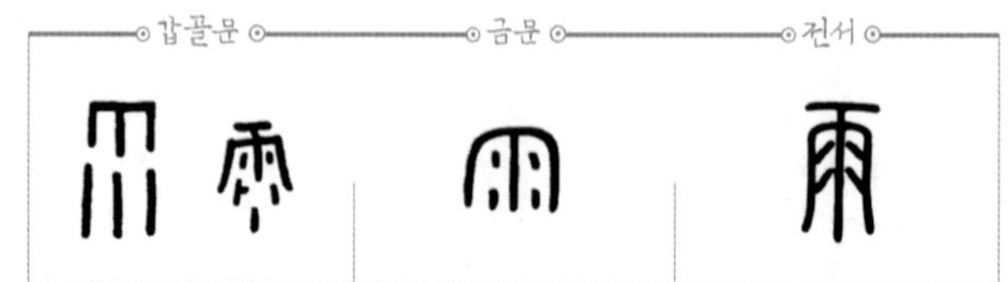

- 雨後竹筍우후죽순 : 비온 뒤의 죽순. 빨리 자람을 비유.
- 豪雨호우 : 큰 비.

설	雪 6	눈 **설**	雪上加霜설상가상, 雪膚설부, 雪景설경
		씻을 **설**	雪辱설욕
패	霸 2	으뜸, 우두머리 **패**	制霸제패, 霸權패권, 爭霸쟁패, 霸氣패기, 霸道패도, 霸者패자

어리석을 우

3급

心 | 9획 | 총13획

禺(원숭이 우) + 心(마음 심)

마음(心) 씀씀이가 원숭이(禺) 같다는 데서, '어리석다'의 뜻이다.

- 愚弄우롱 : 남을 업신여겨 놀림.
- 愚惡우악 : 어리석고 나쁨.

만	萬 8	일만, 많을 **만**	萬感만감, 萬不得已만부득이, 萬邦만방
매	邁 1	갈(行), 뛰어날 **매**	邁進매진, 高邁고매, 英邁영매
려	勵 3	힘쓸, 권장할 **려**	獎勵장려, 勉勵면려, 督勵독려
	礪 2	숫돌 **려**	礪石여석
우	遇 4	만날 **우**	遇害우해, 待遇대우, 境遇경우, 不遇불우
	偶 3	짝, 우연 **우**	配偶배우, 偶然우연, 偶發우발, 對偶대우
	寓 1	부칠(寄) **우**	寓話우화, 寓居우거, 寓舍우사, 寓意우의
	隅 1	모퉁이 **우**	四隅사우, 邊隅변우
	嵎 1	산굽이 **우**	嵎夷우이

友

벗 우 | 5급

| 又 | 2획 | 총4획 |

두 사람이 손을 뻗어 맞잡고 있는 장면에서, '벗'의 뜻이다.

갑골문 금문 전서

- 友情우정 : 벗 사이의 정.
- 朋友붕우 : 벗.

수	受준4	받을 수	領受영수, 授受수수, 受驗수험, 受注수주
	授준4	줄 수	授與수여, 敎授교수, 授乳수유, 授精수정
우	又3	또 우	又賴우뢰, 又況우황, 罪中又犯죄중우범
차	叉1	갈래, 야차 차	交叉路교차로, 夜叉야차

어조사 우 | 3급

| 二 | 1획 | 총3획 |

기운이 퍼져나가는 모습을 나타낸 것으로, '어조사'의 뜻이다.

- 于禮우례 : 신부가 처음 시집에 가는 예식.
- 于歸우귀 : 시집감.

우	宇3	집 우	宇宙우주, 氣宇기우, 屋宇옥우, 殿宇전우
	迂1	에돌 우	迂餘曲折우여곡절, 迂回우회, 迂路우로

尤

더욱, 허물, 탓할 우 | 3급

尢 | 1획 | 총4획

손에 회초리를 들고 있는 모양을 본뜬, 허물을 나무라며 더욱 잘할 것을 바라는 데서, '더욱, 나무라다, 허물'의 뜻이다.

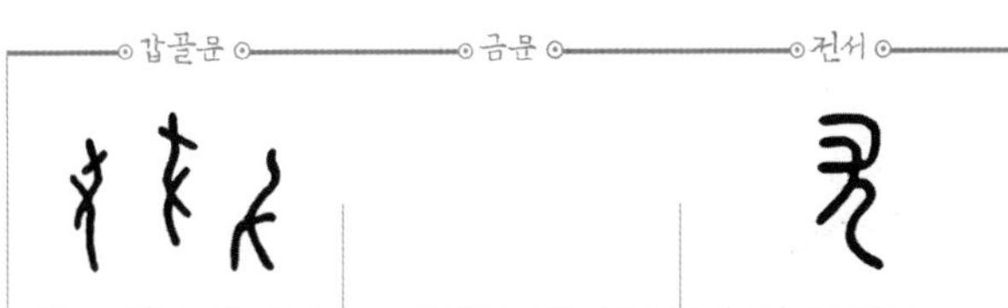

- 尤甚우심 : 더욱 심하다.
- 不怨天不尤人불원천불우인 : 하늘을 원망하지 않으며 남을 탓하지 않음.

방 尨1 삽살개, 클 방 尨服방복, 尨大방대

雲

구름 운 | 5급

雨 | 4획 | 총12획

구름이 떠다니는 모습을 표현한 글자로, 나중에 雨(비 우)자가 추가되어, '구름'의 뜻이다.

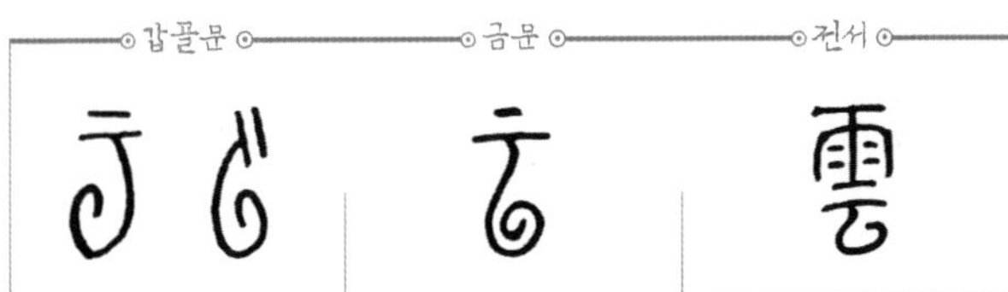

- 雲海운해 : 구름 바다. 끝없이 펼쳐진 구름의 모습.
- 雲集운집 : 구름처럼 모여드는 모습.

담	曇1	흐릴 담	晴曇청담, 曇天담천
운	云3	이를 운	云云운운, 云爲운위
	芸2	향풀 운	芸閣운각, 芸香운향, 芸芸운운, 芸窓운창

이에, 바꿀 원

0급

爫 | 5획 | 총9획

한 사람이 막대를 다른 사람에게 잡도록 하는 장면에서, '구하다'의 뜻이다. 뜻이 확장되어 '넘겨주다, 바꾸다'가 되자 援(도울 원)자가 새로 생겨났다.

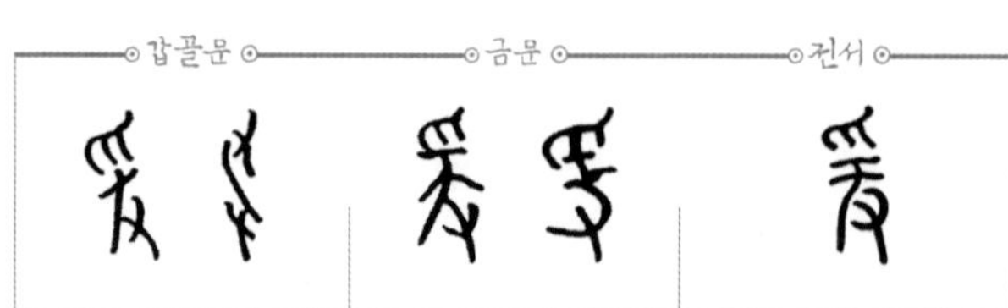

- 爰爰원원 : 느즈러진 모양.
- 爰居원거 : 거처를 옮김.

난	暖준4	따뜻할 난	暖流난류, 暖房난방, 寒暖한난
	煖1	더울 난	煖爐난로, 煖房난방, 煖氣난기
완	緩3	느릴 완	緩急완급, 緩慢완만, 緩衝완충, 緩和완화
원	援4	도울 원	援助원조, 援用원용, 聲援성원, 增援증원
	媛2	계집, 예쁠 원	才媛재원, 淑媛숙원, 良媛양원
	瑗2	구슬 원	※이름자.

인원 원

준4급

| 口 | 7획 | 총10획 |

원래 요리에 쓰는 둥근 그릇을 본뜬 글자로, '둥글다'의 뜻이다. 후에 뜻이 '인원'으로 확장되었고, 원래 뜻은 圓(둥글 원)자가 새로 생겨났다.

갑골문 · 금문 · 전서

- 客員 객원 : 직접적인 책임 없이 참여한 사람.
- 剩員 잉원 : 남는 인원.

손	損4	덜 손	損害손해, 損傷손상, 損耗손모, 損失손실
운	韻3	운 운	押韻압운, 餘韻여운, 韻律운율, 韻文운문
	隕1	떨어질 운	隕石운석, 隕星운성
	殞1	죽을 운	殞命운명
원	圓준4	둥글 원	圓熟원숙, 圓形원형, 圓滑원활, 圓卓원탁, 圓滿원만

원망할 원

4급

| 心 | 5획 | 총9획 |

夗(누워 뒹굴 원) + 心(마음 심)

누워서 뒹구는(夗) 신세를 한탄하며 그렇게 만든 상대에게 분한 마음(心)을 갖는 데서, '원망하다'의 뜻이다.

아

• 怨恨원한 : 원망하고 한스러운 마음.
• 宿怨숙원 : 오래 묵은 원망.

완	宛1	완연할 **완**	宛然완연, 宛轉완전
		나라이름 **원**	大宛대원
	婉1	순할, 아름다울 **완**	婉麗완려, 婉曲완곡, 婉順완순, 淑婉숙완
	腕1	팔뚝 **완**	腕力완력, 腕章완장, 腕釧완천, 敏腕민완
원	苑2	나라 동산 **원**	秘苑비원, 宮苑궁원, 御苑어원
	鴛1	원앙 **원**	鴛鴦원앙, 鴛侶원려

멀 원

6급

辶/辵 | 10획 | 총13획

辶(쉬엄쉬엄 갈 착) + 袁(옷 원)

옷(袁)을 챙겨 떠나야(辶) 할 만큼 길이 멀다는 데서, '멀다'의 뜻이다.

• 遠景원경 : 먼 경치.
• 敬遠경원 : 공경하지만 멀리함.

원	園6	동산 **원**	公園공원, 農園농원, 桃園도원, 園丁원정
	袁2	옷이 긴 모양, 성(姓) **원**	袁紹원소
	猿1	원숭이 **원**	犬猿之間견원지간, 類人猿유인원, 猿狙원저

언덕, 용서할 원

5급

厂 | 8획 | 총10획

厂(바위굴 한) + 泉(샘 천)

바위(厂)에서 솟아나는 샘(泉)을 표현한 글자로 '근원'의 뜻이나, 뜻이 '언덕, 용서하다'의 뜻으로 확장하자, 源(근원 원)자가 새로 생겨났다.

갑골문 | 금문 | 전서

- 高原고원 : 높은 언덕 지형.
- 原告원고 : 고소를 제기한 사람.
- 原宥원유 : 용서함.

원

源$_4$	근원 **원**	根源근원, 起源기원, 發源발원, 稅源세원
願$_5$	원할 **원**	結願결원, 祈願기원, 願望원망, 志願지원

으뜸, 처음, 클 원

5급

儿 | 2획 | 총4획

사람의 옆모습에서 특히 머리를 강조한 글자로, '으뜸'의 뜻이다.

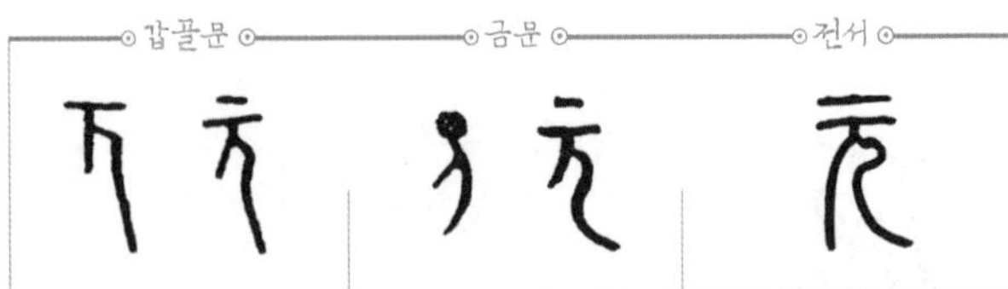

- 元首원수 : 국가의 최고 통수권자.
- 元兇원흉 : 흉악한 무리의 우두머리.

구	寇1	도적 구	寇賊구적, 倭寇왜구, 寇盜구도, 內寇내구
완	完5	완전할 완	完成완성, 完快완쾌, 完備완비, 完決완결
	莞2	빙그레할 완	莞島완도, 莞爾완이
	頑1	완고할 완	頑固완고, 頑强완강, 頑鈍완둔
	玩1	즐길 완(翫)	玩具완구, 愛玩애완, 玩好완호
	阮1	성 완	阮元완원, 阮籍완적, 阮咸완함
원	院5	집 원	登院등원, 開院개원, 退院퇴원, 院生원생

할 위

준4급

爫 | 8획 | 총12획

사람이 손으로 코끼리 코를 잡고 가는 모습이며, 코끼리를 길들여 일을 부리므로, '하다'의 뜻이다.

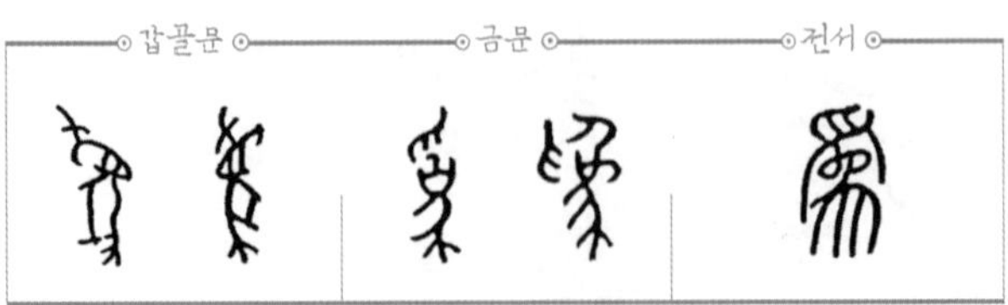

- 爲政위정 : 정치를 함.
- 當爲당위 : 마땅히 함.

위	僞$_3$	거짓 위	僞善위선, 僞裝위장, 訛僞와위, 僞烽위봉

慰

위로할 위 | 4급

心 | 11획 | 총15획

尉(다림질할 울) + 心(마음 심)

말이나 행동으로 다림질(尉)하여 상대방 마음(心) 속의 주름살을 펴게 하는 데서, '위로하다'의 뜻이다.

- 慰靈祭위령제 : 영혼을 위로하는 제사.
- 慰藉料위자료 : 불법 행위로 인해 생긴 손해에 대한 배상.

울	蔚$_2$	고을이름, 우거질 울	蔚山울산, 彬蔚빈울, 蔚然울연
위	尉$_2$	벼슬 위	校尉교위, 大尉대위, 尉官위관

맡길, 버릴 위 | 4급

女 | 5획 | 총8획

禾(벼 화) + 女(계집 녀)

익은 벼(禾) 이삭이 고개를 숙이듯이 여자(女)가 남편에게 바깥일을 맡긴다는 데서, '맡기다'의 뜻이다.

- 委員위원 : 어떤 일을 맡은 사람.
- 委棄위기 : 물건을 버림. 버리고 돌보지 않음.
- 委託위탁 : 맡겨 부탁함.

왜	倭 2	왜국 **왜**	倭人왜인, 倭館왜관, 倭亂왜란, 倭將왜장
	矮 1	난장이 **왜**	矮小왜소, 矮軀왜구, 矮林왜림
외	巍 1	높고 클 **외**	巍然외연, 巍巍외외
위	萎 1	시들 **위**	萎落위락, 萎靡위미
	魏 2	성(姓), 나라이름 **위**	北魏북위, 魏書위서, 魏徵위징

韋

가죽, 어긋날 위

2급

| 韋 | 0획 | 총9획 |

止(발 지) + 口(입 구) + 止(발 지)

두 발을 등지고 있는 모습에서, '위배하다, 어긋나다'의 뜻이었으나, '가죽'의 뜻으로 확장되자, 違(어길 위)자가 새로 생겨났다.

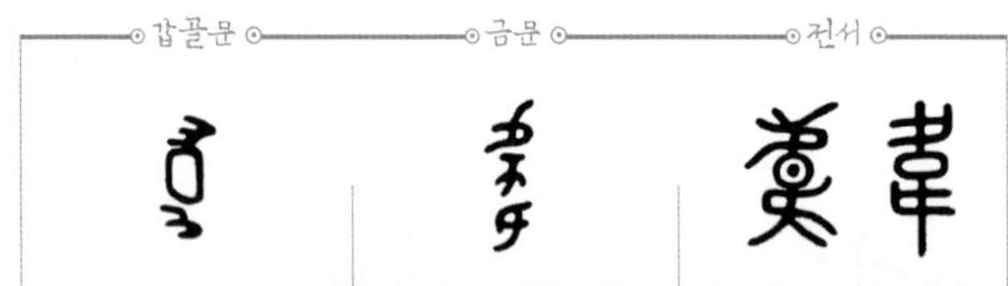

- 韋編三絕위편삼절 : 공자가 『주역』을 즐겨 읽어 "책의 가죽끈이 세 번이나 끊어졌다."는 말로, 책을 열심히 읽는다는 뜻.

위	偉 5	위대할 **위**	偉勳위훈, 偉大위대, 偉力위력
	衛 준4	지킬 **위**	防衛방위 ,衛生위생, 侍衛시위
	圍 4	에워쌀 **위**	範圍범위, 周圍주위, 包圍포위, 胸圍흉위
	緯 3	씨 **위**	經緯경위, 緯度위도, 讖緯참위, 恤緯휼위

	違3	어긋날 위	非違비위, 違反위반, 違背위배, 違法위법
인	靭1	질길 인(靭)	
한	韓8	나라 한	來韓내한, 韓流한류, 訪韓방한, 韓服한복
휘	諱1	숨길, 꺼릴 휘	隱諱은휘, 諱秘휘비, 諱忌휘기, 諱字휘자

밥통 위 | 3급

月/肉 | 5획 | 총9획

田은 음식물이 들어간 위의 모양이고 인체의 기관임을 나타내기 위해 月(肉)을 덧붙여, '위장, 밥통'의 뜻이다.

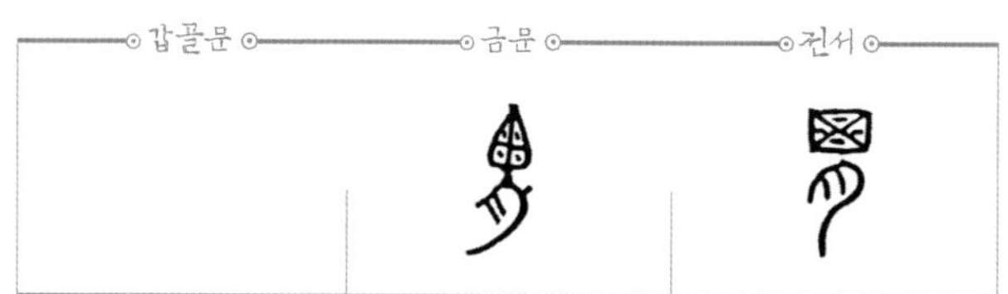

- 胃腸위장 : 위와 장.
- 胃炎위염 : 밥통의 염증.

부	膚2	살갗 부	皮膚피부, 肌膚기부, 膚淺부천, 雪膚설부
위	謂3	이를 위	所謂소위, 可謂가위, 云謂운위, 稱謂칭위
	渭2	물이름 위	涇渭경위, 渭水위수

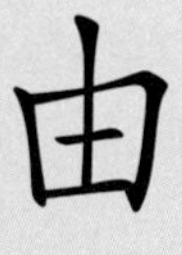

말미암을 유 | 6급

田 | 0획 | 총5획

그릇 속에 기름 한 방울이 떨어지는 모양에서, 본래 '기름'의 뜻이었으나, '말미암다'로 뜻이 확장되자, 油(기름 유) 자가 새로 생겼다.

- 事由사유 : 일이 말미암은 이유.
- 由緖유서 : 어떤 대상이 긴 세월을 거쳐오면서 가지게 된 역사, 유래.

빙	聘3	부를, 장가들 빙	招聘초빙, 聘母빙모, 聘召빙소, 聘丈빙장
수	袖1	소매 수	袖手傍觀수수방관, 領袖영수, 舞袖무수
유	油6	기름 유	肝油간유, 輕油경유, 給油급유, 注油주유
	柚1	유자 유	柚子유자, 橘柚귤유
적	笛3	피리 적	警笛경적, 鼓笛고적, 汽笛기적, 萬波息笛만파식적
주	宙3	집 주	宇宙우주, 宙水주수
	胄1	자손 주	胄裔주예, 胄胤주윤, 胄子주자, 國胄국주
	紬1	명주 주	紬緞주단, 紬繹주역, 紬績주적, 繭紬견주
추	抽3	뽑을 추	抽籤추첨, 抽出추출, 抽象추상, 抽擢추탁
축	軸2	굴대 축	車軸차축, 主軸주축, 基軸기축, 地軸지축

酉 술, 열째지지 유 3급

| 酉 | 0획 | 총7획 |

술단지 모양을 본뜬 글자로, 원뜻은 '술, 술단지'이나, 현재는 '열째지지'의 뜻으로 주로 쓰인다.

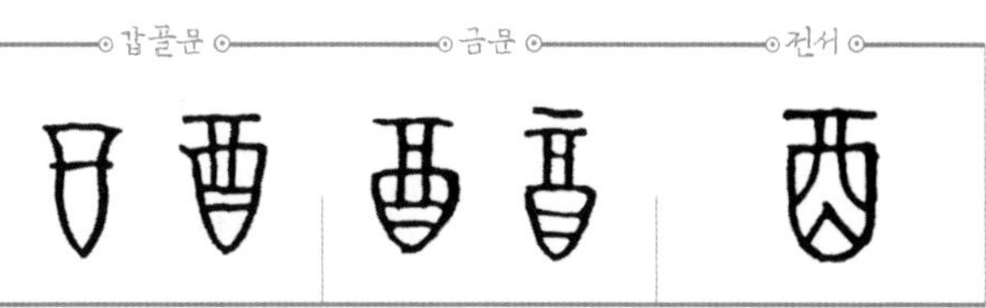

- 酉時유시 : 오후 5~7시.
- 酉方유방 : 24방위 중의 서쪽.

유	猶3	같을 유	猶父猶子유부유자
		오히려 유	猶不足유부족
		머뭇거릴 유	執行猶豫집행유예
의	醫6	의원 의	醫療의료, 醫術의술, 醫師의사, 名醫명의
추	酋1	우두머리 추	酋長추장, 酋領추령
혜	醯1	식혜 혜	食醯식혜, 左脯右醯좌포우혜

있을 유

7급

| 月/肉 | 2획 | 총6획 |

又(오른손 우) + 月(고기 육)

고기(月)를 손(又)에 들고 있는 사람의 모습에서, '있다'의 뜻이다.

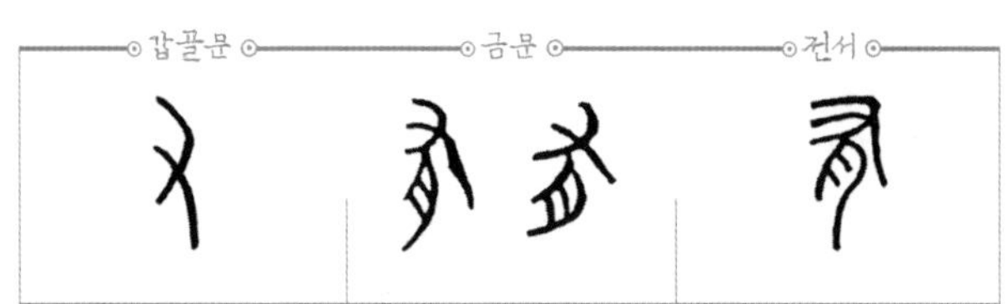

- 有益유익 : 이익이 있음.
- 鷄卵有骨계란유골 : 계란에 뼈가 있음. 모처럼 좋은 기회

가 잘 안 됨.

욱	郁2	성할 **욱**	郁郁욱욱, 郁馥욱복
월	月8	달 **월**	歲月세월, 隔月격월, 風月풍월, 月賦월부
유	宥1	너그러울 **유**	宥和유화, 宥恕유서, 宥免유면
회	賄1	뇌물 **회**	賄賂회뢰, 收賄수회, 財賄재회

兪

승락할, 성(姓) 유

2급

入 | 7획 | 총9획

본래는 통나무의 가운데를 파서 만든 '통나무 배'의 뜻이나, 지금은 '성씨'로 주로 쓰인다.

- 兪氏유씨 : 유씨.
- 兪音유음 : 신하의 말에 임금이 내리는 대답.

수	輸3	보낼 **수**	輸送수송, 輸出수출, 空輸공수, 密輸밀수
		질 **수**	贏輸영수
유	愈3	나을, 더욱 **유**	愈盛유성, 愈甚유심
	踰2	넘을 **유**	踰年유년, 踰嶺유령
	楡2	느릅나무 **유**	楡莢錢유협전, 楡皮유피
	愉1	즐거울 **유**	愉樂유락, 愉色유색, 愉愉유유
	揄1	희롱할 **유**	揶揄야유
	癒1	병 나을 **유**	治癒치유, 快癒쾌유, 平癒평유

喩1	깨우칠 유	比喩비유, 直喩직유, 諷喩풍유, 隱喩은유
諭1	타이를 유	諭示유시, 諭旨유지
鍮1	놋쇠 유	鍮器유기, 眞鍮진유

諛 아첨할 유 1급

言 | 8획 | 총15획

言(말씀 언) + 臾(부추길 유)

臾는 두 손으로 사람을 잡고 있는 모습이며, 교묘한 말(言)로 사람을 붙잡고[臾] 들었다 놓았다 하는 데서, '아첨하다'의 뜻이다.

- 阿諛苟容아유구용 : 아첨하는 말과 구차한 표정.
- 諛諂유첨 : 아첨하는 것.

유 庾2 곳집, 노적가리 유 庾積유적

肉 고기 육 준4급

肉 | 0획 | 총6획

고깃덩이와 그 속에 있는 살결을 본떠, '고기'의 뜻이다.

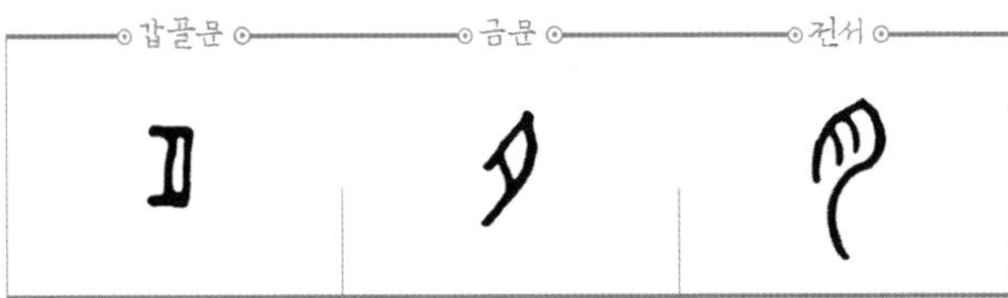

- 肉眼육안 : 맨눈으로 봄.

• 骨肉相爭골육상쟁 : 혈족끼리 싸움.

견	肩 3	어깨 견	肩胛骨견갑골, 路肩노견, 比肩비견, 肩等견등
육	育 7	기를 육	育成육성, 發育발육, 養育양육, 育英육영
윤	胤 2	자손 윤	令胤영윤, 胤君윤군, 胤玉윤옥, 胤子윤자

允

믿을, 맏(伯), 진실로 윤 | 2급

| 儿 | 2획 | 총4획 |

사람이 고개를 끄덕이는 모양에서, '승락하다, 믿다'의 뜻이다'.

• 允許윤허 : 허락함.

• 允玉윤옥 : 남의 아들을 높여 부르는 말. 윤옥胤玉.

윤	鈗 2	병기 윤	
총	銃 준4	총 총	拳銃권총, 獵銃엽총, 銃砲총포, 銃擊총격
충	充 5	채울 충	充滿충만, 充當충당, 充電충전, 充血충혈
통	統 준4	거느릴 통	系統계통, 法統법통, 傳統전통, 統制통제

隱

숨을, 불쌍히 여길 은 | 4급

| 阝/阜 | 14획 | 총17획 |

阝 + 工 + 爪 + ⺕=又 + 心
(언덕 부) (장인 공) (잡을 조) (손 우) (마음 심)

들키지 않으려고 언덕(阝) 밑에서 마음(心) 졸이며 손(ヨ)으로 도구(工)를 잡고 일을 하는 데서, '숨다'의 뜻이다.

• 隱忍自重은인자중 : 마음속에 감추어 참고 견디며 신중하게 행동함.
• 惻隱之心측은지심 : 불쌍히 여기는 마음.

온	穩$_2$	편안할 온	穩健온건, 平穩평온, 不穩불온, 安穩안온

둘째 천간, 새 을 | 3급

乙 | 0획 | 총1획

초목의 싹이 구불구불 휘어져 나오는 것을 본뜬 글자이나, 지금은 '둘째 천간'의 뜻으로 주로 쓰인다. 원래 한문에서 이 글자를 '새'의 뜻으로 쓰는 경우는 거의 없다.

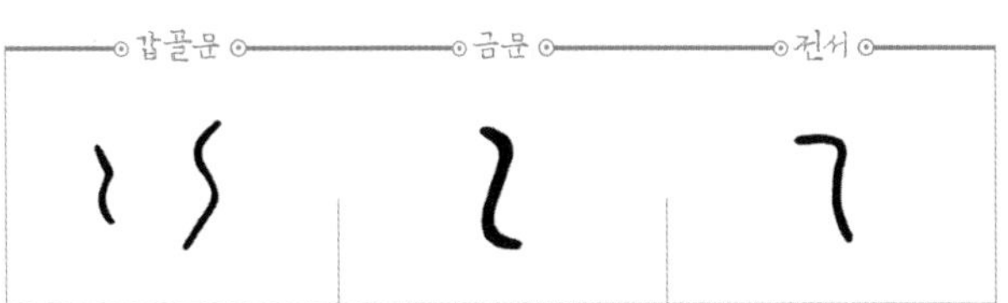

• 甲乙갑을 : 갑과 을. 보통 사람.

건	乾$_3$	하늘, 마를 건	乾坤一擲건곤일척, 乾燥건조, 乾期건기
걸	乞$_3$	빌 걸	乞求걸구, 乞食걸식, 乞人걸인, 乞命걸명
구	九$_8$	아홉 구	九折羊腸구절양장, 九孔구공, 九重구중
	究$_{준4}$	궁구할 구	窮究궁구, 探究탐구, 學究학구, 研究연구
	仇$_1$	원수, 짝 구	仇家구가, 仇怨구원, 仇敵구적
	鳩$_1$	비둘기 구	鳩合구합, 鳩杖구장

돌	乭2	이름 돌	※이름자.
란	亂4	어지러울 란	亂動난동, 亂舞난무, 亂刺난자, 錯亂착란
욱	旭2	빛날 욱	旭日昇天욱일승천, 旭光욱광
찰	札2	편지 찰	書札서찰, 名札명찰, 開札개찰, 現札현찰
환	丸3	알 환	彈丸탄환, 砲丸포환, 丸藥환약

그늘, 세월 음

준4급

阝/阜 | 8획 | 총11획

阝(언덕 부) + 今(이제 금) + 云=雲(구름 운)

언덕(阝) 위에 지금(今) 뭉게구름(云)이 있어서 빛을 가린다는 데서, '그늘'의 뜻이다.

- 陰地음지 : 그늘진 곳.
- 陰德陽報음덕양보 : 남 모르게 쌓은 덕이 복이 되어 돌아옴.
- 陰鬱음울 : 음침하고 쓸쓸함.

음	蔭1	그늘, 음사(蔭仕) 음	蔭官음관, 蔭補음보, 綠蔭녹음, 樹蔭수음

소리 음

6급

音 | 0획 | 총9획

입에서 나오는 소리를 표현한 글자로, '소리'의 뜻이다.

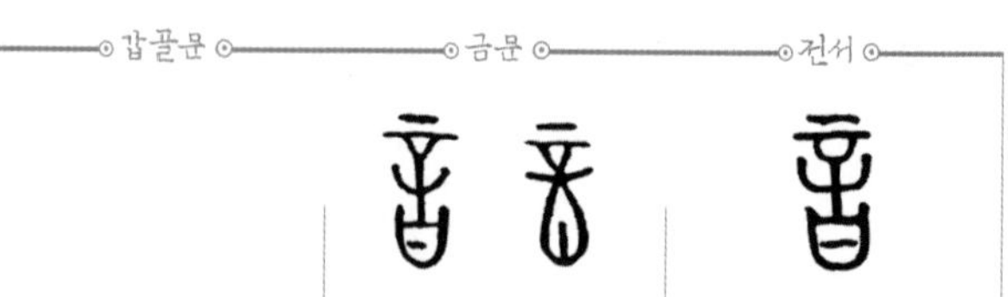

• 音感음감 : 소리에 대한 감각.
• 防音방음 : 소리를 막음.

암	暗준4	어두울 **암**	明暗명암, 暗記암기, 暗影암영, 暗室암실
	諳2	욀 **암**	諳誦암송
	闇1	숨을 **암**	闇鈍암둔, 昏闇혼암

揖

읍할 **읍** | 1급

| 扌/手 | 9획 | 총12획 |

扌=手(손 수)는 뜻을, 咠(속삭일 집→읍)은 소리를 나타내며, 좌우의 손을 가슴에 모았다가 앞으로 내미는 예로, '읍하다'의 뜻이다.

• 揖禮읍례 : 읍을 하는 예법.
• 三揖삼읍 : 공손하게 3회 읍을 함.

즙	葺1	기울 **즙**	亞鉛葺아연즙, 修葺수즙
집	輯2	모을 **집**	編輯편집, 特輯특집, 輯成집성

응할 **응** | 2급

| 心 | 13획 | 총17획 |

鷹(매 응) + 心(마음 심)

매(鷹)가 꿩을 잡아 주인의 마음(心)에 호응한다는 데서, '응하다'의 뜻이다.

• 應酬응수 : 맞받아 술을 들거나 대거리를 함.
• 饗應향응 : 융숭하게 대접함.
• 應急응급 : 급한 대로 우선 처리함.

안	雁3	기러기 안	木雁목안, 雁信안신, 雁行안행, 雁奴안노
응	鷹2	매 응	鷹犬응견, 鷹視응시
	膺1	가슴 응	膺懲응징, 服膺복응

옳을, 뜻, 해 넣을 의 | 준4급

羊 | 7획 | 총13획

羊(양 양) + 我(나 아)

나(我)의 마음씨를 양(羊)처럼 착하게 하고, 나(我)를 양(羊)처럼 희생시킨다는 데서, '옳다, 바르다, 의리'의 뜻이다.

• 義理의리 : 의로운 도리.
• 義父의부 : 의붓 아버지.
• 義齒의치 : 만들어 박은 이.

의	儀4	거동 의	儀禮의례, 儀式의식, 祝儀축의, 儀杖의장
	議준4	의논할 의	建議건의, 開議개의, 決議결의, 相議상의

뜻 의 | 6급

心 | 9획 | 총13획

音(소리 음) + 心(마음 심)

마음(心) 속에서 우러나는 소리(音)에서, '뜻'의 뜻이다.

- 得意득의 : 뜻한 바가 이루어져 만족함.
- 底意저의 : 밑바닥의 뜻. 숨겨진 뜻.

억	億5	억 억	億萬長者억만장자, 億兆蒼生억조창생
	憶3	생각할 억	記憶기억, 回憶회억, 追憶추억
	臆1	가슴 억	臆測억측, 臆說억설, 臆見억견
희	噫2	한숨 쉴 희	噫嗚희오, 噫噫희희
		트림할 애	噫欠애흠, 噫氣애기

의심할 의

4급

疋 | 9획 | 총14획

길을 잃은 사람이 지팡이를 짚고 서서 어디로 갈지 살펴보는 모습에서, '혼동, 결정하지 못하다'의 뜻이다. 여기에서 '의심하다'로 뜻이 확장되었다.

갑골문 · 금문 · 전서

- 疑猜의시 : 의심하고 시기함.
- 疑心生暗鬼의심생암귀 : 의심은 어두운 귀신(망상)이 생기게 함.
- 質疑질의 : 의심스러운 점을 물음.

애	礙2	거리낄 애	障礙장애, 拘礙구애, 無礙무애, 妨礙방애

응	凝3	엉길 **응**	凝結응결, 凝固응고, 凝視응시, 凝滯응체
의	擬1	비길 **의**	擬態의태, 模擬모의, 摸擬모의, 擬人의인
치	癡1	어리석을 **치**	癡呆치매, 癡愚치우, 癡情치정, 癡漢치한

衣

옷 의 | 6급

衣 | 0획 | 총6획

웃옷의 모양을 본뜬 글자로, '옷'의 뜻이다.

갑골문 · 금문 · 전서

- 衣裳의상 : 저고리와 치마.
- 繡衣수의 : 수놓은 옷.

사	蓑1	도롱이 **사**	蓑笠사립, 蓑衣사의
쇠	衰3	쇠약할 **쇠**	衰頹쇠퇴, 老衰노쇠, 衰弱쇠약, 衰殘쇠잔
		상복 **최**	斬衰참최
의	依4	의지할, 좇을 **의**	依支의지, 依例의례, 歸依귀의, 依存의존
충	衷2	속마음 **충**	衷心충심, 苦衷고충, 衷情충정
표	表6	거죽 **표**	表明표명, 師表사표, 表具표구, 表現표현

夷

오랑캐 이 | 3급

大 | 3획 | 총6획

大(큰 대) + 弓(활 궁)

큰(大) 활(弓)을 가지고 다니는 종족으로, '오랑캐'의 뜻이다.

- 攘夷양이 : 오랑캐를 물리침.
- 東夷동이 : 동쪽 오랑캐.

이	姨1	이모 이	姨母이모, 姨從四寸이종사촌
	痍1	상처 이	傷痍상이, 創痍창이

①쉬울 이 ②바꿀 역 | 4급

日 | 4획 | 총8획

원래 한 그릇의 물을 다른 그릇에 붓는 모양을 본뜬 글자로, 원뜻은 '주다'였으나, 뒤에 '바꾸다, 쉽다'로 뜻이 확장되었다.

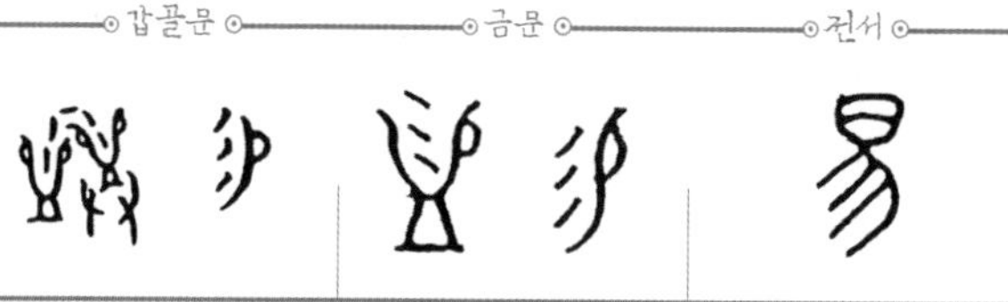

- 安易안이 : 편안하고 쉬움.
- 易地思之역지사지 : 처지를 바꾸어 생각함.
- 交易교역 : 서로 물건을 사고 팔고 하여 바꿈.

사	賜3	줄 사	賜藥사약, 下賜하사, 惠賜혜사, 厚賜후사
석	錫2	주석, 지팡이 석	朱錫주석, 錫鑛석광, 錫杖석장

異

다를, 기이할 이 | 4급

| 田 | 6획 | 총11획 |

무서운 가면을 쓰고 춤을 추며 악령을 쫓는 주술사의 모습에서, '기이하다, 다르다'의 뜻이다.

갑골문 · 금문 · 전서

- 異口同聲이구동성 : 여러 사람의 말이 한결같음.
- 驚異경이 : 놀랄 만큼 이상함.

기	冀$_2$	바랄 기	冀圖기도, 冀望기망, 冀願기원
	驥$_2$	천리마 기	驥足기족, 老驥노기, 駿驥준기
대	戴$_2$	머리에 일 대	推戴추대, 男負女戴남부여대, 不俱戴天불구대천
분	糞$_1$	똥 분	糞尿분뇨, 人糞인분, 馬糞紙마분지

爾

가까울, 너 이 | 1급

| 爻 | 10획 | 총14획 |

여러 개의 화살을 쏘아 목표에 가까이 접근한다는 데서, '가깝다, 너'의 뜻이다.

갑골문 · 금문 · 전서

• 爾汝이여 : 너, 너희들.

• 爾時이시 : 그때.

미	彌$_2$	두루, 꿰맬, 미륵 미	彌縫策미봉책, 彌漫미만, 彌勒미륵
새	璽$_1$	옥새 새	玉璽옥새, 國璽국새

而

말 이을, 너 이

3급

而 | 0획 | 총6획

원래 바람에 날리는 턱수염을 본뜬 글자로, '수염'의 뜻이었다. 그러나 뜻이 '너, 어조사'로 확장되자, 수염은 須(모름지기 수)로 표현하게 되었고, 須가 다시 '모름지기'의 뜻이 되자, 鬚(수염 수) 자가 새로 생겨났다.

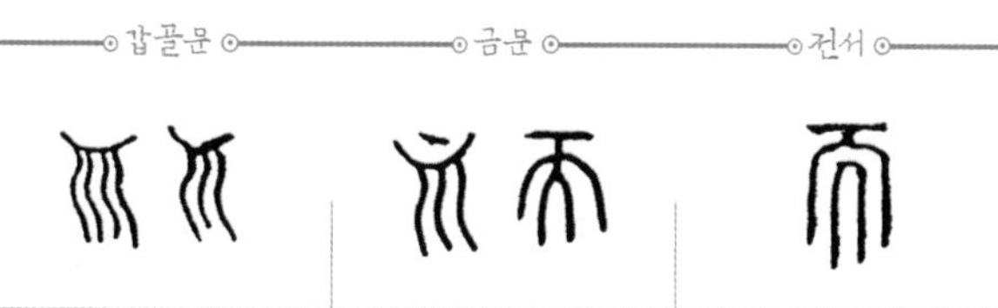

• 然而연이 : 그러나.

• 博而不精박이부정 : 널리 알고 정밀하지 못함.

내	耐$_3$	견딜 내	耐久내구, 耐乏내핍, 耐性내성, 耐震내진

써 이

5급

人 | 3획 | 총5획

쟁기를 본뜬 글자로 밭갈 때 쟁기를 가지고 쓰는 데서, '쓰다, 가지다'의 뜻이다.

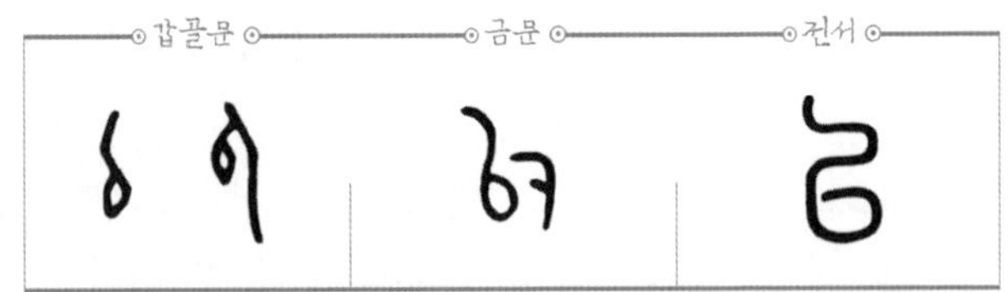

• 所以소이 : 까닭, 이유.
• 以內이내 : 일정한 범위의 안.
• 所有소유 : 가짐.

사	似$_3$	같을, 닮을 **사**	近似근사, 類似유사, 相似상사, 恰似흡사

귀 이 | 5급

| 耳 | 0획 | 총6획 |

귀의 모양을 본뜬 글자로, '귀'의 뜻이다.

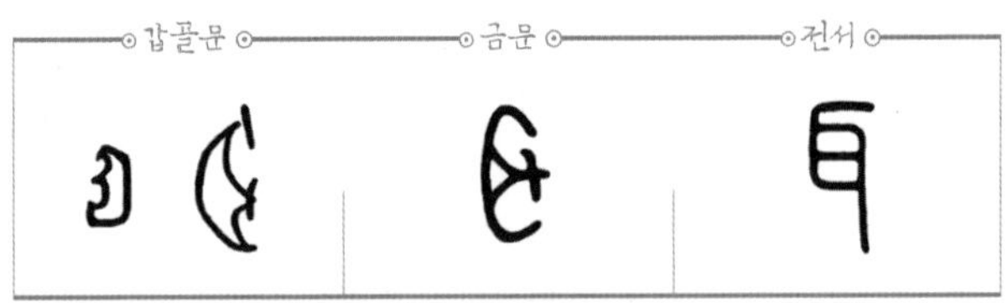

• 耳順이순 : 나이 예순을 일컬음.
• 馬耳東風마이동풍 : 말 귀에 동풍, 남의 말을 귀담아듣지 않음.

련	聯$_3$	연이을 **련**	聯想연상, 聯合연합, 聯盟연맹, 聯邦연방
문	聞$_6$	들을 **문**	見聞견문, 艶聞염문, 風聞풍문, 後聞후문
섭	攝$_3$	다스릴, 잡을, 섭생할, 대신할 **섭**	攝政섭정, 攝取섭취, 攝理섭리, 包攝포섭
성	聖$_{준4}$	성인 **성**	聖恩성은, 聖歌성가, 聖餐성찬, 聖堂성당

용	茸$_1$	무성할, 녹용 **용**	鹿茸녹용, 蒙茸몽용
이	珥$_2$	귀고리 **이**	李珥이이, 玉珥옥이
	餌$_1$	미끼, 먹이 **이**	鉤餌구이, 食餌療法식이요법, 香餌향이
총	聰$_3$	총명할, 귀 밝을 **총**	聰氣총기, 聰明총명, 聰敏총민, 薛聰설총
치	恥$_3$	부끄러울 **치**	恥辱치욕, 廉恥염치, 國恥국치, 羞恥수치

二

두 이

8급

| 二 | 0획 | 총2획 |

막대기 두 개를 가로로 놓은 모양으로, '둘, 곱'의 뜻이다.

- 二律背反이율배반 : 두 법률이 서로 맞지 않음.
- 二重이중 : 두 번 중복됨.

륙	六$_8$	여섯 **륙**	六感육감, 六法육법, 五臟六腑오장육부
삼	三$_8$	석 **삼**	三寒四溫삼한사온, 三綱五倫삼강오륜, 三振삼진, 三秋삼추
상	上$_7$	위 **상**	上納상납, 格上격상, 上訴상소, 上場상장
일	一$_8$	한 **일**	天下一色천하일색, 一致일치, 一環일환
칠	七$_8$	일곱 **칠**	七顚八起칠전팔기, 七寶칠보, 七夕칠석 四端七情사단칠정
하	下$_7$	아래 **하**	下野하야, 殿下전하, 下落하락, 下降하강
호	互$_3$	서로 **호**	互惠호혜, 互換호환, 互讓호양, 相互상호

더할 익

준4급

| 皿 | 5획 | 총10획 |

그릇에 물이 넘치는 모양을 본뜬 글자로, '넘치다'의 뜻이다.

뜻이 '더하다'로 확장되자, 원래 뜻은 溢(넘칠 일) 자가 새로 생겨났다.

- 增益증익 : 더하여 보탬.
- 多多益善다다익선 : 많으면 많을수록 좋다는 뜻.
- 有益유익 : 이익이 있음.

애	隘$_1$	좁을, 막을 애	隘路事項애로사항, 偏隘편애
액	縊$_1$	목맬 액	縊死액사, 縊殺액살
일	鎰$_2$	무게 이름 일	萬鎰만일
	溢$_1$	넘칠 일	海溢해일, 腦溢血뇌일혈, 滿溢만일

셋째 지지, 범(虎), 동방, 삼갈 인 | 3급

宀 | 8획 | 총11획

화살을 본뜬 글자로 고대의 활쏘기는 군사가 예절을 지키며 하는 운동 겸 수양인 데서, '공경하다'의 뜻이 나왔다. 띠로는 '범'이고, 방위로는 '동방'이 된다.

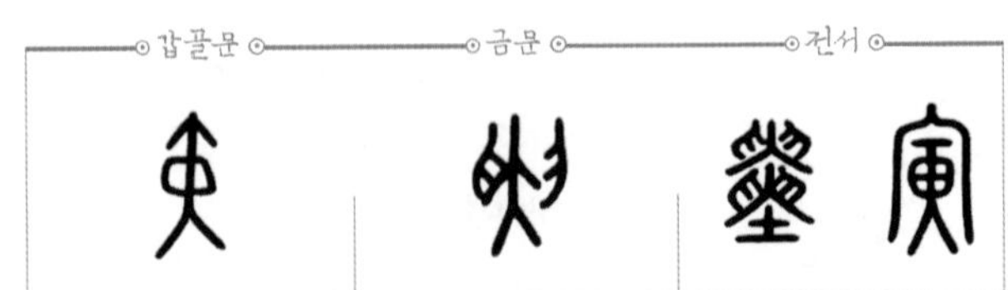

- 寅恭인공 : 삼가 공경함.

• 寅時인시 : 오전 3~5시.

연	演준4	펼 연	講演강연, 競演경연, 公演공연, 試演시연

因

인할 인 | 5급

口 | 3획 | 총6획

갈대자리에 사람이 누워 있는 형상을 본뜬 글자로, '자리'의 뜻이다. 뜻이 '의지할, 인할, 까닭'으로 확장되자, 茵(자리 인) 자가 새로 생겨났다.

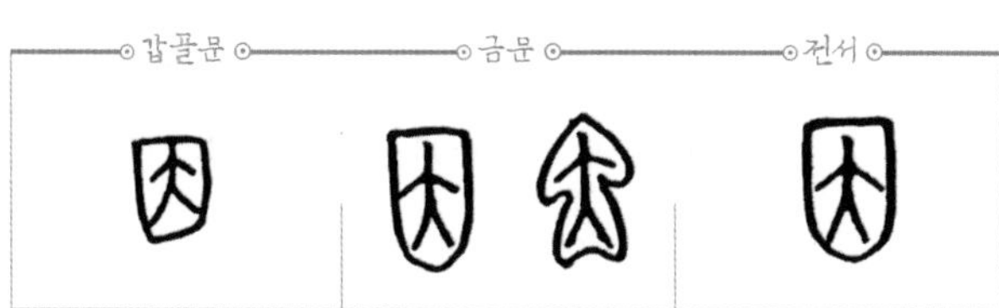

• 心因性심인성 : 마음으로 인해 일어나는 성질.
• 因果인과 : 원인과 결과.
• 起因기인 : 무슨 일을 일으키는 원인.

연	烟준4	연기 연(煙)	煙草연초, 煙氣연기, 砲煙포연
은	恩준4	은혜 은	恩惠은혜, 恩恤은휼, 恩德은덕, 恩師은사
인	姻3	혼인 인	姻戚인척, 親姻친인, 婚姻혼인, 姻兄인형
	咽3	목구멍 인	耳鼻咽喉科이비인후과
		목멜 열	嗚咽오열, 哀咽애열

사람 인

8급

人 | 0획 | 총2획

사람이 서 있는 옆모습을 본뜬 글자로, '사람'의 뜻이다.

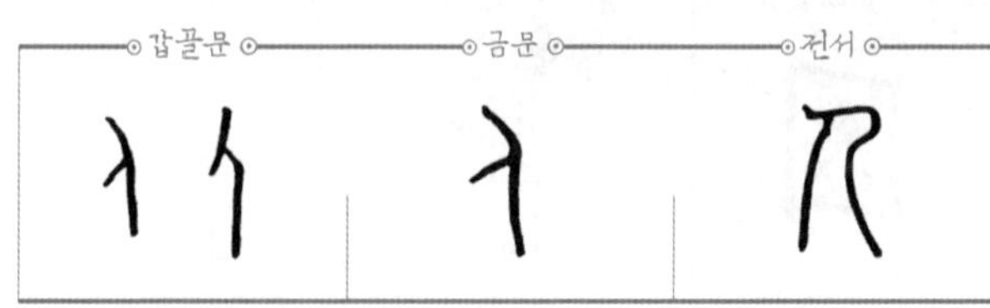

- 超人초인 : 보통 사람의 능력을 넘어서는 뛰어난 사람.
- 人品인품 : 사람의 됨됨이.
- 人面獸心인면수심 : 사람의 얼굴을 하고서 짐승의 마음을 가짐. 사람의 도리를 지키지 못함.

래	來$_7$	올 **래**	未來미래, 古來고래, 近來근래, 傳來전래
	萊$_2$	명아주 **래**	萊蕪내무, 蓬萊山봉래산
맥	麥$_3$	보리 **맥**	麥秀之嘆맥수지탄, 裸麥나맥, 菽麥숙맥
산	傘$_2$	우산 **산**	雨傘우산, 傘下산하, 陽傘양산, 日傘일산
수	囚$_2$	죄수 **수**	罪囚죄수, 囚役수역, 囚衣수의
신	信$_6$	믿을 **신**	信賞必罰신상필벌, 信任신임, 信用신용
인	仁$_4$	어질, 씨 **인**	仁義인의, 桃仁도인, 仁術인술, 仁慈인자
일	佾$_2$	춤 **일**	佾舞일무, 八佾팔일
입	入$_7$	들 **입**	沒入몰입, 投入투입, 突入돌입, 迎入영입
팔	八$_8$	여덟 **팔**	八字팔자, 八方팔방, 八朔童팔삭동, 八卦팔괘

日

날, 해 일 | 8급

| 日 | 0획 | 총4획 |

해의 모양을 본뜬 글자로, '해'의 뜻이다.

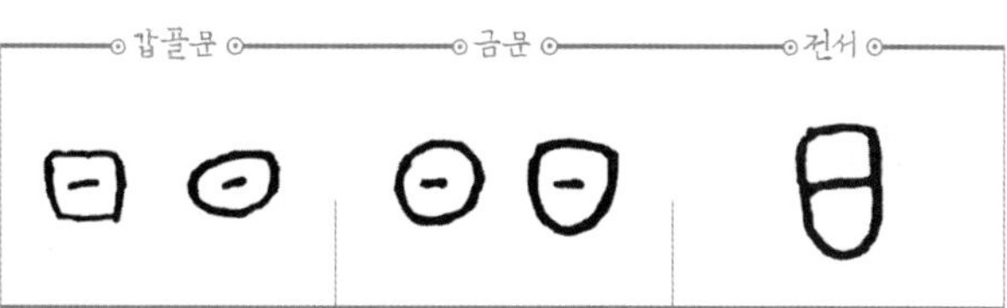

• 日光일광 : 햇빛.

• 消日소일 : 시간을 보냄.

맹	萌1	움, 싹 **맹**	萌芽맹아, 萌動맹동, 未萌미맹
명	明6	밝을 **명**	明白명백, 明細명세, 解明해명, 明悉명실
정	晶2	수정 **정**	結晶결정, 水晶수정, 液晶액정
진	晉2	진나라 **진**	晉州진주, 晉書진서, 東晉동진
호	昊2	하늘 **호**	昊天罔極호천망극

任

맡길, 마음대로 할 임 | 5급

| 亻/人 | 4획 | 총6획 |

(사람 인) + 壬(짊어질 임)

사람이 짐을 지고 있는 모습에서, '맡기다'의 뜻이다.

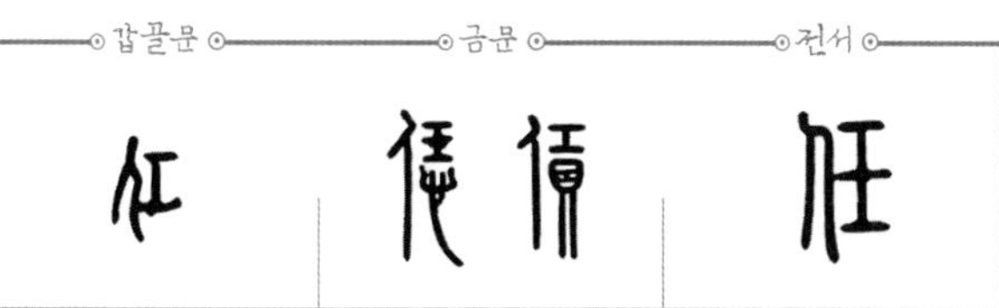

• 任期임기 : 맡은 기간.
• 放任방임 : 간섭하지 않고 내버려둠.
• 任意임의 : 자기 의사대로 함.

음	淫3	음란할 음(婬)	淫亂음란, 淫心음심, 荒淫황음, 賣淫매음
임	壬3	북방, 아홉째 천간 임	壬年임년, 壬方임방, 壬人임인
	賃3	품삯 임	賃金임금, 賃貸임대, 運賃운임, 滯賃체임
	妊2	아이 밸 임	不妊불임, 妊婦임부, 妊娠임신, 避妊피임
정	庭6	뜰 정	家庭가정, 校庭교정, 宮庭궁정, 親庭친정
	程준4	법, 거리, 정도 정	旅程여정, 歷程역정, 課程과정, 日程일정
	廷3	조정 정	開廷개정, 闕廷궐정, 法廷법정, 朝廷조정
	呈2	드릴 정	贈呈증정, 謹呈근정, 敬呈경정, 露呈노정
	艇2	배 정	艦艇함정, 競艇경정, 小艇소정, 潛水艇잠수정
	珽2	옥이름 정	玉珽옥정
	挺1	빼어날, 나아갈 정	挺身隊정신대, 挺出정출, 挺傑정걸

아들 자

7급

| 子 | 0획 | 총3획 |

어린아이가 포대기에 쌓여 있는 모양을 본떠, '아들'의 뜻이다.

갑골문 · 금문 · 전서

- 子孫자손 : 자식과 손자.
- 子婦자부 : 며느리.

공	孔$_4$	구멍, 성(姓) 공	骨多孔症골다공증, 孔穴공혈, 孔子공자
손	孫$_6$	손자 손	孫子손자, 外孫외손, 世孫세손, 後孫후손
	遜$_1$	겸손할, 사양할 손	謙遜겸손, 遜色손색, 恭遜공손, 遜讓손양
유	遊$_4$	놀 유	遊興유흥, 遊覽유람, 夢遊몽유, 野遊야유
	游$_1$	헤엄칠 유	游泳유영
자	字$_7$	글자 자	字句자구, 字意자의, 活字활자, 篆字전자
	仔$_1$	자세할 자	仔細자세, 仔詳자상, 仔蟲자충
존	存$_4$	있을 존	存在존재, 共存공존, 實存실존, 存續존속
학	學$_8$	배울 학	學問학문, 晩學만학, 博學박학, 學窓학창
효	孝$_7$	효도 효	孝道효도, 孝誠효성, 孝心효심, 孝行효행
	哮$_1$	성낼, 으르렁거릴 효	咆哮포효
	酵$_1$	삭일 효	醱酵발효, 酵母효모, 酵素효소
후	厚$_4$	두터울 후	濃厚농후, 厚顔無恥후안무치, 厚待후대
	吼$_1$	울 후	獅子吼사자후, 叫吼규후

自

스스로 자 | 7급

| 自 | 0획 | 총6획 |

사람의 코 모양을 본뜬 글자로, 원래 '코'의 뜻이다. 뜻이 '스스로'로 확장되자, 鼻(코 비) 자가 새로 생겨났다.

갑골문 · 금문 · 전서

- 自嘲자조 : 스스로를 비웃는 것.
- 自信感자신감 : 자기 자신을 믿는 감정.

비	鼻5	코 비	吾鼻三尺오비삼척, 鼻笑비소, 鼻祖비조
취	臭3	냄새 취	口尙乳臭구상유취, 惡臭악취, 體臭체취
후	嗅1	냄새 맡을 후	嗅覺후각, 嗅感후감

놈 자 | 6급

| 耂 | 5획 | 총9획 |

耂(늙을 로) + 白(아뢸 백)

노인(耂)에게 아뢸(白) 때 자기를 낮추는 데서, '놈, 사람'의 뜻이다.

- 筆者필자 : 글 쓰는 사람.
- 何者하자 : 어떤 것, 어떤 사람.

도	都5	도읍 도	都市도시, 都邑도읍, 都給도급, 都賣도매

	屠1	죽일 **도**	屠戮도륙, 屠殺도살, 浮屠부도
	堵1	담 **도**	安堵안도, 堵列도열, 堵墻도장
	賭1	내기할 **도**	賭博도박, 賭地도지, 賭技도기
	睹1	볼 **도**(覩)	目睹목도, 逆睹역도, 睹聞도문
사	奢1	사치할 **사**	奢侈사치, 奢傲사오, 奢恣사자
서	緖3	실마리 **서**	端緖단서, 緖正서정, 由緖유서, 頭緖두서
	暑3	더울 **서**	避暑피서, 猛暑맹서, 處暑처서, 暴暑폭서
	署3	관청, 마을 **서**	官公署관공서, 署名서명, 支署지서
	曙1	새벽 **서**	曙光서광, 曙景서경, 曙星서성
	薯1	감자 **서**	薯童서동, 甘薯감서
자	煮1	삶을 **자**	煮醬자장, 煮沸자비
저	著3	나타날, 지을 **저**	著書저서, 著名저명, 顯著현저
		붙일, 입을 **착**(着)	到著도착, 著押착압
	豬1	맷돼지 **저**(猪)	豬突저돌, 豬勇저용, 豬肝저간
	箸1	젓가락 **저**	火箸화저, 匕箸비저, 玉箸옥저
	躇1	머뭇거릴 **저**	躊躇주저
제	諸3	모두 **제**	諸般事項제반사항, 諸君제군, 諸位제위
		어조사 **저**	忽諸홀저

酌

술 부을, 잔질할 작

3급

酉 | 3획 | 총10획

구기로 술을 뜨는 모습을 본뜬 글자로, '술 붓다, 잔질하다'의 뜻이다. '짐작하다'의 뜻도 갖는다.

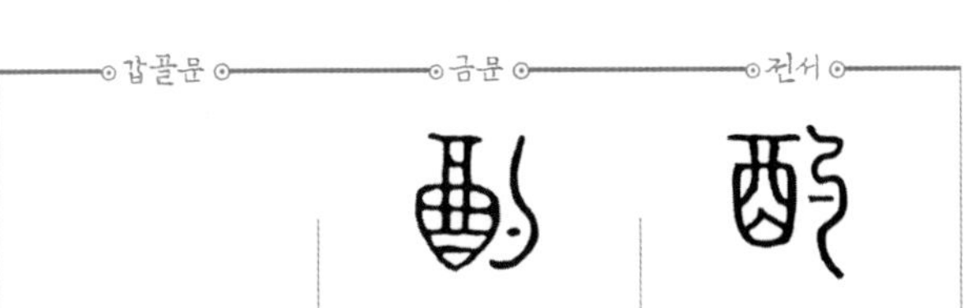

• 酌婦작부 : 술 따르는 여자.
• 斟酌짐작 : 어림 잡아 헤아림.
• 對酌대작 : 상대하여 술잔을 기울임.

약	約5	맺을, 검소할 약	節約절약, 制約제약, 契約계약, 儉約검약
	葯1	향초 이름 약	
작	勺1	구기 작	勺水不入작수불입, 龍勺용작
	灼1	불사를, 구울 작	灼熱작열, 灼灼작작
	芍1	함박꽃, 작약 작	芍藥작약
조	釣2	낚시 조	釣竿조간, 釣臺조대, 釣況조황, 釣魚조어
표	杓2	북두자루 표	漏杓누표, 杓庭扇표정선

벼슬, 잔 작 | 3급

爫 | 14획 | 총18획

왕이 벼슬과 함께 내려주던 술잔의 모양을 본뜬 글자로, '벼슬'의 뜻이다.

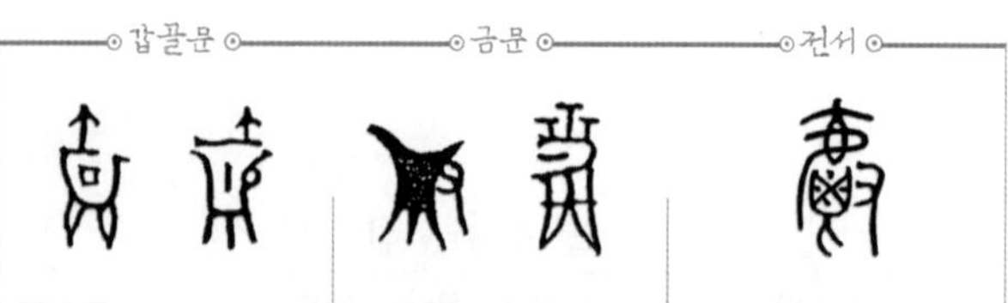

• 爵位작위 : 벼슬과 직위.
• 封爵봉작 : 제후로 봉하고 관직을 줌.

작	嚼1	씹을 작	咀嚼저작, 爛嚼난작

남을, 잔인할, 해칠 잔 | 4

| 歹 | 8획 | 총12획 |

歹(뼈 앙상할 알) + 戈(창 과) + 戈(창 과)

창(戈)과 창(戈)을 마주대고 서로 싸우고 해치니 주검(歹)만 남는다는 데서, '해치다, 남다'의 뜻이다.

- 殘留잔류 : 남아 있음.
- 殘忍잔인 : 인정 사정 없이 매몰참.

잔	棧1	사다리 잔	棧道잔도, 棧橋잔교
	盞1	잔 잔	盞臺잔대, 燈盞등잔, 瓦盞와잔
전	錢4	돈 전	金錢금전, 贖錢속전, 銅錢동전, 賭錢도전
	餞1	보낼 전	餞別金전별금, 餞送전송, 餞杯전배
	箋1	기록할, 글 전	箋註전주, 箋釋전석
천	淺3	얕을 천	淺薄천박, 深淺심천, 膚淺부천, 淺學천학
	賤3	천할 천	貴賤귀천, 微賤미천, 卑賤비천, 賤視천시
	踐3	밟을 천	實踐실천, 踐歷천력, 踐約천약

잠길 잠 | 3급

| 氵/水 | 12획 | 총15획 |

물에서 사람들이 생산활동을 하는 것을 본떠서, '잠기다, 자맥질하다'의 뜻이다.

- 潛入잠입 : 몰래 들어감.
- 潛伏잠복 : 몰래 엎드려 있음.

• 潛在力잠재력 : 겉으로 드러나지 않고 숨어 있는 능력.

잠	蠶$_2$	누에 **잠**	養蠶양잠, 蠶絲잠사, 蠶食잠식, 蠶室잠실
	簪$_1$	비녀 **잠**	簪笏잠홀, 鳳簪봉잠
참	讒$_1$	참소할, 헐뜯을 **참**	讒毁참훼, 讒訴참소, 讒誣참무
	僭$_1$	주제넘을 **참**	僭濫참람, 僭稱참칭, 僭妄참망

마당 **장**

7급

| 土 | 9획 | 총12획 |

土(흙 토) + 昜(햇빛 양)

햇빛(昜)이 드는 지붕이 없는 땅(土)에서, '마당'의 뜻이다.

• 登場등장 : 무대나 장면에 나옴.

• 場所장소 : 처소. 곳. 자리.

상	傷$_4$	다칠 **상**	傷心상심, 感傷的감상적, 傷痕상흔, 傷處상처
양	陽$_6$	볕 **양**	洛陽낙양, 斜陽사양, 太陽태양, 夕陽석양
	揚$_3$	드높일 **양**	高揚고양, 宣揚선양, 揚陸양륙, 揚水양수
	楊$_3$	수양버들 **양**	楊柳양류, 垂楊수양, 綠楊녹양, 楊枝양지
	瘍$_1$	헐, 종기 **양**	潰瘍궤양, 腫瘍종양
장	腸$_4$	창자 **장**	斷腸단장, 直腸직장, 盲腸맹장, 胃腸위장
창	暢$_3$	화창할, 통할 **창**	和暢화창, 暢達창달, 流暢유창
탕	湯$_1$	끓을 **탕**	湯藥탕약, 冷湯냉탕, 雜湯잡탕, 湯劑탕제
	蕩$_1$	방탕할, 쓸어 없앨 **탕**	淫蕩음탕, 浩蕩호탕, 蕩盡탕진, 放蕩방탕

감출 **장** | 3급

| 艹/艸 | 14획 | 총18획 |

艸(풀 초) + 臧(감출 장)

사람의 눈에 띄지 않게 풀(艸)로 두텁게 덮어 감춘다(臧)는 데서, '감추다'의 뜻이다.

- 藏書장서 : 책을 간직하여 둠. 그 책.
- 內藏내장 : 안에 감춰줌.
- 秘藏비장 : 숨겨서 소중히 간직함.

장 臟3 오장 **장** 五臟六腑오장육부, 心臟심장, 臟器장기

글, 법, 무늬 **장** | 6급

| 立 | 6획 | 총11획 |

辛(매울 신) + 日(날 일)

원래 문신용 칼(辛)로 만든 문신(日)에서, '무늬 문채'의 뜻이다. 뜻이 '글, 법, 장전'으로 확장되었다.

- 章理장리 : 밝은 이치.
- 勳章훈장 : 나라에 대한 공로를 표창하기 위한 증표.
- 權利章典권리장전 : 권리에 대해 명시한 책.

장 障준4 막을 **장** 故障고장, 保障보장, 障壁장벽, 支障지장

	璋2	홀 **장**	圭璋규장, 弄璋농장
	獐2	노루 **장**	獐角장각, 獐茸장용, 獐脯장포
창	彰2	드러날 **창**	表彰표창, 彰德창덕, 褒彰포창

壯

장할 장

4급

士 | 4획 | 총7획

爿(나뭇조각 장) + 士(선비 사)

통나무를 조각낼(爿) 수 있는 무사(士)에서, '씩씩하다, 장하다'의 뜻이다.

- 壯丁장정 : 기운 좋은 젊은 남자.
- 健壯건장 : 굳세고 씩씩함.

장	裝4	꾸밀 **장**	裝備장비, 裝飾장식, 裝身具장신구, 包裝포장
	莊3	씩씩할, 별장, 농막 **장**	莊嚴장엄, 別莊별장, 莊園장원, 莊重장중
	粧3	단장할 **장**	丹粧단장, 治粧치장, 化粧화장

將

장수, 장차 장

준4급

寸 | 8획 | 총11획

爿(나뭇조각 장) + 月(고기 육) + 寸(손마디 촌)

싸움을 앞두고 널빤지(爿)에 고기(月)를 손(寸)으로 올려놓고 승리를 기원하는 제사를 주관하는 사람에서, '장수'의 뜻이다.

- 日就月將일취월장 : 날로 달로 자라고 발전함.

• 老將노장 : 노련한 장수.

장			
	奬$_4$	장려할 **장**	奬勵장려, 勸奬권장, 奬學장학
	蔣$_2$	성(姓) **장**	蔣英實장영실
	漿$_1$	즙 **장**	血漿혈장, 漿果장과, 腦漿뇌장
	醬$_1$	장 **장**	豆醬두장, 魚醬어장

어른, 측량할 장 | 3급

| 一 | 2획 | 총3획 |

손에 자를 들고 길이를 재는 모습을 본뜬 글자로, '측량하다'의 뜻이다. 후에 '어른'의 뜻으로 확장되었다.

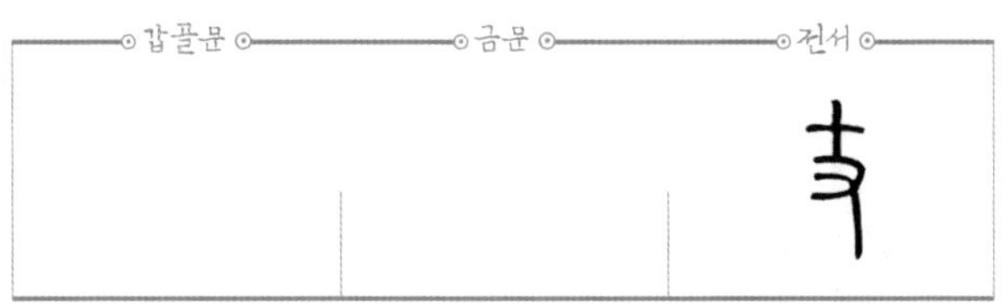

• 聘丈빙장 : 장인의 경칭.
• 丈夫장부 : 다 자란 씩씩한 남성.

장			
	杖$_1$	지팡이 **장**	杖毒장독, 杖問장문, 杖罰장벌
	仗$_1$	의장 **장**	儀仗隊의장대, 仗器장기

긴, 어른 장 | 8급

| 長 | 0획 | 총8획 |

수염과 머리가 긴 어른이 지팡이를 짚고 서 있는 모습을 본뜬 글자로, '어른, 길다'의 뜻이다.

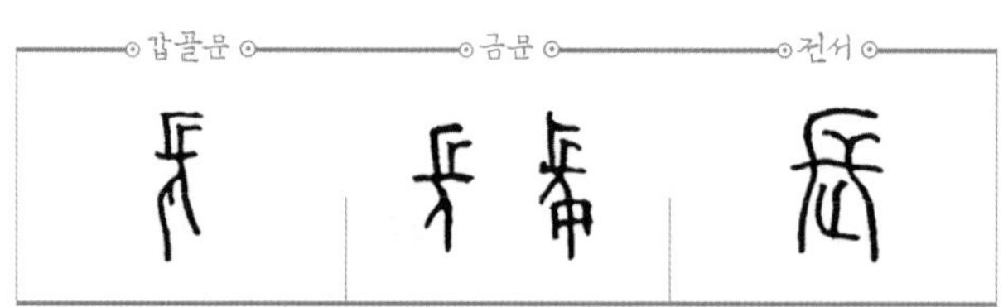

- 長考장고 : 오랫동안 깊이 생각함.
- 長幼有序장유유서 : 어른과 아이 사이에는 질서가 있음.
- 長廣舌장광설 : 길고 줄기차게 잘 늘어놓는 말솜씨.

장	張4	베풀 **장**	誇張과장, 緊張긴장, 主張주장, 伸張신장
	帳4	장막, 치부책 **장**	帳幕장막, 帳簿장부, 日記帳일기장
창	脹1	부을 **창**	膨脹팽창, 脹滿창만, 腫脹종창
	漲1	넘칠 **창**	漲溢창일, 漲濤창도

새싹, 재주 재

6급

扌/手 | 0획 | 총3획

지면을 뚫고 올라온 싹을 본뜬 글자로, '초목의 새싹'이란 뜻이고, 가차하여 '재주'의 뜻으로도 쓴다.

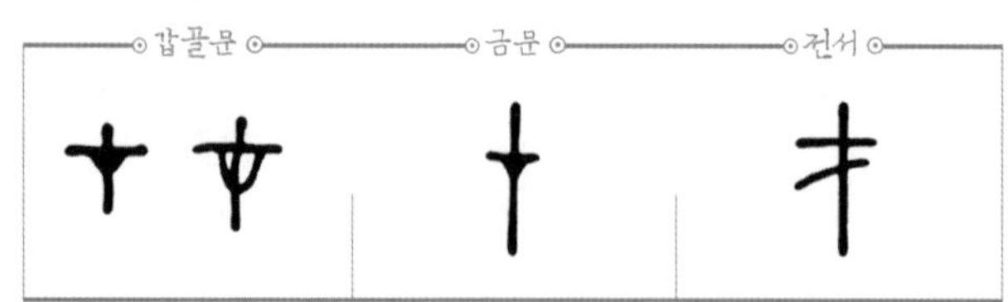

- 鬼才귀재 : 귀신같은 재주.
- 才幹재간 : 어떤 일을 할 수 있는 재능이나 솜씨.

시	豺1	승냥이 **시**	豺狼시랑, 豺虎시호
재	材5	재목 **재**	骨材골재, 人材인재, 材料재료, 好材호재

	財5	재물 **재**	財界재계, 財産재산, 橫財횡재, 資財자재
폐	閉4	닫을 **폐**	閉鎖폐쇄, 閉會폐회, 幽閉유폐, 閉店폐점

哉

어조사 재 | 3급

| 口 | 6획 | 총9획 |

口(입 구) + 𢦏(끊을 재)

말(口)을 자른다(𢦏)는 데서, 말이나 문장이 끊어질 때 쓰이는 '어조사'이다.

- 嗚呼痛哉오호통재 : 오호 괴롭구나!
- 快哉쾌재 : 기쁘다!

재	裁3	옷 마를 **재**	裁斷재단, 裁量재량, 獨裁독재, 仲裁중재
	栽3	심을 **재**	栽培재배, 植栽식재, 盆栽분재
	載3	실을 **재**	揭載게재, 記載기재, 積載적재, 連載연재
		해 **재**	千載一遇천재일우
절	截1	끊을 **절**	截斷절단, 隔截격절, 去頭截尾거두절미

다툴, 간할(諍) 쟁 | 5급

| 爫 | 4획 | 총8획 |

두 사람이 물건을 빼으려고 서로 손으로 잡아당기는 장면에서, '다투다'의 뜻이다.

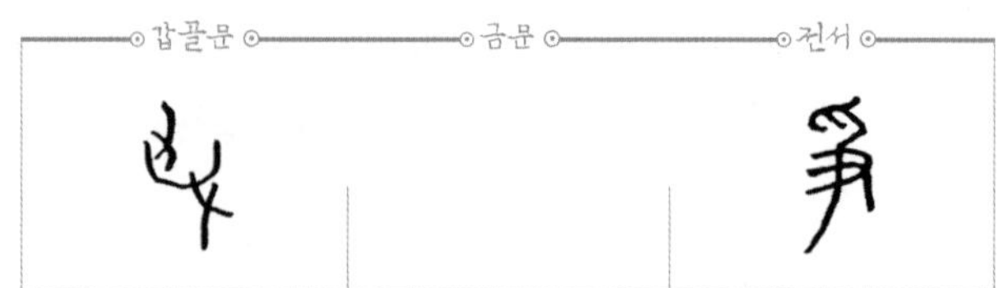

- 爭取쟁취 : 싸워서 얻음.
- 戰爭전쟁 : 싸움.

쟁	錚1	쇳소리 쟁	錚錚쟁쟁
정	淨3	깨끗할 정	不淨부정, 淨潔정결, 淨水정수, 淨土정토

摘

딸 적

3급

扌/手 | 11획 | 총14획

扌(손 수) + 啇(그칠 시)

과일은 익으면 생장을 멈추므로(啇) 그때 손으로(扌) 딴다는 데서, '따다'의 뜻이다.

- 摘要적요 : 요점을 땀.
- 摘發적발 : 따서 들춰냄.
- 指摘지적 : 꼭 집어서 가리킴.

적	敵준4	대적할 적	敵手적수, 利敵이적, 宿敵숙적, 敵情적정
	適4	마땅할 적	適材適所적재적소, 適齡期적령기, 適當적당, 適性적성, 適任적임, 適應적응
	滴3	물방울 적	硯滴연적, 餘滴여적, 滴水적수
	嫡1	정실 적	嫡子적자, 嫡孫적손, 嫡統적통
	謫1	귀양 갈 적	謫所적소, 謫居적거, 謫死적사

赤

붉을 적 | 5급

赤 | 0획 | 총7획

사람을 불에 태우는 장면을 본뜬 글자이며, 그때의 불빛이 붉으므로, '붉다'의 뜻이다.

갑골문 · 금문 · 전서

- 赤潮적조 : 플랑크톤 이상 증가로 바닷물이 붉게 되는 것.
- 赤松적송 : 붉은 소나무.
- 赤字적자 : 붉은 글자. 수지 결산에서 지출이 수입보다 많은 일.

사	赦$_2$	용서할 사	大赦免대사면, 寬赦관사
혁	赫$_2$	빛날 혁	赫然혁연, 赫赫혁혁, 赫怒혁노
	爀$_2$	불빛 혁	※ 이름자.

순수한 옥, 온전 전 | 7급

入 | 4획 | 총6획

入(들 입) + 玉(구슬 옥)

교제를 위해 선물로 옥(玉)을 줄(入) 때는 순수한 옥을 사용하므로, '순수한 옥'의 뜻이다. 파생하여 '온전하다'의 뜻이기도 하다.

• 全燒전소 : 완전히 타버림.
• 健全건전 : 굳세고 온전함.

전	銓1	사람 가릴 **전**	銓衡전형, 銓考전고, 銓官전관
	栓1	마개 **전**	消火栓소화전, 打栓타전

펼 전

5급

| 尸 | 7획 | 총10획 |

尸(몸 시) + 衣(옷 의)

사람(尸)이 옷을 입고 누우면 옷(衣)이 펼쳐지는 데서, '펴다'의 뜻이다.

• 展示전시 : 펼쳐서 보여줌.
• 展開전개 : 펼쳐 열어감.
• 展望전망 : 멀리 바라봄. 앞날을 내다봄.

둔	臀1	볼기 **둔**	臀部둔부, 臀腫둔종
전	殿3	전각 **전**	殿閣전각, 御殿어전, 殿下전하, 神殿신전
	澱1	앙금 **전**	沈澱침전, 澱粉전분
	輾1	돌아 누울 **전**	輾轉反側전전반측

오로지 전

4급

| 寸 | 8획 | 총11획 |

손으로 물레가락에 실을 계속 감는 모습을 본뜬 글자에서, '오로지'의 뜻이다.

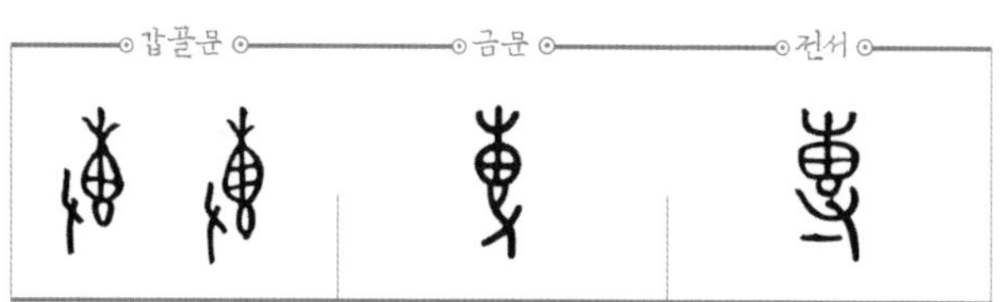

- 專念전념 : 오직 한 가지만 생각함.
- 專制政治전제정치 : 혼자 마음대로 운영하는 정치.
- 專橫전횡 : 권세를 제 마음대로 휘두름.

단	團5	둥글 단	團結단결, 團欒단란, 團束단속, 集團집단
전	傳5	전할 전	宣傳선전, 傳染전염, 傳單전단, 傳統전통
	轉4	구를 전	逆轉역전, 空轉공전, 榮轉영전, 轉機전기

제사, 바칠 전

1급

大 | 9획 | 총12획

제단 위에 차려진 술병의 모양을 본뜬 글자로, '제사, 바치다'의 뜻이다.

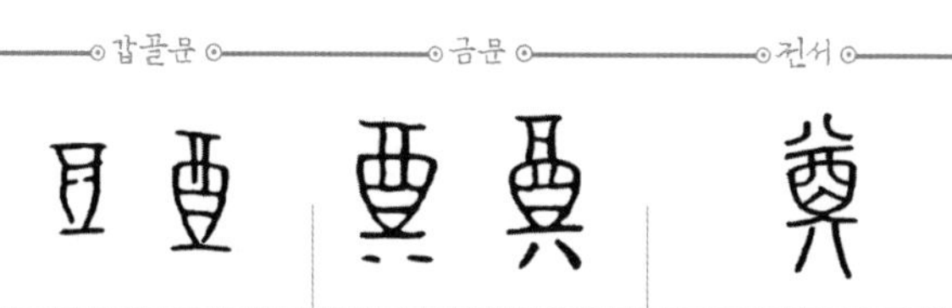

- 祭奠제전 : 제사의 총칭.
- 奠居전거 : 머물러 살 곳을 정함.

정	鄭2	나라이름, 정중할 정	鄭重정중, 鄭聲정성
존	尊준4	높을 존	尊貴존귀, 尊銜존함, 尊敬존경, 尊待존대
준	遵3	지킬, 좇을 준	遵法준법, 遵行준행, 遵用준용, 遵守준수

	樽₁	술통 준	樽酒준주,
척	擲₁	던질 척	投擲투척, 擲柶척사

앞 전 | 7급

刂/刀 | 7획 | 총9획

止(발 지) + 舟(배 주)

뱃전에 서서 배를 타고 앞으로 나아가는 모양으로, '앞'의 뜻이다.

- 前後전후 : 앞뒤.
- 前程萬里전정만리 : 앞길이 만리나 됨. 아직 젊어서 장래가 유망함.

전	剪₁	가위 전	剪枝전지, 剪斷전단
	箭₁	살(矢) 전	弓箭궁전, 響箭향전, 神機箭신기전
	煎₁	달일 전	煎餠전병, 煎茶전다, 煎藥전약

田

밭 전 | 준4급

田 | 0획 | 총5획

밭두둑으로 경계를 나누어놓은 밭의 모양을 본떠, '밭'의 뜻이다.

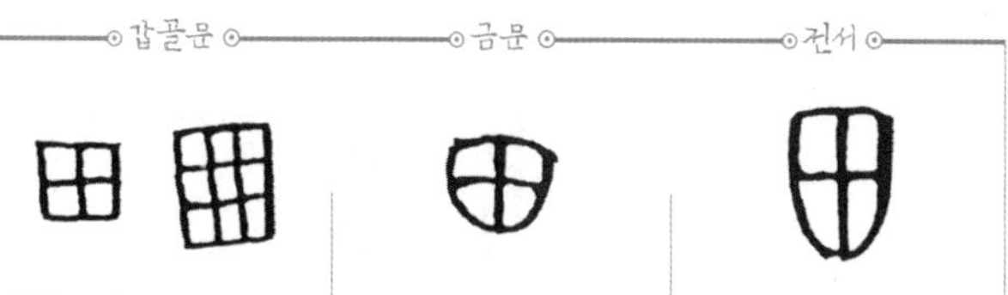

• 田畓전답 : 밭과 논.

• 火田화전 : 불을 내 일군 밭.

계	界6	지경 **계**	境界경계, 世界세계, 界限계한, 斯界사계
남	男7	사내, 아들 **남**	男丁남정, 男根남근, 男子남자, 快男쾌남
당	當5	마땅, 저당 잡힐 **당**	當爲당위, 一騎當千일기당천, 當身당신
로	虜1	사로잡을 **로**	捕虜포로, 虜獲노획
	擄1	노략질할 **로**	擄掠노략, 侵擄침노
뢰	儡1	꼭두각시 **뢰**	傀儡괴뢰, 儡身뇌신
루	壘1	보루 **루**	堡壘보루, 殘壘잔루, 出壘출루
비	痹1	저릴 **비**(痺)	痲痹마비, 冷痹냉비, 頑痹완비
세	細준4	가늘 **세**	細密세밀, 細心세심, 細胞세포, 微細미세
전	甸2	경기 **전**	畿甸기전
첩	疊1	거듭 **첩**	重疊중첩, 疊疊山中첩첩산중, 疊峰첩봉

점칠, 점령할 점

4급

| 卜 | 3획 | 총5획 |

卜(점 복) + 口(입 구)

거북이 등이 갈라진(卜) 대로 길흉을 말하는(口) 데서, '점치다'의 뜻이다. 뜻이 '점령하다'로 확장되었다.

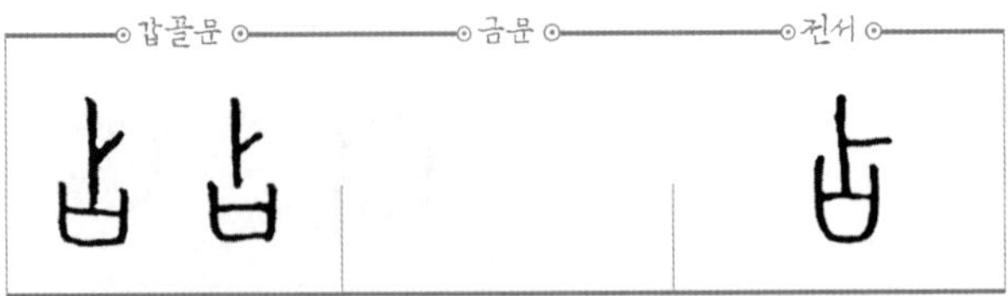

- 占領점령 : 남의 땅이나 재산을 차지함.
- 占術점술 : 점치는 기술.

점	點4	점 찍을, 검사할 **점**	減點감점, 觀點관점, 點檢점검, 點燈점등, 點滅점멸, 點數점수
	店5	가게 **점**	客店객점, 書店서점, 連鎖店연쇄점, 商店상점
	粘1	붙을 **점**	粘膜점막, 粘液점액, 粘着점착, 粘土점토
	霑1	젖을 **점**	均霑균점, 霑潤점윤, 霑醉점취
참	站1	역(驛) **참**	兵站병참, 驛站역참
첩	帖1	문서 **첩**	手帖수첩, 書帖서첩
	貼1	붙일, 전당 잡힐 **첩**	貼付첩부, 貼用첩용
침	砧1	다듬잇돌 **침**	砧聲침성, 砧石침석

우물, 정연할, 취락 정

3급

二 | 2획 | 총4획

우물의 모양을 본뜬 글자로, '우물'의 뜻이다. '정돈되다, 취락'의 뜻으로 확장되었다.

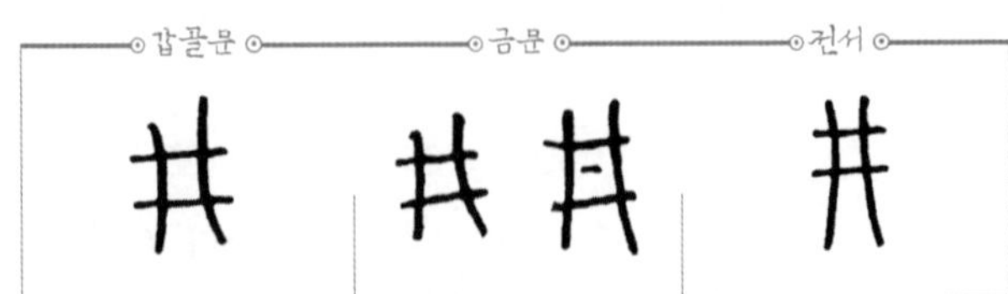

- 井然정연 : 짜임새와 조리가 있음.

• 市井시정 : 인가가 모인 곳.

정	穽$_1$	함정 **정**	陷穽함정, 深穽심정, 墜穽추정, 虛穽허정

丁

못, 장정 **정**

4급

一 | 1획 | 총2획

못, 쐐기 모양을 본뜬 글자로, '못'의 뜻이다.

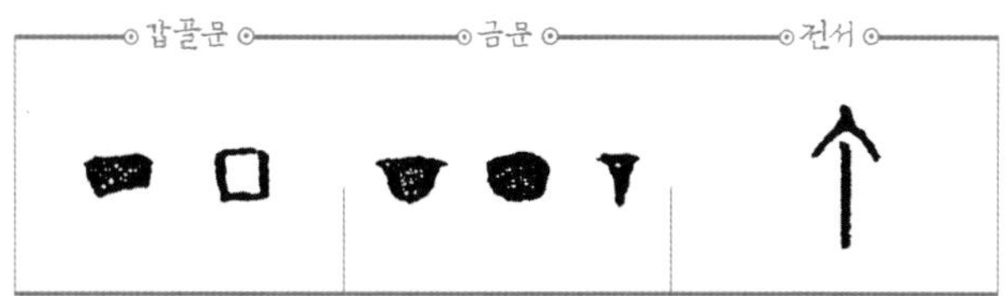

• 禿丁독정 : 대머리 장정.
• 目不識丁목불식정 : 고무래를 보고도 丁자를 모름. 무식함.
• 壯丁장정 : 성년에 이른 혈기 왕성한 남자.

녕	寧$_3$	편안할, 차라리 **녕**	寧親영친, 安寧안녕, 康寧강녕
저	貯$_5$	쌓을 **저**	貯蓄저축, 貯藏저장, 貯水池저수지, 貯金저금
정	停$_5$	머무를 **정**	停止정지, 停車정차, 停年정년, 調停조정
	亭$_3$	정자 **정**	亭子정자, 料亭요정, 驛亭역정
	訂$_3$	바로잡을 **정**	訂正정정, 改訂개정, 校訂교정, 修訂수정
	頂$_3$	정수리 **정**	頂門一鍼정문일침, 登頂등정, 絕頂절정
	汀$_2$	물가 **정**	汀渚정저, 汀蘭정란
	酊$_1$	술취할 **정**	酩酊명정, 酒酊주정
	釘$_1$	못 **정**	押釘압정, 釘頭정두
	町$_1$	밭두둑 **정**	町步정보, 町米정미
타	打$_5$	칠 **타**	打破타파, 打開타개, 打線타선, 打電타전

곧을 정

3급

| 貝 | 2획 | 총7획 |

卜(점 복) + 貝(화폐 패)

갑골로 점(卜)을 치고 재물(貝)을 내는 사람은 마음이 곧아야 올바른 점괘를 얻어 풀이할 수 있다는 데서, '곧다'의 뜻이다.

- 貞潔정결 : 곧고 깨끗함.
- 貞操정조 : 순결을 지키는 일.
- 貞淑정숙 : 여자의 행실이 얌전하고 마음씨가 고움.

정			
	偵2	염탐할 정	密偵밀정, 偵察정찰, 偵客정객, 探偵탐정
	禎2	상서로울 정	禎憘정희
	楨2	광나무 정	楨幹정간
	幀1	그림족자 정	影幀영정, 裝幀장정
		부처그림 탱	幀畫탱화

바를 정

7급

| 止 | 1획 | 총5획 |

옛 글자는 口(성곽)와 止(발)로 구성되었으며, 불의한 성을(口)을 정벌하러 간다(止)는 데서, '정벌하다'의 뜻이며, 불의를 정벌하여 바르게 한다는 데서, '바르다'의 뜻이다.

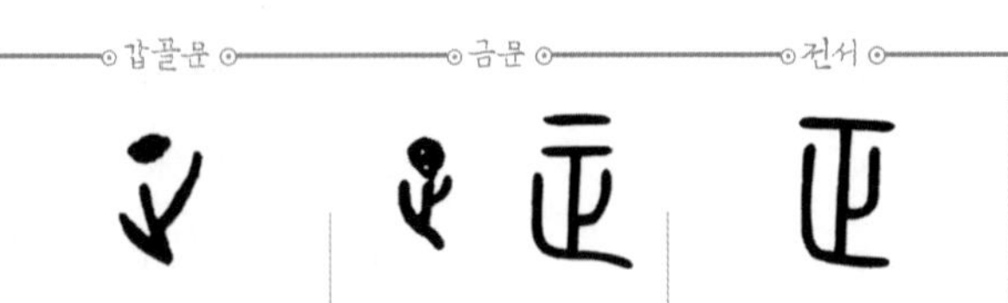

• 正常정상 : 바른 상태.

• 是正시정 : 바로잡음.

언	焉3	어찌 **언**	焉敢生心언감생심, 終焉종언, 於焉間어언간
왜	歪2	기울 **왜**	歪曲왜곡, 歪力왜력, 歪形왜형
정	整4	정돈할 **정**	整頓정돈, 補整보정, 修整수정, 調整조정
	政4	정사 **정**	政治정치, 施政시정, 虐政학정, 農政농정
	征3	칠 **정**	征伐정벌, 長征장정, 征途정도, 出征출정
증	症3	증세 **증**	症狀증상, 狂症광증, 症候群증후군

가지런할 제

3급

| 齊 | 0획 | 총14획 |

곡물의 이삭이 가지런하게 자라난 모양을 본뜬 글자로, '가지런하다'의 뜻이다.

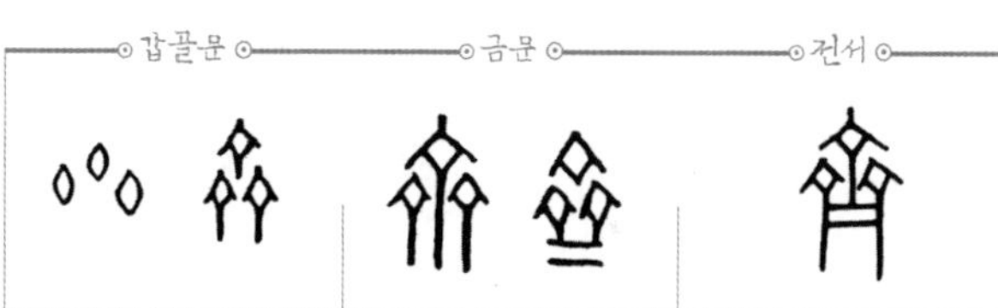

• 齊唱제창 : 여럿이 다 같이 부름.

• 修身齊家수신제가 : 몸과 마음을 닦고 집안을 다스리는 일.

제	濟준4	건널, 구제할 **제**	濟世제세, 經濟경제, 未濟미제, 救濟구제
	劑2	약제 **제**	防腐劑방부제, 洗劑세제, 營養劑영양제
재	齋1	재계할 **재**	沐浴齋戒목욕재계, 齋潔재결
		집 **재**	齋宮재궁, 齋室재실, 齋閣재각

祭

제사 제 | 준4급

示 | 6획 | 총11획

제단에 손으로 고기를 차려놓는 장면을 본뜬 글자로, '제사'의 뜻이다.

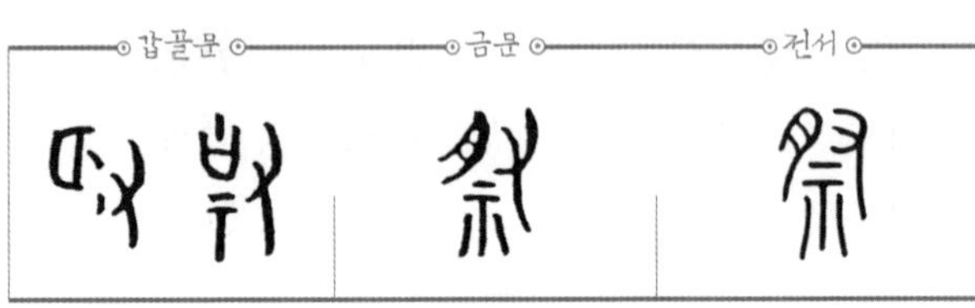

- 祭祀제사 : 신, 죽은 자의 넋을 위로하며 추모하는 일.
- 時祭시제 : 철마다 지내는 제사.
- 祭政一致제정일치 : 제사와 정치가 일치하는 정치.

제	際 준4	가(邊), 즈음, 사귈 **제**	此際차제, 交際교제, 實際실제, 國際국제
찰	察 준4	살필 **찰**	視察시찰, 考察고찰, 省察성찰, 觀察관찰
	擦 1	문지를 **찰**	摩擦마찰, 擦過傷찰과상, 塗擦도찰
채	蔡 2	성(姓), 거북 **채**	靈蔡영채, 神蔡신채, 蔡倫채륜

아우, 제자 제 | 8급

弓 | 4획 | 총7획

땅 속에 박힌 말뚝에 새끼줄을 차례차례 감은 모양을 본뜬 글자로, '차례'의 뜻이나, 후에 '아우'의 뜻이 되었다.

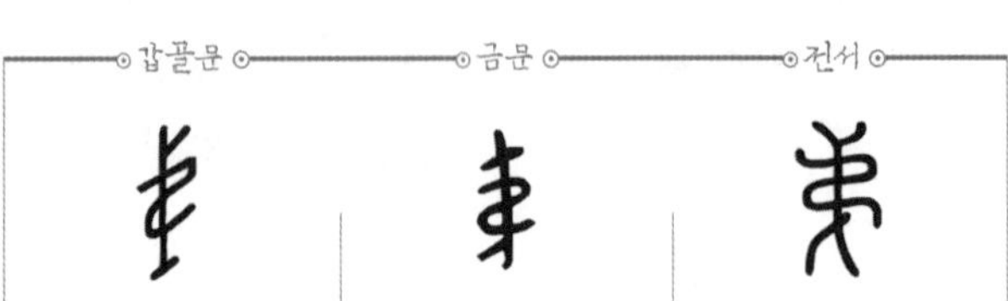

• 弟嫂제수 : 동생의 아내.
• 師弟사제 : 스승과 제자.
• 兄弟형제 : 형과 아우.

제	第 6	차례, 과거, 집 **제**	第一제일, 及第급제, 次第차제, 第舍제사
	梯 1	사다리 **제**	階梯계제, 梯形제형, 雲梯운제
	悌 1	공손할 **제**	悌友제우, 孝悌효제, 仁悌인제
체	涕 1	눈물 **체**	泣涕읍체, 涕淚체루, 感涕감체, 鼻涕비체

制

절제할 제 | 준4급

刂/刀 | 6획 | 총8획

툭 튀어나온 나뭇가지와 나무 줄기(未)를 칼(刂)로 알맞게 자르는 데서, '절제하다'의 뜻이다.

갑골문	금문	전서

• 制度제도 : 만들어진 법도.
• 制裁제재 : 법이나 규율 위반자에게 가해지는 처벌.

제	製 준4	지을 **제**	製作제작, 製造제조, 複製복제, 精製정제

임금 제 | 4급

巾 | 6획 | 총9획

나무를 엮어 만든 제단을 본뜬 글자로, 하늘에 지내는 제사는 황제만이 할 수 있었던 데서, '임금'의 뜻이다.

갑골문 · 금문 · 전서

• 帝王제왕 : 황제와 국왕의 총칭.
• 帝政제정 : 제왕의 정치.
• 帝位제위 : 임금의 자리.

제	啼$_1$	울 **제**	啼哭제곡, 啼泣제읍
	蹄$_1$	발굽 **제**	馬蹄마제, 口蹄疫구제역
체	締$_2$	맺을 **체**	契約締結계약체결, 締盟체맹, 締交체교
	諦$_1$	살필 **체**	諦觀체관, 諦念체념, 要諦요체
		불교 이치, 도리 **제**	眞諦진제, 俗諦속제

兆

억조, 조짐 **조** — 3급

儿 | 4획 | 총6획

거북의 등을 태워서 점을 칠 때 나타나는 무늬를 본뜬 것으로, '조짐'의 뜻이다. 일상에서는 많은 수 '억조'의 뜻이다.

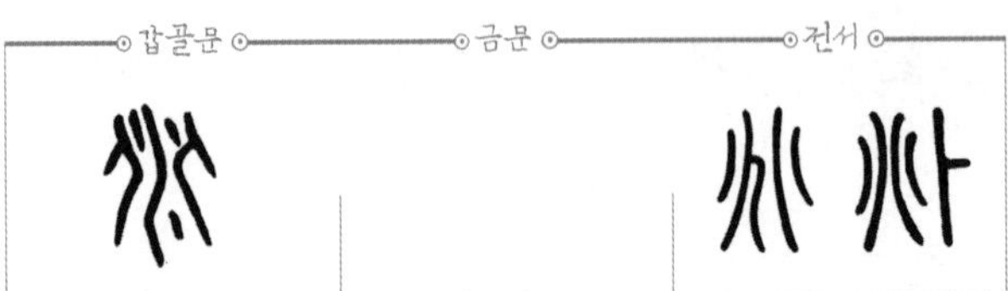

• 億兆蒼生억조창생 : 많은 백성.
• 兆朕조짐 : 어떤 일의 기미.

• 前兆전조 : 미리 나타나는 조짐.

도	逃4	도망할 도	逃亡도망, 逃避도피, 逃走도주, 逃遁도둔
	跳3	뛸 도	跳躍도약, 跳梁도량
	桃3	복숭아 도	武陵桃園무릉도원, 扁桃腺편도선, 桃李도리
	挑3	돋울 도	挑戰도전, 挑發도발
요	姚2	예쁠 요	姚江學요강학
조	眺1	바라볼 조	眺望權조망권, 眺覽조람

朝

아침, 조정 조 | 6급

月 | 8획 | 총12획

아침에 나무나 풀 사이로 해가 뜨면서 달이 지는 장면을 본뜬 글자로, '아침'의 뜻이다. 뜻이 '조정, 왕조'로 확장되었다.

갑골문 · 금문 · 전서

• 朝夕조석 : 아침저녁.

• 朝不慮夕조불려석 : 아침에 저녁 일을 헤아리지 못함.

• 朝令暮改조령모개 : 아침에 명령한 것을 저녁에 고침. 법령을 자주 고쳐서 믿을 수 없음.

묘	廟3	사당 묘	東廟동묘, 文廟문묘, 宗廟종묘, 謁廟알묘
조	潮4	밀물, 조수 조	潮流조류, 思潮사조, 逆潮역조, 赤潮적조, 退潮퇴조, 風潮풍조, 初潮초조
	嘲1	비웃을 조	嘲弄조롱, 自嘲자조, 嘲笑조소

曹

무리 조 | 1급

| 日 | 7획 | 총11획 |

전서의 (전서 자형)은 짐을 상형한 것으로, 형벌로 두 개의 무거운 짐을(전서 자형) 들라고 지시하는(曰) 데서, '감옥을 관리하는 관리'의 뜻이며, '무리'의 뜻으로 가차되었다.

갑골문 | 금문 | 전서

- 曹輩조배 : 무리.
- 法曹界법조계 : 법에 관련된 일에 종사하는 무리.
- 六曹육조 : 고려, 조선시대 최고 행정기관인 이조, 호조, 예조, 병조, 형조, 공조의 총칭

조			
	曺 2	성(姓) **조**	曺氏조씨
	槽 1	구유 **조**	淨化槽정화조, 浴槽욕조, 齒槽치조, 油槽船유조선
	遭 1	만날 **조**	遭遇조우, 遭難조난, 遭逢조봉
	漕 1	배 저을 **조**	漕艇조정, 漕運조운, 漕卒조졸
	糟 1	지게미 **조**	糟糠之妻조강지처, 糟粕조박

잡을 조 | 5급

| 扌/手 | 13획 | 총16획 |

扌(손 수) + 喿(울 조)

나무에 앉은 새들이 떠들썩하게 지저귀는(喿) 것을 손(扌)을 써서 잡는 데서, '잡다, 부리다'의 뜻이다.

- 志操지조 : 의지와 절조.
- 操縱조종 : 마음대로 다루어 부림.

조	燥$_3$	마를, 초조할 **조**	乾燥건조, 燥渴조갈, 焦燥초조
	躁$_1$	조급할 **조**	躁急조급, 躁鬱症조울증, 躁妄조망
	藻$_1$	마름 **조**	海藻類해조류, 魚藻어조
	繰$_1$	고치 켤 **조**	繰絲조사, 繰綿機조면기

가지, 조리 조 | 4급

木 | 7획 | 총11획

攸(멀 유) + 木(나무 목)

뿌리에서 멀리까지(攸) 뻗어 있는 나뭇가지(木)에서, '가지'의 뜻이다.

- 條件조건 : 일이 성립되기 위한 요소.
- 鐵條網철조망 : 가시, 철사 등을 그물처럼 엮어놓은 망.
- 信條신조 : 굳게 믿어 지키는 조목.

수	修$_{준4}$	닦을 **수**	修練수련, 修繕수선, 修交수교, 嚴修엄수
유	悠$_3$	멀 **유**	悠久유구, 悠悠自適유유자적, 悠然유연
척	滌$_1$	씻을 **척**	洗滌세척, 滌暑척서

손톱 조

1급

| 爪 | 0획 | 총4획 |

손톱과 발톱의 모양 또는 손으로 물건을 집는 모양을 본떠, '손톱'의 뜻이다.

爪牙조아 : 손톱과 어금니. 쓸모 있는 사람의 비유.

爪痕조흔 : 손톱으로 생긴 상처.

고	孤$_4$	외로울 고	孤掌難鳴고장난명, 孤陋고루, 孤寂고적
	呱$_1$	울 고	呱呱之聲고고지성
과	瓜$_2$	오이 과	瓜年과년, 瓜田不納履과전불납리, 木瓜목과
파	爬$_1$	긁을 파	爬癢파양, 爬蟲類파충류
호	狐$_1$	여우 호	狐假虎威호가호위, 狐臭호취, 白狐백호
	弧$_1$	활 호	括弧괄호, 弧形호형, 弧矢호시

이를 조

준4급

| 日 | 2획 | 총6획 |

日(해 일) + 屮(초목 싹틀 철)

해(日)가 풀(屮) 위로 막 떠오른 데서, '새벽'의 뜻이다. 새벽은 이른 아침인 데서, '이르다, 빠르다'의 뜻이다.

• 早速조속 : 이르고 빠르게.

• 早熟조숙 : 이르게 무르익음.

• 早退조퇴 : 정해진 시간보다 일찍 돌아감.

초	草$_7$	풀 초	草食초식, 結草報恩결초보은, 草稿초고

蚤

벼룩, 일찍, 손톱 조

0급

| 虫 | 4획 | 총10획 |

손으로 벌레를 잡는 모습에서, '벼룩'의 뜻이다. 뜻이 확장되어 '일찍, 손톱'의 뜻도 있다.

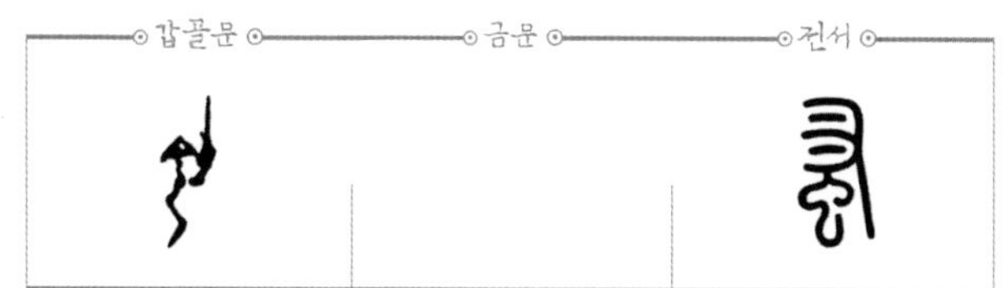

• 蚤牙之士조아지사 : 믿을 만하고 도움이 되는 신하.

• 蚤蝨조슬 : 벼룩과 이.

	騷$_3$	시끄러울 소	騷動소동, 騷音소음, 騷亂소란
		시부(詩賦) 소	騷客소객, 騷人소인
	搔$_1$	긁을 소	搔瘍소양, 搔頭소두
	瘙$_1$	피부병 소	風瘙풍소, 瘙瘍소양

鳥

새 조

준4급

| 鳥 | 0획 | 총11획 |

꼬리가 긴 새의 모양을 본뜬 글자로, '새'의 뜻이다.

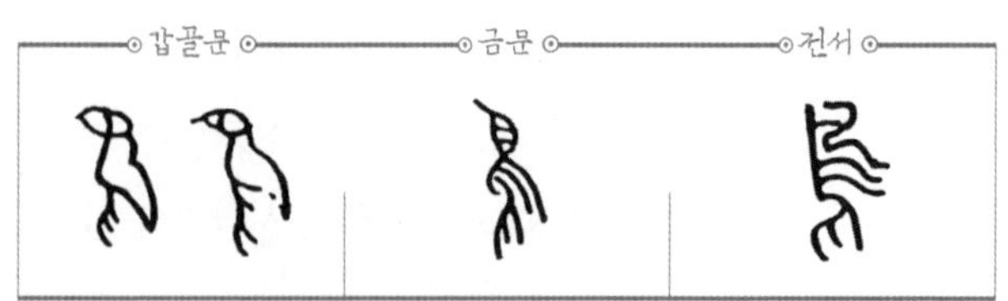

• 鳥獸조수 : 날짐승과 길짐승.

• 籠鳥戀雲농조연운 : 새장의 새가 구름을 그리워함.

명	鳴4	울 **명**	共鳴공명, 悲鳴비명, 自鳴자명, 耳鳴이명
봉	鳳3	봉새 **봉**	鳳凰봉황, 鳳仙花봉선화, 鳳翼봉익
연	鳶1	솔개, 연 **연**	紙鳶지연, 鳶肩연견, 飛鳶비연
오	烏3	까마귀, 검을 **오**	烏鵲橋오작교, 烏金오금, 烏飛梨落오비이락
		어찌 **오**	烏有오유
	嗚3	탄식할 **오**	嗚呼오호, 嗚泣오읍
학	鶴3	두루미 **학**	鶴首苦待학수고대, 鶴舞학무, 鶴髮학발

族

계레 족

6급

方 | 7획 | 총11획

깃발 아래에 화살이 있는 모습을 본뜬 글자로, 화살은 군대를 상징하며 같은 씨족은 그들을 대표하는 깃발 아래 모이는 데서, '겨레, 종족'의 뜻이다.

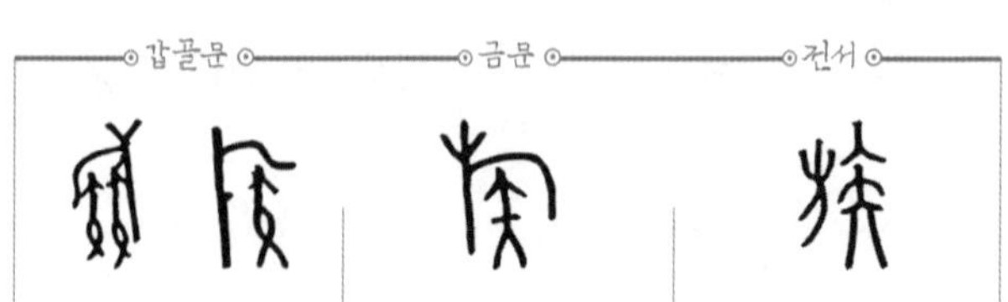

• 親族친족 : 촌수가 가까운 일가.

• 民族민족 : 한겨레.

정	旌$_2$	기 **정**	旌旗정기, 旌賞정상, 旌門정문
족	簇$_1$	가는 대(竹), 모을 **족**	簇子족자, 簇生족생, 簇酒족주
주	嗾$_1$	부추길 **주**	使嗾사주, 嗾囑주촉, 指嗾지주

足

①발, 넉넉할 족 ②과할 주 | 7급

| 足 | 0획 | 총7획 |

사람의 장딴지와 발을 본뜬 글자로, '발'의 뜻이다. '넉넉하다'의 뜻도 있다.

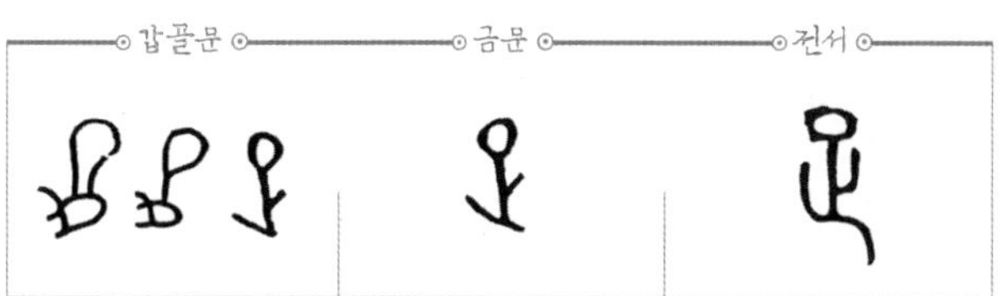

- 饒足요족 : 아주 넉넉함.
- 足恭非禮주공비례 : 공손함이 과하면 예가 아님.
- 豐足풍족 : 여유롭고 넉넉함.

린	躪$_1$	짓밟을 **린**	蹂躪유린
착	捉$_3$	잡을 **착**	捕捉포착, 捉來착래, 活捉활착
촉	促$_3$	재촉할 **촉**	促迫촉박, 督促독촉, 促求촉구, 促進촉진

卒

병졸, 죽을, 마칠 졸 | 5급

| 十 | 6획 | 총8획 |

표식이 있는 옷의 모양을 본떠, '군졸'의 뜻이다. 병졸은 싸움에서 잘 죽는 데서, '죽다, 마치다'의 뜻으로 확장되었다.

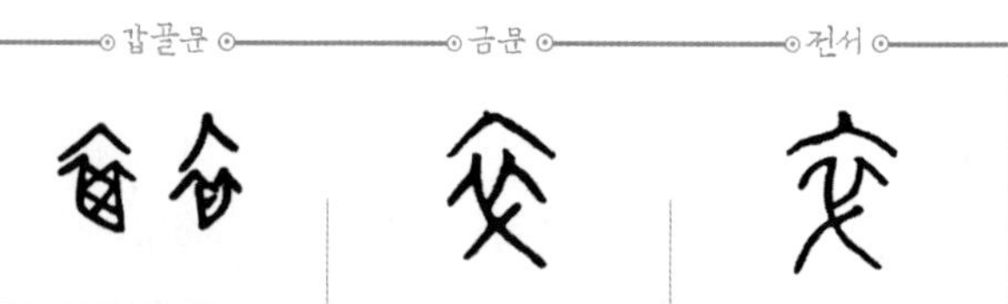

- 邏卒나졸 : 순라 도는 병졸.
- 卒業졸업 : 소정의 학업을 모두 마침.

쇄	碎1	부술 쇄	玉碎옥쇄, 碎氷船쇄빙선, 粉碎분쇄, 破碎파쇄
수	粹1	순수할 수	純粹순수, 精粹정수, 眞粹진수, 國粹국수
졸	猝1	갑자기 졸	猝地졸지, 猝富졸부, 猝死졸사
췌	萃1	모을 췌	拔萃발췌, 叢萃총췌
	悴1	파리할 췌	憔悴초췌, 悴顔췌안
	膵1	췌장 췌	膵臟췌장, 膵液췌액, 膵管췌관
취	醉3	취할 취	陶醉도취, 痲醉마취, 滿醉만취, 宿醉숙취
	翠1	푸를 취	翡翠비취, 翠玉취옥, 翠樓취루, 翠碧취벽

從

좇을, 일할, 세로, 조용할 종 | 4급

彳 | 8획 | 총11획

한 사람이 앞서고 또 다른 사람이 따라가는 모습을 본뜬 글자로, '좇다, 복종하다'의 뜻이다.

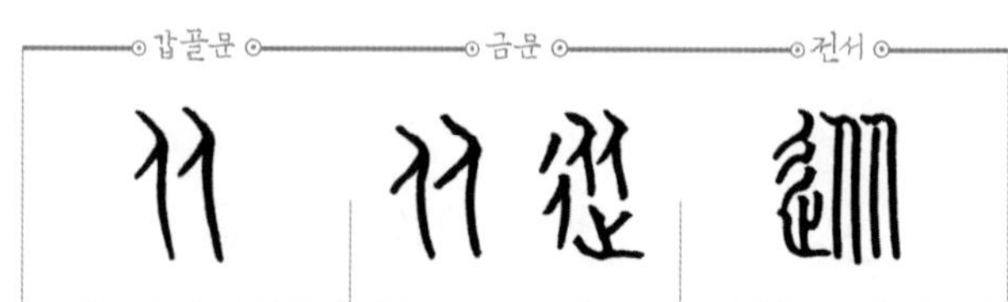

- 盲從맹종 : 무조건 따름.
- 相從상종 : 서로 따르며 가깝게 지냄.

용	聳1	솟을, 두려워할 **용**	聳上용상, 聳出용출, 聳立용립
종	縱3	세로, 놓아줄, 방자할 **종**	縱橫종횡, 七縱七擒칠종칠금, 放縱방종, 縱覽종람
	蹤1	자취 **종**(踪)	蹤迹종적, 前踪전종
	慫1	권할 **종**	慫慂종용

宗

마루, 종가 종 | 준4급

| 宀 | 5획 | 총8획 |

집안에 제단이 있는 모습에서, '종가, 마루'의 뜻이다.

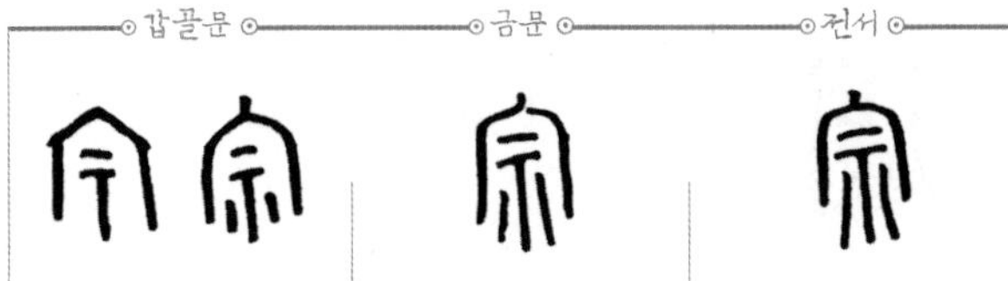

- 宗家종가 : 문중에서 제사를 모시는 맏이의 집.
- 宗廟종묘 : 왕실의 사당.

숭	崇4	높을 **숭**	隆崇융숭, 崇高숭고, 崇拜숭배, 崇尙숭상
종	綜2	모을 **종**	綜合종합, 綜覽종람, 綜核종핵
	琮2	서옥 **종**	※ 이름자.
	踪1	자취 **종**	失踪실종, 昧踪매종

앉을 좌 | 3급

| 土 | 4획 | 총7획 |

두 사람이 흙바닥에 마주 앉아 있는 것으로, '앉다'의 뜻이다.

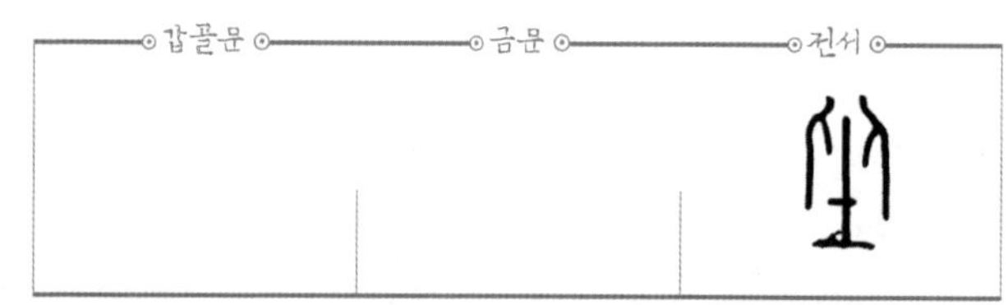

- 連坐연좌 : 연이어 앉음. 하나의 죄목에 대해 연대책임을 지는 것.
- 坐視좌시 : 앉아서 보기만 하는 것.

좌			
	座$_3$	자리 **좌**	計座계좌, 座談좌담, 座右銘좌우명, 座席좌석
	挫$_1$	꺾을 **좌**	挫折感좌절감, 挫辱좌욕, 挫骨좌골

周

두루 주

4급

口 | 5획 | 총8획

작물을 경작하는 경계와 작물을 표현하여, '농장'의 뜻이다. 뜻이 확장되어, '두루, 주위, 주밀하다'의 뜻으로 쓰인다. '주나라'의 뜻도 있다.

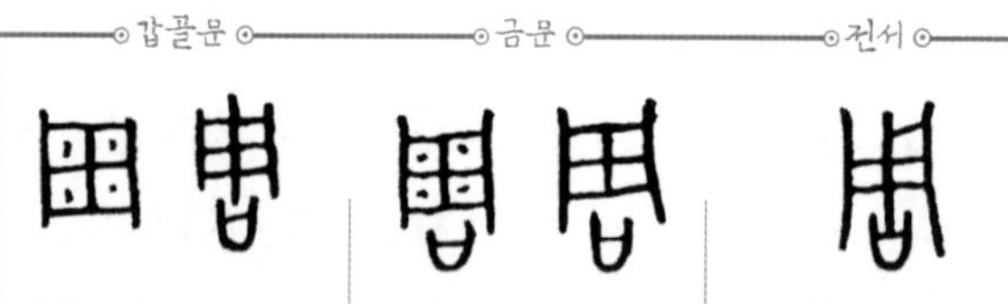

- 用意周到용의주도 : 주의가 두루 미쳐 빈틈이 없음.
- 周圍주위 : 빙 둘러싼 경계.

조			
	調$_5$	고를 **조**	調査조사, 調律조율, 强調강조, 調和조화
	彫$_2$	새길 **조**	浮彫부조, 彫刻조각, 彫琢조탁, 彫像조상
	凋$_1$	시들 **조**	凋落조락, 後凋후조, 零凋영조, 枯凋고조

稠1 빽빽할, 많을 **조** 奧密稠密오밀조밀, 稠人조인, 粘稠점조

주 週5 주일 **주** 來週내주, 週刊주간, 週末주말, 週番주번

달릴 **주**

준4급

| 走 | 0획 | 총7획 |

大(큰 대) + 止(발 지)

발걸음(止)을 크게(大)하여 달리는 데서, '달리다'의 뜻이다.

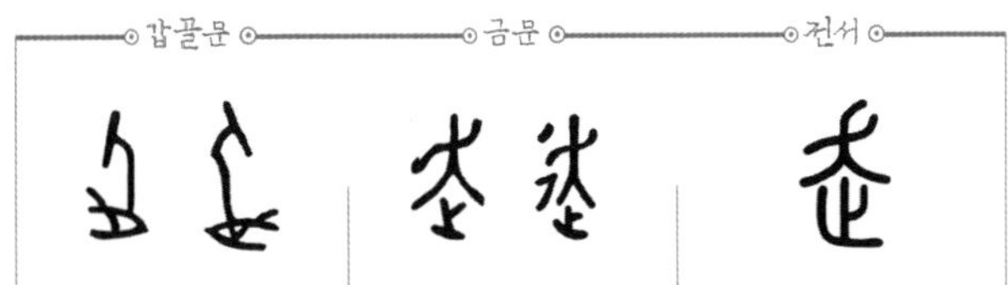

- 縱走종주 : 가로질러 달림.
- 力走역주 : 힘 있게 달림.

도 徒4 무리, 맨손, 헛될, 형벌 **도** 暴徒폭도, 徒步도보, 徒勞도로, 徒刑도형

사 徙1 옮길 **사** 移徙이사, 遷徙천사, 徙木之信사목지신

주인, 임금 **주**

7급

| 丶 | 4획 | 총5획 |

등잔에 타오르는 심지의 모습을 본뜬 글자로, 원래 '심지'의 뜻이다. 뜻이 '주인, 임금'으로 확장되자 원래 뜻의 炷(심지 주) 자가 새로 생겨났다.

자

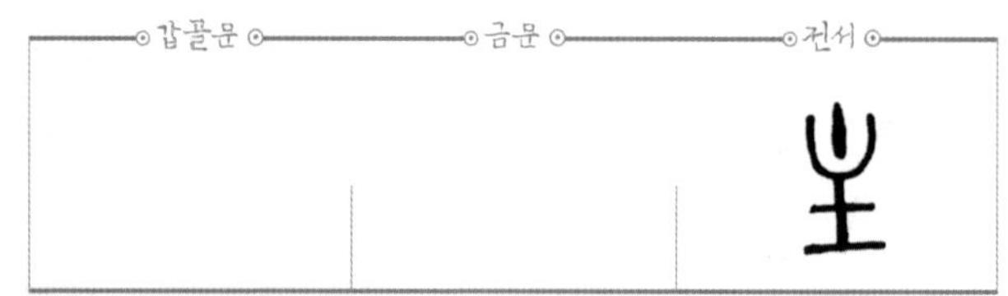

- 主上주상 : 임금.
- 主客주객 : 주인과 손님.
- 主流주류 : 원 줄기가 되는 큰 흐름.

주 住7	살 주	住居주거, 住宅주택, 安住안주, 永住영주
注6	부을 주	注視주시, 注目주목, 受注수주, 注油所주유소
柱3	기둥, 기러기발 주	支柱지주, 四柱사주, 電柱전주, 柱石주석
駐2	머물 주	駐屯주둔, 駐車주차, 常駐상주, 駐在주재
註1	글뜻 풀 주	註釋주석, 註解주해, 脚註각주, 註文주문

붉을 주

4급

木 | 2획 | 총6획

나무의 중간에 점을 찍어 나무 중간을 가리키며, 특히 속심이 붉은 나무를 가리켜서 '붉다'의 뜻이다

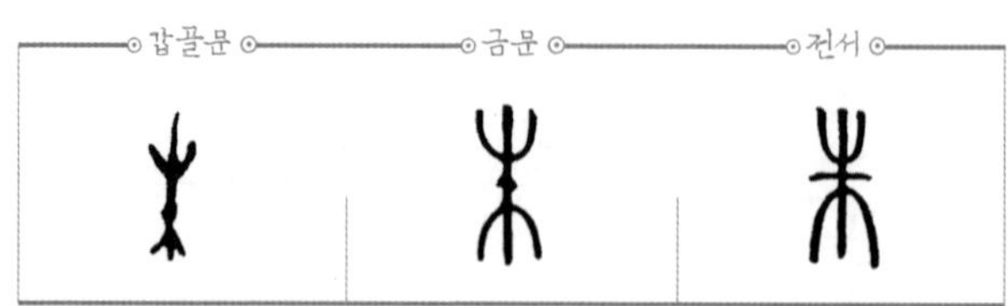

- 朱書주서 : 붉은 글씨.
- 近朱者赤근주자적 : 붉은 것에 가까이한 자는 붉게 된다.

수 殊3	다를 수	特殊특수, 殊勳수훈, 殊常수상, 殊鄕수향

	洙$_2$	물이름 수	洙泗學수사학
	銖$_2$	저울눈, 적은 양 수	銖兩수량, 五銖錢오수전
주	株$_3$	그루 주	守株待兎수주대토, 株式주식, 株價주가
	珠$_3$	구슬 주	眞珠진주, 念珠염주, 珠玉주옥, 夜光珠야광주
	誅$_1$	벨, 꾸짖을 주	誅責주책, 苛斂誅求가렴주구, 誅滅주멸

竹

대 죽 | 준4급

竹 | 0획 | 총6획

대나무 잎 모양을 본뜬 글자로, '대나무'의 뜻이다.

갑골문 · 금문 · 전서

- 竹簡죽간 : 대나무에 쓴 글, 편지.
- 破竹之勢파죽지세 : 대가 쪼개지는 기세.

산	算$_7$	셈 산	打算타산, 臆算억산, 計算계산, 勝算승산
찬	簒$_1$	빼앗을 찬	簒奪찬탈, 簒立찬립, 簒逆찬역
	纂$_1$	모을 찬	編纂편찬, 參纂참찬, 纂錄찬록

俊

준걸 준 | 3급

亻/人 | 7획 | 총9획

亻(사람 인) + 允(진실로 윤) + 夊(뒤져 올 치)

고개 숙이고(允) 오직 걷기만(夊) 하는 사람(亻)은 남보다 앞설

수 있다는 데서 '준걸'의 뜻이다.

- 俊傑준걸 : 뛰어난 인물.
- 俊德준덕 : 큰 덕.
- 俊秀준수 : 인물이나 재주가 빼어남.

사	唆2	부추길, 넌지시 알릴 **사**	敎唆교사, 示唆시사
산	酸2	신맛, 아플 **산**	酸味산미, 酸鼻산비, 酸性산성, 酸素산소
전	悛1	고칠 **전**	改悛개전, 悛心전심, 悛換전환
준	浚2	칠, 깊게 할 **준**	浚渫준설, 浚井준정
	峻2	높을, 준엄할 **준**	峻嶺준령, 峻嚴준엄, 峻峰준봉, 峻法준법
	駿2	준마 **준**	駿馬준마, 駿敏준민, 駿骨준골
	晙2	밝을 **준**	※이름자.
	埈2	높을 **준**	※이름자.
	竣1	마칠 **준**	竣工준공, 竣役준역

가운데 **중** | 8급

丨 | 3획 | 총4획

군대와 권위의 상징인 깃발 중에서 장식이 달린 중심기의 모양을 본뜬 글자로, '가운데'의 뜻이다.

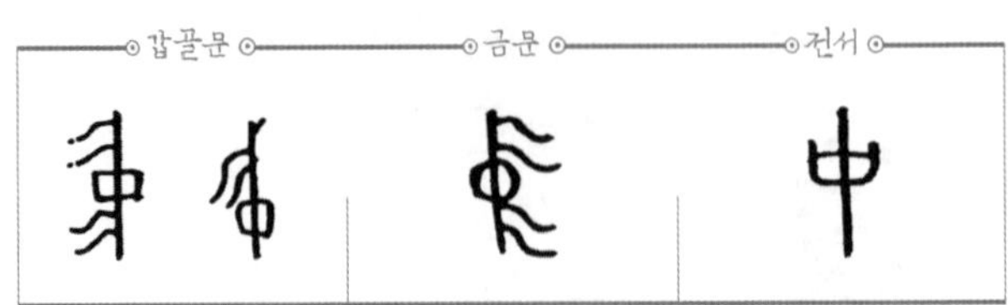

- 中央중앙 : 한가운데.
- 中庸중용 : 어느 한쪽에 치우치지 않고 알맞은 정도.

관	串2	꿸 **관**	串柹관시, 親串친관
		땅이름 **곶**	長山串장산곶, 甲串갑곶, 竹串島죽곶도
중	仲3	버금 **중**	仲兄중형, 仲秋중추, 伯仲之勢백중지세
충	忠준4	충성 **충**	忠誠충성, 忠情충정, 忠言충언, 忠告충고
	沖2	화할, 빌, 날아오를 **충**	沖積地충적지, 沖虛충허, 沖年충년, 沖天충천
환	患5	근심, 병 **환**	病患병환, 憂患우환, 患難환난, 宿患숙환

무거울 중

7급

里 | 2획 | 총9획

사람이 무거운 짐을 지고 나르는 모습을 본뜬 글자로, '무겁다'의 뜻이다. '중요하다, 겹치다, 반복하다'의 뜻으로 확장되었다.

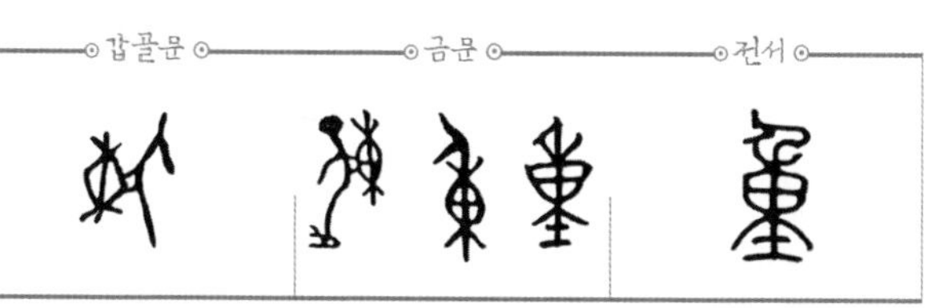

- 嚴重엄중 : 엄하고 중요함.
- 莫重막중 : 아주 중요함.
- 重言復言중언부언 : 이미 한 말을 자꾸 되풀이함.

동	動7	움직일 **동**	動力동력, 起動기동, 微動미동, 激動격동
	董2	감독할 **동**	骨董品골동품, 董督동독, 董狐之筆동호지필
종	種5	씨 **종**	種子종자, 播種파종, 人種인종, 毒種독종
	鍾4	술잔, 모을, 쇠북 **종**(鐘)	警鍾경종, 打鍾타종, 鍾鉢종발, 鍾愛종애
	腫1	종기 **종**	腫脹종창, 腫氣종기, 浮腫부종, 腫瘍종양

	踵1	발꿈치, 뒤따를 **종**	踵至종지, 踵接종접, 旋踵선종, 擧踵거종
충	衝3	찌를, 부딪힐, 요긴할 **충**	衝動충동, 衝突충돌, 要衝地요충지, 緩衝완충
통	慟1	서러워할 **통**	慟哭통곡, 哀慟애통, 慟泣통읍
훈	熏2	불길 **훈**	熏灼훈작
	薰2	향풀 **훈**	薰風훈풍, 香薰향훈, 餘薰여훈, 薰氣훈기
	勳2	공(功) **훈**	功勳공훈, 勳章훈장, 武勳무훈, 敍勳서훈
	壎2	질나팔 **훈**	瓦壎와훈

卽

곧 즉 | 3급

卩 | 7획 | 총9획

음식이 차려진 그릇 앞에서 사람이 막 먹으려고 하는 모습에서, '곧'의 뜻이다.

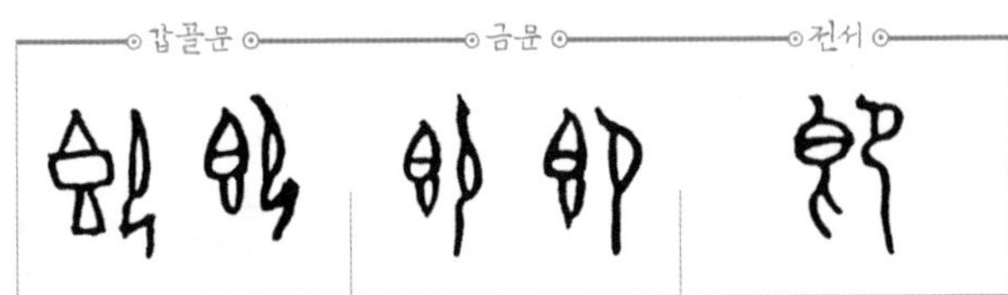

- 卽位즉위 : 왕위에 오름.
- 卽興즉흥 : 곧 흥을 돋움.
- 卽是즉시 : 곧.

절	節5	마디, 예절, 절약할 **절**	關節관절, 禮節예절, 節約절약, 佳節가절, 季節계절, 節氣절기, 名節명절
즐	櫛1	빗 **즐**	櫛風沐雨즐풍목우, 梳櫛소즐, 象櫛상즐
		촘촘히 늘어설 **즐**	櫛比즐비

則

①곧 즉 ②법칙 칙 | 5급

刂/刀 | 7획 | 총9획

칼로 솥에 법조문 등의 중요한 기록을 새기는 모습을 상형하여, '법칙'의 뜻이다.

갑골문 / 금문 / 전서

• 然則연즉 : 그러나.

• 規則규칙 : 표준이 되는 지침.

측			
測 준4	헤아릴 측	測定측정, 測量측량, 推測추측, 觀測관측
側 3	곁 측	側近측근, 貴側귀측, 右側우측, 側面측면
惻 1	슬플, 가엽게 여길 측	惻隱之心측은지심, 惻心측심, 傷惻상측

曾

일찍 증 | 3급

日 | 8획 | 총12획

본래 시루에서 김이 모락모락 피어나는 모습을 본뜬 글자로, '시루'의 뜻인데, 뜻이 '일찍'으로 가차되어 주로 쓰이자, 甑(시루 증)자가 새로 만들어졌다.

갑골문 / 금문 / 전서

• 未曾有미증유 : 일찍이 없었음.
• 曾祖증조 : 아버지의 할아버지.

승	僧$_3$	중 **승**	僧侶승려, 僧規승규, 僧伽승가, 僧軍승군
증	增$_{준4}$	더할 **증**	激增격증, 增加증가, 增殖증식, 增大증대
	憎$_3$	미울 **증**	憎惡증오, 憎忌증기, 可憎가증, 愛憎애증
	贈$_3$	줄 **증**	贈賄증회, 贈與증여, 追贈추증, 寄贈기증
층	層$_4$	층 **층**	層巖絕壁층암절벽, 層疊층첩, 深層심층

갈, 그 **지**

3급

丿 | 3획 | 총4획

지면에 서서 앞을 향해 발걸음을 내딛는 모습으로, '가다'의 뜻이다.

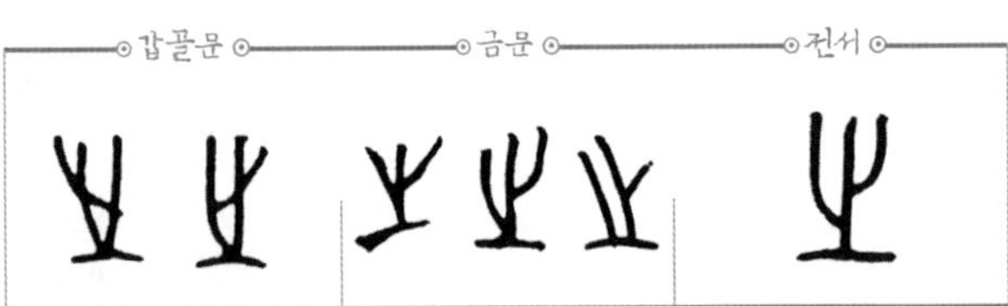

• 之東之西지동지서 : 동으로 갔다 서로 갔다가 갈팡질팡함.
• 愛之重之애지중지 : 아끼고 소중하게 여김.

범	泛$_1$	뜰 **범**	泛看범간, 泛稱범칭, 泛泛범범, 泛論범론
지	芝$_2$	지초 **지**	靈芝영지, 芝草지초, 芝蘭지란
폄	貶$_1$	낮출 **폄**	貶下폄하, 貶毁폄훼, 貶降폄강, 褒貶포폄
핍	乏$_1$	모자랄 **핍**	缺乏결핍, 窮乏궁핍, 耐乏내핍, 困乏곤핍

다만 지

| 口 | 2획 | 총5획 | 3급

口(입 구) + 八(나눌 팔)

입(口)에서 나온 말이 흩어져서(八) 단지 여운을 남길 뿐이라는 데서, '다만'의 뜻이다.

- 但只단지 : 다만.
- 只今지금 : 이제.

지			
	咫₁	여덟 치, 짧을 **지**	咫尺지척
	枳₁	탱자 **지**	橘化爲枳귤화위지, 枳塞지색, 枳實지실

가지, 지탱할, 흩어질, 줄, 나눌 지

| 支 | 0획 | 총4획 | 준4급

손에 나뭇가지를 들고 있는 장면에서, '가지'의 뜻이다. 후에 뜻이 '지탱하다, 흩어지다, 헤아리다'로 확장되었다. 본래 뜻은 枝(가지 지)가 새로 생겨났다.

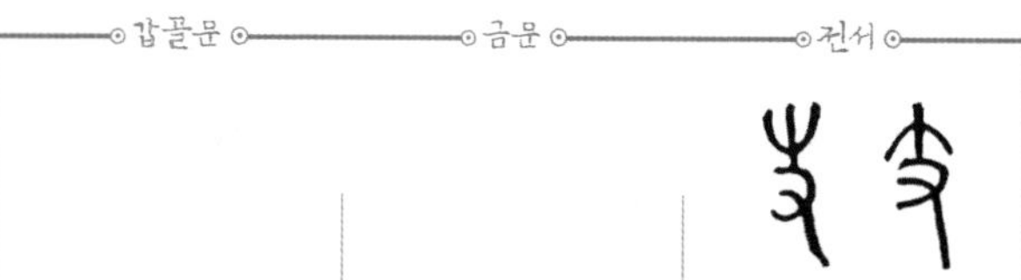

支撐지탱 : 버티어나감.
支流지류 : 본류에서 갈려나온 물길.
支佛지불 : 값을 치름.

度地탁지 : 토지를 헤아리고 측량함.

기	技$_2$	재주 기	技倆기량, 技巧기교, 技能기능, 技術기술
	岐$_2$	갈림길 기	岐路기로, 多岐亡羊다기망양, 分岐點분기점
	伎$_1$	재간 기	伎倆기량, 伎藝기예, 雜伎잡기
	妓$_1$	기생 기	妓女기녀, 妓樓기루, 妓生기생, 童妓동기
지	枝$_3$	가지 지	枝葉지엽, 幹枝간지, 楊枝양지, 棲枝접지
	肢$_1$	사지 지	四肢사지, 義肢의지, 肢骨지골, 肢體지체

발, 그칠 지

5급

止 | 0획 | 총4획

사람의 발 모양을 본뜬 글자로, '발'의 뜻이었으나, 뜻이 '그치다'로 확장되었다. 본래의 뜻은 趾(발가락 지) 자가 새로 생겨났다.

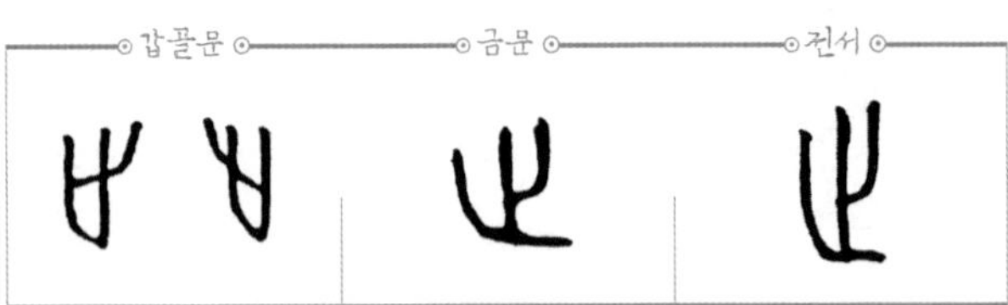

- 止宿지숙 : 머물러 묵음.
- 行動擧止행동거지 : 움직이는 온갖 동작.
- 中止중지 : 일을 중도에 멈춤.

귀	歸$_4$	돌아올 귀	歸京귀경, 歸路귀로, 歸農귀농, 歸趨귀추
긍	肯$_3$	즐길, 수긍할 긍	首肯수긍, 肯定긍정
		뼈살 긍	肯綮긍경
기	企$_3$	꾀할 기	企劃기획, 企圖기도, 企望기망, 企業기업

삽	澁$_1$	떫을, 껄끄러울 삽	澁滯삽체, 難澁난삽, 澁味삽미
지	址$_2$	터 지	寺址사지, 故址고지, 城址성지, 遺址유지
	祉$_1$	복 지	福祉복지, 祥祉상지
치	齒$_{준4}$	이 치	齒列치열, 亡子計齒망자계치, 皓齒호치

至

이를, 지극할 지

준4급

至 | 0획 | 총6획

화살이 땅에 꽂힌 모양을 본뜬 글자로, '이르다'의 뜻이다.

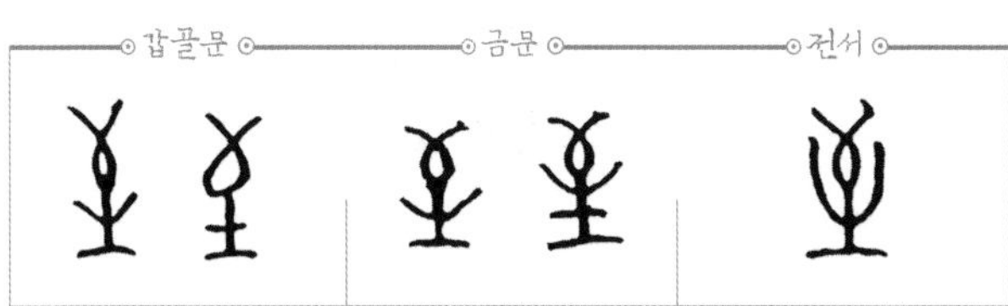

- 至極지극 : 아주 극진함.
- 至誠感天지성감천 : 정성이 지극하면 하늘도 감동함.
- 夏至하지 : 24절기의 하나.

대	臺$_3$	대, 대본 대	土臺토대, 樓臺누대, 臺本대본, 臺詞대사
	擡$_1$	쳐들 대	擡頭대두, 擡袖대수
도	到$_5$	이를 도	到着도착, 到來도래, 用意周到용의주도
	倒$_3$	넘어질 도	顚倒전도, 倒産도산, 卒倒졸도, 倒立도립
실	室$_8$	집, 아내 실	室內실내, 正室정실, 室長실장, 硏究室연구실
악	握$_2$	잡을 악	把握파악, 握力악력, 掌握장악, 握髮악발
옥	屋$_5$	집 옥	屋上屋옥상옥, 家屋가옥, 社屋사옥, 韓屋한옥
질	姪$_3$	조카 질	甥姪생질, 堂姪당질, 姪婦질부, 姪壻질서
	窒$_2$	막힐, 원소 질	窒息질식, 窒塞질색, 窒素질소, 窒酸질산
	桎$_1$	차꼬 질	桎梏질곡, 桎檻질함

	膣$_1$	새살 돋을, 음도 **질**	膣炎질염, 膣腔질강, 膣球질구
치	致$_5$	이를 **치**	致富치부, 致死量치사량, 致誠치성, 致賀치하
	緻$_1$	빽빽할, 밸 **치**	緻密치밀, 工緻공치, 精緻정치, 巧緻교치

直

곧을 직

7급

目 | 3획 | 총8획

앞으로 똑바로 쳐다보는 눈의 모양을 본떠, '곧다'의 뜻이다.

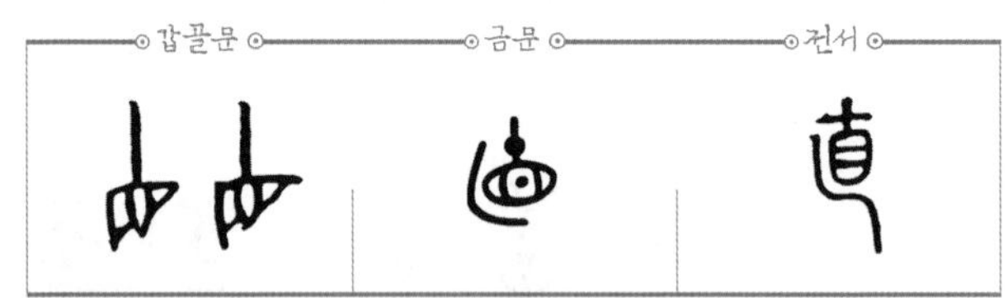

- 不問曲直불문곡직 : 굽고 곧은 것을 묻지 않음. 잘잘못을 따지지 않음.
- 正直정직 : 바르고 곧음.

덕	悳$_2$	큰 **덕**	※德의 古字.
식	植$_7$	심을 **식**	植木식목, 植樹식수, 植民식민, 利植이식
	殖$_2$	불릴 **식**	繁殖번식, 增殖증식, 生殖생식, 養殖양식
직	稙$_2$	올벼, 벼 심을 **직**	稙禾직화
치	置$_{준4}$	둘 **치**	措置조치, 位置위치, 放置방치, 處置처치
	値$_3$	값, 만날 **치**	價値가치, 數値수치, 等値등치, 値遇치우

다할 진

4급

皿 | 9획 | 총14획

빗자루로 그릇 안을 싹 쓸어버리는 장면을 본뜬 글자로, '그릇이 비다'의 뜻이다. 여기에서 '다하다, 마치다'의 뜻으로 확장되었다.

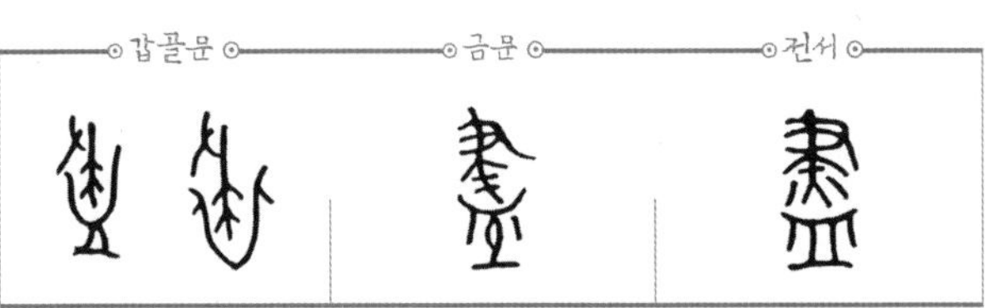

- 脫盡탈진 : 기력이 다함.
- 無窮無盡무궁무진 : 다함이 없고 끝이 없음.
- 氣盡脈盡기진맥진 : 기가 다하고 힘이 다함.

신	燼₁	재 **신**	燼滅신멸, 餘燼여신, 燼灰신회, 火燼화신

珍

보배 **진** | 4급

王/玉 | 5획 | 총9획

玉(구슬 옥) + 人(사람 인) + 彡(터럭 삼)

사람(人)의 머릿결(彡) 같은 고운 무늬가 있는 구슬(玉)에서, '보배'의 뜻이다.

- 珍貴진귀 : 보배롭고 귀함.
- 珍羞盛饌진수성찬 : 진귀하고 잘 차려진 음식.
- 珍貴진귀 : 보배롭고 귀함.

진	診₂	진찰할 **진**	診斷진단, 診察진찰, 觸診촉진, 問診문진
	疹₁	마마 **진**	發疹발진, 濕疹습진, 痲疹마진

참 진

준4급

| 目 | 5획 | 총10획 |

참된 사람의 마음을 나누어(八) 보면 곧음(直) 뿐이라는 데서, '참'의 뜻이다.

- 眞談진담 : 참된 이야기.
- 眞面目진면목 : 사람, 사물이 가지고 있는 참 모습.
- 眞理진리 : 참된 도리, 바른 이치.

신	愼3	삼갈 신	愼重신중, 謹愼근신, 恪愼각신, 愼獨신독
전	塡1	메울 전	充塡충전, 裝塡장전, 補塡보전, 塡塞전색
	顚1	엎드러질 전	顚倒전도, 顚覆전복, 七顚八起칠전팔기
		이마, 근본 전	顚末전말
	癲1	미칠 전	癲狂전광, 癲癎전간, 癲疾전질
진	鎭3	누를 진	鎭靜劑진정제, 鎭壓진압, 重鎭중진, 鎭火진화
	嗔1	성낼 진	嗔怒진노, 嗔責진책, 嗔言진언, 嗔心진심

①별, 다섯째 지지 진 ②때 신

3급

| 辰 | 0획 | 총7획 |

잡초를 제거하는 호미를 손으로 잡고 있는 모양을 본뜬 것으로, 원래 '농사'를 뜻하였으나, 지금은 '다섯째 지지, 때'의 뜻으로 쓰인다.

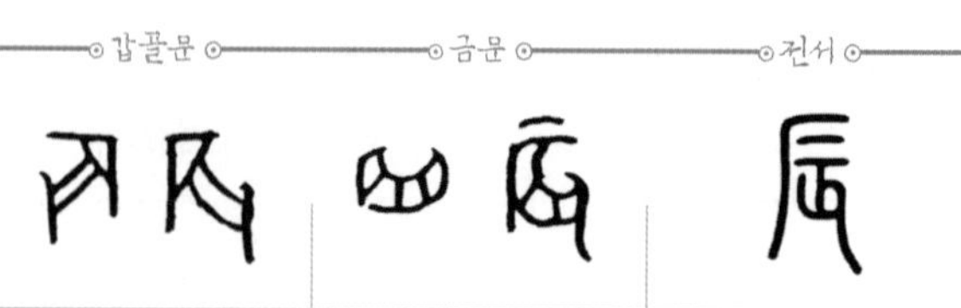

• 辰宿진수 : 온갖 성좌의 별.

• 日辰일진 : 그날의 운세.

• 生辰생신 : 생일의 높임말.

순	脣3	입술 순	脣亡齒寒순망치한, 丹脣皓齒단순호치, 脣音순음, 脣焦순초
신	晨3	새벽 신	昏定晨省혼정신성, 晨鐘신종
	娠1	아이 밸 신	姙娠임신
	蜃1	큰조개 신	蜃氣樓신기루, 蜃市신시
	宸1	대궐 신	宸闕신궐, 宸襟신금, 宸憂신우
욕	辱3	욕될 욕	恥辱치욕, 忍辱인욕, 羞辱수욕, 苦辱고욕
진	振3	떨칠 진	振興진흥, 振作진작, 不振부진, 振幅진폭
	震3	우레 진	地震지진, 震源진원, 震動진동, 耐震내진

朕

나, 조짐 짐 | 1급

月 | 6획 | 총10획

배 모양과 배를 젓는 노를 양손으로 잡고 있는 모양을 본뜬 글자로, 자기가 노를 저어 앞으로 나아간다는 데서, '나'의 뜻이다.

• 兆朕조짐 : 어떤 일이 일어날 기미.

• 天朕천짐 : 임금의 자칭.

송 送준4 보낼 **송** 送別송별, 特送특송, 郵送우송, 託送탁송

①부를, 거둘, 조짐 **징** ②가락 **치** | 3

彳 | 12획 | 총15획

微(작을 미) + 任(맡길 임)

작은(微) 존재로 숨어 있어도 임무를 맡기기(任) 위하여 부른다는 데서, '부르다'의 뜻이다.

- 徵集징집 : 불러 모음.
- 徵兆징조 : 어떤 일이 일어날 기미.
- 宮商角徵羽궁상각치우 : 오음의 각 명칭.

징 懲3 징계할 **징** 勸善懲惡권선징악, 懲毖錄징비록, 懲貶징폄, 懲役징역, 懲罰징벌

且

또, 구차할 차 | 3급

| 一 | 4획 | 총5획 |

제단의 위패 모양을 본뜬 글자로, '조상'의 뜻이다. '또, 우선'의 뜻으로 확장되자, 祖(조상 조) 자가 새로 생겨났다.

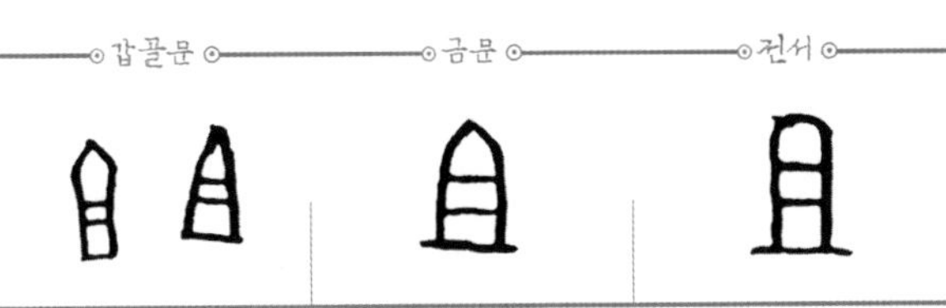

- 重且大중차대 : 중하고도 큰 일.
- 且置차치 : 내버려둠.
- 苟且구차 : 떳떳하지 못하고 구구함. 매우 가난함.

사	査5	조사할, 사돈 **사**	調査조사, 査頓사돈, 査察사찰, 査證사증, 監査감사, 內査내사, 搜査수사
의	宜3	마땅 **의**	宜當의당, 宜稱의칭, 時宜시의, 便宜店편의점
	誼1	정(情) **의**	友誼우의, 行誼행의, 禮誼예의
저	沮2	막을 **저**	沮害저해, 沮喪저상, 沮止저지, 沮抑저억
	詛1	저주할 **저**	詛呪저주
	狙1	원숭이, 엿볼 **저**	狙公저공, 狙縛저박, 狙擊저격
	咀1	씹을 **저**	咀嚼저작
조	祖7	할아버지 **조**	祖上조상, 始祖시조, 鼻祖비조, 祖國조국
	組4	짤 **조**	組閣조각, 組立조립, 組成조성, 組合조합
	助준4	도울 **조**	協助협조, 內助내조, 扶助부조, 助演조연
	租3	조세 **조**	租稅조세, 租界조계, 租借조차, 十一租십일조
	粗1	거칠 **조**	粗惡조악, 粗粕조박, 粗雜조잡, 粗暴조포
	阻1	막힐 **조**	積阻적조, 阻隔조격

버금 차

준4급

欠 | 2획 | 총6획

입을 크게 벌리고 제멋대로 말을 뱉는 모양에서, '제멋대로, 방자하다'의 뜻이었으나, 뜻이 '버금'으로 확대되자 恣(방자할 자)자가 새로 생겼다.

갑골문 · 금문 · 전서

- 次期차기 : 다음 시기.
- 次位차위 : 다음 가는 자리.
- 次善策차선책 : 다음으로 좋은 대책.

자			
	姿4	모양 자	姿態자태, 雄姿웅자, 姿色자색, 姿勢자세
	資4	재물 자	資産자산, 資源자원, 資料자료, 資質자질
	恣3	마음대로, 방자할 자	放恣방자, 僭恣참자, 恣行자행
	諮2	물을 자	諮問자문, 諮詢자순
	瓷1	사기그릇 자	青瓷청자, 瓷器자기, 白瓷백자

이 차

3급

止 | 2획 | 총6획

사람이 자리에 서서 자기가 서 있는 자리를 가리키는 장면에서, '이'의 뜻이다.

갑골문 | 금문 | 전서

- 此際차제 : 이번.
- 此日彼日차일피일 : 이날 저날.

사	些₁	적을 **사**	些少사소, 些些사사, 些細사세
시	柴₂	땔나무, 섶(薪) **시**	柴扉시비, 柴糧시량, 柴草시초
자	紫₃	자주색 **자**	紫色자색, 紫煙자연, 紫氣자기
	雌₂	암컷 **자**	雌雄자웅, 雌伏자복
	疵₁	허물, 병 **자**	瑕疵하자, 疵病자병

①어긋날, 다를, 병 나을 차 ②들쑥날쑥할 치 | 4급

工 | 7획 | 총10획

보리 이삭을 손으로 잡고 있는 모습으로, 보리 이삭을 문질러 낟알을 수확하는 데서, '문지르다'의 뜻이었으나, 뜻이 '어긋나다'로 확장되자, 搓(문지를 차)자가 새로 생겼다.

갑골문 | 금문 | 전서

- 差異차이 : 다른 것.
- 參差참치 : 가지런하지 않고 들쑥날쑥함.

차	蹉₁	미끄러질 **차**	蹉跌차질, 蹉跎차타

嗟$_1$ 단식할 **차** 嗟歎차탄, 傷嗟상차

贊

도울 **찬** | 3급

| 貝 | 12획 | 총19획 |

先(앞 선) + 先(앞 선) + 貝(조개 패)

어려움에 처한 사람에게 앞을 다투어(先+先) 재물(貝)을 내서 돕는다는 데서, '돕다'의 뜻이다.

- 協贊협찬 : 협조하여 도움.
- 贊助찬조 : 도와줌.
- 贊反찬반 : 찬성과 반대.

찬			
	讚$_4$	기릴 **찬**	稱讚칭찬, 過讚과찬, 極讚극찬, 激讚격찬
	鑽$_2$	뚫을 **찬**	研鑽연찬, 鑽灼찬작
	瓚$_2$	옥잔 **찬**	圭瓚규찬, 璋瓚장찬

빛날 **찬** | 2급

| 火 | 13획 | 총17획 |

火(불 화) + 粲(숧은쌀 찬)

불(火) 빛이 숧은쌀(粲)처럼 깨끗한 데서, '빛나다'의 뜻이다.

- 豪華燦爛호화찬란 : 눈부시도록 빛나고 화려함.

찬			
	餐$_2$	밥 **찬**	晩餐만찬, 素餐소찬, 朝餐조찬, 午餐오찬

	璨2	옥빛 **찬**	璨璨찬찬

부끄러울 **참** | 3급

| 心 | 11획 | 총15획 |

斬(벨 참) + 心(마음 심)

양심의 가책을 느끼면 마음(心)이 베임(斬)을 당하는 듯 아픈 데서, '부끄럽다'의 뜻이다.

- 慙羞참수 : 부끄럽고 수치스러움.
- 慙愧참괴 : 부끄러움.

잠	暫3	잠깐 **잠**	暫時잠시, 暫間잠간, 暫定잠정, 暫許잠허
점	漸3	점점 **점**	漸次점차, 漸進점진, 漸減점감, 漸染점염
참	斬2	벨 **참**	斬首참수, 斬新참신, 斬刑참형, 斬衰참최
	塹1	구덩이 **참**	塹壕참호, 天塹천참

창성할 **창** | 3급

| 日 | 4획 | 총8획 |

日(날 일) + 日(날 일)

해(日)와 해(日)를 합해서 해가 지지 않을 정도로 번영함을 표시하며, '창성하다'의 뜻이다.

- 繁昌번창 : 매우 성하게 일어남.
- 隆昌융창 : 융성하고 번창함.

• 昌盛창성 : 한창 융성함.

창			
	唱5	부를 **창**	合唱합창, 重唱중창, 唱法창법, 唱導창도
	娼1	창녀 **창**	娼婦창부, 娼妓창기, 名娼명창
	倡1	광대 **창**	倡優창우, 俳倡배창, 倡率창수
	菖1	창포 **창**	菖蒲창포, 白菖백창
	猖1	미쳐 날뛸 **창**	猖狂창광, 猖獗창궐, 猖披창피

倉 곳집, 갑자기 창

3급

人 | 8획 | 총10획

곡식을 보관하는 창고 모양을 본떠, '곳집'의 뜻이다.

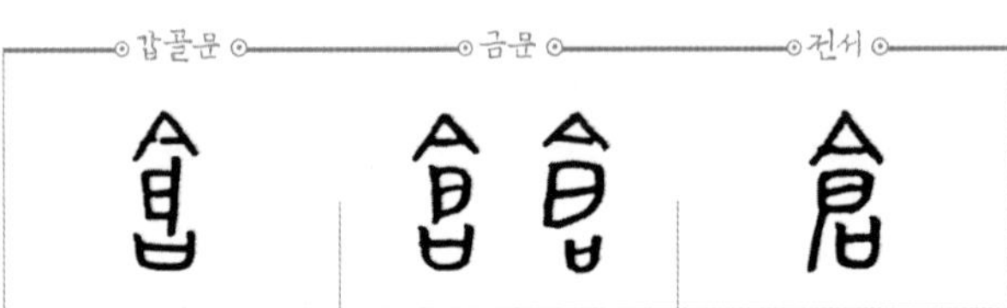

• 倉庫창고 : 물건을 저장·보관하는 집.

• 倉卒창졸 : 갑자기.

• 穀倉곡창 : 곡식을 보관하는 창고.

창			
	創준4	비롯할 **창**	創造창조, 創傷창상, 創立창립, 創意창의
	蒼3	푸를 **창**	蒼空창공, 蒼然창연, 蒼生창생, 蒼波창파
	滄2	큰바다 **창**	滄波창파, 滄海一粟창해일속, 滄浪창랑
	槍1	창 **창**	旗幟槍劍기치창검, 槍術창술, 竹槍죽창
	艙1	부두 **창**	船艙선창, 艙口창구
	瘡1	부스럼 **창**	蓐瘡욕창, 惡瘡악창, 痘瘡두창
	愴1	슬플 **창**	悲愴비창, 酸愴산창

나물 채 | 3급

| 艹/艸 | 8획 | 총12획 |

艹(풀 초) + 采(캘 채)

풀(艹)이나 나물을 캐는 데서, '나물'의 뜻이다.

- 菜蔬채소 : 밭에서 기르는 식물.
- 野菜야채 : 들에서 나는 채소.
- 奠菜전채 : 제사에 쓰이는 채소.

채

採4	캘 채	採擇채택, 公採공채, 採光채광, 採血채혈
彩3	채색 채	光彩광채, 多彩다채, 文彩문채, 異彩이채
采2	풍채 채	風采풍채, 喝采갈채
埰2	사패지(賜牌地) 채	埰地/采地채지

책, 책봉할 책 | 4급

| 冂 | 3획 | 총5획 |

대나무 조각을 엮어 만든 책의 모양을 본뜬 글자로, '책'의 뜻이다.

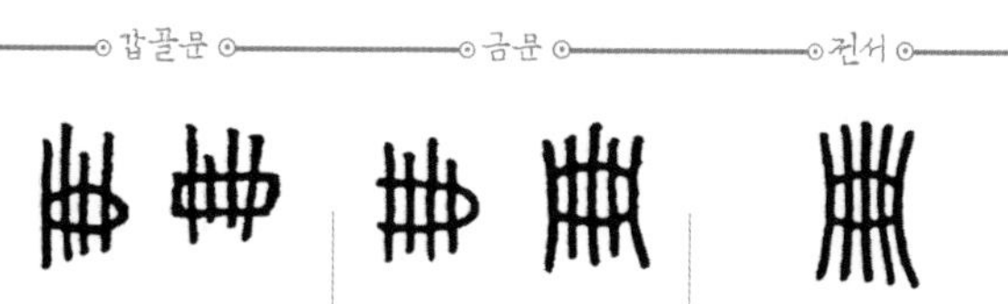

- 書册서책 : 책.
- 册封책봉 : 왕세자, 세손, 후, 비 등의 지위를 주는 것.

차

• 別冊별책 : 별도로 만든 책.

산	刪1	깎을 **산**	刪略산략, 刪蔓산만, 刪削산삭, 刪省산생
	珊1	산호 **산**	珊瑚산호
전	典5	법 **전**	法典법전, 典當전당, 儀典의전, 出典출전, 特典특전, 祭典제전, 古典고전, 辭典사전
책	柵1	울타리 **책**	防柵방책, 鐵柵철책, 木柵목책, 豚柵돈책

責

꾸짖을, 책무, 권할 **책** | 5급

| 貝 | 4획 | 총11획 |

朿(가시 자) + 貝(화폐 패)

갑골문을 보면 위의 朿는 朿(가시 자)인데, 가시(朿)로 콕콕 찌르듯 돈(貝)을 돌려달라고 볶아대는 데서, '꾸짖다'의 뜻이다.

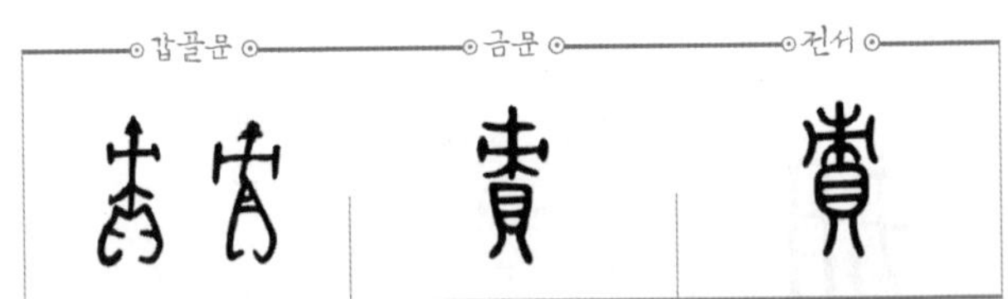

• 責望책망 : 남의 허물을 꾸짖음.
• 責務책무 : 맡은 바 임무.
• 責善책선 : 착한 일을 하도록 권함.

적	積4	쌓을 **적**	積善적선, 見積견적, 面積면적, 山積산적
	績4	길쌈, 공적 **적**	成績성적, 功績공적, 實績실적, 治績치적
	蹟3	자취 **적**	古蹟고적, 奇蹟기적, 史蹟사적, 行績행적
채	債3	빚 **채**	債券채권, 負債부채, 債務채무, 蕩債탕채

妻

아내 **처** | 3급

| 女 | 5획 | 총8획 |

남자가 여자의 머리를 잡고 있는 모습, 힘으로 여자를 차지하는 모습에서, '아내'의 뜻이다.

- 妻子처자 : 아내와 자식.
- 艶妻염처 : 아리따운 아내.

서	棲₁	깃들 **서**	棲息서식, 兩棲類양서류
처	悽₂	슬퍼할 **처**	悽絕처절, 悽慘처참, 悽愴처창, 悽然처연
	凄₁	쓸쓸할 **처**	凄涼처량, 凄切처절
첩	捷₁	이길 **첩**	大捷대첩, 戰捷전첩
		빠를 **첩**	敏捷민첩, 捷徑첩경, 捷速첩속, 捷路첩로

등마루 **척** | 1급

| 月/肉 | 6획 | 총10획 |

몸(月)의 등뼈 모양(𠂹)을 본뜬 글자로, '등마루'의 뜻이다.

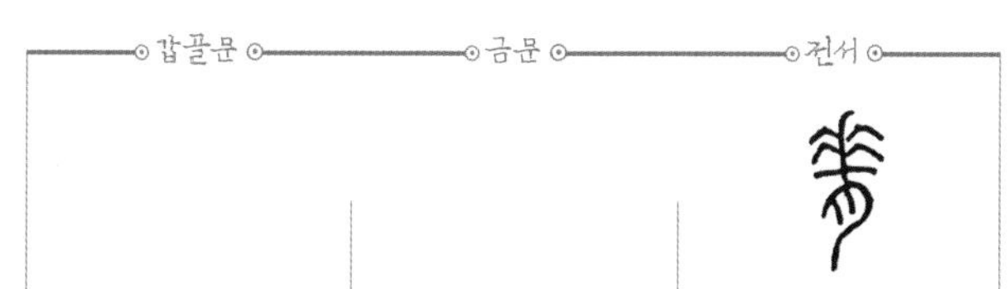

• 脊椎척추 : 등마루뼈.

• 曲脊곡척 : 굽은 등뼈.

척	瘠1	여윌, 파리할 척	瘦瘠수척, 瘠薄척박, 瘠土척토

샘 천

4급

| 水 | 5획 | 총9획 |

땅에서 솟아나는 샘의 모양을 본뜬 글자로, '샘'의 뜻이다.

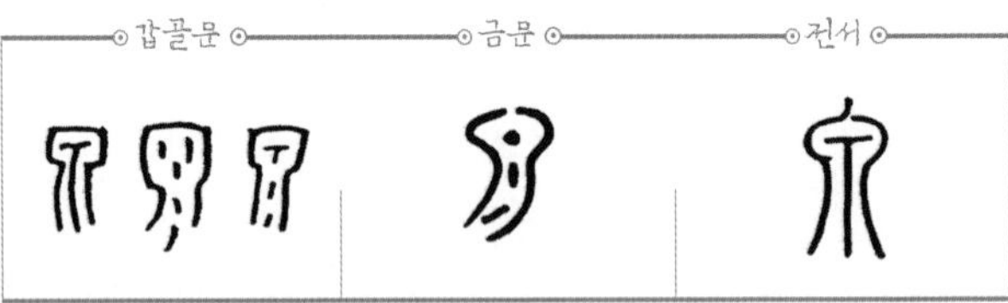

• 泉石천석 : 샘과 바위. 자연 경관.

• 源泉원천 : 샘의 근원.

선	線6	줄 선	伏線복선, 複線복선, 電線전선, 混線혼선
	腺1	샘 선	分泌腺분비선, 汗腺한선, 淚腺누선, 乳腺유선

어그러질 천

0급

| 舛 | 0획 | 총6획 |

왼발과 오른발이 서로 반대 방향으로 향하는 데서, '어그러지다, 틀리다'의 뜻이다.

갑골문 금문 전서

• 舛訛천와 : 말이나 글자가 그릇됨.

• 舛駁천박 : 뒤범벅이 되어 고르지 못함.

걸	傑4	준걸 걸(杰)	豪傑호걸, 傑物걸물, 傑出걸출
	桀2	왕이름 걸	桀紂걸주
련	憐3	불쌍히 여길 련	憐憫연민, 可憐가련, 哀憐애련
	隣3	이웃 린(鄰)	隣近인근, 善隣선린, 隣接인접, 近隣근린
린	麟2	기린 린	麒麟기린, 麟角인각
	燐1	도깨비불 린	燐火인화, 燐光인광
	鱗1	비늘 린	逆鱗역린, 鱗甲인갑, 鱗介인개
순	瞬3	눈깜짝할 순	瞬間순간, 一瞬일순, 瞬息間순식간
	舜2	순임금 순	堯舜요순, 虞舜우순

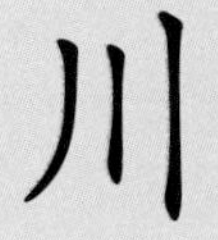

내 천

7급

巛/川 | 0획 | 총3획

흐르는 냇물의 모양을 본뜬 글자로, '내'의 뜻이다.

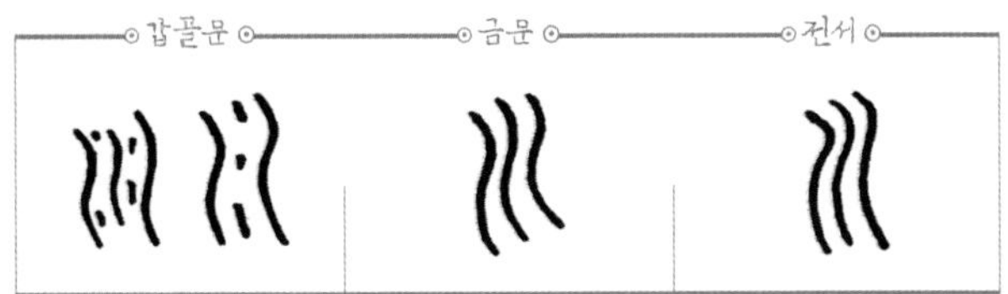

• 山川산천 : 산과 내.

• 川流不息천류불식 : 냇물은 쉼 없이 흐름.

수	酬$_1$	갚을, 잔돌릴 **수**	酬酌수작, 報酬보수, 應酬응수
순	順$_5$	순할 **순**	順從순종, 順序순서, 順理순리, 順産순산
	巡$_3$	돌 **순**	巡察순찰, 巡訪순방, 巡航순항, 巡廻순회
	馴$_1$	길들일 **순**	馴致순치, 馴鹿순록
주	州$_5$	고을 **주**	州郡주군, 驪州여주, 廣州광주
	洲$_3$	물가 **주**	三角洲삼각주, 滿洲만주, 亞洲아주
천	釧$_2$	팔찌 **천**	玉釧옥천, 腕釧완천
훈	訓$_6$	가르칠 **훈**	訓話훈화, 家訓가훈, 訓手훈수, 訓示훈시

徹

통할 **철**

3급

彳 | 12획 | 총15획

원래는 손으로 솥을 치우는 장면에서, '거두다'의 뜻인데, 뜻이 '통하다'로 확장되자 撤(거둘 철) 자가 새로 생겨났다.

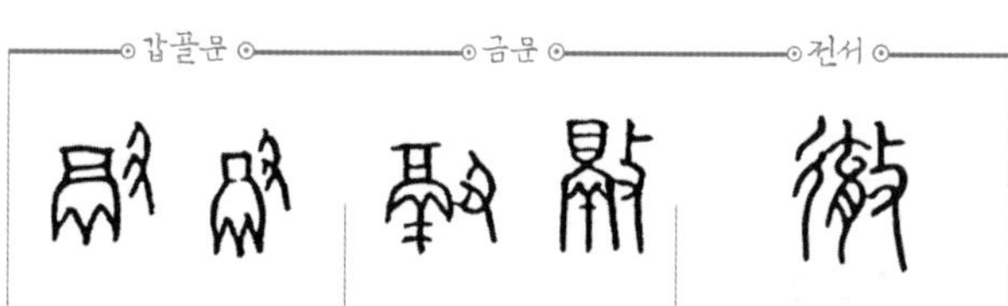

- 貫徹관철 : 통함. 밀고 나감.
- 徹頭徹尾철두철미 : 처음부터 끝까지 철저하게.
- 徹天之恨철천지한 : 하늘까지 사무치는 커다란 원한.

철	澈$_2$	물가 **철**	瑩澈형철
	撤$_2$	거둘 **철**	撤收철수, 撤去철거, 撤軍철군, 撤廢철폐
	轍$_1$	수레바퀴 **철**	前轍전철, 覆轍복철, 車轍거철

다, 여러 첨

1급

人 | 11획 | 총13획

亼(모일 집) + 吅(시끄러울 훤) + 从(많을 종)

사람이 많이(从) 모여(亼) 시끄럽다는(吅) 데서, '다, 여러'의 뜻이다.

- 僉意첨의 : 여러 사람의 의견.
- 僉員첨원 : 모든 인원.

검	儉4	검소할 검	儉素검소, 儉吝검린, 儉約검약, 勤儉근검
	檢준4	검사할 검	檢査검사, 檢案검안, 檢屍검시, 檢討검토
	劍3	칼 검	劍道검도, 佩劍패검, 劍客검객, 寶劍보검
렴	斂1	거둘, 감출 렴	收斂수렴, 出斂출렴, 苛斂가렴, 斂迹염적
	殮1	염할 렴	殮襲염습, 殮布염포
험	險4	험할 험	冒險모험, 保險보험, 危險위험, 險難험난
	驗준4	시험 험	經驗경험, 檢驗검험, 試驗시험, 實驗실험

아첨할 첨

1급

言 | 8획 | 총15획

言(말씀 언) + 臽(구덩이 함)

자기 자신을 구덩이에 떨어뜨려(臽) 말하여(言) 남의 비위를 맞추는 데서, '아첨하다'의 뜻이다.

- 諂詐첨사 : 아첨하여 속임.

• 諂諛첨유 : 아첨함.

염	閻2	마을 염	閭閻여염, 閻羅大王염라대왕
	焰1	불꽃 염	火焰화염, 氣焰기염, 光焰광염, 紅焰홍염
함	陷3	빠질, 무너질 함	陷穽함정, 陷落함락, 缺陷결함, 謀陷모함

첩 첩

3급

女 | 5획 | 총8획

辛(매울 신) + 女(계집 녀)

문신하는 도구로 여자에게 문신을 하는 모습에서 '여자 노예'의 뜻이다. 후에 뜻이 '첩'으로 확장되었다.

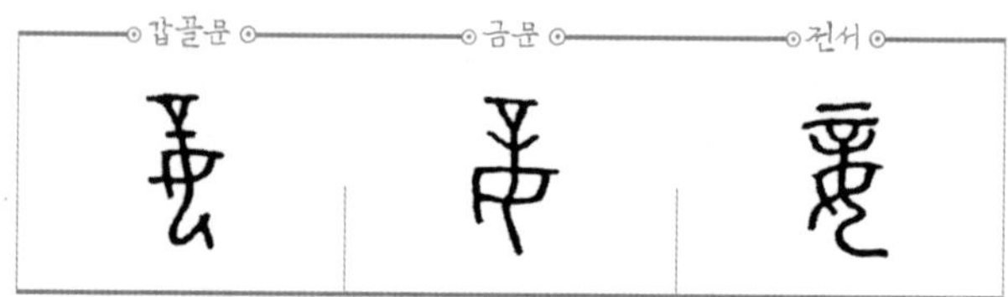

• 妻妾처첩 : 아내와 첩.
• 蓄妾축첩 : 첩을 둠.

접	接준4	이을 접	接觸접촉, 接待접대, 面接면접, 交接교접

푸를 청

8급

青 | 0획 | 총8획

전서에서 윗부분은 生(날 생)이고 아랫부분은 井(우물 정)인데, 우물에 푸른 이끼가 돋아나는 데서, '푸르다'의 뜻이다.

갑골문 · 금문 · 전서

- 踏青답청 : 봄에 파릇파릇한 풀을 밟으면서 거니는 것.
- 青史청사 : 역사상의 기록.
- 青山流水청산유수 : 푸른 산과 흐르는 물. 말을 막힘없이 잘함.

시	猜$_{1}$	시기할 **시**	猜忌시기, 猜惡시오, 猜憚시탄, 猜妬시투
정	靜$_{4}$	고요할 **정**	動靜동정, 靜淑정숙, 冷靜냉정, 靜物정물
	情$_{5}$	뜻, 형편, 사실 **정**	愛情애정, 事情사정, 情事정사, 熱情열정, 友情우정, 激情격정, 情感정감
	精$_{준4}$	쓿은쌀, 정성, 날랠 **정**	精米所정미소, 精誠정성, 精銳정예, 精液정액, 精氣정기
	睛$_{1}$	눈동자 **정**	畫龍點睛화룡점정, 黑睛흑정
	靖$_{1}$	편안할 **정**	靖安정안, 靖難정난
청	清$_{6}$	맑을 **청**	清濁청탁, 百年河清백년하청, 清涼청량
	請$_{준4}$	청할 **청**	招請초청, 請約청약, 請託청탁, 請願청원
	晴$_{3}$	갤 **청**	晴曇청담, 晴雨청우, 快晴쾌청

잡을 체

3급

⻌/辵 | 8획 | 총11획

금문에서 隶는 짐승의 꼬리를 손으로 잡고 있는 모습이며, 여기에 '행위'를 의미하는 '⻌'이 보태어져, '미치다, 잡다'의 뜻이다.

• 逮捕체포 : 범죄 혐의자를 강제로 잡는 것.
• 津逮진체 : 나루에 닿음.

례	隷3	종 **례**	奴隷노예, 隷屬예속, 隷僕예복
		서체 **례**	隷書예서, 篆隷전례

肖

닮을, 같을 초

3급

月/肉 | 3획 | 총7획

小(작을 소) + 月=肉(몸 육)

자식은 어버이의 몸(月)을 작게(小) 줄인 것이라는 데서, '닮다'의 뜻이다.

• 肖像畫초상화 : 사람의 얼굴을 그대로 그린 그림.
• 不肖불초 : 아버지를 닮지 않아 못나고 어리석다는 뜻으로, 자식이 스스로 낮추는 말.

삭	削3	깎을 **삭**	削除삭제, 削減삭감, 添削첨삭, 刻削각삭
설	屑1	가루 **설**	木屑목설, 玉屑옥설, 不屑불설
소	消6	사라질 **소**	消滅소멸, 消化소화, 消長소장, 消音소음
	逍1	노닐, 거닐 **소**	逍風소풍, 逍遙소요
	宵1	밤 **소**	晝宵주소, 淸宵청소
조	趙2	나라이름, 성(姓) **조**	前趙전조, 後趙후조

초	哨2	망볼 **초**	哨兵초병, 哨戒초계, 步哨보초, 哨所초소
梢1	나무끝 **초**	末梢神經말초신경, 枝梢지초
硝1	화약 **초**	硝煙초연, 硝酸초산, 硝石초석
稍1	벼줄기 끝, 점점 **초**	稍蠶食之초잠식지, 稍遠초원, 稍事초사

焦

탈, 그을릴, 초조할 **초** | 2급

灬/火 | 8획 | 총12획

隹(새 추) + 火(불 화)

새를 불에 태우는 모습을 본뜬 글자로, '태우다, 초조하다'의 뜻이다.

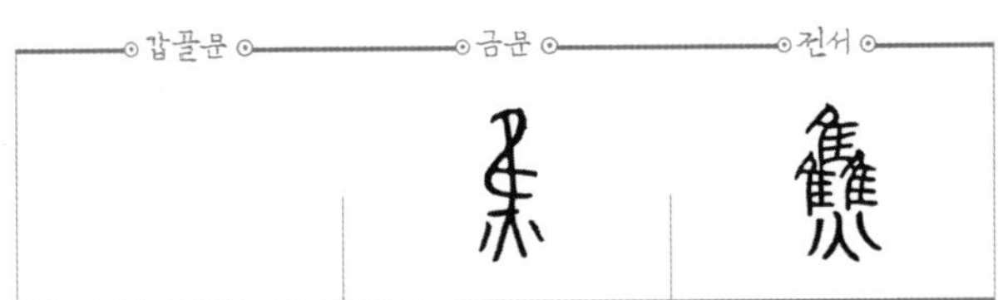

- 焦土化초토화 : 태워 모두 없애버림.
- 焦燥초조 : 애를 태워 마음을 졸임.
- 勞心焦思노심초사 : 애를 써서 속을 태움.

초	憔1	파리할 **초**	憔悴초췌, 憔容초용
礁1	암초 **초**	暗礁암초, 浮礁부초
蕉1	파초 **초**	芭蕉파초, 蕉葉초엽
樵1	나무할, 땔나무 **초**	樵童초동, 樵徑초경, 薪樵신초, 樵夫초부

燭

촛불 촉 | 3급

火 | 13획 | 총17획

火(불 화) + 蜀(홀로 독)

불(火)이 하나씩 홀로(蜀) 타고 있는 데서, '촛불'의 뜻이다.

- 燭淚촉루 : 촛농.
- 華燭화촉 : 빛깔을 들인 밀촉. 혼례 의식에 쓰임.

독	獨5	홀로 독	獨立독립, 孤獨고독, 獨善독선, 惟獨유독
속	屬4	붙일 속	附屬부속, 歸屬귀속, 族屬족속, 從屬종속
촉	蜀2	나라이름 촉	蜀相촉상, 蜀道촉도
	囑1	부탁할 촉	囑託촉탁, 委囑위촉, 懇囑간촉
탁	濁3	흐릴 탁	濁世탁세, 一魚濁水일어탁수, 混濁혼탁

헤아릴, 마디, 법도, 치 촌 | 8급

寸 | 0획 | 총3획

오른쪽 손목에 엄지손가락을 대고 맥을 짚는 데서, '헤아리다'의 뜻이다. 또 손바닥과 손목의 경계에서 맥을 짚는 곳까지는 한 치 정도라는 데서, '치'의 뜻이다.

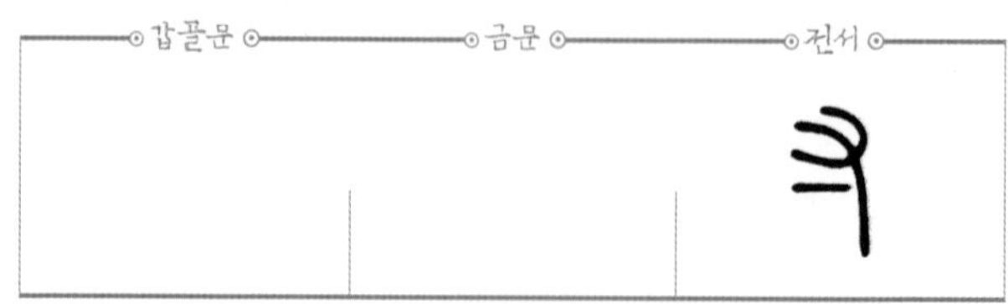

- 一寸光陰일촌광음 : 한 치의 빛과 그늘. 아주 짧은 시간.

- 寸鐵殺人촌철살인 : 조그만 무기로도 사람을 죽일 수 있음. '짤막한 말로 상대방을 감동시킴'의 비유.
- 寸評촌평 : 아주 짧은 비평.

관	冠3	갓 **관**	冠禮관례, 衣冠의관, 冠絕관절, 弱冠약관
대	對6	대할, 짝 **대**	對決대결, 對偶대우, 對備대비, 對稱대칭
봉	封3	봉할 **봉**	封印봉인, 封土봉토, 封建봉건, 封合봉합
사	射4	쏠 **사**	射擊사격, 輻射복사, 反射반사
		맞힐 **석**	射中석중
		벼슬이름 **야**	僕射복야
		싫을 **역**	無射무역
	謝준4	사례할, 시들 **사**	謝絕사절, 感謝감사, 謝過사과, 厚謝후사
수	守준4	지킬 **수**	守備수비, 攻守공수, 堅守견수, 固守고수
	狩1	사냥할 **수**	狩獵수렵, 狩人수인
		임지(任地) **수**	巡狩碑순수비
심	尋3	찾을, 발, 보통 **심**	尋訪심방, 千尋천심, 尋常심상, 推尋추심
주	紂1	주임금 **주**	紂王주왕, 桀紂걸주
촌	村7	마을 **촌**	村落촌락, 班村반촌, 富村부촌, 寒村한촌
	忖1	헤아릴 **촌**	忖度촌탁
토	討4	칠, 구할, 궁구할 **토**	討伐토벌, 討論토론, 討索토색, 檢討검토

재촉할 최 | 3급

| 亻/人 | 11획 | 총13획 |

亻(사람 인) + 崔(산 높을 최)

사람(亻)이 높은(崔) 지위에 앉아 어떤 일을 빨리 하도록 몰아붙이는 데서, '재촉하다'의 뜻이다.

• 催促최촉 : 재촉함.

• 開催개최 : 행사를 엶.

• 催告최고 : 법률상 상대방의 행위를 재촉하는 일.

최	崔 2	산 높을 **최**	崔嵬최외
		성(姓) **최**	崔氏최씨, 崔瑩최영

芻

꼴 추

1급

| 艸 | 4획 | 총10획 |

손으로 풀을 잡아 당기는 모습에서, '풀을 당기다' 뜻이었으나, 지금은 '꼴'의 뜻으로 확장되었다.

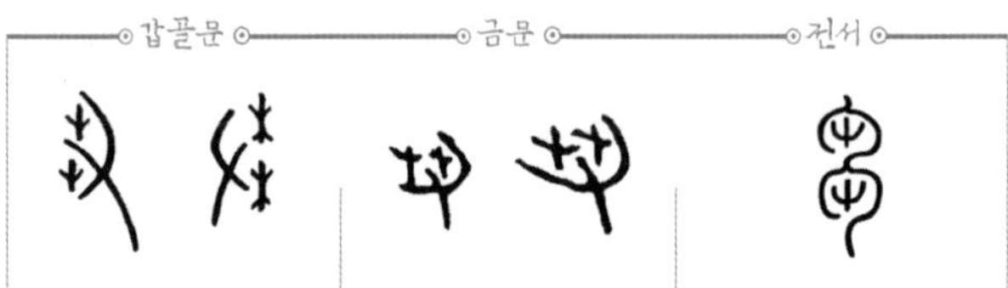

• 反芻반추 : 먹은 것을 되새김질함. 지난 일을 되풀이하고 음미함.

• 芻米추미 : 꼴과 쌀. 마소의 먹이와 사람의 양식.

추	趨 2	달아날 **추**	歸趨귀추, 趨勢추세, 趨步추보, 趨迎추영
	鄒 2	추나라 **추**	鄒魯之鄕추로지향

隹

새 추

0급

| 隹 | 0획 | 총8획 |

꼬리가 짧은 새의 모양을 본뜬 글자로, '새'의 뜻이다.

갑골문	금문	전서

• 隹鳥추조 : 새.

고	顧$_{3}$	돌아볼, 생각할 **고**	顧問고문, 四顧無親사고무친, 回顧회고, 顧客고객, 三顧草廬삼고초려
	雇$_{2}$	품팔 **고**	雇傭고용, 解雇해고, 雇兵고병
리	罹$_{1}$	걸릴 **리**	罹災民이재민, 罹病이병
섬	暹$_{2}$	햇살 치밀, 나라이름 **섬**	暹羅섬라
수	誰$_{3}$	누구 **수**	誰怨誰咎수원수구, 誰何수하
	雖$_{3}$	비록 **수**	雖然수연
	讐$_{1}$	원수 **수**	怨讐원수, 讐仇수구, 讐嫌수혐
쌍	雙$_{3}$	쌍 **쌍**	雙手쌍수, 雙胎쌍태, 無雙무쌍, 雙璧쌍벽
유	唯$_{3}$	오직 **유**	唯一유일, 唯物論유물론, 唯識유식
	惟$_{3}$	생각할 **유**	思惟사유, 惟憂유우, 惟獨유독
	維$_{3}$	맬 **유**	纖維섬유, 維新유신
잡	雜$_{4}$	섞일 **잡**	錯雜착잡, 亂雜난잡, 雜穀잡곡, 雜貨잡화
진	進$_{준4}$	나아갈 **진**	進步진보, 突進돌진, 進獻진헌, 進出진출
집	集$_{6}$	모을 **집**	集中집중, 集配집배, 集積집적, 結集결집
척	隻$_{2}$	외짝 **척**	隻手척수, 隻眼척안, 隻愛척애
추	推$_{4}$	밀 **추**	推進추진, 與世推移여세추이, 類推유추, 推算추산, 推仰추앙, 推理추리, 推論추론
	錐$_{1}$	송곳 **추**	立錐之地입추지지, 試錐시추
	椎$_{1}$	쇠뭉치, 등골, 둔할 **추**	椎擊추격, 脊椎척추, 椎打추타, 鐵椎철추
치	稚$_{3}$	어릴 **치**	幼稚유치, 稚氣치기, 稚魚치어, 稚拙치졸
	雉$_{2}$	꿩 **치**	雉鷄치계, 雉堞치첩, 膏雉고치

차

퇴 堆₁ 쌓을 퇴 — 堆積퇴적, 堆肥퇴비, 堆疊퇴첩

追

쫓을, 따를 추 | 3급

| 辶/辵 | 6획 | 총9획 |

갑골문을 보면 발로 무리(𠂤)를 따라가는 모습인데, 여기에서 '쫓다, 따르다'의 뜻이다.

갑골문 · 금문 · 전서

- 追更추경 : 이미 성립된 계획을 추가로 바꾸는 것.
- 追敍추서 : 죽은 후에 벼슬의 등급을 올리거나 훈장을 주는 것.
- 追徵추징 : 추가하여 징수함.

추	鎚₁	쇠망치 추	空氣鎚공기추
	槌₁	칠 추	紙槌지추
		몽둥이 퇴	鐵槌철퇴, 槌提퇴제, 木槌목퇴

가을 추 | 7급

| 禾 | 4획 | 총9획 |

禾(벼 화) + 火(불 화)

곡식(禾)을 거두어 햇 볕(火)에 말리는 계절이라는 데서, '가을'의 뜻이다.

- 春秋춘추 : 봄가을. 나이를 점잖게 이르는 말.
- 秋穀추곡 : 가을걷이 곡식.

수	愁3	근심 수	哀愁애수, 旅愁여수, 愁心수심, 憂愁우수
추	楸2	가래나무, 바둑판 추	楸木추목
	鰍1	미꾸라지 추	鰍魚湯추어탕, 泥鰍이추

畜 짐승 축 3급

| 田 | 5획 | 총10획 |

玄(검을 현) + 田(밭 전)

가축을 기르면 바닥의 흙(田)이 검게(玄) 된다는 데서, '기르다, 짐승'의 뜻이다.

- 畜産축산 : 가축을 키우고 생산함.
- 家畜가축 : 집에서 기르는 짐승.

축	蓄준4	모을 축	蓄財축재, 含憤蓄怨함분축원, 蘊蓄온축, 電蓄전축, 蓄積축적

丑 둘째 지지, 소 축 3급

| 一 | 3획 | 총4획 |

손으로 무언가를 잡으려 하는 모습으로, 원래 뜻은 '붙잡다'는 뜻이었으나 扭(붙잡을 뉴)자가 새로 생겨나니, 丑은 '둘째 지지'의 의미로 주로 쓰인다. 둘째 지지는 동물로는 '소'에 해당하므로 '소'의 뜻도 있다.

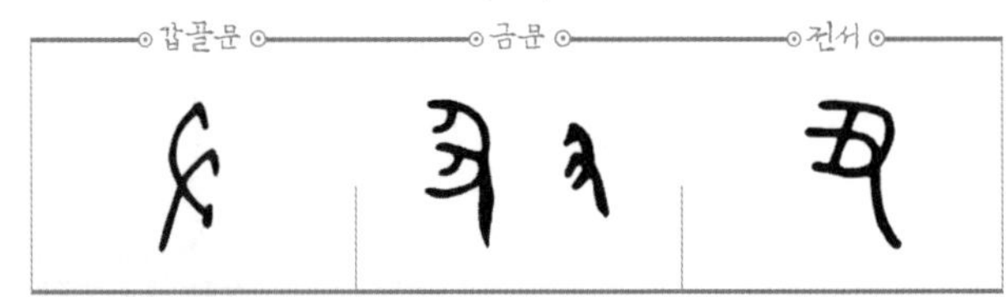

• 丑時축시 : 오전 1~3시.

뉴	紐1	맬 뉴	紐帶感유대감, 結紐결뉴
수	羞1	부끄러울 수	羞惡之心수오지심, 羞辱수욕, 羞恥수치
		음식, 바칠 수	珍羞盛饌진수성찬

逐

쫓을 축

3급

辶/辵 | 7획 | 총10획

돼지, 사슴 등을 쫓는 모습에서, '쫓다'의 뜻이다.

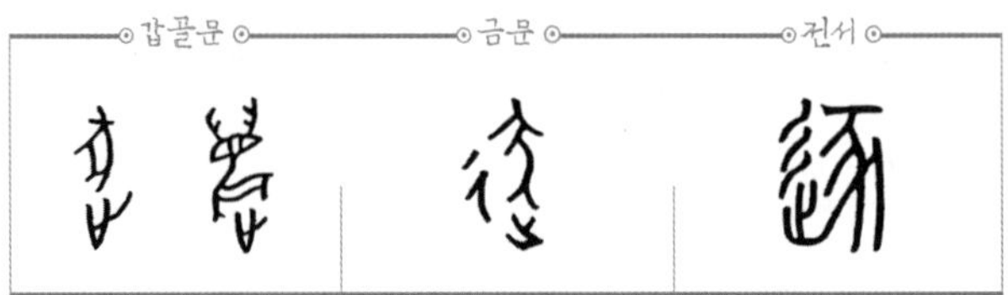

• 驅逐구축 : 몰아서 쫓음.

• 逐鹿者不見山축록자불견산 : 사슴을 쫓는 자는 산을 보지 못함.

대	隊준4	떼 대	隊伍대오, 軍隊군대, 縱隊종대, 編隊편대
수	遂3	드디어, 이룰 수	遂行수행, 未遂미수, 完遂완수
추	墜1	떨어질 추	墜落추락, 擊墜격추, 失墜실추

春

봄 춘 | 7급

日 | 5획 | 총9획

풀포기 사이로 해가 비치는 모양에서, '봄'의 뜻이다.

갑골문 · 금문 · 전서

- 春困춘곤 : 봄에 느끼는 고달픈 기운.
- 一場春夢일장춘몽 : 한바탕의 봄 꿈. 인생의 허무함을 일컫는 말.

준	蠢1	꾸물거릴 준	蠢動준동, 蠢愚준우
춘	椿2	참죽나무, 신기할 춘	椿堂춘당, 椿府丈춘부장, 椿事춘사

날(生), 뛰어날, 시집갈 출 | 7급

凵 | 3획 | 총5획

고대 혈거穴居 형태의 집에서 나오는 모양을 본뜬 글자로, '나오다'의 뜻이다.

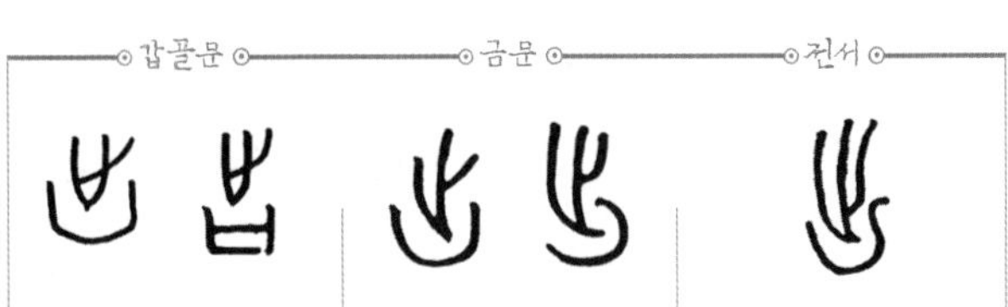

- 出衆출중 : 여럿 중에 뛰어남.
- 神出鬼沒신출귀몰 : 귀신처럼 나왔다가 사라짐.

굴	屈4	굽힐 굴	屈服굴복, 屈從굴종, 屈曲굴곡, 屈辱굴욕
	掘2	팔 굴	發掘발굴, 掘鑿굴착, 盜掘도굴, 試掘시굴
	窟2	굴 굴	洞窟동굴, 巢窟소굴
졸	拙3	못할 졸	拙作졸작, 拙劣졸렬, 拙速졸속, 拙筆졸필

朮

삽주 뿌리 출

0급

木 | 1획 | 총5획

삽주의 덩어리진 뿌리 모양을 본뜬 글자로, '삽주'의 뜻이다.

- 白朮백출 : 삽주 덩어리진 뿌리.

술	術6	꾀 술	技術기술, 術策술책, 施術시술, 醫術의술
	述3	펼, 말할 술	口述구술, 記述기술, 略述약술, 論述논술

蟲

벌레 충

준4급

虫 | 12획 | 총18획

머리가 강조되고 꿈틀거리는 벌레의 모양을 본뜬 글자로, '벌레'의 뜻이다.

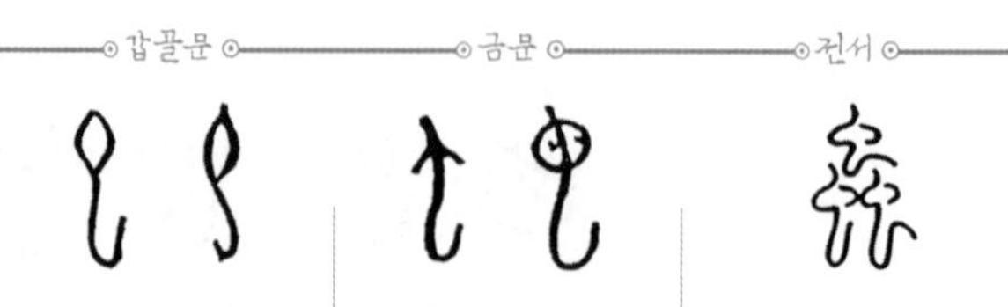

견	繭1	고치 견	蠶繭잠견, 繭絲견사

식	蝕$_1$	좀먹을 식	腐蝕부식, 侵蝕침식, 薄蝕박식

가질 취

준4

又	6획	총8획

耳(귀 이) + 又(손 우)

전쟁에서 이겨 적군의 귀(耳)를 손(又)으로 취하는 장면을 본뜬 글자로, '가지다'의 뜻이다.

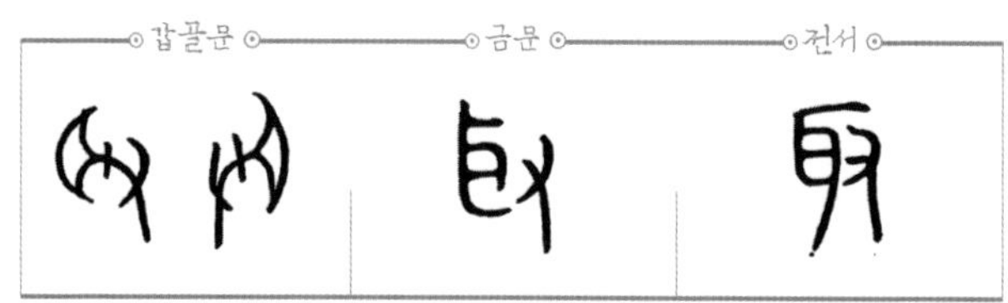

- 取得취득 : 가져서 얻음.
- 取捨選擇취사선택 : 가질 것은 가지고 버릴 것은 버림.
- 取材취재 : 기사 따위의 재료나 제재를 찾아서 얻음.

총	叢$_1$	떨기, 모일 총	叢書총서, 論叢논총, 叢論총론
촬	撮$_1$	사진 찍을, 모을 촬	撮影촬영, 撮要촬요
최	最$_5$	가장 최	最善최선, 最適최적, 最初최초, 最高최고
취	趣$_4$	뜻 취	趣味취미, 趣旨취지, 情趣정취, 趣向취향
	聚$_2$	모을 취	屯聚둔취, 聚散취산, 聚落취락
	娶$_1$	장가들 취	娶妻취처, 婚娶혼취

차

漆 옻 칠

3급

氵/水 | 11획 | 총14획

본래 桼로 썼으며, 桼의 전서는 桼인데, 木은 나무이고 氺은 나무의 진액을 본뜬 것으로, 옻나무의 진액으로 옻칠을 하므로, '옻'의 뜻이다. 氵는 나무의 진액이 액체인 것을 표시한다.

- 漆黑칠흑 : 아주 검은. 어두운.
- 漆甲칠갑 : 물건의 겉면에 다른 물질을 칠하여 바름.

슬	膝1	무릎 **슬**	膝下슬하, 容膝용슬, 膝甲슬갑, 膝行슬행

侵 침노할 침

준4급

亻/人 | 7획 | 총9획

사람이 빗자루를 손에 들고 소를 몰고 가는 장면을 본뜬 글자에서, '점령하다'의 뜻이다. 여기서 '침노하다, 공격하다'로 뜻이 확장되었다.

갑골문 | 금문 | 전서

- 侵害침해 : 침노하여 해를 끼침.
- 侵水침수 : 물이 들어 참.

침	寢4	잘, 쉴, 그칠 **침**	就寢취침, 同寢동침, 寢息침식, 寢食침식
	浸3	잠길 **침**	浸透침투, 浸染침염, 浸潤침윤, 浸禮침례

沈

①잠길 **침** ②성(姓) **심** | 3급

| 氵/水 | 4획 | 총7획 |

고대에 강·산을 다스리는 신령에게 희생 제물을 바치기 위해 소·양 심지어 사람까지도 강에 던져 잠기게 하였는데, 갑골문은 강물에 소와 사람을 제물로 바친 장면으로, '잠기다'의 뜻이다.

갑골문 | 금문 | 전서

- 沈着침착 : 들뜨지 않고 차분함.
- 沈潛침잠 : 잠김. 잠겨 겉으로 드러나지 아니함.

침	枕$_3$	베개 **침**	枕木침목, 衾枕금침, 木枕목침, 枕上침상
탐	耽$_2$	즐길 **탐**	耽溺탐닉, 耽讀탐독, 耽羅탐라, 眈美탐미
	眈$_1$	노려볼 **탐**	虎視眈眈호시탐탐

墮

떨어질 타 | 3급

| 土 | 12획 | 총15획 |

隋(떨어질 타) + 土(흙 토)

땅(土)으로 물건을 떨어뜨리는(隋) 데서, '떨어지다'의 뜻이다.

- 墮落타락 : 도덕적으로 잘못된 길로 빠지거나 떨어짐.
- 墮胎타태 : 밴 아이를 떨어지게 함.

수	隨3	따를 수	隨伴수반, 隨筆수필, 附隨부수, 隨意수의
	隋2	수나라 수	隋唐수당, 隋書수서
	髓1	골수, 뼛골 수	骨髓골수, 脊髓척수, 精髓정수, 眞髓진수
타	橢1	길고 둥글 타	橢球타구, 橢圓타원, 橢率타율
	惰1	게으를 타	惰性타성, 惰怠타태, 勤惰근타, 放惰방타

맡길 탁 | 3급

| 扌/手 | 3획 | 총6획 |

扌(손 수) + 乇(맡길 탁)

원래 乇으로 썼는데, 乇의 갑골문은 乇으로 땅속에 뿌리가 있고 땅 위에 싹이 돋아난 것을 본뜬 것이며, 뿌리는 줄기와 싹이 의탁하는 것인 데서, '맡기다'의 뜻이다. 扌은 나중에 추가된 것이다.

- 依托의탁 : 남에게 기대고 맡김.
- 托鉢탁발 : 승려가 경문을 외면서 마을을 다니며 동냥하는

일.

탁	託$_2$	부탁할 **탁**	寄託기탁, 請託청탁, 信託신탁, 託送탁송
택	宅$_5$	집 **택**	家宅가택, 自宅자택, 住宅주택, 宅地택지
		집 **댁**	貴宅귀댁, 宅內댁내

濯

씻을 탁 | 3급

氵/水 | 14획 | 총17획

氵(물 수) + 羽(깃 우) + 隹(새 추)

새(隹)가 깃(羽)을 물(氵)에 씻는다는 데서, '씻다, 빨래하다'의 뜻이다.

- 洗濯세탁 : 빨래함.
- 濯足탁족 : 발을 씻음.
- 濯纓탁영 : 갓끈을 씻음.

약	躍$_2$	뛸 **약**	一躍일약, 躍進약진, 躍動약동, 跳躍도약
요	曜$_5$	빛날, 요일 **요**	曜日요일, 曜靈요령
	耀$_2$	빛날 **요**	耀德요덕, 耀耀요요, 眩耀현요
탁	擢$_1$	뽑을 **탁**	拔擢발탁, 擢用탁용, 選擢선탁, 擢登탁등

높을, 뛰어날, 탁자 탁 | 5급

十 | 6획 | 총8획

그물로 사람을 낚는 모양을 본뜬 것으로, '그물'의 뜻이었으나, 이 뜻은 罩(그물 조) 자로 대체되고, '높다, 뛰어나다'의 뜻

타

으로 쓰인다.

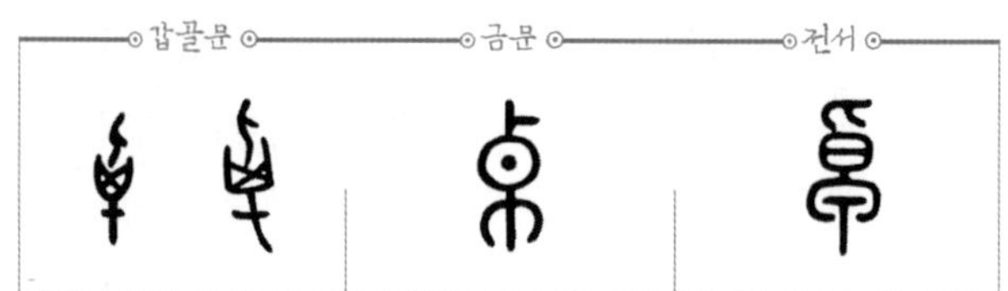

- 卓越탁월 : 남보다 훨씬 뛰어남.
- 卓上空論탁상공론 : 책상 위에서 벌이는 헛된 논쟁.

도	悼2	슬퍼할 **도**	哀悼애도, 追悼추도, 悲悼비도
	掉1	흔들 **도**	掉尾도미, 尾大難掉미대난도
작	綽1	너그러울 **작**	綽然작연, 綽約작약, 綽態작태

게으를 태

3급

| 心 | 5획 | 총9획 |

台(별 태) + 心(마음 심)

마음(心)은 별(台)처럼 높고 빛나지만 행동은 따르지 않는다는 데서, '게으르다'의 뜻이다.

- 怠慢태만 : 게으르고 나태함.
- 倦怠권태 : 싫증나고 게으름.
- 怠業태업 : 일을 게을리함. 노동쟁의의 한 형태.

시	始6	비로소 **시**	始終시종, 始末시말, 始作시작, 始祖시조
야	冶1	풀무, 예쁠 **야**	冶金야금, 陶冶도야, 冶郎야랑, 冶艶야염
이	怡2	기쁠 **이**	怡顔이안, 怡聲이성

치	治준4	다스릴 **치**	治療치료, 政治정치, 治安치안, 內治내치
태	殆3	거의, 위태로울 **태**	危殆위태, 殆半태반
	台2	별, 대감 **태**	三台星삼태성, 台監태감
	胎2	아이 밸 **태**	胎夢태몽, 胚胎배태, 落胎낙태
	颱2	태풍 **태**	颱風태풍
	笞1	볼기 칠 **태**	笞杖태장, 笞刑태형
	苔1	이끼 **태**	石苔석태, 海苔해태, 綠苔녹태
	跆1	밟을 **태**	跆拳道태권도

흙 토

8급

土 | 0획 | 총3획

땅에 흙이 쌓여 있는 모양을 본뜬 글자로, '흙'의 뜻이다.

- 土豪토호 : 지방에서 세력을 떨치는 부류.
- 土着토착 : 대대로 그 땅에서 사는 것.
- 土臺토대 : 흙으로 쌓은 대. 사물의 바탕이 되는 기초.

균	均4	고를 **균**	均等균등, 均配균배, 均衡균형, 均質균질
당	堂6	집, 근친, 정당할 **당**	堂上당상, 堂堂당당, 堂叔당숙, 書堂서당, 講堂강당, 堂姪당질
	螳1	버마재비, 사마귀 **당**	螳螂拒轍당랑거철, 螳螂之斧당랑지부
장	粧3	단장할 **장**	內粧내장, 丹粧단장, 粧飾장식, 治粧치장
	庄2	전장(田莊) **장**	村庄촌장

재	在$_6$	있을 **재**	所在소재, 存在존재, 介在개재, 在庫재고
토	吐$_3$	토할 **토**	嘔吐구토, 吐露토로, 吐哺握發토포악발

投

던질 투 | 4급

扌/手 | 4획 | 총7획

扌(손 수) + 殳(창 수)

손(扌)으로 창(殳)을 던지는 데서, '던지다'의 뜻이다.

- 投降투항 : 적에게 항복하는 것.
- 漢江投石한강투석 : 한강에 돌 던지기. 지나치게 미미하여 애써도 보람이 없음.
- 投合투합 : 뜻이나 성격 등이 서로 잘 맞음.

각	殼$_3$	껍질 **각**	舊殼구각, 地殼지각
고	股$_1$	넓적다리 **고**	股肱고굉, 股關節고관절
곡	穀$_4$	곡식 **곡**	糧穀양곡, 穀氣곡기, 五穀百果오곡백과
살	殺$_{준4}$	죽일 **살**	殺身成仁살신성인, 默殺묵살, 被殺피살
		감할, 빠를 **쇄**	相殺상쇄, 殺到쇄도, 腦殺뇌쇄
설	設$_{준4}$	베풀, 가령 **설**	施設시설, 設令설령, 建設건설, 創設창설
역	役$_3$	부릴 **역**	役割역할, 荷役하역, 免役면역, 役軍역군
	疫$_3$	전염병 **역**	防疫방역, 免疫면역, 疫疾역질, 紅疫홍역
은	殷$_2$	은나라, 근심할, 번성할 **은**	殷商은상, 殷盛은성, 殷憂은우, 殷昌은창
의	毅$_1$	굳셀 **의**	毅然의연, 剛毅강의
훼	毁$_3$	헐, 헐뜯을 **훼**	毁謗훼방, 毁損훼손, 毁碎훼쇄

뱀, 땅이름 파

1급

| 己 | 1획 | 총4획 |

뱀의 꼬불꼬불한 모양을 본뜬 글자로, '뱀'의 뜻이다. 또 가차하여 땅이름으로 쓰인다.

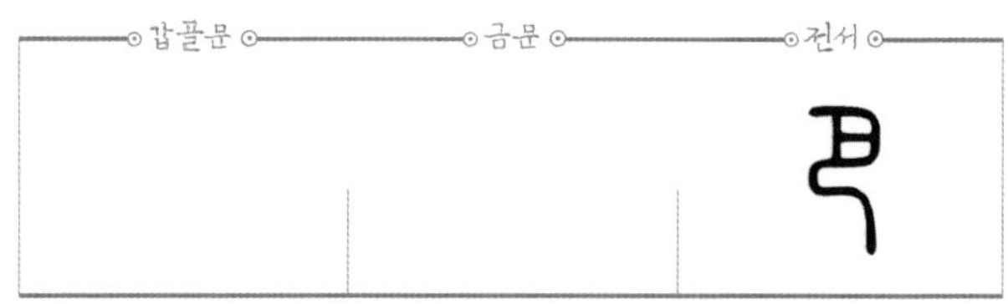

- 巴蜀파촉 : 중국 사천성의 별칭.

나	那$_3$	어찌 나	刹那찰나, 那邊나변
방	邦$_3$	나라 방	友邦우방, 聯邦연방, 盟邦맹방, 異邦人이방인
비	肥$_3$	살찔 비	肥滿비만, 肥沃비옥, 肥大비대, 肥鈍비둔
옹	邕$_2$	막을, 화할 옹	邕睦옹목
읍	邑$_7$	고을 읍	都邑도읍, 食邑식읍, 邑村읍촌, 邑內읍내
파	把$_3$	잡을 파	把握파악, 把守파수, 把持파지, 肩把견파
	琶$_1$	비파 파	琵琶비파
	芭$_1$	파초 파	芭蕉扇파초선
호	扈$_2$	따를 호	扈從호종, 扈衛호위, 扈駕호가
		떨칠 호	跋扈발호

갈래, 보낼 파

4급

| 氵/水 | 6획 | 총9획 |

여러 갈래로 흐르는 강의 지류를 본뜬 글자로, '갈래'의 뜻이다.

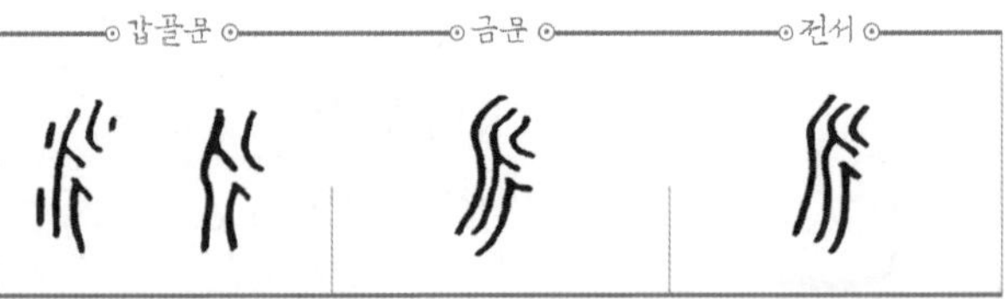

• 派生파생 : 본류에서 갈래 지어 나온 것.
• 黨派당파 : 무리의 갈래.
• 特派員특파원 : 특별히 파견한 사람.

맥	脈준4	줄기, 혈맥 **맥**	脈搏맥박, 一脈相通일맥상통, 亂脈난맥, 脈管맥관, 人脈인맥, 文脈문맥

조개 패

3급

貝 | 0획 | 총7획

조개 모양을 본뜬 글자로, '조개'의 뜻이며, 고대에는 조개가 화폐로 사용되었으므로, '돈, 재물'의 뜻이다.

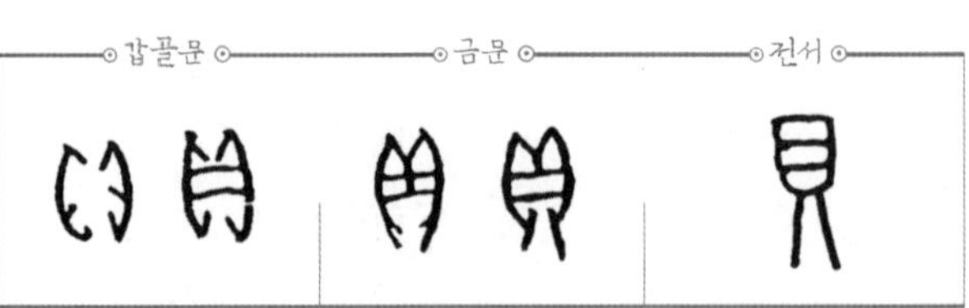

• 貝錦패금 : 조개 무늬와 같은 아름다운 비단.
• 貝物패물 : 산호, 조개 껍질 등으로 만든 것.
• 貝塚패총 : 조개무지.

구	具5	갖출, 그릇, 자세할 **구**	具備구비, 農具농구, 家具가구, 器具기구
	俱3	함께 **구**	俱存구존, 俱慶구경, 俱樂구락
득	得준4	얻을 **득**	得失득실, 自業自得자업자득, 攄得터득

매	買5	살 **매**	買收매수, 買辦매판, 不買불매, 强買강매
	賣5	팔 **매**	賣渡매도, 賣店매점, 賣出매출, 密賣밀매
무	貿3	무역할 **무**	貿易무역, 貿穀무곡, 貿辦무판
보	寶준4	보배 **보**	寶劍보검, 寶貨보화, 家寶가보, 國寶국보
부	負4	질(荷), 패할, 저버릴 **부**	負擔부담, 勝負승부, 結負결부, 負約부약
이	貳2	두, 버금 **이**	貳心이심, 貳極이극
재	財5	재물 **재**	財産재산, 財源재원, 財界재계, 財政재정

悖

거스를 **패**

1급

忄/心 | 7획 | 총10획

忄(마음 심) + 孛(충돌할 패)

마음(忄)에 거슬러 충돌한다는(孛) 데서, '거스르다'의 뜻이다.

- 行悖행패 : 체면에 어그러진 행동.
- 淫談悖說음담패설 : 음란하고 상스러운 이야기.

발	渤2	바다이름 **발**	渤海발해, 潮渤붕발
	勃1	노할 **발**	勃起발기, 勃興발흥, 勃怒발노

북소리, 성(姓) **팽**

2급

彡 | 9획 | 총12획

북을 쳐서 소리가 울려 퍼지는 모양을 본뜬 것으로, '북소리'의 뜻이다. 가차하여 성(姓)씨로 쓰인다.

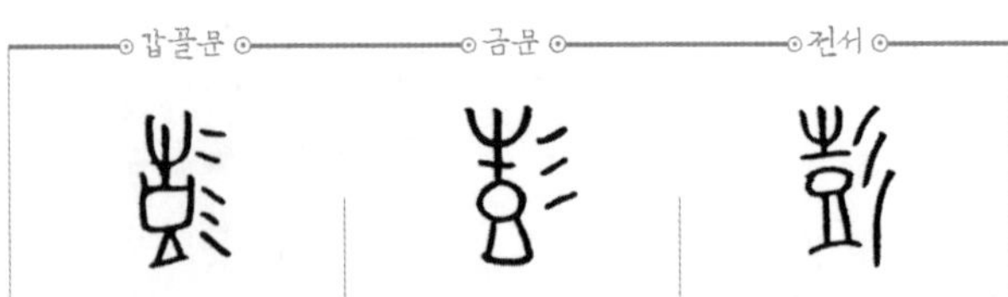

• 彭祖팽조 : 팽씨의 조상.

고	鼓$_3$	북 고	鼓動고동, 鼓膜고막, 鼓舞고무, 鼓吹고취
팽	澎$_1$	물소리 팽	澎湃팽배
	膨$_1$	불을 팽	膨大팽대, 膨脹팽창, 膨膨팽팽

액자, 작을, 편평할 편

2급

戶 | 5획 | 총9획

戶(문 호) + 冊(책 책)

문(戶)에 걸려 있는 글을 적은 나무쪽(冊)으로, '액자'의 뜻이다. 액자가 작고 납작한 데서, '작다, 편평하다'의 뜻이다.

• 扁平편평 : 넓고 평평함.
• 扁額편액 : 방, 대청, 문 위에 가로 다는 현판.

편	篇$_4$	책, 글 편	篇次편차, 千篇一律천편일률, 短篇단편
	編$_3$	엮을 편	編成편성, 編輯편집, 改編개편, 編著편저
	偏$_3$	치우칠 편	偏見편견, 偏愛편애, 偏重편중, 偏頗편파
	遍$_3$	두루 편	普遍妥當性보편타당성, 遍踏편답, 遍在편재
	騙$_1$	속일 편	騙取편취, 欺騙기편

평평할 평

7급

干 | 2획 | 총5획

평평하게 물 표면에 떠 있는 물풀을 본뜬 글자로, '평평하다'의 뜻이다.

- 平易평이 : 평평하고 쉬움.
- 蕩蕩平平탕탕평평 : 어느 쪽으로도 치우치지 않음.

평	評4	평할 평	評論평론, 漫評만평, 批評비평, 評傳평전
	坪2	들, 땅 평	建坪건평, 坪數평수, 坪當평당
	萍1	부평초 평	浮萍草부평초, 萍實평실
칭	秤1	저울 칭	天秤천칭, 秤錘칭추, 我心如秤아심여칭

해질 폐

0급

攵 | 8획 | 총12획

막대기로 옷을 두들겨서 해지게 만드는 모양을 본뜬 글자로, '해진, 누더기'의 뜻이다. 자신의 것을 낮추어 말할 때 쓰는 접두사로도 쓴다.

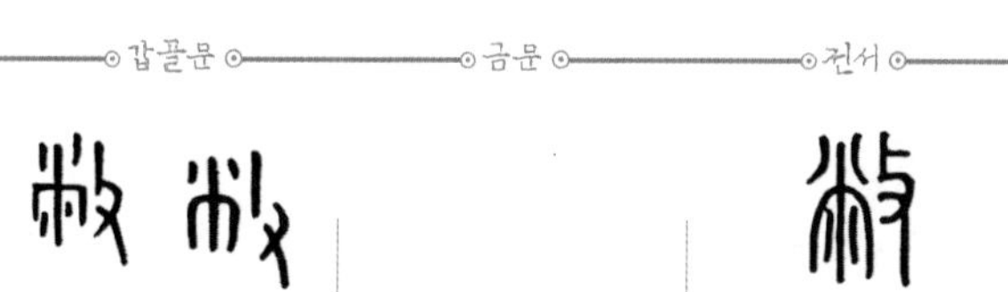

- 敝履폐리 : 해진 신발.
- 敝社폐사 : 자기 회사의 낮춤말.
- 敝衣破冠폐의파관 : 해진 옷과 부서진 갓. 구차한 차림새.

별	瞥$_1$	눈깜짝할 **별**	瞥見별견, 瞥眼間별안간, 一瞥일별
	鼈$_1$	자라 **별**	鼈甲별갑, 龜鼈귀별, 魚鼈어별
폐	弊$_3$	폐단 **폐**	弊端폐단, 疲弊피폐, 弊害폐해, 弊習폐습
	幣$_3$	화폐, 드릴, 폐백 **폐**	納幣납폐, 僞幣위폐, 幣物폐물, 紙幣지폐
	蔽$_3$	덮을 **폐**	建蔽率건폐율, 隱蔽은폐, 蔽一言폐일언
	斃$_1$	죽을 **폐**	斃死폐사, 病斃병폐, 疲斃피폐

浦

개, 물가 **포** | 3급

氵/水 | 7획 | 총10획

氵(물 수) + 甫(시작할 보)

강이나 내(氵)에 바닷물이 드나들어 바다가 시작되는(甫) 길목이라는 데서, '개(강이나 내에 바닷물이 드나드는 곳)'의 뜻이다.

- 浦口포구 : 배가 드나드는 어귀.
- 浦港포항 : 배가 드나드는 항구.

보	補$_3$	기울, 도울 **보**	補充보충, 補修보수, 補講보강, 補助보조
	甫$_2$	클 **보**	甫田보전, 杜甫두보
	輔$_2$	도울 **보**	輔弼보필, 輔車相依보거상의
포	捕$_3$	잡을 **포**	逮捕체포, 捕捉포착, 捕卒포졸, 捕獲포획
	鋪$_2$	펼, 가게 **포**	鋪張포장, 店鋪점포, 典當鋪전당포
	葡$_2$	포도 **포**	葡萄포도
	哺$_1$	먹일 **포**	哺乳動物포유동물, 反哺之孝반포지효
	脯$_1$	포 **포**	肉脯육포, 魚脯어포
	匍$_1$	길 **포**	匍腹포복, 匍行포행

逋$_1$	도망갈, 탈세할 **포**	逋逃포도, 逋脫포탈
圃$_1$	채마밭 **포**	圃田포전, 圃師포사
蒲$_1$	부들 **포**	菖蒲창포, 蒲色포색

包

쌀 포

준4급

勹 | 3획 | 총5획

어미 뱃속에 아기를 감싸고 있는 모양에서, '싸다'의 뜻이다.

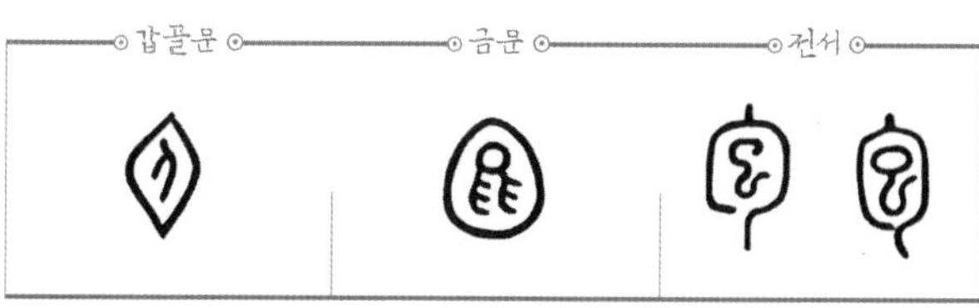

- 包括포괄 : 어떤 것을 싸잡아 끌어 넣는 것.
- 包容포용 : 감싸고 받아들임.
- 包圍포위 : 둘레를 에워쌈.

砲$_{준4}$	대포 **포**	大砲대포, 發砲발포, 砲煙포연, 砲火포화
胞$_4$	세포 **포**	同胞동포, 細胞세포, 僑胞교포, 胞子포자
抱$_3$	안을 **포**	抱擁포옹, 懷抱회포, 抱腹絶倒포복절도
飽$_3$	배부를 **포**	飽食포식, 飽滿포만, 飽聞포문, 飽和포화
鮑$_2$	절인 물고기 **포**	管鮑之交관포지교, 鮑尺포척
泡$_1$	거품 **포**	水泡수포, 泡沫포말, 氣泡기포, 發泡발포
庖$_1$	부엌 **포**	庖廚포주, 庖丁포정
咆$_1$	고함 지를 **포**	咆哮포효, 咆號포호
疱$_1$	물집 **포**	水疱수포, 膿疱농포
袍$_1$	도포 **포**	道袍도포, 錦袍금포

暴

①사나울 **폭/포** ②드러낼 **포** | 준4급

日 | 11획 | 총15획

해가 뜨면 두 손으로 쌀을 드러내서 말리는 모양에서, '햇볕에 쪼이다, 드러내다'의 뜻이다.

갑골문 · 금문 · 전서

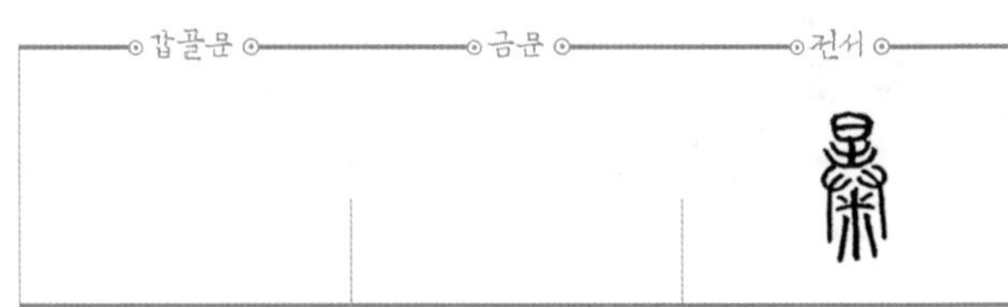

- **暴惡**포악 : 모질고 악함.
- **暴露**폭로 : 드러내서 밝힘.
- **暴行**폭행 : 난폭한 행동. 남에게 폭력을 가하는 일.

爆4	불 터질 **폭**	爆彈폭탄, 原爆원폭, 爆竹폭죽, 爆破폭파
瀑1	폭포 **폭**	瀑布폭포, 飛瀑비폭, 懸瀑현폭
曝1	쪼일 **폭**	曝書폭서
	쪼일 **포**	曝曬포쇄

票

불빛, 표 **표** | 준4급

示 | 6획 | 총11획

전서에서 는 두 손으로 물건을 들고 있는 모양이고, 火는 불이며, 一는 불이 흔들리는 모양으로, '불빛'의 뜻이다.

갑골문 · 금문 · 전서

• 投票투표 : 표를 던져 의사 표시를 함.

• 票決표결 : 표로 결정함.

표	標4	표할 **표**	標榜표방, 標識표지, 目標목표, 商標상표
	漂3	떠다닐 **표**	漂流표류, 浮漂부표, 漂漂표표
		빨래할, 씻을 **표**	漂白표백, 漂母표모
	慓1	급할, 사나울 **표**	慓毒표독, 慓疾표질, 慓悍표한
	剽1	겁박할, 빼앗을 **표**	剽竊표절, 剽奪표탈, 剽盜표도
	飄1	나부낄 **표**	飄然표연, 飄散표산

①여쭐, 줄, 받을, 천품 품 ②창고 름 | 1급

禾 | 8획 | 총13획

금문을 보면 창고에 곡식이 쌓여 있는 모양인데, 여기에서 '창고'의 뜻이고, 관청에서 창고의 곡식을 백성들에게 준다는 데서, '주다'의 뜻이다.

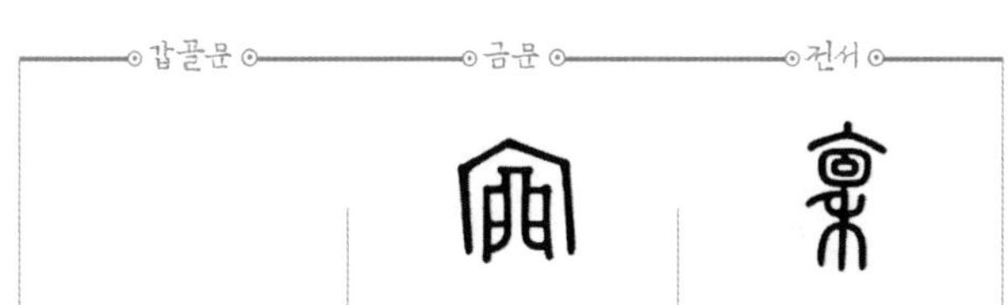

• 稟議품의 : 윗사람께 말이나 글로 여쭈어 논의함.

• 氣稟기품 : 타고난 기질과 성품.

• 稟性품성 : 타고난 성품.

름	凜1	찰, 늠름할 **름**	凜凜늠름, 凜然늠연

바람 풍 | 6급

| 風 | 0획 | 총9획 |

갑골문과 금문을 보면 새의 모양으로 되어 있는데, 새는 바람을 받아 날아가므로, '바람'의 뜻이다.

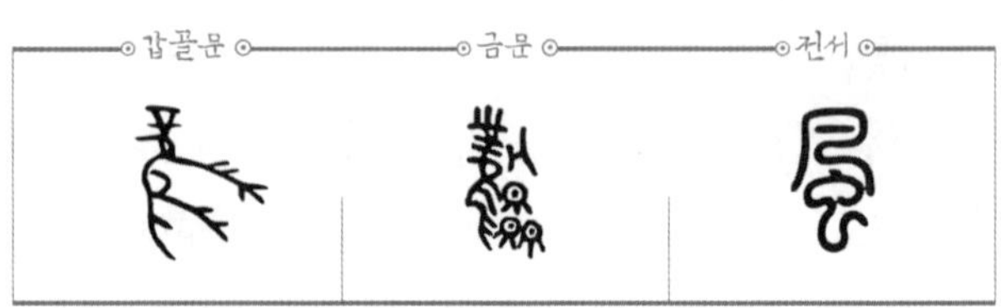

- 風致풍치 : 격에 맞는 멋.
- 風前燈火풍전등화 : 바람 앞의 등불. 위험한 상황.
- 風習풍습 : 풍속과 습관.

풍			
	楓$_3$	단풍 **풍**	丹楓단풍, 楓菊풍국, 楓宸풍신
	諷$_1$	풍자할 **풍**	諷刺풍자, 吟諷음풍, 諷諫풍간

가죽 피 | 3급

| 皮 | 0획 | 총5획 |

손으로 짐승의 가죽을 벗기는 모습을 본뜬 글자로, '가죽'의 뜻이다.

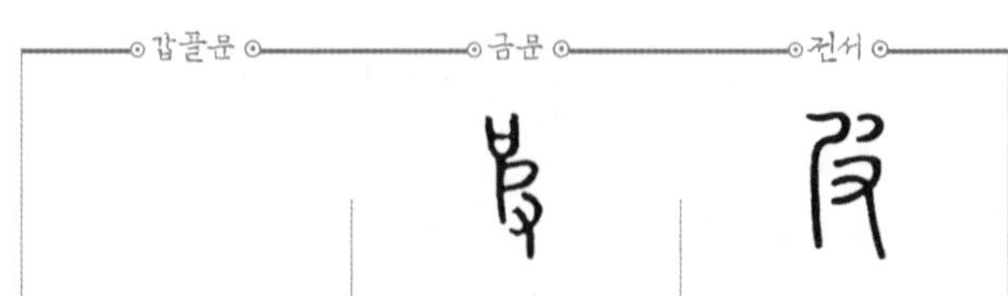

- 皮相피상 : 표면, 겉.

• 皮膚피부 : 동물의 몸을 싸고 있는 외피.

파	破준4	깨트릴 파	破壞파괴, 走破주파, 看破간파, 讀破독파
	波준4	물결 파	波濤파도, 腦波뇌파, 餘波여파, 人波인파
	頗3	자못, 치우칠 파	頗多파다, 偏頗편파
	坡2	언덕 파	靑坡청파, 坡州파주
	婆1	할미 파	老婆노파, 婆心파심, 産婆산파
	跛1	절름발이 파	跛行파행
		비스듬이 설 피	跛立피립
피	疲4	피곤할 피	疲困피곤, 疲勞피로, 疲憊피비, 疲弊피폐
	彼3	저 피	彼此피차, 彼岸피안, 彼我피아, 彼隻피척
	被3	입을 피	被拉피랍, 被襲피습, 被害피해, 被告피고
	披1	헤칠 피	披瀝피력, 披見피견, 披閱피열

必 반드시 필 | 5급

心 | 1획 | 총5획

꼭 하겠다는 결심을 마음(心)에 말뚝(丿)을 치는 것으로 나타내어, '반드시'의 뜻이다.

• 必須필수 : 꼭 필요함.
• 事必歸正사필귀정 : 일은 반드시 바른 곳으로 돌아감.

비	秘4	숨길 비	秘密비밀, 極秘극비, 默秘묵비, 便秘변비
	毖2	삼갈 비	懲毖錄징비록
	泌2	분비할 비	分泌분비, 泌尿器비뇨기
슬	瑟2	거문고, 쓸쓸할 슬	膠柱鼓瑟교주고슬, 蕭瑟소슬, 琴瑟금슬

疋	①짝 필 ②발 소	1급

疋	0획	총5획

무릎 아래의 다리와 발을 본떠, '발'의 뜻이다.

- 疋帛필백 : 명주明紬.
- 疋緞필단 : 필로 된 비단.

단	蛋$_1$	새알 단	蛋白質단백질, 鷄蛋계단
서	胥$_1$	서로, 아전 서	胥失서실, 胥吏서리
	壻$_1$	사위 서	壻郎서랑, 同壻동서, 賢壻현서
선	旋$_3$	돌(廻) 선	旋回선회, 螺旋나선, 旋渦선와
	璇$_2$	옥 선	天璇천선, 璇璣玉衡선기옥형
정	定$_6$	정할 정	定石정석, 定義정의, 判定판정, 算定산정
	碇$_1$	닻, 정박할 정	碇泊정박, 擧碇거정
	錠$_1$	덩이 정	錠劑정제, 西洋錠서양정
초	礎$_3$	주춧돌 초	礎石초석, 基礎기초, 定礎정초, 柱礎주초
	楚$_2$	초나라, 고울, 아플, 종아리 칠 초	四面楚歌사면초가, 淸楚청초, 苦楚고초, 楚撻초달
탄	綻$_1$	터질 탄	破綻파탄, 綻露탄로

구렁 학

1급

| 土 | 14획 | 총17획 |

歺又(뚫을 잔) + 谷(골짜기 곡) + 土(흙 토)

흙(土)을 파서(歺又) 골짜기(谷)를 만드는 데서, '구렁, 골짜기'의 뜻이다.

- 絕壑절학 : 깎아지른 듯한 골짜기.
- 萬壑千峰만학천봉 : 수많은 골짜기와 수많은 봉우리.

선	璿₂	구슬, 아름다울 선	璿源선원, 璿譜선보
예	睿₂	슬기 예	睿智예지, 睿宗예종
준	濬₂	깊을 준	濬潭준담, 濬川준천

다 함

3급

| 口 | 6획 | 총9획 |

도끼를 들고 위협하여 입을 다물게 한다는 것을 표현하여, 원래 '봉합하다'의 뜻이었으며, '모두, 다'의 뜻이 파생되었다.

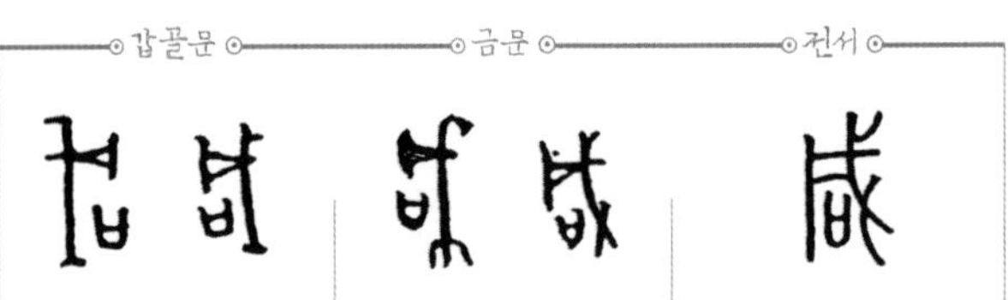

- 咸告함고 : 빠지 않고 죄다 일러바침.
- 咸池함지 : 해가 진다고 하는 큰 못.

하

감	減준4	덜 **감**	加減가감, 減員감원, 減價감가, 減少감소
	感6	느낄 **감**	感情감정, 感想감상, 感動감동, 感傷감상
	憾2	섭섭할 **감**	遺憾유감, 憾怨감원, 私憾사감
잠	箴1	경계, 바늘 **잠**	箴戒잠계, 箴言잠언, 箴銘잠명
침	鍼1	침 **침**	鍼工침공, 鍼灸침구, 鍼術침술
함	喊1	소리칠 **함**	喊聲함성, 高喊고함
	緘1	봉할 **함**	緘口令함구령, 緘默함묵
	鹹1	짤 **함**	鹹水함수, 鹹度함도

합할 합 | 6급

| 口 | 3획 | 총6획 |

그릇과 그 뚜껑의 모양을 본뜬 글자로, '합하다'의 뜻이다.

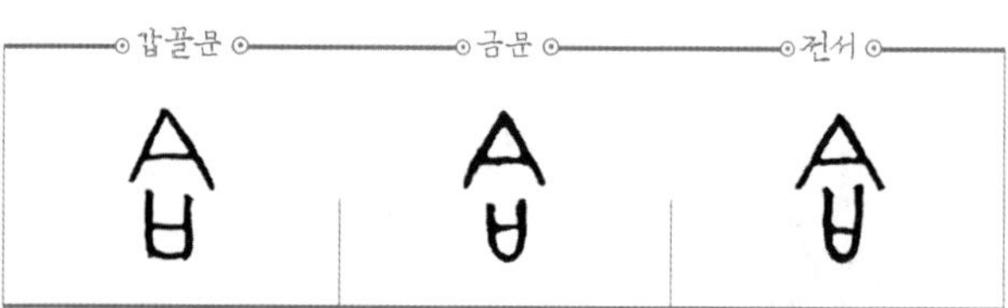

- 合勢합세 : 세력을 합함.
- 保合보합 : 시세가 변동없이 그대로 유지되는 일.

급	給5	줄 **급**	給與급여, 給食급식, 需給수급, 供給공급
나	拿1	잡을 **나**(拏)	拿捕나포, 拿鞫나국
답	答7	대답할 **답**	應答응답, 答訪답방, 答禮답례, 誤答오답
습	拾3	주울 **습**	拾得습득, 收拾수습
탑	塔3	탑 **탑**	佛塔불탑, 司令塔사령탑, 石塔석탑
	搭1	탈 **탑**	搭乘탑승, 搭載탑재, 搭船탑선

합	蛤1	조개 **합**	紅蛤홍합, 文蛤문합
	盒1	합(뚜껑 있는 놋그릇) **합**	饌盒찬합, 飯盒반합
흡	恰1	닮을 **흡**	恰似흡사
	洽1	흡족할 **흡**	洽足흡족, 普洽보흡, 協洽협흡

抗

겨룰 항 | 4급

扌/手 | 4획 | 총7획

扌(손 수) + 亢(목 항)

손(扌)으로 적의 목(亢)을 친다는 데서, '겨루다'의 뜻이다.

- 抗拒항거 : 맞서 겨루고 저항함.
- 抗議항의 : 부당하여 겨루어 주장함.
- 抗辯항변 : 상대방의 주장에 항거하여 변론함.

갱	坑2	구덩이 **갱**	焚書坑儒분서갱유, 坑內갱내, 坑道갱도
항	航3	배 **항**	航海항해, 缺航결항, 歸航귀항
	亢2	높을, 목 **항**	心悸亢進심계항진, 高亢고항, 亢進항진
	沆2	넓을 **항**	沆瀣항해

열두째 지지 해 | 3급

亠 | 4획 | 총6획

돼지의 골격을 본뜬 글자이지만 '돼지'란 의미는 상실되었고, 주로 '열두째 지지'의 의미로 쓰인다. 열두째 지지는 동물로 '돼지'에 해당된다.

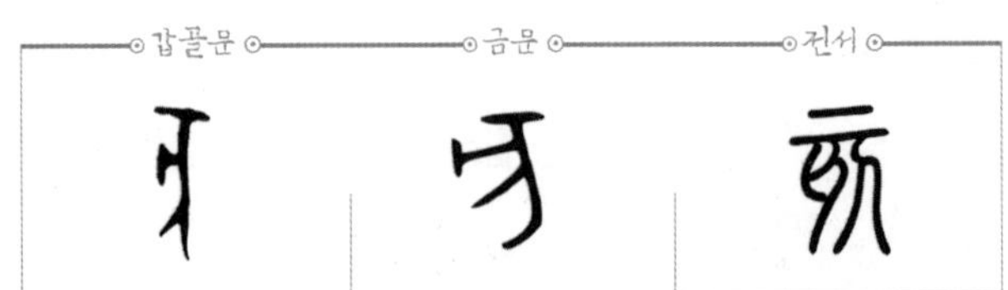

• 亥時해시 : 밤 9~11시.
• 亥方해방 : 북북서 방향.

각	刻4	새길, 시각, 몰인정할 각	刻骨難忘각골난망, 刻薄각박, 時刻시각
해	該1	마땅(當), 갖출(備) 해	該博해박, 該當해당, 該地해지
	駭1	놀랄 해	駭怪해괴, 駭怪罔測해괴망측, 震駭진해
	骸1	뼈 해	骸骨해골, 遺骸유해, 殘骸잔해, 形骸형해
	咳1	기침 해	咳嗽해수, 咳喘해천, 咳唾해타
핵	核4	씨 핵	核心핵심, 結核결핵, 核家族핵가족, 單核단핵
	劾1	꾸짖을 핵	彈劾탄핵, 劾論핵론, 劾奏핵주

害

해할 해 | 5급

宀 | 7획 | 총10획

宀(집 면) + 丰(무성할 봉) + 口(입 구)

집안(宀)에서 입(口)을 지나치게(丰) 잘못 놀리면 해를 끼치는 데서, '해하다'의 뜻이다.

• 害虐해학 : 해치고 학대함.
• 陰害음해 : 남모르게 해침.
• 要害요해 : 적을 막기에는 편리하고 적이 쳐들어오기에는 불리한 곳.

할 割3 벨, 나눌 할 — 割賦할부, 割當할당, 割引할인, 割腹할복

轄1 다스릴 할 — 管轄관할, 直轄직할, 分轄분할, 統轄통할

解

자를, 풀 해 | 준4

角 | 6획 | 총13획

角(뿔 각) + 刀(칼 도) + 牛(소 우)

칼(刀)로 소(牛)의 뿔(角)을 잘라내는 데서, '자르다, 풀다'의 뜻이다.

- 解弛해이 : 풀어져 느슨해짐.
- 解釋해석 : 풀어 설명함.
- 解渴해갈 : 목마름을 풂. 가뭄을 면함.

해 邂1 우연히 만날 해 — 邂逅해후

懈1 게으를 해 — 懈怠해태, 懈慢해만, 懈惰해타

奚

어찌, 종, 종족 해 | 3급

大 | 7획 | 총10획

목에 줄이 묶인 종·노예를 손으로 줄을 잡고 끌고 가는 장면에서, '종'의 뜻이다. '어찌, 종족'의 뜻으로 확장되었다.

갑골문 | 금문 | 전서

- 奚奴해노 : 종.
- 奚童해동 : 아이 종.

계	鷄$_4$	닭 **계**	鷄肋계륵, 群鷄一鶴군계일학, 鷄冠계관
	溪$_3$	시내 **계**	溪谷계곡, 溪水계수, 碧溪벽계, 淸溪청계

다행, 거둥, 사랑할 **행** | 6급

| 干 | 5획 | 총8획 |

고대에 죄인을 구속했던 수갑을 본뜬 글자이나, 수갑을 차는 형벌에서 풀려난다는 데서, '다행'의 뜻이다. '거둥하다, 사랑하다'의 뜻으로도 쓰인다.

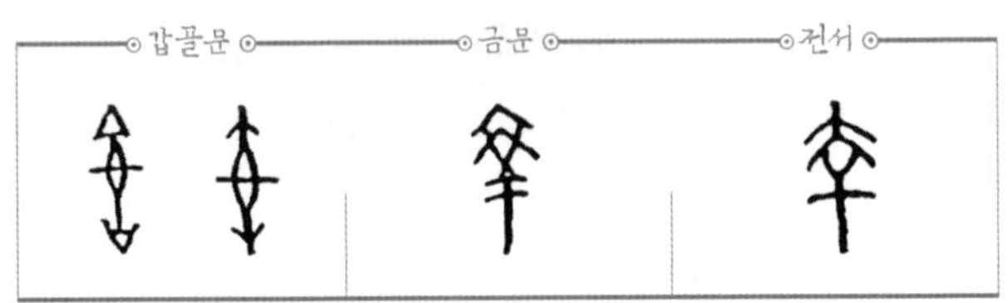

- 幸運행운 : 좋은 운수.
- 行幸행행 : 왕이 궁 밖으로 거둥함.
- 幸福행복 : 만족하여 부족함이나 불만이 없는 상태.
- 幸臣행신 : 임금의 총애를 받는 신하.

보	報$_{준4}$	갚을, 알릴 **보**	報告보고, 報恩보은, 警報경보, 報答보답
지	摯$_1$	잡을, 간절할 **지**	眞摯진지, 懇摯간지
집	執$_3$	잡을 **집**	執行집행, 我執아집, 固執고집, 父執부집
칩	蟄$_1$	숨을 **칩**	蟄居칩거, 驚蟄경칩, 蟄龍칩룡, 蟄伏칩복

行

①다닐 **행** ②항렬 **항** | 6급

| 行 | 0획 | 총6획 |

네거리의 모양을 본뜬 글자로, '다니다'의 뜻이다. '행하다, 항렬'의 뜻으로 확장되었다.

갑골문 · 금문 · 전서

- 行實행실 : 행하는 실제.
- 行列항렬 : 같은 혈족간의 대수 관계.
  행렬 : 줄지어 감. 줄.

어	御3	거느릴, 임금 **어**	御前어전, 御用어용, 崩御붕어, 制御제어
	禦1	막을 **어**	防禦방어, 禦寒어한, 禦侮어모, 禦敵어적
연	衍2	넓을, 퍼질 **연**	衍義연의, 蔓衍만연, 敷衍부연, 衍文연문
형	衡3	저울대 **형**	均衡균형, 度量衡도량형, 平衡평형
		가로 **횡**	合縱連衡합종연횡

鄕

시골 **향** | 준4급

| 阝/邑 | 10획 | 총13획 |

본래 사람들이 시골 마당에서 음식을 가운데 두고 둘러앉은 모양에서, '시골'의 뜻이다.

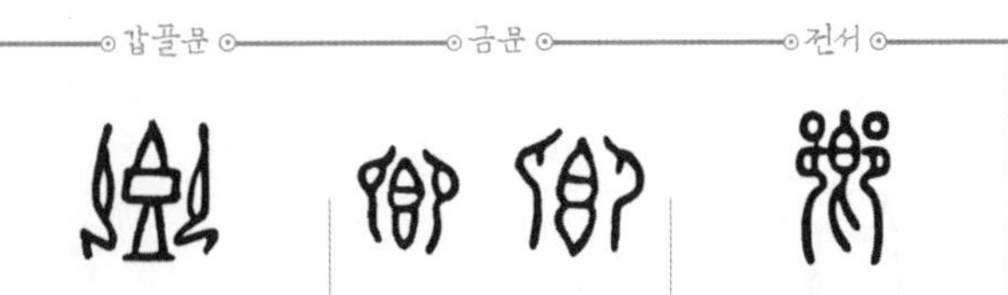

- 鄕里향리 : 시골 마을.
- 鄕愁향수 : 고향에 대한 그리움.

향	響3	울릴 향	影響영향, 反響반향, 音響음향, 響應향응
	嚮1	길잡을 향	嚮導향도
		접때 향	嚮者향자
	饗1	잔치할 향	饗宴향연, 饗應향응, 饗告향고, 歆饗흠향

①볼, 의견 견, ②뵐 현

5급

見 | 0획 | 총7획

큰 눈으로 한 곳을 바라보는 사람의 모습에서, '보다'의 뜻이다. '의견, 생각'으로 뜻이 확장되었다.

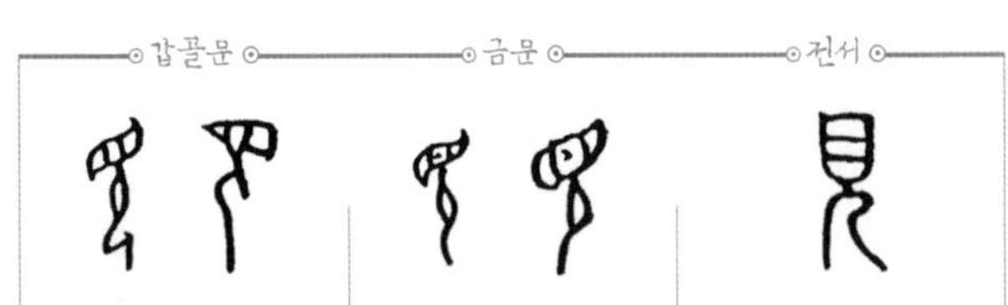

- 謁見알현 : 윗사람을 찾아뵈는 것.
- 見危授命견위수명 : 나라에 위기가 닥치면 목숨을 바침.
- 見聞견문 : 보고 들음.

각	覺4	깨달을 각	覺醒각성, 覺悟각오, 味覺미각, 幻覺환각
관	寬3	너그러울 관	寬容관용, 寬大관대, 寬刑관형, 寬仁관인

교	攪$_{1}$	흔들 **교**	攪亂교란, 攪拌교반, 攪土교토
규	規$_{5}$	법 **규**	法規법규, 規格규격, 規制규제, 新規신규
	窺$_{1}$	엿볼 **규**	窺視규시, 管窺관규, 潛窺잠규
멱	覓$_{2}$	찾을 **멱**	覓得멱득, 覓來멱래, 尋覓심멱
시	視$_{준4}$	볼 **시**	視角시각, 輕視경시, 視野시야, 視界시계
연	硯$_{2}$	벼루 **연**	硯滴연적, 硯池연지, 筆硯필연, 硯匣연갑
친	親$_{6}$	친할, 어버이, 친척 **친**	近親근친, 親喪친상, 親筆친필, 親戚친척
현	現$_{6}$	나타날 **현**	現實현실, 現金현금, 表現표현, 現況현황
	峴$_{2}$	재 **현**	雲峴宮운현궁

검을 현

3급

| 玄 | 0획 | 총5획 |

염색하기 위해 실을 묶은 모양을 본뜬 글자로, '검다, 현묘하다'의 뜻이다.

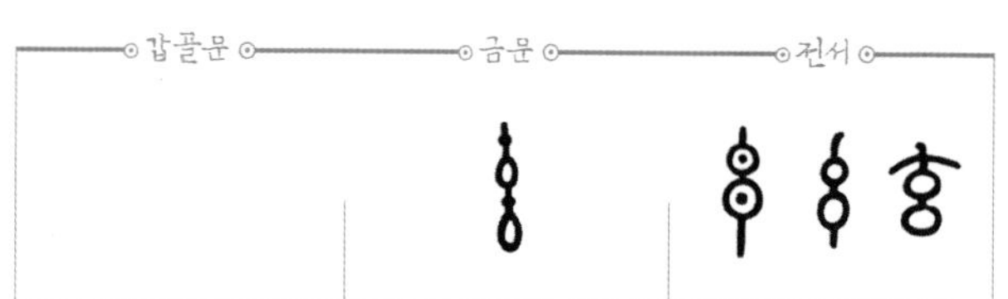

- 玄妙현묘 : 심오하고 미묘함.
- 玄孫현손 : 손자의 손자.
- 玄米현미 : 벼의 겉껍질만 벗기고 쓿지 않은 쌀.

솔	率$_{3}$	거느릴, 경솔할, 대략 **솔**	引率인솔, 率先솔선, 輕率경솔, 統率통솔
		비율 **률**	比率비율, 能率능률, 效率효율
자	慈$_{3}$	사랑, 어머니 **자**	慈母자모, 仁慈인자, 慈堂자당, 慈悲자비
	玆$_{3}$	이 **자**	今玆금자, 來玆내자, 念念在玆염념재자

하

	滋2	불을 **자**	滋養分자양분, 滋蔓자만, 滋甚자심, 滋雨자우
	磁2	자석 **자**	陶磁도자, 電磁波전자파, 磁極자극, 磁氣자기
현	絃3	줄 **현**	管絃樂관현악, 絕絃절현, 續絃속현
	弦2	시위 **현**	上弦상현, 下弦하현, 弦月현월, 弦影현영
	鉉2	솥귀 **현**	※이름자.
	炫2	밝을 **현**	炫煌현황
	眩1	어지러울 **현**	眩氣症현기증, 眩瞑현명, 眩惑현혹, 眩目현목
	衒1	자랑할 **현**	衒學현학, 衒言현언, 衒能현능

굴, 구멍 **혈**

3급

穴 | 0획 | 총5획

고대 주거 형태인 굴의 모양을 본뜬 글자이며, 땅에 구멍을 파고 볏짚을 덮은 형상으로, '굴'의 뜻이다.

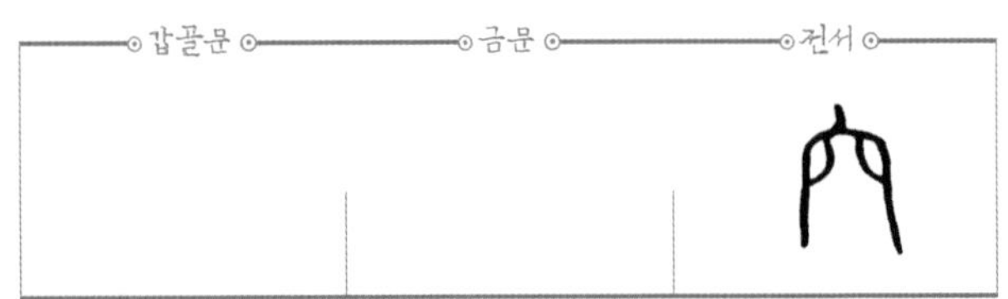

- 穴居혈거 : 굴집.
- 虎穴호혈 : 호랑이 굴.

절	竊3	훔칠 **절**	竊盜절도, 竊取절취, 竊聽절청, 竊念절념
창	窓6	창 **창**	客窓객창, 同窓동창, 鐵窓철창, 窓口창구

頁

머리 **혈** | 0급

| 頁 | 0획 | 총9획 |

큰 머리를 강조한 모습에서, '머리'의 뜻이다.

갑골문 · 금문 · 전서

과	寡$_3$	과부, 적을 **과**	寡婦과부, 寡頭과두, 獨寡占독과점, 寡人과인
류	類$_5$	무리, 닮을 **류**	類別유별, 類似유사, 類類相從유유상종, 類人猿유인원, 種類종류, 類推유추
수	須$_3$	모름지기, 잠깐 **수**	必須필수, 須臾수유, 須要수요, 須知수지
욱	頊$_2$	삼갈 **욱**	顓頊전욱
퇴	頹$_1$	무너질 **퇴**	頹落퇴락, 頹廢퇴폐, 衰頹쇠퇴
하	夏$_7$	여름 **하**	夏節하절, 夏至하지, 立夏입하, 夏服하복

血

피 **혈** | 준4급

| 血 | 0획 | 총6획 |

그릇에 떨어지는 핏방울의 모습을 본뜬 글자로, '피'의 뜻이다.

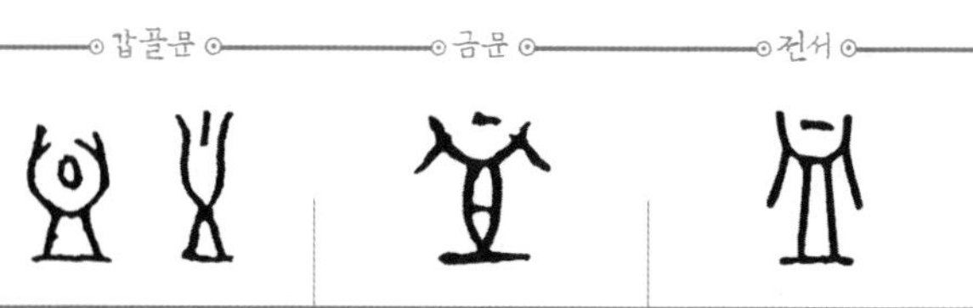

• 血液혈액 : 피.

• 鳥足之血조족지혈 : 새 발의 피. 적은 양의 비유.

중	衆 준4	무리 중	公衆공중, 衆智중지, 觀衆관중, 衆論중론
휼	恤 1	불쌍할 휼	救恤구휼, 賑恤진휼, 矜恤긍휼, 憫恤민휼

도울, 낄 협

0급

| 大 | 4획 | 총7획 |

어른 옆에서 작은 아이들이 양쪽에서 도와주는 모습에서, '돕다, 끼다'의 뜻이다.

• 夾室협실 : 안방의 양쪽에 있는 방.

섬	陜 2	땅이름 섬	陜西섬서, 陜縣섬현
합	陜 2	마을 합	陜川합천
		좁을 협	隘陜애협
협	峽 2	골짜기 협	山峽산협, 海峽해협, 峽谷협곡, 深峽심협
	挾 1	낄 협	挾攻협공, 挾輔협보, 挾詐협사, 挾雜협잡
	狹 1	좁을 협	狹小협소, 狹窄症협착증, 廣狹광협, 狹量협량
	頰 1	뺨 협	口頰구협, 紅頰홍협
	俠 1	의기로울 협	俠客협객, 俠骨협골, 勇俠용협, 義俠의협

亨

형통할 형

3급

亠 | 5획 | 총7획

조상신에게 제사를 드리는 사당을 본뜬 글자로, 제사를 드리고 복을 받아 만사형통한다는 데서, '형통하다'의 뜻이다.

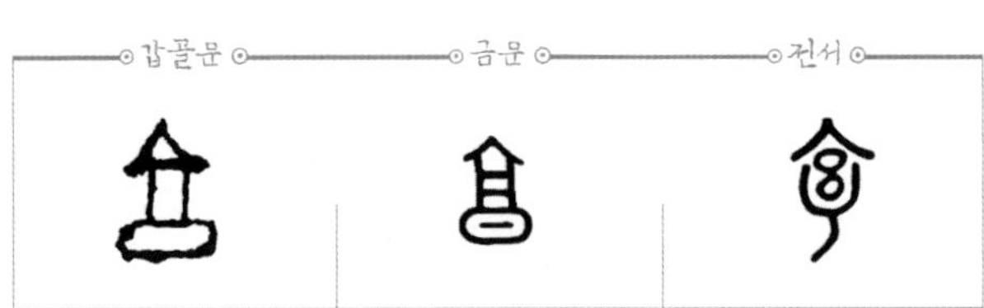

- 亨通형통 : 모든 일이 잘되고 통함.
- 亨途형도 : 평탄하게 통하는 길.

곽	郭$_3$	둘레, 외성 곽	城郭성곽, 外郭외곽, 內郭내곽, 匡郭광곽
	廓$_1$	둘레 곽	外廓외곽, 城廓성곽
		클, 넓을 확	廓大확대, 廓淸확청
	槨$_1$	외관(外棺) 곽	棺槨관곽
돈	敦$_3$	도타울 돈	敦篤돈독, 敦親돈친, 敦睦돈목, 敦厚돈후
	惇$_2$	도타울 돈	惇德돈덕, 惇信돈신, 惇惠돈혜
	焞$_2$	불빛 돈	※이름자.
숙	孰$_3$	누구 숙	誰怨孰尤수원숙우
	熟$_3$	익을 숙	能熟능숙, 未熟미숙, 熟考숙고, 熟議숙의
	塾$_1$	글방 숙	塾舍숙사, 義塾의숙, 私塾사숙, 鄕塾향숙
순	淳$_2$	순박할 순	淳朴순박, 淳良순량, 樸淳박순, 淳厚순후
	醇$_1$	진국술, 순수할 순	醇化순화, 醇美순미
향	享$_3$	누릴 향	享有향유, 享樂향락, 享祀향사, 享受향수

刑

형벌 형 | 4급

| 刂/刀 | 4획 | 총6획 |

형틀(幵)에 올려놓고 매를 치거나 칼(刂)로 벌을 내리는 데서, '형벌'의 뜻이다.

- 刑罰형벌 : 범죄에 대한 법률상의 제재.
- 酷刑혹형 : 가혹한 형벌.
- 刑量형량 : 형벌의 양.

형			
	形$_6$	모양 **형**	形狀형상, 形勢형세, 形便형편, 形容형용
	型$_2$	모형 **형**	模型모형, 類型유형, 典型전형, 定型정형
	邢$_2$	성(姓) **형**	邢氏형씨
	荊$_1$	가시 **형**	荊棘형극, 荊路형로, 荊門형문, 負荊부형

螢

반딧불 형 | 3급

| 虫 | 10획 | 총16획 |

炏(은은한 빛 형) + 虫(벌레 충)

은은한 빛(炏)을 내는 벌레(虫)라는 데서, '반딧불이, 반딧불'의 뜻이다.

- 螢光형광 : 반딧불.
- 螢雪之功형설지공 : 진나라 차윤車胤과 손강孫康이 각각 반딧불과 눈빛으로 책을 읽었다는 고사.

로			
	勞$_5$	일할, 위로할 **로**	疲勞피로, 慰勞위로, 勞動노동, 勤勞근로

	撈1	건질 **로**	漁撈어로
앵	鶯1	꾀꼬리 **앵**	鶯舌앵설, 鶯脣앵순, 黃鶯황앵
영	榮준4	영화로울 **영**	榮光영광, 繁榮번영, 虛榮허영, 榮譽영예
	瑩2	옥돌 **영**	瑩鏡영경
		밝을 **형**	未瑩미형, 瑩澈형철
형	瀅2	물 맑을 **형**	※이름자.

兄

형 **형**

8급

| 儿 | 3획 | 총5획 |

입을 크게 형상한 사람의 모양으로, 어린 사람에게 말로 지시를 하는 사람에서, '형'의 뜻이다.

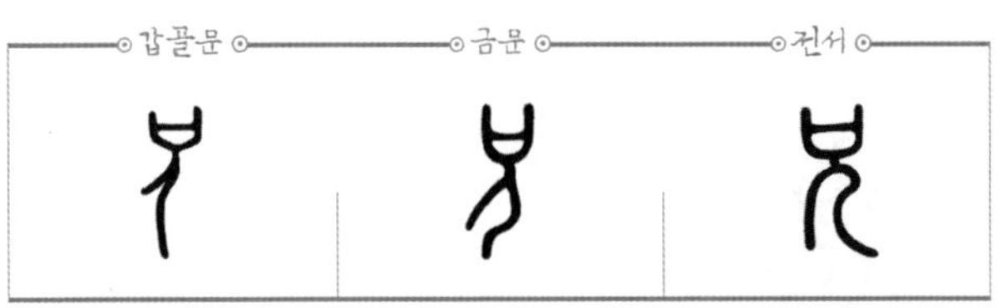

- 難兄難弟난형난제 : 형·아우가 우열을 가리기가 어려움.
- 舍兄사형 : 자기 형을 남에게 공손히 이르는 말.

경	競5	다툴 **경**	競賣경매, 競爭경쟁, 競技경기, 競演경연
주	呪1	빌 **주**	詛呪저주, 呪文주문, 巫呪무주
축	祝5	빌, 끊을 **축**	祝福축복, 祝賀축하, 奉祝봉축, 祝髮축발
황	況4	상황 **황**	盛況성황, 況且황차, 現況현황, 作況작황

兮

어조사 혜 | 3급

八 | 2획 | 총4획

갑골문을 보면, 호각(丫) 같은 것을 불 때 나는 소리(八)를 형상화한 것으로, '어조사'의 뜻이다.

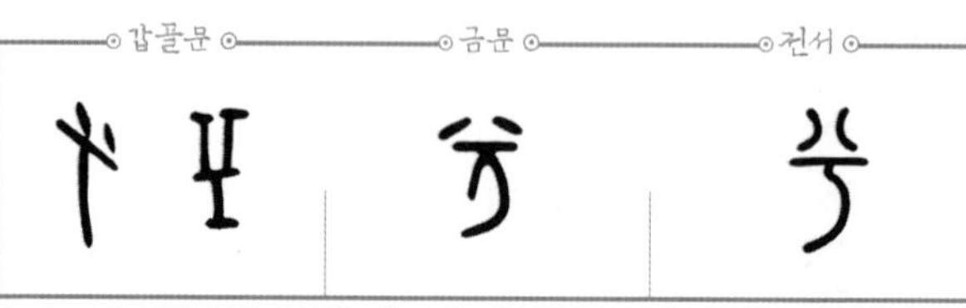

시 諡1 시호 시 　 諡法시법, 諡號시호, 追諡추시

惠

은혜 혜 | 준4급

心 | 8획 | 총12획

叀=叀(오로지 전) + 心(마음 심)

오로지(叀) 마음(心)이 한쪽으로만 베풀어지는 데서, '은혜'의 뜻이다.

- 惠澤혜택 : 은혜와 덕택.
- 恩惠은혜 : 베풀어주는 혜택.

수 穗1 이삭 수 　 落穗낙수, 禾穗화수

집 호

준4급

戶 | 0획 | 총4획

외짝으로 된 문을 본뜬 글자로, '지게문, 집'의 뜻이다. 참고로 두 짝 문은 '門(문 문)'이다.

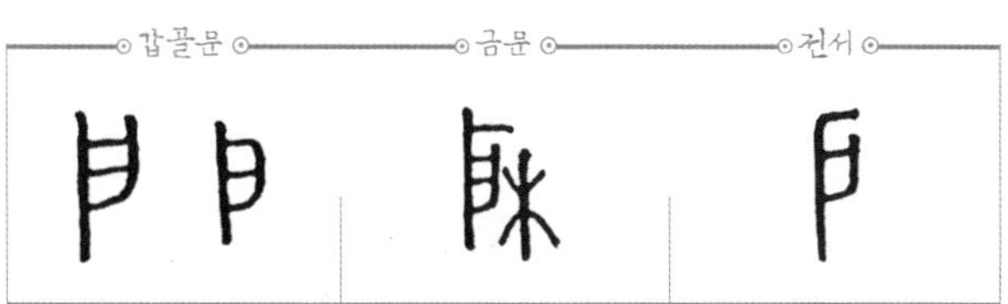

- 門戶문호 : 출입하는 문, 대대로 내려오는 지체 높은 문벌.
- 戶籍호적 : 호수와 인구를 기록한 장부.

소	所7	바 소	所謂소위, 處所처소, 所聞소문, 所有소유
투	妒1	샘낼 투(妬)	嫉妒질투

오랑캐 호

3급

月/肉 | 5획 | 총9획

금문을 보면, 古는 음식물이 입으로 들어가는 모양을, 肉은 음식물을 삼키는 턱 밑의 살을 나타내어 '짐승 턱 밑에 늘어진 살'을 뜻한다. 뒤에 뜻이 확장되어 '오랑캐'를 뜻한다.

- 胡亂호란 : 오랑캐가 일으킨 난리.

• 胡馬依北風호마의북풍 : 오랑캐 말은 북풍에 기댐. 고향을 그리워함.

호	湖5	호수 **호**	江湖강호, 畿湖기호, 湖南호남, 湖水호수
	糊1	풀칠할, 모호할, 죽 **호**	糊口호구, 糊塗호도, 模糊모호, 含糊함호
	瑚1	산호 **호**	珊瑚산호

護

보호할 호 | 준4급

| 言 | 14획 | 총21획 |

言(말씀 언) + 蒦(헤아릴 확)

상황을 헤아려서(蒦) 말(言)로 보호하는 데서, '보호하다'의 뜻이다.

• 庇護비호 : 뒤덮어서 보호함.
• 護衛호위 : 보호하여 지킴.

확	穫3	거둘 **확**	收穫수확, 秋穫추확, 耕穫경확
획	獲3	얻을 **획**	漁獲量어획량, 濫獲남획, 捕獲포획
		종 **획**	藏獲장획

虎

범 호 | 3급

| 虍 | 2획 | 총8획 |

큰 입, 날카로운 이빨, 강한 등, 강력한 발톱, 꼬리 그리고 무늬가 있는 호랑이를 본뜬 글자로, '호랑이'의 뜻이다.

갑골문 금문 전서

• 虎患호환 : 호랑이로 인한 근심.

• 虎豹호표 : 호랑이와 표범.

건	虔1	공경할 **건**	敬虔경건, 恭虔공건, 虔肅건숙, 恪虔각건
처	處준4	곳 **처**	難處난처, 處身처신, 對處대처, 處女처녀
체	遞3	갈릴 **체**	遞減체감, 郵遞우체, 遞信체신, 遞代체대
학	虐2	모질 **학**	自虐자학, 殘虐잔학, 暴虐포학, 凶虐흉학
	謔1	희롱할 **학**	謔笑학소, 諧謔해학, 戲謔희학, 嘲謔조학
	瘧1	학질 **학**	瘧疾학질, 瘧氣학기
허	虛준4	빌 **허**	虛空허공, 虛費허비, 虛實허실, 虛構허구
	墟1	터 **허**	廢墟폐허, 丘墟구허
	噓1	불 **허**	吹噓취허, 呴噓呼吸구허호흡
호	號6	이름, 부를 **호**	號令호령, 口號구호, 號外호외, 稱號칭호
	琥1	호박 **호**	琥珀호박
희	戲3	놀이 **희**	遊戲유희, 戲曲희곡, 戲弄희롱, 戲畫희화

혹 혹 4급

戈 | 4획 | 총8획

창(戈)을 들고 성(口)과 땅(一)을 지킨다는 데서, '나라'의 뜻이었으나, 원래의 뜻은 國(나라 국)으로 확장되고, 가차하여 '혹시'의 뜻으로 쓰인다.

• 或是혹시 : 아마도.

• 設或설혹 : 설령. 혹. 아마도.

국	國8	나라 국	國家국가, 國策국책, 國防국방, 國稅국세
역	域4	지경 역	地域지역, 區域구역, 領域영역, 流域유역
혹	惑3	미혹할 혹	困惑곤혹, 當惑당혹, 魅惑매혹, 迷惑미혹

禍

재앙 화

3급

示 | 8획 | 총14획

금문의 모양을 보면, 함정에 사람이 빠져 있는 모양으로, '재앙'을 뜻한다. 示(보일 시)가 나중에 보태진 것은 나쁜 짓을 하여 재앙을 받는 모습을 '보여준다'는 의미이다.

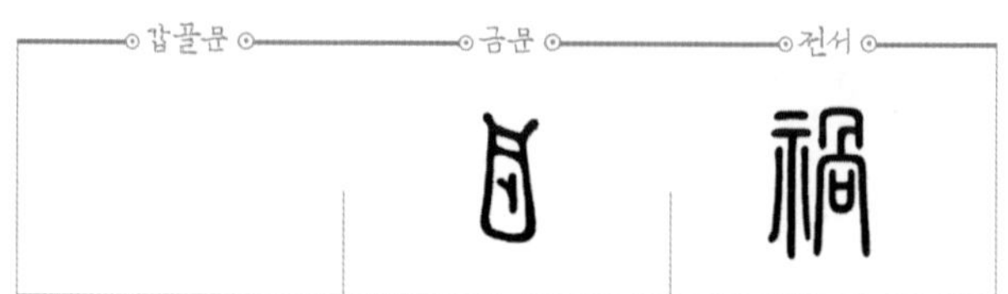

• 禍根화근 : 재앙의 근원.
• 轉禍爲福전화위복 : 화가 바뀌어 복이 됨.

과	過5	지날, 허물 과	看過간과, 過失과실, 過去과거, 過激과격
설	卨2	사람이름 설	※이름자.
와	渦1	소용돌이 와	渦中와중, 渦紋와문, 渦旋와선, 渦線와선
	蝸1	달팽이 와	蝸角之爭와각지쟁, 蝸牛와우, 蝸屋와옥

化

될 화 | 5급

| 匕 | 2획 | 총4획 |

옛 글자를 보면, 한 사람은 똑바로 서 있고 한 사람은 거꾸러져 있는데, 똑바로 있는 사람이 거꾸러져 변화하였다는 데서, '변화하다'의 뜻이다.

갑골문 · 금문 · 전서

- 感化감화 : 감정이 영향을 받아 변화함.
- 教化교화 : 가르쳐서 감화시킴.

와	訛$_3$	그릇될 와	訛傳와전, 訛言와언, 訛僞와위
혁	革$_4$	가죽 혁	皮革피혁, 革帶혁대
		고칠 혁	革命혁명, 改革개혁, 革新혁신, 變革변혁
화	貨$_{준4}$	재화 화	財貨재화, 良貨양화, 雜貨잡화, 百貨백화
	花$_7$	꽃 화	揷花삽화, 花壇화단, 花鬪화투, 花信화신
	靴$_2$	신 화	軍靴군화, 長靴장화, 靴工화공, 洋靴양화

꽃, 화려할 화 | 4급

| 艹/艸 | 8획 | 총12획 |

꽃과 꽃받침을 본떠서, '꽃'의 뜻이고, 꽃이 화려하므로, '화려하다'의 뜻이다.

• 豪華호화 : 사치스럽고 화려함.
• 華僑화교 : 외국에 사는 중국인.
• 華麗화려 : 빛나고 아름다움.

엽	燁$_2$	빛날 **엽**(曄)	燁然엽연
필	畢$_3$	마칠 **필**	檢查畢검사필, 畢竟필경, 畢納필납, 畢業필업
화	樺$_2$	자작나무, 벚나무 **화**	樺燭화촉
	嬅$_2$	탐스러울 **화**	※이름자.

벼 화

3급

| 禾 | 0획 | 총5획 |

벼의 뿌리, 잎, 그리고 이삭이 패어 고개를 숙인 모양을 본뜬 글자로, '벼'의 뜻이다.

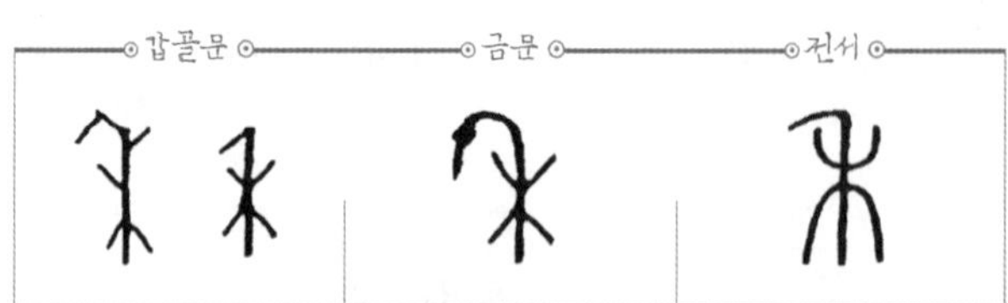

• 禾粟화속 : 벼와 조.
• 禾穗화수 : 벼이삭.

계	季$_4$	계절, 막내 **계**	季刊계간, 季氏계씨, 季節계절, 四季사계
	悸$_1$	두근거릴, 두려워할 **계**	悸慄계율, 恐悸공계

균	菌3	버섯 **균**	球菌구균, 菌根균근, 滅菌멸균, 細菌세균
년	年8	해 **년**	年配연배, 隔年격년, 年鑑연감, 豊年풍년 ※'年'자의 본래 글자는 '秊'임.
독	禿1	대머리 **독**	禿巾독건, 禿頭독두, 禿山독산, 禿樹독수
려	黎1	검을, 동틀 **려**	黎明여명, 黎民여민
목	穆2	공경할, 화목할 **목**	昭穆소목, 淸穆청목
병	秉2	잡을 **병**	秉權병권, 秉燭병촉, 秉軸병축
사	私4	사사로울 **사**	私感사감, 公私공사, 私見사견, 私淑사숙
서	黍1	기장 **서**	黍粟서속, 禾黍화서, 黑黍흑서
직	稷2	기장, 곡식의 신 **직**	社稷사직, 黍稷서직, 后稷후직
칭	稱4	일컬을, 헤아릴 **칭**	稱號칭호, 稱讚칭찬, 稱頌칭송, 稱量칭량
향	香준4	향기 **향**	香料향료, 香氣향기, 暗香암향, 香爐향로
화	和6	화할 **화**	和睦화목, 附和雷同부화뇌동, 平和평화

불 화 | 8급

| 火 | 0획 | 총4획 |

불이 타오르는 모양을 본뜬 글자로, '불'의 뜻이다.

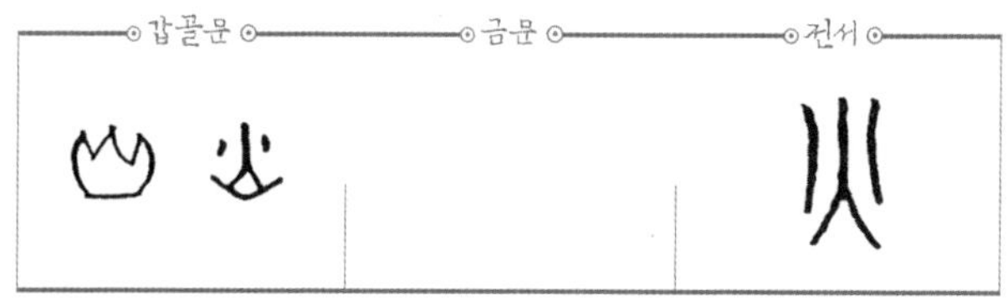

- 火急화급 : 아주 급함.
- 飛火비화 : 튀는 불똥. 영향이 다른 데까지 미침.

경	炅2	빛날 **경**	※이름자.

번	煩3	번거로울 **번**	煩悶번민, 食少事煩식소사번, 頻煩빈번
살	煞1	죽일, 악귀 **살**	急煞급살, 凶煞흉살, 毒煞독살, 厄煞액살
섭	燮2	불꽃, 화할 **섭**	燮和섭화, 燮理섭리
연	燕3	제비, 편안할 **연**	燕京연경, 燕息연식, 胡燕호연
자	炙1	구울 **자**	膾炙회자, 親炙친자
		구울 **적**	炙鐵적철, 炙膾적회, 魚炙어적
천	薦3	천거할 **천**	毛遂自薦모수자천, 薦擧천거, 推薦추천
형	炯2	빛날 **형**	炯眼형안, 炯炯형형, 炯心형심

고리, 돌 환

4급

王/玉 | 13획 | 총17획

玉(구슬 옥) + 睘(휘둥그런 눈 경)

금문을 보면, 고리 모양의 옥(玉)을 가슴에 품고 눈이 휘둥그렇게 뜨고(睘) 있는 데서, '고리 옥'의 뜻이다.

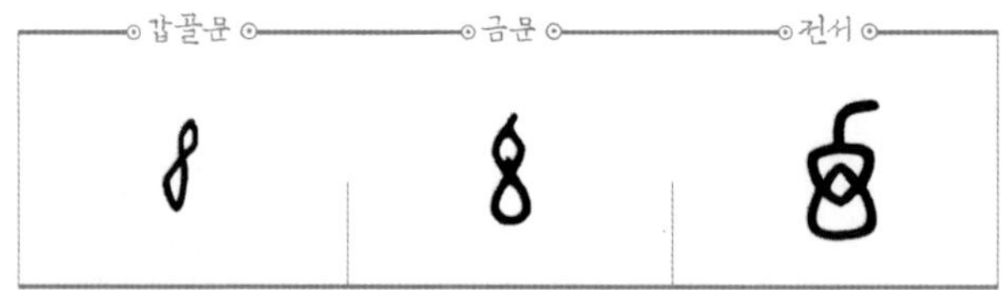

- 指環지환 : 가락지. 장식으로 손가락에 끼는 고리.
- 循環순환 : 쉬지 않고 자꾸 돎.

환	還3	돌아올 **환**	歸還귀환, 還給환급, 錦衣還鄕금의환향

幻

헛보일 환 | 2급

| 幺 | 1획 | 총4획 |

본래 글자는 물속에 비친 어떤 물체를 그린 것인데, 물속에 비친 것은 실체가 아닌 데서, '헛깨비, 헛보이다'의 뜻이다.

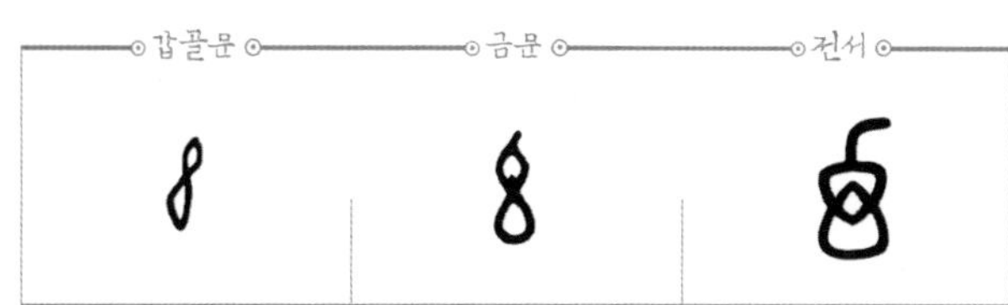

- 幻想환상 : 현실에 없는 것을 있는 것 같이 느낌.
- 幻生환생 : 실제는 없으나 환상처럼 나타남.
- 幻覺환각 : 현실에 없는 것을 있는 것처럼 느끼는 것.

요	拗$_1$	우길, 꺾을 요	執拗집요, 拗體요체
	窈$_1$	고요할, 깊을 요	窈窕淑女요조숙녀, 窈冥요명
유	幼$_3$	어릴 유	老幼노유, 幼年유년, 幼兒유아, 長幼장유
	幽$_3$	그윽할, 가둘 유	幽谷유곡, 幽明유명, 幽宅유택, 幽閉유폐

바꿀 환 | 3급

| 扌/手 | 9획 | 총12획 |

전서에서 은 지붕을, 은 지붕 위에 사람을, 은 지붕 아래 있는 사람의 손을 본뜬 것으로, 건축공사를 할 때 지붕 위·아래의 사람이 서로 건축자재를 주고받는 데서, '바꾸다, 교환하다'의 뜻이다. 원래 奐으로 쓰다가 물건을 교환하는 것은 주로 손으로 하기 때문에 扌(手)가 보태졌다.

갑골문 | 금문 | 전서

- 交換교환 : 서로 바꿈.
- 換骨奪胎환골탈태 : 완전히 모양을 바꿈.
- 換氣환기 : 공기를 바꿈.

환			
	煥2	빛날 환	煥乎환호
	喚1	부를 환	喚起환기, 召喚소환, 喚呼환호, 叫喚규환

임금 황

3급

白 | 4획 | 총9획

번쩍번쩍 빛이 나는 화려한 왕관과, 고대에 왕의 권위를 상징했던 도끼의 모양을 본뜬 것으로, '임금'의 뜻이다. 王(임금 왕) 자도 도끼의 모양을 본뜬 글자이다.

갑골문 | 금문 | 전서

- 皇恩황은 : 임금의 은혜.
- 皇考황고 : 죽은 아버지의 높임말.
- 皇帝황제 : 임금.

황			
	凰1	봉황 황	鳳凰봉황
	徨1	헤맬 황	彷徨방황, 迷徨미황

惶1	두려울 **황**	惶悚황송, 惶感황감, 惶恐황공, 兢惶긍황
煌1	빛날 **황**	輝煌휘황, 煌煌황황, 敦煌돈황, 炫煌현황
遑1	급할 **황**	遑急황급, 遑遑황황, 未遑미황

黃

누를 황 | 6급

黃 | 0획 | 총12획

원래 관리들이 조정의 중요 의식에서 패옥을 허리에 두르고 있는 모습을 본뜬 것으로, '패옥'의 뜻이었으나, 그 뜻으로는 璜(패옥 황) 자를 새로 만들어 썼고, 가차하여 '누렇다'의 뜻으로 쓰인다.

갑골문 | 금문 | 전서

- 黃泉황천 : 지하. 땅속. 저승.
- 黃昏황혼 : 해질녘. 종말에 이른 때.

광	廣5	넓을 **광**	廣狹광협, 廣告광고, 廣場광장, 廣義광의
	鑛4	쇳돌 **광**	鑛脈광맥, 鑛工業광공업, 鑛物광물, 鑛夫광부
	曠1	빌, 오랠 **광**	曠野광야, 曠古광고, 曠茫광망, 曠懷광회
	壙1	무덤 **광**	壙穴광혈, 壙誌광지, 壙中광중
확	擴3	넓힐 **확**	擴大확대, 擴散확산, 擴聲器확성기, 擴張확장
횡	橫3	가로, 사나울, 제멋대로 **횡**	橫書횡서, 橫財횡재, 橫暴횡포, 專橫전횡, 橫領횡령, 橫死횡사

돌아올 회

준4급

口 | 3획 | 총6획

물이 소용돌이 치는 모양을 본뜬 글자로, '소용돌이 치다, 돌다'의 뜻이다.

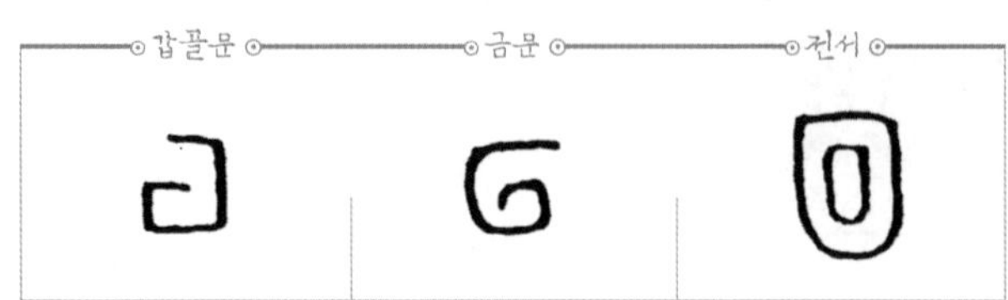

- 挽回만회 : 바로잡아 회복함.
- 回覽회람 : 차례로 돌려가며 봄.
- 撤回철회 : 도로 거두어들임.

도	圖6	그림, 꾀 **도**	企圖기도, 圖謀도모, 圖案도안, 圖表도표
비	鄙1	더러울, 인색할, 궁벽할, 낮출 **비**	鄙陋비루, 鄙吝비린, 都鄙도비, 鄙見비견
회	廻2	돌 **회**	廻轉회전, 輪廻윤회, 巡廻순회, 上廻상회
	徊1	머뭇거릴 **회**	徘徊배회, 低徊저회, 遲徊지회
	蛔1	회충 **회**	蛔蟲회충, 蛔症회증, 蛔藥회약

모일 회

6급

日 | 9획 | 총13획

솥에 음식재료를 모아 넣고 뚜껑을 덮어서 조리하는 모양을 본떠서, '모이다'의 뜻이다.

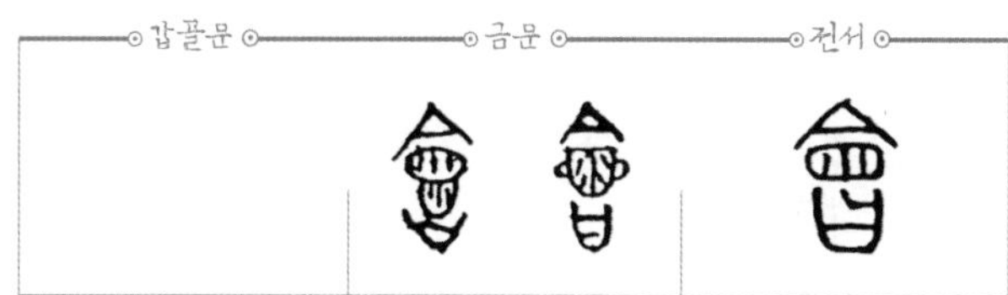

- 會心회심 : 마음에 맞음.
- 會者定離회자정리 : 만나면 반드시 헤어짐이 있음.

회	檜$_2$	전나무 **회**	檜皮회피, 檜木회목
	膾$_1$	회 **회**	生鮮膾생선회, 肉膾육회, 膾炙회자
	繪$_1$	그림 **회**	繪素회소, 繪畫회화, 水繪수회, 繪像회상

재 회

3급

火 | 2획 | 총6획

손으로 막대기를 잡고 불탄 재를 휘젓는 장면에서, '재'의 뜻이다.

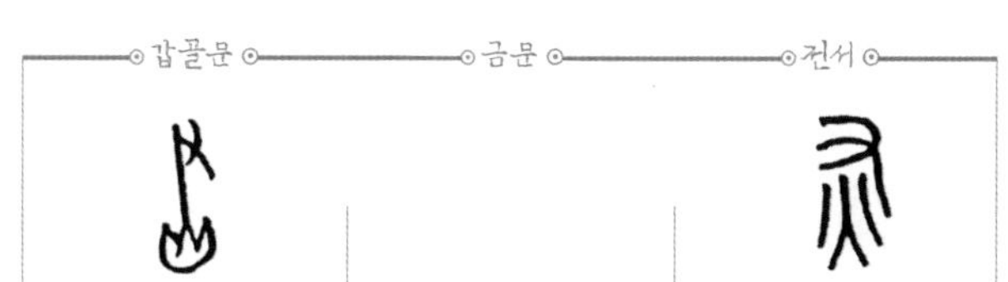

- 灰色회색 : 잿빛. 소속이나 주의가 분명하지 않음.
- 灰心회심 : 꺼진 재와 같이 욕심이 없고 고요한 마음.

탄	炭$_5$	숯 **탄**	塗炭도탄, 炭鑛탄광, 石炭석탄, 炭素탄소
회	恢$_1$	넓을, 회복할 **회**	恢復회복, 恢然회연, 恢宏회굉, 恢弘회홍

품을, 달랠 회 | 3급

| 忄/心 | 16획 | 총19획 |

금문에서 亼는 옷을, 眔은 눈물을 흘리는 모양이며, 마음속에서 일어나는 슬픈 생각으로 눈물을 흘리는 모습을 나타내어, '마음, 품다'의 뜻이다. 원래 褱로 쓰다가 마음을 강조하여 忄(心)이 보태졌다.

• 懷疑회의 : 의심을 품음.
• 虛心坦懷허심탄회 : 마음을 비우고 생각을 터놓음.

괴 壞3 무너질 **괴** 壞滅괴멸, 崩壞붕괴, 損壞손괴, 破壞파괴

임금, 왕후 후 | 2급

| 口 | 3획 | 총6획 |

𠂆은 권력을 상징하는 지팡이로서, 권력자가 입(口)으로 명령을 내린다는 데서, '임금, 군주'의 뜻이다.

• 皇后황후 : 황제의 정부인.
• 后稷후직 : 토지의 신과 곡식의 신.

구 垢1 때 **구** 無垢무구, 三垢삼구, 汚垢오구, 塵垢진구

후 逅1 만날 **후** 邂逅해후

侯

과녁, 제후 후

3급

| 亻/人 | 7획 | 총9획 |

화살이 날아가 과녁에 맞는 장면을 본뜬 글자로, '과녁'의 뜻이다. 고대에 활을 잘 쏘는 자는 지도자(제후)로 봉하였으므로, '제후'의 뜻이 생겨났다.

- 諸侯제후 : 봉건시대 일정한 구역을 다스리던 영주.
- 射侯사후 : 과녁.

후			
	候4	기후 **후**	候鳥후조, 氣候기후
		살필 **후**	斥候兵척후병, 諜候첩후, 測候측후
		조짐 **후**	徵候징후, 症候群증후군
	喉2	목구멍 **후**	耳鼻咽喉科이비인후과, 喉頭후두, 喉舌후설

卉

풀 훼

1급

| 十 | 3획 | 총5획 |

풀이 돋아난 모양을 본뜬 글자로, '풀'의 뜻이다.

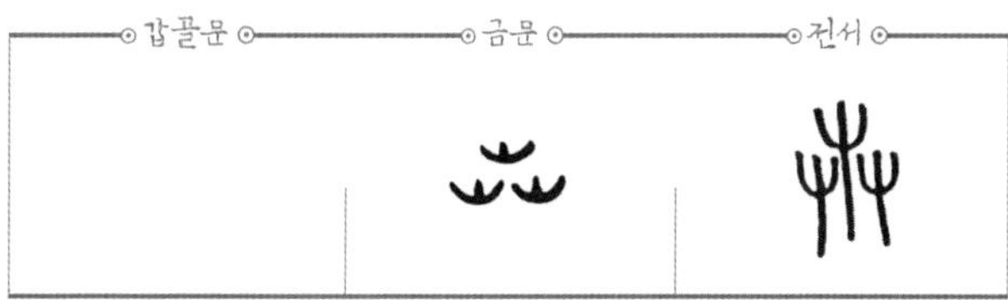

• 花卉화훼 : 꽃과 풀.
• 芳卉방훼 : 향기로운 풀.

변	弁2	고깔 변	弁韓변한, 武弁무변
분	奔3	달릴, 분주할 분	狂奔광분, 奔走분주, 奔忙분망, 奔放분방

凶

흉할 흉

5급

| 凵 | 2획 | 총4획 |

乂(가시) + 凵(구덩이)

凵은 함정을, 乂은 가시를 나타내어, 가시가 가득한 함정에 빠지는 것은 운 사나운 일이라는 데서, '흉하다'의 뜻이다.

• 凶家흉가 : 흉한 일이 생기는 집.
• 奸凶간흉 : 간사하고 흉함.

애	艾2	쑥, 늙은이, 예쁠 애	艾年애년, 艾葉애엽, 小艾소애, 鍼艾침애
요	凹1	오목할 요	凹凸요철, 凹面요면, 凹處요처
철	凸1	볼록할 철	凸型철형
흉	胸3	가슴 흉	胸襟흉금, 胸中흉중, 胸像흉상, 胸背흉배
	匈2	오랑캐 흉	匈奴흉노
	兇1	흉악할 흉	兇漢흉한, 元兇원흉
	洶1	용솟음칠 흉	洶湧흉용, 洶溶흉용

검을 흑

5급

| 黑 | 0획 | 총12획 |

사람의 몸(𡗕)에 검은 점(⺣)을 찍어 온몸이 검게 오염된 것을 나타내어, '검다'의 뜻이다.

갑골문 · 금문 · 전서

- 黑心흑심 : 시커먼 욕심을 품은 마음.
- 黑幕흑막 : 검은 장막. 드러나지 않는 음흉한 내막.

당	黨준4	무리 당	政黨정당, 不偏不黨불편부당, 作黨작당
묵	墨3	먹 묵	墨刑묵형, 墨畫묵화, 墨客묵객, 墨香묵향
	默3	잠잠할 묵	默殺묵살, 默示묵시, 默認묵인, 默想묵상
출	黜1	내칠 출	黜黨출당, 廢黜폐출, 斥黜척출, 黜會출회

하품, 모자랄 흠

1급

| 欠 | 0획 | 총4획 |

사람이 입을 크게 벌리고 하품하는 모습을 본뜬 글자로, '하품'의 뜻이다. '부족하다'의 뜻으로 확장되었다.

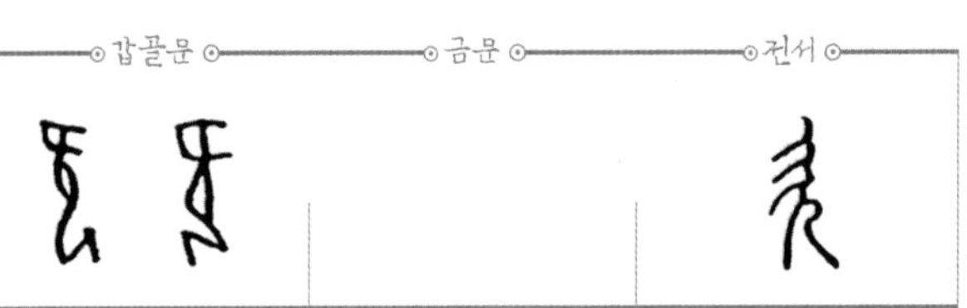

• 欠伸흠신 : 하품과 기지개.

• 欠乏흠핍 : 모자람.

관	款 2	항목, 정성, 새길 **관**	定款정관, 落款낙관, 借款차관, 款曲관곡
취	吹 3	불 **취**	鼓吹고취, 吹入취입, 吹奏취주, 吹打취타
	炊 2	불땔 **취**	炊事취사, 自炊자취, 炊飯취반, 炊湯취탕
흔	欣 1	기쁠 **흔**	欣快흔쾌, 欣躍흔약, 欣然흔연, 欣慕흔모
흠	欽 2	공경할 **흠**	欽慕흠모, 欽念흠념, 欽服흠복, 欽定흠정
	歆 1	흠향할, 부러워할 **흠**	歆饗흠향, 歆嘗흠상, 歆羡흠선, 歆感흠감

기쁠 희

2급

口 | 9획 | 총12획

윗 부분은 북 또는 북소리가 울리는 모양을, 아랫 부분은 입을 벌리고 웃는 모양을 본떠서, '기쁘다'의 뜻이다.

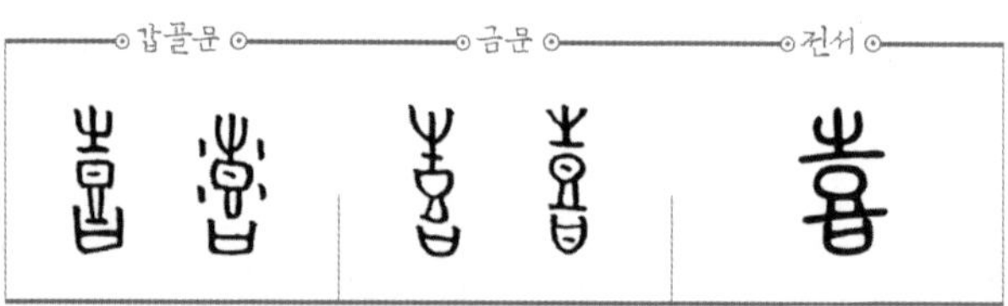

• 喜喜樂樂희희낙락 : 매우 기쁘고 즐거워함.

• 溢喜일희 : 기쁨이 넘침.

희	嬉 2	아름다울, 즐길 **희**	嬉笑희소, 嬉遊희유, 嬉怡희이, 嬉戲희희
	熹 2	빛날 **희**	朱熹주희
	憙 2	기뻐할 **희**	※이름자.
	禧 2	복 **희**	新禧신희, 禧年희년, 鴻禧홍희

부록

1. 부수해설部首解說

부수란 한자漢字를 만들고, 만들어진 훈·음을 자전에서 찾아보기 쉽게 배열한, 글자들끼리의 공통되는 부분이다. 이 글자의 집단을 부部라 하고, 각 부의 글자들에서 서로 공통되는 부분을 부수部首라고 한다.

부수는 합체되어 생긴 회의자와 형성자의 의미意味를 결정하게 되므로 한자를 분류하고 뜻을 이해하는 데 핵심核心 요소라 할 수 있다.

예를 들면, 湜(식), 淸(청), 淑(숙), 澄(징), 淨(정), 澈(철) 등은 음이 모두 다르지만 뜻은 모두 물 水(물 수)가 부수인 '맑다'는 뜻이다. 만일 한 글자에 두 개 이상이 합체되어 있다면 그 글자에서 가장 중요한 뜻을 가진 것이 부수가 되는 것이다.

현재 사용되는 부수는 모두 214자이며 변형되어 사용되는 부수까지 합하면 대략 250자 정도 된다. 좀 더 효과적인 학습을 위하여 글자와 부수의 연관성을 꼭 익혀두는 게 좋다.

| 부수의 위치에 따른 분류 |

위치	명칭	설명
 (왼쪽)	변邊	글자의 왼편에 위치한 부수. 편扁이라고도 함. **예)** 仁, 往, 授
 (오른쪽)	방旁	글자의 오른편에 위치한 부수. **예)** 收, 次, 頂
 (위)	머리	글자의 위편에 위치한 부수. 관冠이라고도 함. **예)** 宇, 草, 筆
 (아래)	발	글자의 아래에 위치한 부수. **예)** 元, 盛, 然
 (위·왼쪽)	엄广	글자의 위에서 왼편으로 연결된 부수. **예)** 店, 屋, 虎
 (왼쪽·아래)	받침	글자의 왼편에서 밑으로 연결된 부수. **예)** 近, 超, 廷
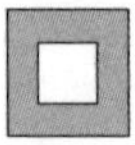 (둘레)	몸	글자를 둘러싸고 있는 부수. **예)** 國, 間, 區
 (전체)	단독체單獨體	글자가 그대로 부수인 것. **예)** 見, 馬, 木

| 부수의 획수에 따른 분류 |

• 1획

	一 한 일	양수陽數의 시작인 하나라는 뜻을 나타내는 글자로 하늘과 땅의 기준이 되는 지점을 뜻하기도 한다. '단독, 처음, 같다, 온통' 등의 뜻도 있다.
		예) 一, 丁, 七, 上, 下, 不, 丑, 丙, 世, 且, 丈
	丨 뚫을 곤	'뚫다'의 뜻을 나타내되 위에서 아래로 뚫음을 뜻한다.
		예) 中
	丶 구두점 주	문장을 읽다가 구두句讀가 끝어지는 곳을 표시한다. 지금의 쉼표(,)와 같은 역할을 한다.
		예) 丹, 主, 丸
	丿 삐침 별	'오른쪽에서 왼쪽으로 내려 삐치다'의 뜻이다.
		예) 乃, 久, 之, 乎, 乖
	乙 굽을 을	초목의 싹이 구불구불 돋아나는 모양을 본떴다. '새 을'이라고도 한다.
		예) 乙, 九, 也, 乾, 乞, 乳, 亂
	亅 갈고리 궐	구부러진 갈고리의 모양을 본떴다.
		예) 事, 了, 予

• 2획

	二 두 이	막대기 두 개를 가로로 놓은 모양이다. '버금, 갑절, 견주다, 의심' 등의 뜻도 있다.
		예) 二, 于, 五, 云, 井, 互, 亞
	亠 머리 두	본래의 뜻은 알 수 없다. '亥'의 머리 부분 모양이라 '돼지해머리'란 별칭이 있다.
		예) 亡, 交, 亦, 亥, 京, 亨, 享, 亭
	人/亻 사람 인	사람이 서 있는 옆모습을 본떴다. 이 글자의 변형인 '亻'은 '사람인 변'이라고 부른다. '타인, 인품, 백성, 인재' 등의 뜻도 있다.
		예) 人, 今, 以, 來, 伐, 仰, 位, 余
	儿 어진 사람 인	어진 사람이 점잖게 걸어가는 모습을 본떴다.
		예) 元, 兄, 光, 先, 兆, 充, 免, 克
	入 들 입	'들어가다, 들어오다'의 뜻이다. 풀이나 나무의 뿌리가 땅으로 들어가는 모양을 본떴다.

		예) 入, 內, 全, 兩
	八 여덟 팔	음수陰數의 여덟과 양쪽을 똑같이 나눈다는 뜻이다. **예)** 八, 公, 共, 兵, 其, 典, 兮, 具, 兼
	冂 멀 경	교외 밖 들판을 지나 산 너머 아주 멀다는 뜻이다. **예)** 册, 再, 冒
	冖 덮을 멱	보자기로 물건을 덮는다는 뜻이다. 글자 모양이 宀(집 면, 별칭은 '갓머리')에서 위에 점이 없어서 '민갓머리'라고도 한다. **예)** 冠, 冥
	冫 얼음 빙	얼음의 무늬·결을 본뜬 것으로, '얼다, 얼음, 차다' 등의 뜻이다. 이 글자가 변으로 쓰일 때 '이수변'이라고도 한다. **예)** 冬, 冷, 凉, 凍, 凝
	几 안석 궤	앉을 수 있는 의자의 모양을 본떠 '의자'의 뜻이다. 변형된 뜻은 책상으로도 쓰인다. **예)** 凡
	凵 입 벌릴 감	입을 크게 벌리는 모양을 본떴다. '구덩이'의 뜻도 있다. **예)** 凶, 出
	刀/刂 외날칼 도	외날칼의 모양을 본뜬 것으로, 병기의 일종인 '칼'이라는 뜻이다. **예)** 刀, 分, 列, 利, 副, 削, 劍, 刷, 切
	力 힘 력	밭을 가는 쟁기의 모양을 본뜬 글자로, 원래 뜻은 쟁기의 뜻이었으나 쟁기를 이용해 밭을 갈려면 큰 힘이 필요하므로 '힘'의 뜻이 되었다. **예)** 加, 勇, 動, 務, 募, 劣, 勝
	勹 감쌀 포	팔을 벌려 감싸고 있는 모양을 본뜬 것으로, '보자기로 싸다. 물건을 안다'의 뜻이다. **예)** 勿, 包
	匕 숟가락 비	숟가락의 모양을 본뜬 것으로, '숟가락'의 뜻이다. '비수(칼), 견주다, 친하다' 등의 뜻도 있다. **예)** 化, 北
	匚 상자 방	물건을 담는 네모난 상자를 본떴다. **예)** 匣, 匠
	匸 감출 혜	'뚜껑을 덮은 상자, 뚜껑을 덮어 감추다, 숨었다'의 뜻이다. **예)** 匹, 區

부수	설명
 十 열 십	줄의 중간에 매듭을 지어 열을 표현하여, '열, 십'의 뜻이다. '열 배, 전부, 완전하다' 등의 뜻도 있다. **예)** 十, 千, 半, 卒, 協, 南, 卑, 博, 卓
卜 점 복	거북점을 칠 때 거북이 등을 불에 구웠을 때 생긴 모양을 본뜬 것으로 '점'의 뜻이다. '주다, 점괘, 헤아리다, 갚다' 등의 뜻도 있다. **예)** 卜, 占
 卩/㔾 부절 절	옛날 천자가 관리를 임명할 때 증거로 주는 신표인 부절符節을 본떴다. **예)** 卯, 危, 印, 卵, 卽, 卷, 却, 卿
 厂 바위굴 한	언덕 밑의 사람이 살 수 있는 바위굴을 본떴다. 글자 모양이 广(돌집 엄)에서 위에 점이 없어 서 '민엄호'라고도 한다. **예)** 原, 厄, 厚, 厥
厶 사사로울 사	갈고리처럼 구부러진 모양으로 공정하지 못한 사람의 마음이 굽어 바르지 못함을 나타내었다. 흔히 글자 모양이 마늘과 닮아 '마늘모'라고 하지만, 이 글자에는 '마늘'이란 뜻이 없다. '모'라고 읽을 때는 '아무개'의 뜻이다. **예)** 去, 參
 又 손 우	손의 모양을 본떠서 '손'의 뜻이다. '또, 다시, 더욱, 두 번' 등의 뜻도 있다. **예)** 又, 及, 反, 友, 受, 叔, 取, 叛

· **3획**

부수	설명
口 입 구	입을 벌리고 있는 모양을 본떠서 말하고 음식을 먹는 '입'을 뜻한다. '말하다, 어귀, 문, 인구' 등의 뜻도 있다. **예)** 口, 可, 古, 句, 史, 右, 只, 告, 君, 合
 囗 에워쌀 위	사방을 둘러싼 경계나 울타리의 모양을 본떴다. 圍(에울 위)의 옛 글자이다. '큰입구몸, 에운담, 엔담'이라고도 한다. **예)** 四, 回, 固, 圓, 園, 圖, 囚, 圍, 團
 土 흙 토	땅에 흙이 쌓여 있는 모양을 본떴다. 이 부수가 들어가면 대부분 흙과 관련이 있다. **예)** 土, 在, 均, 坤, 城, 墳, 墳, 墮, 培, 垂
 士 선비 사	무사나 법 집행자가 들고 있는 도끼를 본떴다. '선비, 현자, 학식은 있으나 벼슬하지 않은 사람'을 뜻한다. '사내, 벼슬, 군사' 등의 뜻도 있다. **예)** 士, 壬, 壯, 壽

부수	설명
夂 뒤져서 올 치	사람의 두 다리가 뒤에서 이르러 오는 것을 본떴다. **예)** 夅, 夆
夊 천천히 걸을 쇠	사람의 두 다리가 끌리는 모양을 본떴다. **예)** 夏
夕 저녁 석	月(달 월)에서 한 획을 뺀 글자로, 해가 지고 달이 뜨기 전, 즉 초저녁을 뜻한다. **예)** 夕, 外, 多, 夜, 夢
大 큰 대	사람이 두 다리와 두 팔을 크게 벌리고 서 있는 모습을 본떴다. **예)** 大, 夫, 天, 太, 失, 央, 夷, 奇, 奮, 奪
女 계집 녀	두 손을 모으고 무릎을 꿇고 있는 여자의 모습을 본떴다. '딸, 처녀, 너, 별이름, 시집보내다' 등의 뜻도 있다. **예)** 女, 如, 始, 妻, 姿, 婢, 媒, 委
子 아들 자	어린아이가 포대기에 쌓여 있는 모양을 본떴다. 남자든 여자든 자식을 일컫는 말이며, 덕이 있는 사람을 높일 때도 쓴다. '아이, 첫째지지, 열매, 작위 이름' 등의 뜻도 있다. **예)** 子, 字, 存, 季, 孫, 孤, 孟, 孰
宀 집 면	기둥이 있고 위에 지붕이 덮인 집의 모양을 본떴다. 모양이 머리에 쓰는 갓을 닮아 '갓머리'라 고도 한다. **예)** 守
寸 마디 촌	오른쪽 손목에 엄지손가락을 대고 맥을 짚는 데서, '헤아리다'의 뜻이다. 또 손바닥과 손목의 경계에서 맥을 짚는 곳까지는 한 치 정도라는 데서, '치'의 뜻이다. 한 치는 '척尺'의 1/10이다. '적다, 촌수' 등의 뜻으로도 쓴다. **예)** 寸, 寺, 射, 將, 對, 封, 專, 尋
小 작을 소	갑골문에서 작은 점 세 개로 나타내어 '작다'는 뜻이다. **예)** 小, 少, 尙, 尖
尢/兀, 尣 절름발이 왕	한쪽 다리가 굽어 있는 사람의 모습으로, '절름발이, 절뚝거리다'의 뜻이다. **예)** 尤, 就
尸 주검 시	예전에 제사를 지낼 때 신위神位 대신 앉히던 어린아이를 시동尸童이라 하였는데, 그 시동이 앉아 있는 모습을 본떴다. '주검(시체), 시동, 눕다'의 뜻이다. **예)** 尺, 尾, 居, 屋, 屛, 層, 屬

	屮 싹날 철	초목의 새싹이 세 가닥으로 나오는 모양을 본떴다. **예)** 屯
	山 메 산	세 개의 봉우리가 있는 산의 모양을 본떴다. **예)** 山, 島, 崇, 岳, 岸, 峯, 崩, 嶺
	巛/川 내 천	흘러가는 냇물의 모양을 본떴다. 川(내 천)자와 같다. 그리고 이 글자의 뜻과는 관계가 없지만 글자 모양이 개미의 허리를 닮았다고 하여 '개미허리'라고도 한다. **예)** 川, 州, 巡
	工 장인 공	물건을 만드는 데 사용하는 연장의 모양을 본떴다. '기교, 정교하다, 일' 등의 뜻으로도 쓰인다. **예)** 工, 巨, 左, 巧, 差
	己 몸 기	구부러져 있는 실의 모양을 본뜬 것으로, 원래의 뜻은 '실마리, 실뭉치를 간추리다'의 뜻이었으나, 이 의미로는 紀(벼리 기)자가 새로 만들어졌고, 지금은 '자기의 몸'이란 뜻으로 쓰인다. **예)** 己, 巳, 已, 巷
	巾 수건 건	아래로 늘어뜨린 수건의 모양을 본떴다. '두건, 덮다, 싸다'의 뜻으로도 쓰인다. **예)** 市, 布, 帝, 席, 常, 帳, 幣
	干 방패 간	창이나 화살 등을 막는 방패의 모양을 본떴다. '범하다, 약간, 구하다, 간섭하다'의 뜻으로도 쓰인다. **예)** 干, 平, 年, 幸, 幹
	幺 작을 요	가는 실타래의 모양을 본떴다. 참고로, 絲(실 사)의 반이 糸(가는 실 멱)이고, 糸의 반이 幺이다. 그래서 '작다, 어리다'의 뜻이다. **예)** 幺, 幾, 幽
	广 돌집 엄	산 벼랑에 의지하여 지은 집을 본떴다. **예)** 序, 店, 廊, 廟, 廢
	廴 길게 걸을 인	작은 걸음을 뜻하는 彳(조금 걸을 척) 아래에 길게 선을 그어 길게 걷는다는 뜻을 나타내었다. **예)** 建, 延, 廷
	廾 두 손으로 받들 공	두 손을 모아 공손히 받드는 모양을 본떴다. **예)** 弄, 弊
	弋 주살 익	줄을 매어놓은 화살을 본떴다고도 하고, 말뚝의 모양을 본떴다고도 한다. 그래서 '주살, 말뚝'의 뜻이다. **예)** 式

	弓 활 궁	활의 모양을 본떴다. **예)** 弓, 引, 弟, 弱, 强, 弔, 弘, 張, 彈
	彐/⺕, 彑 돼지머리 계	돼지의 머리 모양을 본떴다. **예)** 彙, 彝
	彡 터럭 삼	세 가닥의 털을 본떴다. '무늬'의 뜻으로도 쓰인다. **예)** 形, 彩, 影
	彳 조금 걸을 척	行(다닐 행)의 반을 나타내어 '조금 걷는다'는 뜻이다. **예)** 往, 待, 徒, 徐, 循, 微, 徵, 徹

• 4획

	心/忄, ⺗ 마음 심	심장의 모양을 본떠 '심장'의 뜻이다. '가슴, 생각, 별자리 이름'의 뜻으로도 쓰인다. **예)** 心, 必, 忘, 恥, 悠, 恭, 恕
	戈 창 과	자루가 길고 위쪽에 수평날이 있는 창을 본떴다. 창으로 전쟁을 하므로 '전쟁'의 뜻으로도 쓰인다. **예)** 戊, 戌, 成, 我, 戚, 戲
	戶 지게문 호	외짝으로 된 문을 본떴다. 참고로 두 짝 문은 '門(문 문)'이다. **예)** 戶, 房, 所
	手/扌 손 수	사람의 다섯 손가락과 손바닥을 본떴다. 다른 글자와 합쳐질 때 왼쪽에 붙으면 모양이 '扌'로 변하는데 그 모양이 '才(재주 재)'와 비슷하여 '재방변'이라고 한다. '손수, 재주, 전문가, 잡다'의 뜻도 있다. **예)** 手, 拾, 持, 授, 掌, 押, 把, 拔
	支 나눌 지	손으로 나뭇가지를 들고 있는 모양을 본떠서 '가지'의 뜻인데, 이 뜻으로는 '枝(가지 지)'가 주로 쓰인다. '나누다, 지탱하다' 등의 뜻으로도 쓰인다. **예)** 支
	攴/攵 칠 복	손으로 막대기를 들고 있는 모양을 본떠서 '치다'의 뜻이다. 이 글자가 변형된 攵이 '文(글월 문)'자와 닮았다고 하여 '등글월문'이라고도 한다. **예)** 收, 放, 攻, 敦, 敗, 敢, 敍
	文 글월 문	원래는 가슴에 문신을 새긴 사람의 모습을 본뜬 글자로, '문신'의 뜻이었다. 후에 '문자'의 뜻으로 확장되자, 紋(무늬 문)자가 새로 생겨났다. **예)** 文

斗	말 두	곡식의 분량을 재는 데 사용하는 자루가 달린 말의 모양을 본떴다. 10되가 한 말이다. 별자리 이름으로도 쓰인다. **예)** 斗, 料, 斜
斤	도끼 근	도끼의 자루와 날을 본떴다. 무게의 단위로도 쓰인다. **예)** 新, 斥, 斯, 斷, 斤
方	모 방	두 척의 배를 나란히 묶어놓은 모양을 본떠 '나란하다'의 뜻이다. '네모지다, 방향, 방법, 지방'의 뜻으로도 쓰인다. **예)** 方, 於, 施, 旅, 旋, 旗
无	없을 무	사람의 몸을 본뜬 大 위를 一로 덮어 머리가 가려져 보이지 않는다는 것을 나타내어 '없다'는 뜻이다. 無(없을 무)자와 같은 글자이다. **예)** 旣
日	날 일	해의 모양을 본떠서 '해, 날'의 뜻이다. **예)** 早, 旦, 旱, 昇, 曆, 昏, 晨, 普
曰	말할 왈	입에서 혀가 움직여 소리가 나오는 모양을 본떴다. **예)** 曰, 曲, 更, 會, 最, 替
月	달 월	반달의 모양을 본떴다. 참고로 肉(고기 육)의 변형도 月인데, 이것을 '육달월'이라고 한다. **예)** 月, 朝
木	나무 목	나무의 뿌리와 줄기와 가지를 본떴다. **예)** 木, 末, 未, 本, 架, 槪, 枯, 東
欠	하품 흠	사람이 입을 크게 벌리고 하품하는 모양을 본떴다. '모자라다, 부족하다' 등의 뜻으로도 쓰인다. **예)** 次, 欲, 歌, 歡, 欺, 歎
止	그칠 지	발의 모양을 본떠 '발'의 뜻이다. 뒤에 '발'의 뜻으로는 趾(발 지)가 쓰이고, 止는 '그치다, 금지하다' 등의 뜻으로 쓰인다. **예)** 止, 正, 此, 步, 武, 歲, 歷, 歸
歹/歺	남은 뼈 알	살을 발라내고 남은 뼈를 본떴다. **예)** 死, 殃, 殆, 殊, 殉, 殘
殳	몽둥이 수	손에 몽둥이를 들고 있는 모양을 본떴다. **예)** 殺, 段, 毁. 殿
毋	말 무	여자(女)의 몸에 접촉하지 말라(一)는 뜻을 담은 글자이다. '아니다, 없다'의 뜻으로도 쓰인다. **예)** 母, 每, 毒

比 견줄 비	두 사람이 나란히 있는 모양을 본떴다. '나란하다, 비슷하다, 친밀하다, 비율, 돕다' 등의 뜻도 있다. 예) 比
毛 털 모	사람이나 짐승의 피부에 난 털을 본떴다. '짐승'의 뜻으로도 쓰인다. 예) 毛, 毫
氏 성씨 씨	나무의 뿌리를 본뜬 것으로, 같은 뿌리에서 나온 사람들을 나타내어, '성씨'의 뜻이다. 예) 氏, 民
气 구름 기운 기	구름이 뭉게뭉게 피어오르는 모양을 본떴다. 氣(기운 기)의 옛 글자이다. 예) 氣
水/氵, 氺 물 수	흐르는 물의 모양을 본떴다. 변형된 모양인 氵는 점 세 개로 구성되어 '삼수변'이라고도 한다. 예) 水, 注, 浦, 淚, 添, 淫, 漆
火/灬 불 화	불이 타오르는 모양을 본떴다. 변형된 모양인 灬는 '연화발'이라고도 한다. '급하다, 병, 태우다, 탄약' 등의 뜻도 있다. 예) 火, 無, 然, 熱, 燭, 爆, 焉, 營, 燕
爪/爫 손톱 조	손톱과 발톱의 모양 또는 손으로 물건을 집는 모양을 본떴다. 예) 爭, 爲, 爵
父 아비 부	손에 돌도끼를 들고 있는 가장의 모습을 본떴다. 예) 父
爻 사귈 효	서로 교차되어 있는 모양을 본떴다. 예)
爿 나뭇조각 장	木(나무 목)을 반으로 쪼갠 모양이다. 반으로 쪼갠 왼쪽은 爿이고, 오른쪽은 片(조각 편)이다. 예)
片 조각 편	木(나무 목)을 반으로 쪼갠 모양이다. 예) 片, 版
牙 어금니 아	윗니와 아랫니를 물고 있는 모양을 본떴다. '상아, 싹트다, 어리다, 대장기' 등의 뜻도 있다. 참고로, 齒(이 치)는 치아齒牙 전체를 말하고, 牙는 송곳니와 어금니를 말한다. 예) 牙
牛 소 우	소 머리의 뿔과 귀가 강조된 모습을 본떴다. 예) 牛, 物, 特, 牧, 牽

	犬/犭 개 견	개가 옆으로 서 있는 모양을 본떴다. 변형된 모양인 犭을 '개사슴록변'이라고도 한다. **예)** 犬, 猶, 狀, 犯, 狗, 猛, 狂

· 5획

	玄 검을 현	염색하기 위해 실을 묶은 모양을 본떴다. '어둡다, 심오하다, 그윽하다' 등의 뜻으로도 쓰인다. **예)** 玄, 率
	玉/王 구슬 옥	세 개의 구슬을 실로 꿰고 있는 모양을 본떴다. 원래 王으로 썼으나, 도끼의 모양을 본뜬 글자인 王(임금 왕)과 구별하기 위해 점을 찍어 구분하였다. 이 글자가 변으로 쓰일 때는 원래의 모양 대로 '王'으로 쓴다. **예)** 王, 玉, 珍, 班, 琴, 珠
	瓜 오이 과	덩굴에 오이가 달려 있는 모양을 본떴다. **예)** 瓜
	瓦 질그릇 와	수키와와 암키와가 서로 맞물려 있는 모양을 본떴다. **예)** 瓦
	甘 달 감	입 안에 음식물을 물고 있는 모양을 본떴다. '맛 좋은 음식, 즐기다' 등의 뜻으로도 쓰인다. **예)** 甘, 甚
	生 날 생	땅위로 초목의 싹이 돋아난 모양을 본떴다. '살다, 목숨, 날것, 생활' 등의 뜻으로도 쓰인다. **예)** 生, 産
	用 쓸 용	이 글자의 어원에 대해서는 여러 설명이 있다. 그 가운데 하나는, 卜(점 복)과 中(맞을 중)이 결합된 것으로, 점을 쳐서 용도에 맞아야 사용할 수 있다는 데서, '쓰다'의 뜻이다. **예)** 用
	田 밭 전	밭두둑으로 경계를 나누어놓은 밭의 모양을 본떴다. '농사짓다, 사냥하다' 등의 뜻으로도 쓰인다. **예)** 田, 甲, 由, 界, 留, 畿, 畢, 畓
	疋 발 소(필 필)	무릎 아래의 다리와 발을 본떴다. '짝, 필(피륙을 세는 단위)'의 뜻으로 쓰일 때는 음이 '필'이다. **예)** 疎, 疑

부수	설명
疒 병들 녁	병을 앓는 사람은 주로 침상에 누워 있으므로, 사람이 침상에 있는 모양을 본떴다. 예) 病, 疫, 症, 疾, 疲, 痛
癶 등질 발	왼발과 오른발이 서로 등지고 있는 모양을 본떴다. '필발머리' 또는 '필발밑'이라고도 한다. 예) 癸, 登, 發
白 흰 백	이 글자의 어원에 대해서는 여러 설명이 있다. 그 가운데 하나는, 해(日)에서 빛이 나오는(丨) 모양을 나타낸 것이다. '희다, 깨끗하다, 밝다, 아뢰다, 비다' 등의 뜻으로도 쓰인다. 예) 白, 百, 的, 皆, 皇
皮 가죽 피	손으로 짐승의 가죽을 벗기는 모양을 본떴다. 皮는 털이 있는 가죽, 革(가죽 혁)은 무두질하여 털을 제거한 가죽, 韋(가죽 위)는 皮와 革에서 가죽에 붙은 기름을 제거한 가죽이다. 예) 皮
皿 그릇 명	음식을 담는 그릇의 모양을 본떴다. 예) 益, 盜, 盟, 盡, 盤
目/罒 눈 목	눈의 모양을 본떴으며, 원래 가로 형태인 罒으로 쓰던 글자이다. 예) 目, 直, 看, 相, 省, 盲, 睡, 瞬
矛 창 모	장대 끝에 휘어진 두 개의 칼날이 달린 창의 모양을 본떴다. 예) 矜
矢 화살 시	화살의 모양을 본떴다. '곧다, 맹세' 등의 뜻으로도 쓰인다. 예) 矣, 知, 矯, 短
石 돌 석	낭떠러지의 바위굴(厂)에서 떨어져 나온 돌(口)의 모양을 본떴다. 예) 石, 研, 破, 硬, 磨, 礎
示/礻 보일 시	二는 上(위 상)과 같은 글자이고, 小는 빛이 내려 비치는 모양으로, 하늘 위에서 빛이 비쳐 보이게 한다는 뜻을 나타냈다. 예) 示, 禮, 祖, 祭, 禁, 社, 禪
禸 짐승발자국 유	짐승의 발자국 모양을 본떴다. 예) 禽
禾 벼 화	벼의 뿌리, 잎, 이삭이 패어 고개를 숙인 모양을 본떴다. 예) 私, 秀, 秋, 稻, 穫, 秘
穴 구멍 혈	고대 주거 형태인 굴의 모양을 본뜬 글자이며, 땅에 구멍을 파고 볏짚을 덮은 형상이다. '굴, 무덤'의 뜻으로도 쓰인다. 예) 究, 空, 窓, 突, 窮, 竊

부수	설명
立 설 립	사람이 땅 위에 서 있는 전면의 모습을 본떴다. '멈추다, 제정하다, 성공하다, 서른 살, 즉시' 등의 뜻으로도 쓰인다. 예) 立, 章, 童, 競, 竟

· 6획

부수	설명
竹 대 죽	대나무 잎 모양을 본떴다. 예) 竹, 笑, 管, 篤, 築, 簿, 籍
米 쌀 미	十은 껍질이 벌어진 모양을, 네 개의 점은 껍질 속에 있던 곡식의 모양을 본떴다. 예) 米, 粉, 粟, 粧, 糧
糸 가는 실 멱	사려놓은 실뭉치의 모양을 본떴다. '사'로 읽을 때는 '絲(실 사)'와 같다. 예) 紅, 素, 細, 給, 累, 系, 純
缶 장군 부	물이나 술, 간장 등의 액체를 담는 데 쓰던 질그릇인 장군의 모양을 본떴다. 예) 缺
网/罓, ⺳, 罒 그물 망	그물의 모양을 본떴다. 예) 罪, 罔, 置, 署, 羅
羊 양 양	양의 머리에 뿔이 달린 모양을 본떴다. 예) 羊, 美, 着, 義, 群
羽 깃 우	새의 두 날개에 달린 깃털을 본떴다. 예) 習, 羽, 翁, 翼
老/耂 늙을 로	머리가 길고 등이 굽은 노인이 지팡이를 짚고 서 있는 모양을 본떴다. '노인, 오래되다, 낡다, 노련하다' 등의 뜻으로도 쓰인다. 예) 考, 老, 者
而 말 이을 이	뺨에 난 수염의 모양을 본떠서 본래 뜻은 '구렛나룻'이다. '접속사(말 잇다), 너' 등의 뜻으로도 쓰인다. 예) 而, 耐
耒 쟁기 뢰	땅을 가는 농기구인 쟁기를 손에 잡고 있는 모양을 본떴다. 이 부수의 글자는 주로 '농사'와 관련이 있다. 예) 耕
耳 귀 이	귀의 모양을 본떴다. 예) 耳, 聖, 聞, 耶, 職, 聰

부수	설명
聿 붓 율	손으로 붓을 잡고 있는 모양을 본떴다. **예)** 肅
肉/⺼ 고기 육	고깃덩이와 그 속에 있는 살결을 본떴다. 변형된 모양인 '⺼'은 '月(달 월)'과 비슷하여 '육달월'이라고도 한다. **예)** 肉, 育, 能, 肖, 肩, 胡, 腐
臣 신하 신	주인 앞에 엎드려 머리를 낮춘 채 눈을 올려뜨고 있는 모습에서 눈이 강조된 글자이다. **예)** 臣
自 스스로 자	사람의 코의 모양을 본떠서 본래 뜻은 '코'이다. 사람이 자기를 가리킬 때 자기 코를 가리키므로 '자기, 스스로'의 뜻이 되었다. '~로부터, 저절로' 등의 뜻으로도 쓰인다. **예)** 自, 鼻
至 이를 지	화살이 날아와 땅에 박히는 모양을 본떴다. '지극하다, 극진하다' 등의 뜻으로도 쓰인다. **예)** 至, 致, 臺
臼 절구 구	곡식을 찧을 때 사용하는 절구의 모양을 본떴다. **예)** 與, 興, 舊
舌 혀 설	입 밖으로 혀가 나와 있는 모양을 본떴다. 혀로 말을 하므로 '말, 언어' 등의 뜻으로도 쓰인다. **예)** 舌, 舍
舛 어긋날 천	왼발과 오른발이 서로 반대 방향으로 향하는 모양을 본떠서, '등지다, 어긋나다'의 뜻이다. **예)** 舞
舟 배 주	작은 배의 모양을 본떴다. **예)** 船, 舟, 航
艮 그칠 간	분노한 눈으로 뒤를 돌아보는 모양을 본떴다. 뒤를 돌아보니 어렵고 한계가 있으므로 '어렵다, 한계'의 뜻이고, 어려우면 포기하고 멈추게 마련이라 '그치다, 멈추다'의 뜻이다. 주역 팔괘의 하나이기도 하다. 이와 달리, 정면을 보는 것은 '見(볼 견)'이다. **예)** 良
色 빛 색	사람이 무릎 꿇고 윗사람의 얼굴빛을 살피는 모양을 본떠, '얼굴빛'의 뜻이다. '여자의 미모, 정욕, 모습, 종류' 등의 뜻도 있다. **예)** 色
艸/艹 풀 초	풀 두 포기가 난 모양을 본떴다. 변형된 모양인 '艹'를 '초두머리'라고도 한다.

		예) 花, 茂, 英, 莫, 玆, 苟
	虍 범무늬 호	호랑이의 모양을 본떴다.
		예) 虎, 處, 虛, 號
	虫 살무사 훼	뱀처럼 머리가 크고 몸통이 가늘며 꼬리가 긴 벌레의 모양을 본떴다. 蟲(벌레 충)과 같은 글자이기도 하다.
		예) 蟲, 蛇, 蜂, 蜜, 蝶, 螢
	血 피 혈	그릇에 피가 떨어지는 모양을 본떴다. 이 피는 고대에 제사 지낼 때 희생으로 쓰던 짐승의 피이다.
		예) 血, 衆
	行 다닐 행	彳(조금 걸을 척)과 亍(자축거릴 촉)이 합쳐진 것이라고도 하고, 네거리의 모양을 본떴다고도 한다. '길, 운행하다, 실행하다' 등의 뜻도 있다. '줄'의 뜻으로 쓰일 때는 음이 '항'이다.
		예) 行, 街, 衛
	衣/衤 옷 의	웃옷의 모양을 본떴다.
		예) 衣, 表, 衰, 裁, 裏, 被, 裕, 複
	襾 덮을 아	물건을 덮어서 감싸고 있는 모양을 본떴다.
		예) 要, 覆

· 7획

	見 볼 견	사람(儿)의 신체에서 눈(目)을 강조한 것을 본떴다. '나타나다, 뵙다'의 뜻으로 쓰일 때는 음이 '현'이다.
		예) 見, 視, 親, 規, 覽, 觀
	角 뿔 각	짐승의 뾰족한 뿔을 본떴다.
		예) 角, 解, 觸
	言 말씀 언	입에 피리 같은 것을 물고 있는 모양을 본떴다.
		예) 言, 計, 記, 訪, 諒, 譯, 誕
	谷 골 곡	산의 골짜기와 그 입구의 모양을 본떴다.
		예) 谷
	豆 콩 두	제사 때 쓰던 다리가 긴 그릇의 모양을 본뜬 것으로, 그 그릇의 이름이 '豆'이다. 지금은 '콩'의 뜻으로 주로 사용된다.
		예) 豆, 豊, 豈
	豕 돼지 시	돼지의 옆모습을 본떴다.
		예) 豚, 象, 豪, 豫

	豸 발없는 벌레 치	사나운 짐승의 모양을 본떠서, 본래 '사나운 짐승'이란 뜻이었다. 예) 貌
	貝 조개 패	조개의 껍질이 벌어져 있는 모양을 본떴다. 옛날에 조개껍질을 화폐로 사용했기 때문에 '돈, 화패'의 뜻도 있다. 예) 貝, 貞, 貨, 賴, 贊, 賀, 買
	赤 붉을 적	사람을 불에 태우는 장면을 본떴다고도 하고, 大(큰 대)와 火(불 화)가 결합된 글자로 큰 불에서 나는 붉은 빛을 나타낸다고도 한다. 예) 赤
	走 달릴 주	大(큰 대)와 止(발 지)가 결합된 글자로, 발걸음(止)을 크게(大) 하여 달리는 것을 나타냈다. 예) 走, 起, 赴, 越, 超
	足 발 족	사람의 장딴지와 발을 본떴다. '넉넉하다, 만족하다' 등의 뜻도 있다. '지나치다'의 뜻으로도 쓰는데 이때는 음이 '주'이다. 예) 足, 路, 跡, 踐, 躍
	身 몸 신	임신한 여자의 몸을 본떴다. '임신하다, 자기, 몸소 행하다, 신분' 등의 뜻도 있다. 예) 身
	車 수레 거/차	수레의 몸통과 두 바퀴를 본떴다. 예) 車, 軍, 軒, 較, 輩, 輝, 軌
	辛 매울 신	문신할 때 쓰는 송곳을 본떴다. 죄인에게 문신을 하므로 '죄, 허물'의 뜻이 있고, 송곳으로 찌르니 '고통스럽다, 아프다'의 뜻도 있다. 예) 辛, 辨, 辭, 辯
	辰 때 신/ 다섯째 지지 진	갑골문을 보면 호미 같은 농기구의 모양을 본떴다. 해가 뜨면 농기구를 들고 나가 농사를 지으므로, '새벽, 이른 아침'의 뜻이다. '때, 시기, 흔들리다, 북극성'의 뜻도 있다. '다섯째 지지'로 쓰일 때는 음이 '진'이다. 예) 辰, 農, 辱
	辵/辶 머뭇거릴 착	彳(조금 걸을 척)과 止(발 지)가 결합된 글자이다. 이 글자가 변형된 '辶'을 '책받침'이라고 하는데, 이는 '착받침'이 바뀐 것이다. 예) 近, 送, 追, 逢, 速, 運
	邑/阝 고을 읍	갑골문을 보면, 특정한 지역을 나타내는 口와 사람 모양으로 구성되어 있어, 사람들이 모여사는 성읍城邑을 뜻하게 되었다. 이 글자의 변형인 '阝'을 '우부방'이라 한다. 예) 邑, 部, 郡, 郵, 邦, 邪

酉	酉 술 유	술통의 모양을 본떴다. 십이지 중 열째지지이며, 열째지지가 동물로는 '닭'에 해당하여 '닭 유'라고도 하지만, 이 글자에 '닭'이란 뜻이 없다. **예)** 酉, 酒, 醫, 醉, 醜
釆	釆 분별할 변	짐승의 발자국을 본떴다. 사냥할 때 발자국을 보고 무슨 짐승인지 분별한다는 데서 '분별하다, 변별하다'의 뜻이다. **예)** 釋
里	里 마을 리	밭과 흙이 있어 사람이 모여 사는 곳, '마을'의 뜻이다. **예)** 里, 重, 野, 量

· 8획

金	金 쇠 금	흙(土) 속에서 지금(今) 나온 것이 금속(丷)이라는 데서, '쇠'의 뜻이다. **예)** 金, 針, 銀, 鈍, 鉛, 鎖, 鑄
長	長/镸 긴 장	수염과 머리가 긴 어른이 지팡이를 짚고 서 있는 모습을 본떴다. '멀다, 오래다, 항상, 어른, 우두머리, 크다'의 뜻도 있다. **예)** 長
門	門 문 문	두 짝 문을 본떴다. '집, 문하, 분야'의 뜻도 있다. **예)** 門, 開
阜	阜/阝 언덕 부	층층이 겹쳐진 높은 언덕을 본떴다. **예)** 阜, 阿, 限, 陟, 陪
隶	隶 미칠 이	손으로 짐승의 꼬리를 붙잡고 있는 모양을 본떴다. '따라가 붙잡다'의 뜻도 있다. **예)** 隸
隹	隹 꽁지짧은새 추	꽁지가 짧은 새의 모양을 본떴다. **예)** 雄, 集, 雜, 雁, 離, 雅
雨	雨 비 우	하늘에서 떨어지는 빗방울을 본떴다. **예)** 雨, 雪, 雲, 電, 霜, 零, 需
青	青 푸를 청	옛 글자에서 윗부분은 生(날 생)이고 아랫부분은 井(우물 정)인데, 우물에서 푸른 이끼가 돋아나는 데서, '푸르다'의 뜻이다. **예)** 青, 靜
非	非 아닐 비	새의 날개가 서로 반대로 향한 모습을 본뜬 글자로, '아니다, 어긋나다'의 뜻이다. **예)** 非

• 9획

面 낯 면	얼굴 외관에 눈이 강조된 모습을 본뜬 것으로, '낯, 얼굴, 겉, 방향'의 뜻이다. 예) 面
革 가죽 혁	두 손으로 짐승의 몸에서 가죽을 벗겨내는 것을 본떴다. '고치다, 급하다'의 뜻도 있다. 예) 革
韋 가죽 위	두 발을 등지고 있는 모습을 본떠서 '위배하다, 어긋나다'의 뜻이며, 가차하여 무두질하여 만든 부드러운 '가죽'의 뜻이 되었다. 예) 韓
韭 부추 구	땅위로 자라나는 부추의 모양을 본떴다. 예) 韭
音 소리 음	입에서 소리가 나오는 모양을 본떴다. '성음, 음률, 가락, 명성, 소식'의 뜻도 있다. 예) 音, 韻, 響
頁 머리 혈	사람의 큰 머리를 강조하였다. 예) 項, 須, 領, 題, 頃, 顧, 顯
風 바람 풍	갑골문과 금문을 보면 새의 모양으로 되어 있는데, 새는 바람을 받아 날아가므로, '바람'의 뜻이다. '풍속, 경치'의 뜻도 있다. 예) 風
飛 날 비	날개를 활짝 펴고 날아가는 새를 본떴다. 예) 飛, 飜
食 밥 식	음식이 가득 담긴 그릇의 뚜껑이 약간 열려 있는 모양을 본떴다. 예) 食, 飢, 飯, 餓, 館
首 머리 수	눈과 머리털이 강조된 동물 머리를 본떴다. 예) 首
香 향기 향	禾(벼 화) 또는 黍(기장 서)와 甘(달 감)이 결합된 글자로, 곡식의 감미로운 맛을 표현하였다. '향료, 감미롭다'의 뜻도 있다. 예) 香

• 10획

馬 말 마	말의 머리, 갈기, 꼬리 그리고 네 다리 등 옆모양을 본떴다. 예) 馬, 驚, 騎, 驅, 騰

	骨 뼈 골	원래 살점을 발라낸 뼈의 모양이었으나, 후에 살(月)이 첨가되었다. '신체, 골상, 힘찬 필력'의 뜻도 있다.
		예) 骨, 髓
	高 높을 고	성城 위에 높이 세워진 '망루'를 본떴다.
		예) 高
	髟 머리털 늘어질 표	長(긴 장)과 彡(터럭 삼)이 결합된 글자로, 머리털을 길게 늘어뜨린 모양을 나타냈다.
		예) 髮, 髥, 鬢
	鬥 싸울 투	두 사람이 마주보고 싸우는 모양을 본떴다.
		예) 鬪
	鬯 울창주 창	갑골문을 보면, 술을 숙성시키는 통에 쌀을 넣어 술이 익어가는 모습을 본떴다. 울창주는 제사 때 쓰는 술이다.
		예) 鬯, 鬱
	鬲 솥 력	세 발이 달린 솥의 모양을 본떴다.
		예) 鬲, 鬻
	鬼 귀신 귀	큰 머리를 가진 귀신의 형상을 본떴다.
		예) 鬼, 魂

• 11획

	魚 물고기 어	물고기의 모양을 본떴다.
		예) 魚, 鮮
	鳥 새 조	꽁지가 긴 새의 모양을 본떴다.
		예) 鳥, 鳴, 鴻, 鶴
	鹵 소금밭 로	자루 또는 그릇 속에 담긴 소금 알갱이의 모양을 본떠서 '소금기가 많은 땅'을 뜻한다.
		예) 鹽
	鹿 사슴 록	사슴의 뿔, 긴 목, 가는 다리를 본떴다.
		예) 鹿, 麗
	麥 보리 맥	보리의 모양을 본뜬 글자는 원래 '來(보리 래)'였으나, 이 글자가 '오다'의 뜻으로 쓰이자, 來와 夊(뒤져서 올 치)를 결합하여 麥을 만들었다. 夊를 쓴 것은, 보리는 늦가을에 심어 이듬해 여름에 수확하여 성장이 더디기 때문이다.
		예) 麥

麻 삼 마	집(广)에서 삼껍질을 벗겨 삼실을 만드는 것을 나타낸 글자이다. 예) 麻

• 12획

黃 누를 황	원래 관리들이 조정의 중요 의식에서 패옥을 허리에 두르고 있는 모습을 본뜻 것으로, '패옥'의 뜻이었으나, 그 뜻으로는 璜(패옥 황) 자를 새로 만들어 썼고, 가차하여 '누렇다'의 뜻으로 쓰인다. 예) 黃
黍 기장 서	기장은 술을 만드는 데 많이 사용하는 곡식이다. 그래서 禾(벼 화)와 入(들 입)과 水(물 수)가 결합되어, 곡식(禾)을 물(水)에 담가(入) 술을 만들 수 있다는 것을 나타냈다. 예) 黍
黑 검을 흑	사람의 몸에 검은 점을 찍어 온몸이 검게 오염된 것을 나타낸 글자이다. 예) 黑, 默, 點, 黨
黹 바느질할 치	갑골문과 금문을 보면, 윗단과 아랫단을 실로 바느질하는 모양을 본떴다. 예) 黹

• 13획

黽 맹꽁이 맹	큰 머리, 둥근 배, 네 다리의 맹꽁이를 본떴다. '힘쓰다, 노력하다'의 뜻으로 쓸 때는 음이 '민'이다. 예) 黽
鼎 솥 정	세 개 또는 네 개의 발이 달린 솥의 모양을 본떴다. 예) 鼎
鼓 북 고	손으로 북채를 잡고 북을 치는 모습을 본떴다. 예) 鼓
鼠 쥐 서	쥐의 모양을 본떴다. 특히 이빨이 발달한 설치류齧齒類의 특성상 이빨을 강조하였다. 예) 鼠

• 14획

鼻 코 비	코의 모양을 본뜬 自(코 자)와 畀(줄 비)가 결합되어, 코(自)로 공기를 들이마셨다가 밖으로 내보내 준다(畀)는 뜻을 나타냈다. 예) 鼻

	齊 가지런할 제	곡물의 이삭이 가지런하게 자라난 모양을 본떴다. 예) 齊

• 15획

	齒 이 치	갑골문을 보면, 입 속에 이가 가지런히 난 모양을 본떴다. 예) 齒

• 16획

	龍 용 룡	큰 입, 길고 구부러진 몸체를 지닌 상상의 동물 용을 본떴다. 예) 龍
	龜 거북 귀/구	거북을 옆에서 본 모양을 본떴다. 예) 龜

• 17획

	龠 피리 약	묶여 있는 세 개의 대롱과 구멍을 본떴다. 예) 龠

| 부수의 성질性質별 분류 |

처음 접하는 한자라도 그 뜻과 음을 대략 짐작할 수 있다면, 한자 공부의 반은 한 셈이다.

그 글자의 뜻은 그 글자의 부수에 깃들어 있으므로, 총 214개의 부수를 성질별로 묶어 분류하고 글자들 사이에 상관성相關性이 희박稀薄하여 분류가 어려운 것은 마지막 잡어雜語로 분류하였다. 모르는 글자라 하더라도 큰 영역에서 글자의 뜻을 유추해볼 수 있기 때문이다.

• 성질별 분류 해당 부수 자수

天文氣象천문기상	冫, 夕, 日, 月, 气, 辰, 雨, 風	8
山川地理산천지리	土, 山, 巛, 水, 田, 石, 谷, 阜	8
人間身分인간신분	人, 儿, 卩, 厶, 士, 女, 子, 工, 己, 氏, 父, 老, 臣, 自	14
數量遠近수량원근	一, 二, 八, 冂, 十, 大, 寸, 小, 幺, 无, 毋, ,爿, 片, 長, 高	15
住居生活주거생활	几, 厂, 宀, 广, 戶, 瓦, 穴, 臼, 邑, 里, 門, 卜, 火	13
禾穀飮食화곡음식	瓜, 禾, 米, 豆, 酉, 韭, 食, 鹵, 麥, 黍, 甘, 辛, 鬯, 香	14
財貨器機재화기기	力, 玉, 用, 貝, 金, 斗, 皿, 缶, 耒, 鼎, 鬲	11
彩色衣服채색의복	玄, 白, 色, 赤, 靑, 黃, 黑, 巾, 毛, 羽, 糸, 衣, 革, 韋, 麻, 黹	16
耳目首面이목수면	又, 口, 彡, 牙, 目, 而, 耳, 舌, 角, 面, 頁, 首, 髟, 鼻, 齒	15
手足身體수족신체	心, 手, 爪, 皮, 肉, 血, 足, 身, 骨, 支, 疋	11
動作言視동작언시	夂, 夊, 廴, 廾, 彳, 攴, 曰, 欠, 癶, 示, 立, 行, 見, 言, 走, 辵, 隶, 音	18
運行艮止운행간지	丨, 入, 止, 至, 舟, 艮, 車, 飛	8
生死哀樂생사애락	尢, 尸, 歹, 生, 疒, 鬼, 齊, 鼓, 龠,	9
兵戈爭鬪병과쟁투	亅, 刀, 匕, 干, 弋, 戈, 弓, 斤, 殳, 矛, 矢, 鬥	12
牛犬獸畜우견수축	牛, 犬, 羊, 虍, 豕, 豸, 馬, 鹿, 鼠, 彐, 禸	11
鱗介鳥蟲인개조충	魚, 黽, 龍, 龜, 隹, 鳥, 虫	7
草木花卉초목화훼	乙, 屮, 木, 竹, 艸,	5
襾冖勹口아멱포구	襾, 冖, 凵, 匚, 匸, 勹, 囗, 网	8
雜語類잡어류	丶, 丿, 亠, 文, 方, 比, 爻, 聿, 舛, 釆, 非	11

| 변형變形 부수 |

부수 글자는 다른 글자와 합해져서 새로운 글자를 이룰 경우, 놓이는 위치에 따라 모양이 달라지는데, 변화된 모습까지 알아두면 글자의 본질을 좀 더 정확하게 알 수 있다.

• 원래의 부수 변형된 부수 용례

원래의 부수	변형된 부수	용례
乙(굽을 을)	乚	乳(젖 유) 亂(어지러울 란)
人(사람 인)	亻	仙(신선 선) 優(넉넉할 우)
八(여덟 팔)	丷	兵(군사 병) 曾(일찍 증)
刀(칼 도)	刂	刊(책 펴낼 간) 割(나눌 할)
巛(내 천)	川	州(고을 주)
卩(병부 절)	㔾	卷(책 권)
尢(절름발이 왕)	兀, 尣	尫(절름발이 왕)
彐(돼지머리 계)	彑, 彑	彙(무리 휘) 彗(비 혜)
心(마음 심)	忄, ⺗	情(뜻 정) 慕(사모할 모)
手(손 수)	扌	技(재주 기)
攴(칠 복)	攵	收(거둘 수)
水(물 수)	氵, 氺	江(강 강) 泰(클 태) 求(구할 구)
火(불 화)	灬	然(그럴 연)
爪(손톱 조)	爫	爭(다툴 쟁)
犬(개 견)	犭	猶(오히려 유)
玉(구슬 옥)	王	珠(구슬 주)
示(보일 시)	礻	社(모일 사) 福(복 복)
网(그물 망)	罒, 罓, ⺳	罔(그물 망) 罰(죄 벌) 罕(드물 한)
羊(양 양)	⺷	美(아름다울 미)
老(늙을 로)	耂	考(상고할 고)
肉(고기 육)	月	育(기를 육) 服(옷 복)
臼(절구 구)	𦥑	與(더불 여)

艸(풀 초)	艹	苦(괴로울 고)
衣(옷 의)	衤	複(겹칠 복)
襾(덮을 아)	西	西(서녘 서) 要(구할 요)
辵(머뭇거릴 착)	辶	道(길 도)
邑(고을 읍)	阝	部(무리 부)
阜(언덕 부)	阝	險(험할 험)
長(긴 장)	镸	镺(길 오)

2. 동자상치어同字相馳語 | 한 글자 내에 서로 반대되는 뜻을 내포하고 있는 한자 |

한자	뜻	용례
伐	①칠, 벨 **벌**	征伐정벌, 伐草벌초, 討伐토벌
	②자랑할 **벌**	伐善벌선 : 자기의 선행을 자랑함.
任	①맡길, 맡을 **임**	任命임명, 任期임기, 責任책임, 重任중임
	②마음대로 할 **임**	坊任방임, 任意임의 : 자기 의사대로 함.
優	①넉넉할, 품위 있을 **우**	優待우대, 優雅우아
	②뛰어날 **우**	優等우등, 優秀우수, 優劣우열
	③광대 **우**	俳優배우
	④머뭇거릴 **우**	優柔不斷우유부단 : 딱 잘라 결단을 내리지 못함.
免	①면할, 벗을 **면**	免稅면세, 免疫면역, 免除면제
	②허가할 **면**	免許면허
	③내칠 **면**	罷免파면 : 직무를 그만두게 함, 免職면직
厭	①싫어할 **염**	厭世염세, 厭症염증
	②만족할, 물릴 **염**	厭飫염어 : 물릴 만큼 배부름.
	③누를 **염**	厭勝염승 : 주술을 써서 사람을 누름.
奪	①빼앗을 **탈**	奪取탈취, 奪還탈환, 劫奪겁탈
	②잃을 **탈**	奪氣탈기 : 겁에 질려 기운이 없어짐.
屈	①굽을, 굽힐 **굴**	屈折굴절, 屈曲굴곡, 屈服굴복, 卑屈비굴
	②완강할 **굴**	屈强굴강 : 고집이 셈.
抹	①바를, 칠할 **말**	塗抹도말
	②지울, 없앨 **말**	抹消말소, 抹殺말살
	③조금, 약간 **말**	一抹일말 : 약간, 조금.
戾	①어그러질 **려**	悖戾패려 : 성격이 못되고 어그러짐.
	②돌려줄 **려**	返戾반려 : 받거나 빌린 것을 돌려줌.
捨	①버릴 **사**	取捨취사, 捨生取義사생취의
	②베풀 **사**	喜捨희사 : 기쁘게 베풂.
除	①덜, 버릴 **제**	除去제거, 除隊제대, 控除공제, 免除면제
	②나눌, 나눗셈 **제**	除法제법, 加減乘除가감승제
	③섣달그믐 **제**	除夜제야
	④벼슬 줄 **제**	除授제수 : 임금이 직접 벼슬자리를 줌.
扈	①뒤따를 **호**	扈駕호가 : 임금이 탄 수레를 뒤따라감, 扈從호종
	②설칠, 날뛸 **호**	跋扈발호 : 제멋대로 날뜀.
斥	①내칠, 물리칠 **척**	斥邪척사, 斥和척화, 排斥배척
	②망볼 **척**	斥候兵척후병 : 적의 형편을 살피는 군인.
昆	①맏, 형 **곤**	昆季곤계 : 형제, 昆弟곤제
	②뒤, 후손 **곤**	昆孫곤손 : 육대손.

	③뭇, 많을 곤	昆蟲곤충 : 모든 벌레.
望	①바랄, 우러를 망	所望소망, 望鄕망향, 希望희망
	②나무랄 망	怨望원망, 責望책망 : 잘못을 들어 나무람.
	③명성 망	名望명망 : 명성이 높고 사람들이 우러름.
	④보름 망	望月망월
歎	①탄식할 탄(嘆)	痛歎통탄, 歎息탄식, 恨歎한탄
	②칭찬할, 감탄할 탄	歎聲탄성, 歎服탄복, 感歎감탄
仇	①원수 구	仇怨구원, 仇敵구적, 仇恨구한 : 원한. 원수.
	②짝 구	仇匹구필 : 같은 동아리. 짝.
然	①그럴 연	必然필연, 自然자연, 然後연후
	②어조사 연	泰然태연 : 기색의 변함없이 아무렇지도 않은 모양.
	③그러나 연	然而연이 : 그러나.
逆	①거스를, 거역할 역	逆行역행, 逆境역경, 逆流역류
	②맞이할 역	逆旅역려 : 나그네를 맞이함. '여관'을 이름.
追	①따를, 좇을 추	追加추가, 追悼추도, 追從추종, 追跡추적
	②쫓을, 내쫓을 추	追放추방, 追憶추억 : 지난 날의 생각.
逸	①달아날, 달릴 일	逸走일주
	②숨을 일	逸話일화 : 숨겨진 이야기.
	③뛰어날 일	逸品일품 : 뛰어난 작품.
	④편안할, 기뻐할 일	安逸안일
	⑤허물, 잘못 일	逸德일덕 : 잘못된 행동.
遺	①남길, 끼칠 유	遺言유언, 遺産유산, 遺志유지
	②잃을, 빠트릴 유	遺失유실 : 잃어버림.
	③버릴 유	遺棄유기 : 돌보지 않고 내버림.
逐	①쫓을, 물리칠 축	逐出축출, 驅逐구축, 逐鹿축록
	②따를, 추종할 축	逐條축조 : 한 조목씩 차례로 좇음, 逐字譯축자역
	③다툴, 경쟁할 축	角逐각축
略	①간략할 략	略圖약도, 略歷약력, 略字약자
	②꾀 략	計略계략, 策略책략, 謀略모략
	③노략질할 략	侵略침략, 攻略공략
	④대강 략	大略대략, 槪略개략
	⑤다스릴 략	經略경략 : 나라를 경영하여 다스림.
矯	①바로잡을 교	矯角殺牛교각살우, 矯正교정, 矯風교풍
	②속일 교	矯僞교위 : 속임, 矯詐교사 : 속임.
禁	①금할 금	禁煙금연, 禁忌금기, 禁止금지
	②대궐 금	禁軍금군, 禁中금중 : 궁궐 안(궁중宮中)
	③감옥 금	軟禁연금, 監禁감금, 拘禁구금
蹶	①넘어질 궐	蹶失궐실 : 헛디딤.
	②일어날 궐	蹶起궐기 : 벌떡 일어남. 여러 사람이 큰 뜻을 품고 일어남.

納	①받아들일 납	納得납득, 出納출납, 納涼特輯납량특집
	②바칠 납	獻納헌납, 納期납기, 納品납품
聘	①부를 빙	招聘초빙
	②장가들 빙	聘父빙부, 聘丈빙장, 聘禮빙례
	③찾을 빙	聘問빙문 : 예를 갖추어 방문함.
致	①이를, 다다를 치	致死量치사량 : 죽음에 이를 수 있는 양.
	②부를 치	招致초치, 誘致유치
	③이룰 치	致富치부
	④보낼 치	致賀치하, 送致송치, 致辭치사
	⑤운치, 풍치 치	韻致운치, 風致풍치, 景致경치
訝	①맞을 아	訝賓아빈 : 왕명으로 손을 맞이하여 위로함.
	②의심할 아	疑訝의아 : 의심하여 믿지 않음.
謝	①사례할 사	謝恩사은, 感謝감사, 謝禮사례
	②거절할 사	謝絶사절
	③사죄할 사	謝過사과, 謝罪사죄
	④바뀔 사	新陳代謝신진대사 : 묵은 것을 새 것으로 대신함.
	⑤시들 사	花開花謝화개화사 : 꽃이 피고 꽃이 짐.
負	①짐질 부	負荷부하, 負擔부담, 抱負포부, 負債부채
	②저버릴 부	負約부약 : 약속을 저버림.
	③패할, 질 부	勝負승부 : 이기고 지는 것.
離	①떠날, 떨어질 리	離散이산, 離陸이륙, 離脫이탈, 離別이별
	②만날, 당할 리	離憂이우 : 걱정스러운 일을 당함.
	③괘이름 리	離卦이괘
惻	①슬퍼할 측	惻怛측달 : 슬퍼함.
	②가엽게 여길 측	惻隱之心측은지심
恐	①두려워할 공	可恐가공, 恐怖공포, 恐慌공황
	②으를, 협박할 공	恐喝공갈 : 무섭게 으르고 위협함.

3. 동자이음다의어同字異音多義語 | 다른 음, 다른 뜻으로 확산된 글자 |

乾	①하늘 건	乾坤건곤
	②마를 간	幹木간목
賈	①성(姓) 가	賈島가도
	②장사 고	賈船고선, 商賈상고, 賈人고인:장수, 상인商人.
降	①내릴 강	降等강등, 降雨강우, 昇降승강
	②항복할 항	投降투항, 降伏항복, 降將항장
車	①수레 거	人力車인력거, 車馬거마, 自轉車자전거
	②수레 차	客車객차, 車輛차량, 車主차주
格	①격식, 인품, 격 격	格式격식, 人格인격, 格鬪격투 ,格調격조
	②그칠 각	沮格저각 : 중지함
見	①볼 견	見本견본, 見聞견문, 發見발견, 見積견적
	②뵈올, 드러낼 현	朝見조현, 謁見알현, 見齒현치:이를 드러냄. 웃음.
更	①고칠 경	更張경장, 變更변경:다시 바꿈.
	②다시 갱	更生갱생, 更新갱신:고쳐 새롭게 함.
契	①맺을 계	契機계기, 契約계약
	②종족이름 글	契丹글단→글안:거란
	③사람이름 설	契설(상商나라의 시조始祖)
	④애쓸 결	契滑결활:생활을 위하여 애쓰고 고생함.
汨	①골몰할 골	汨沒골몰
	②물이름 멱	汨水멱수, 汨羅멱라:물이름.
廓	①둘레, 성곽 곽	城郭성곽, 外廓외곽, 輪廓윤곽
	②클 확	廓大확대, 廓正확정:바로잡음, 廓開확개
串	①꿸 관	魚貫어관, 串柿관시:곶감.
	②땅이름 곶	竹串島죽곶도, 長山串장산곶
龜	①거북 구	龜旨歌구지가, 龜尾구미
	②거북 귀	龜鑑귀감, 龜甲귀갑, 龜毛兎角귀모토각
	③터질 균	龜裂균열
金	①쇠 금	金賞금상, 純金순금, 金錢금전
	②성(姓) 김	金氏김씨
豈	①어찌 기	豈唯기유
	②즐거울 개	豈樂개락
內	①안 내	內外내외
	②받을 납	內交납교
奈	①어찌 내	奈何내하

	②나락 나	奈落나락
涅	①개흙, 열반 녈	涅槃열반
	②검은 물들일 날	涅而不緇날이불치 : 검은 물을 들였으나 검어지지 않음.
茶	①차 다	茶菓다과
	②차 차	茶禮차례
單	①홑 단	單純단순, 簡單간단, 食單식단, 傳單전단
	②오랑캐 임금 선	單于선우 : 흉노족의 군장君長을 일컫던 말.
糖	①엿 당	糖分당분
	②엿 탕	砂糖사탕
宅	①집 택	宅兆택조, 宅地택지, 家宅가택, 住宅주택
	②댁 댁	宅內댁내
度	①법도 도	角度각도, 制度제도, 軌度궤도
	②헤아릴 탁	度支탁지, 豫度예탁, 忖度촌탁
讀	①읽을 독	講讀강독, 購讀구독, 讀書三到독서삼도
	②구절, 이두 두	吏讀이두, 句讀點구두점
洞	①골 동	洞口동구, 洞窟동굴, 洞里동리, 洞穴동혈
	②통할 통	洞燭통촉, 洞察통찰, 洞達통달
洞	①마을 동	洞里동리
	②꿰뚫을 통	洞察통찰
兜	①투구 두	兜轎두교, 兜籠두롱, 兜侵두침
	②도솔천 도	兜率天도솔천 : 미륵보살이 있다는 정토.
樂	①즐길 락	苦樂고락, 樂園낙원, 極樂극락
	②노래 악	管絃樂관현악, 樂曲악곡, 音樂음악
	③좋아할 요	樂山樂水요산요수 : 산과 물을 좋아함.
剌	①어그러질 랄	悖剌패랄, 戾剌여랄 : 어그러지고 멋대로임.
	②물고기 뛰는 소리 랄	潑剌발랄 : 물고기가 물에서 뛰는 모양. 밝고 활기찬 모양
	③수라 라	水剌수라 : 임금이 먹는 밥.
綸	①다스릴, 인끈 륜	綸言윤언, 經綸경륜, 綸綬윤수
	②관건, 두건 관	綸巾관건 : 청색 실로 짠 두건.
率	①비율 률	比率비율, 效率효율, 能率능률, 利率이율
	②거느릴 솔	家率가솔, 食率식솔, 率眷솔권, 率先솔선
	③가벼울 솔	輕率경솔 : 언행이 조심성이 없고 가벼움.
	④대략 솔	大率대솔 : 대략.
	⑤소탈할 솔	率直솔직 : 거짓이나 꾸밈이 없고 바르고 곧음.
畝	①이랑 무	頃畝法경무법
	②이랑 묘	田畝전묘 : 밭이랑.
反	①돌이킬 반	反亂반란
	②뒤집을 번	反沓번답

	③팔 판	反貨판화
磻	①반계 반 ②반계 번	磻溪반계 碌磻洞녹번동
洑	①보 보 ②스며 흐를 복	洑稅보세, 洑主보주 洑流복류
復	①회복할 복 ②다시 부	光復광복, 復舊복구, 回復회복 復活부활, 復興부흥: 다시 떨침.
復	①회복할 복 ②다시 부	回復회복 復活부활
覆	①뒤집힐 복 ②덮을 부	飜覆번복, 顚覆전복 覆翼부익, 覆育부육
否	①아닐 부 ②막힐 비	可否가부, 否認부인, 安否안부, 否決부결 否運비운, 否塞비색: 운수 따위가 꽉 막힘.
北	①북녘 북 ②달아날 배	北極북극, 越北월북 敗北패배 : 싸움에 짐. 패하여 달아남.
分	①나눌 분 ②단위 푼	分配분배 分錢푼전
不	①아니 불 ②아닐 부	不吉불길 不當부당
沸	①끓을 비 ②용솟음칠 불	沸騰비등, 沸湯비탕 沸末불말, 沸泉불천, 沸沸불불 : 물이 용솟음치는 모양.
馮	①탈(乘) 빙 ②성(姓) 풍	馮氣빙기, 馮河빙하 馮夷풍이, 馮氏풍씨
寺	①절 사 ②관청 시	寺刹사찰, 寺院사원, 山寺산사 寺正시정, 九寺구시
射	①쏠 사 ②맞힐 석 ③벼슬이름 야 ④싫을 역	射擊사격, 射手사수, 亂射난사 射中석중 : 쏘아 맞힘. 僕射복야 : 진나라 때 활 쏘던 일을 주관하던 관리. 無射무역 : 싫어하지 않음.
殺	①죽일 살 ②감할 쇄 ③심할, 빠를 쇄	殺蟲살충, 暗殺암살, 毒殺독살, 殺伐살벌 相殺상쇄, 減殺감쇄 殺到쇄도, 惱殺뇌쇄 : 애가 타도록 몹시 괴롭힘.
狀	①형상 상 ②문서 장	狀態상태, 症狀증상, 狀況상황 年賀狀연하장, 告訴狀고소장, 狀啓장계
索	①찾을 색 ②쓸쓸할 삭	搜索수색 索莫삭막
塞	①막힐 색 ②변방 새	拔本塞源발본색원, 閉塞폐색, 窘塞군색 要塞요새, 塞翁之馬새옹지마

索	①찾을 색 ②노(새끼줄) 삭 ③쓸쓸할, 공허할 삭	檢索검색, 思索사색, 摸索모색 索道삭도, 鐵索철삭 : 철사로 꼬아 만든 줄. 索莫삭막 : 황폐하고 쓸쓸함.
羨	①부러워할 선 ②무덤길 연	羨望선망, 羨慕선모 羨道연도, 羨門연문 : 무덤에 이르는 문.
說	①말씀 설 ②달랠 세 ③기쁠 열(悅)	槪說개설, 浪說낭설, 說明설명, 說得설득 遊說유세 : 정치인들이 민중을 달래며 언설하는 것. 說樂열락, 喜悅희열 : 기쁨에 젖음.
省	①살필 성 ②덜 생	歸省귀성, 反省반성, 省墓성묘, 省察성찰 省略생략 : 일정한 절차에서 일부를 빼거나 줄임.
衰	①쇠할 쇠 ②상복 최	盛衰성쇠, 衰落쇠락, 衰殘쇠잔, 衰弱쇠약 衰服최복 : 상복喪服, 斬衰참최 : 오복 가운데 가장 무거운 것으로 아랫단을 꿰매지 않은 상복.
數	①셈, 운수 수 ②자주 삭 ③빽빽할 촉	計數계수, 級數급수, 數理수리, 運數운수 數數삭삭 : 자주, 煩數번삭, 疏數소삭 數罟촉고 : 눈을 촘촘하게 떠서 만든 그물.
宿	①잘 숙 ②오랠 숙 ③별자리 수	宿所숙소, 宿直숙직, 投宿투숙 宿患숙환, 宿願숙원 : 오래도록 바람, 宿敵숙적 星宿성수 : 별자리, 辰宿진수
拾	①주울 습 ②열 십	收拾수습, 拾得습득, 拾遺습유 拾萬십만
食	①밥, 먹을 식 ②밥 사	食糧식량, 間食간식, 菜食채식 簞食단사
識	①알 식 ②기록할 지	鑑識감식, 面識면식, 博識박식, 識別식별 標識표지 : 다른 것과 구분하기 위한 표시나 특징.
什	①열 십 ②세간, 집기 집	什吏십리, 什長십장 什具집구, 什器집기
氏	①성씨 씨 ②나라이름 지	某氏모씨, 姓氏성씨, 氏族씨족 月氏월지
惡	①악할 악 ②미워할 오	發惡발악, 善惡선악, 惡談악담, 惡辣악랄 憎惡증오, 嫌惡혐오, 惡寒오한
艾	①쑥 애 ②다스릴, 벨 예	艾餠애병, 艾年애년 : 50세, 少艾소애 : 젊고 예쁜 여자. 艾安예안 : 세상이 잘 다스려짐.
若	①같을, 만약 약 ②반야 야	萬若만약, 明若觀火명약관화, 若此약차 般若心經반야심경 : 불교 경서의 하나.
於	①어조사 어 ②탄식할 오	甚至於심지어, 於焉間어언간 於呼오호
易	①바꿀 역	易經역경, 交易교역, 貿易무역

	②쉬울 이	安易안이, 容易용이, 簡易간이 : 간편하고 쉬움.
厭	①싫어할 염 ②누를 압	厭世염세 厭伏압복
葉	①잎 엽 ②고을이름 섭	枯葉고엽, 葉書엽서, 枝葉지엽, 落葉낙엽 迦葉가섭
宛	①완연할 완 ②나라이름 원	宛然완연, 宛轉완전 大宛대원
莞	①빙그레 완 ②왕골 관	莞島완도 莞蒲관포
咽	①목구멍 인 ②목멜 열 ③삼킬 연	咽喉인후 : 목구멍. 급소, 耳鼻咽喉科이비인후과 哽咽경열, 嗚咽오열 : 목이 메어 욺, 咽塞열색 咽苦吐甘연고토감 : 쓴 것은 자신이 삼키고 단 것은 뱉아 남을 먹임. 어머니의 사랑을 비유.
佚	①편안할 일 ②질탕 질	佚樂일락, 安佚안일 佚蕩질탕 : 하는 짓이 들뜨고 방탕스러움.
刺	①찌를 자 ②찌를 척	刺客자객, 諷刺풍자, 刺繡자수, 刺戟자극 刺殺척살 : 칼로 찔러 죽임.
炙	①구울 자 ②구울 적	親炙친자, 膾炙회자 : 회구운 고기처럼 여러 사람의 입에 오르내림. 炙膾적회, 魚炙어적, 炙鐵적철, 散炙산적
藉	①깔 자 ②친경할 적	憑藉빙자 藉田적전
著	①나타날, 지을 저 ②붙을 착(着)	著名저명, 著書저서, 著述저술, 顯著현저 著押착압, 附著부착
躇	①머뭇거릴 저 ②건너뛸 착	躊躇주저 : 머뭇거림. 躇階착계 : 계단을 건너뜀.
切	①끊을 절 ②모두, 온통 체	切開절개, 切斷절단, 切親절친, 切迫절박 一切일체 : 모두. 다.
提	①끌 제 ②보리수 리	提携제휴 菩提보리
諸	①모두 제 ②어조사 저	諸國제국, 諸賢제현, 諸侯제후, 諸君제군 忽諸홀저, 居諸거저
粥	①죽 죽(鬻) ②팔 육	朝飯夕粥조반석죽 粥米육미
枳	①탱자 지/기 ②막힐 지/기	枳殼지각, 橘化爲枳귤화위지 枳塞기색, 枳礙기애
直	①곧을 직 ②값 치(値)	直線직선, 直接직접, 直販직판, 愚直우직 直千金치천금 : 천금의 가치.

辰	①별, 다섯째 지지 **진** ②때 **신**	壬辰倭亂임진왜란, 日辰일진, 辰星진성 生辰생신, 誕辰탄신 : 임금, 성인이 난 날.
徵	①부를, 조짐 **징** ②음계, 가락 **치**	徵收징수, 特徵특징, 徵兵징병 宮商角徵羽궁상각치우
差	①다를, 보낼 **차** ②층질, 들쭉날쭉할 **치**	差異차이, 差使차사, 差別차별, 隔差격차 參差참치 : 들쭉날쭉 가지런하지 않음.
鑿	①뚫을 **착** ②구멍 **조**	掘鑿굴착 圓鑿方枘원조방예
參	①참여할 **참** ②뵐 **참** ③살필, 헤아릴 **참** ④층날, 들쭉날쭉할 **참** ⑤석, 별이름 **삼**	參席참석, 參加참가 參拜참배 參考참고 參差不齊참치부제 : 들쭉날쭉 가지런하지 않음. 參星旗삼성기
拓	①넓힐 **척** ②박을 **탁**	干拓간척, 開拓개척, 拓地척지 拓本탁본 : 금석金石에 새긴 글씨나 그림을 그대로 종이에 박아냄.
槌	①칠 **추**(擊) ②방망이 **퇴**	槌碎추쇄 : 망치로 두드려 부숨. 鐵槌철퇴
則	①법칙 **칙** ②곧 **즉**	規則규칙, 犯則범칙, 準則준칙, 學則학칙 不然則불연즉 : 그렇지 않으면.
沈	①잠길 **침** ②성 **심**(姓)	浮沈부침, 沈沒침몰, 沈降침강 沈氏심씨
跛	①절름발이 **파** ②비스듬이 설 **피**	跛行파행, 偏跛편파 跛立피립
罷	①파할 **파** ②고달플 **피**(疲)	罷免파면, 罷市파시, 罷場파장, 革罷혁파 困罷곤피
便	①편할, 편지 **편** ②오줌, 똥 **변**	簡便간편, 男便남편, 便法편법, 郵便우편 大便대변, 用便용변 : 생리적인 볼일.
編	①엮을 **편** ②땋을 **변**	編輯편집 編髮변발
布	①펼 **포** ②펼 **보**	布告포고 布施보시
輻	①바퀴살 **폭** ②모여들 **복**	輻輳폭주 : 바퀴살이 바퀴통으로 모이듯 사물이 한곳으로 모여듦. 輻射복사 : 열 따위를 중앙의 한 점에서 사방으로 내쏨.
暴	①사나울, 드러낼 **폭** ②모질 **포**	狂暴광폭, 暴動폭동, 暴行폭행, 暴露폭로 橫暴횡포, 暴惡포악
曝	①쪼일 **폭** ②쪼일 **포**	曝露폭로, 曝書폭서 曝白포백, 曝氣포기

稟	①여쭐, 천품 품 ②곳집, 녹미 름	稟議품의, 稟達품달, 稟性품성, 氣稟기품 稟給늠급
泌	①스며 흐를 필 ②분비할 비	泌泌필필 泌尿비뇨
合	①합할, 맞을 합 ②홉 홉(升의 1/10)	合格합격, 合邦합방, 保合보합 十合십홉
行	①다닐 행 ②항렬 항	旅行여행, 流行유행, 行脚행각 行列행렬 : 여럿이 줄지어 감. 항렬 : 혈족 사이의 대수를 나타내는 말.
衡	①저울 형 ②가로 횡(橫)	衡平형평, 均衡균형, 銓衡전형 連衡연횡 : 동서로 이웃나라를 연합하려는 정책.
陜	①좁을 협 ②땅이름 합	隘陜애협 : 막히고 좁음. 陜川합천
畫	①그림 화 ②그을 획(劃)	畫報화보, 挿畫삽화, 漫畫만화 畫順획순, 畫策획책, 畫一획일
活	①살 활 ②물소리 괄	生活생활 活活괄괄
滑	①미끄러울 활 ②익살스러울 골	滑汨활골, 圓滑원활, 潤滑油윤활유, 滑降활강 滑稽골계 : 익살. 남을 웃기려고 하는 말.
噫	①한숨 쉴 희 ②트림할 애	噫嗚희오, 噫噫희희 噫氣애기

4. 유의어類義語 | 서로 유사한 뜻을 가진 한자 |

家 집 가	宅, 館, 屋, 堂, 室, 邸, 舍, 院, 宇, 宙, 戶, 軒, 宮, 宸, 第, 齋, 居, 構, 廳
假 거짓 가	僞, 佯, 贋
葭 갈대 가	葦, 蘆, 菡
歌 노래 가	曲, 謠, 詠, 唱, 樂[①음악 악 ②즐거울 락 ③좋아할 요]
刻 새길 각	銘, 彫, 款[①정성 관 ②새길 관], 刊, 勒[①굴레 륵 ②새길 륵], 契[①맺을 계 ②새길 계]
覺 깨달을 각	解, 知, 會, 曉, 理, 悟, 醒, 了[①마칠 료 ②깨달 료], 憬
奸 간사할 간	姦, 邪, 回[①돌 회 ②간사할 회], 壬[①천간 임 ②간사할 임], 詭[①속일 궤 ②간사할 궤]
幹 줄기 간	莖, 脈, 梗[①줄기 경 ②막힐 경]
間 사이 간	隙, 郤, 閒[①한가할 한 ②사이 간], 隔
艱 어려울 간	難, 苦, 困, 楚, 窮, 窘, 貧
減 덜 감	損, 省[①살필 성 ②덜 생], 除, 簡, 略, 控, 耗, 約
剛 굳셀 강	健, 彊, 强, 梗[①굳셀 경 ②막힐 경], 毅, 歡, 勁, 伉[①짝 항 ②굳셀 항], 武[①호반 무 ②굳셀 무], 遒
皆 다 개	總, 咸, 悉, 僉, 諸, 擧, 都[①도읍 도 ②모두 도], 胥[①서로 서 ②다 서]
開 열 개	拓, 啓, 催, 披[①헤칠 피 ②열 피]
開 필 개	秀[①이삭 팰 수 ②빼어날 수], 發, 登[①오를 등 ②익을 등]
槪 대개 개	較[①견줄 교 ②대략 교], 蓋[①대개 개 ②덮을 개], 率[①거느릴 솔 ②대략 솔], 抵[①거스를 저 ②대저 저], 梗[①대개 경 ②막힐 경], 凡, 夫[①사내 부 ②무릇 부], 約[①대략 약 ②맺을 약]
去 갈 거	往, 逝, 邁, 于, 如[①갈 여 ②같을 여], 之, 行, 適, 赴
車 수레 거	輿, 軻, 輛
居 살 거	住, 活, 棲(栖), 息[①살 식 ②숨쉴 식]
倨 거만할 거	慢, 傲, 敖, 驕, 慠, 恣, 滿, 泰, 放
犬 개 견	狗, 尨[①클 방 ②삽살개 방]
堅 굳을 견	確, 鞏, 固, 硬,
牽 끌 견	引, 曳, 提, 拉, 挽[당길 만], 携[이끌 휴], 惹[이끌 야]
結 맺을 결	紐, 束, 縛, 契, 約, 締, 搆[얽어맬 구]
缺 부족할 결	乏, 貧, 困, 約[①약속할 약 ②곤궁할 약], 欠, 歉[부족할 겸]

潔 깨끗할 결 白, 鮮, 淨, 齋, 灑[①물뿌릴 쇄 ②깨끗할 쇄], 淸[①맑을 청 ②깨끗할 청]

謙 겸손할 겸 遜, 讓, 恭

景 경치 경 致, 觀, 光, 風, 勝[①이길 승 ②경치 좋을 승]

競 다툴 경 爭, 諍[①다툴 쟁 ②쟁송할 쟁], 鬪, 角, 駁[논박할 박]

驚 놀랄 경 愕, 駭, 啞, 瞿

境 지경 경 界, 疆, 域, 垠, 區, 垓

繼 이을 계 承, 接, 續, 連, 延[①끌 연 ②이을 연], 嗣, 纘, 系

古 옛 고 故, 往, 昔

枯 마를 고 燥, 乾, 涸[마를 학], 槁, 渴, 干[①방패 간 ②마를 간]

谷 골 곡 峽, 壑

棍 몽둥이 곤 杖, 杆, 棒, 笞, 榜[①방 방 ②매 방]

攻 칠 공 擊, 討, 伐, 打, 撲, 撞, 拷, 征, 拍, 膺[①가슴 응 ②칠 응], 槌

空 빌 공 虛, 腔, 沖[①빌 충 ②화할 충], 白, 赤[①붉을 적 ②빌 적]

恭 공경할 공 敬, 欽, 虔, 拜, 寅, 肅[①엄숙할 숙 ②공경할 숙], 景[①볕 경 ②우러를 경]

恐 두려워할 공 怖, 惶, 悚, 懼, 畏, 危[①위태할 위 ②두려워할 위], 慓, 戰, 憚[①꺼릴 탄 ②두려워할 탄], 遽[①급할 거 ②두려워할 거], 匡[①바를 광 ②두려워할(恇) 광]

誇 자랑할 과 矜, 衒, 夸, 伐, 施

觀 볼 관 見, 察, 閱, 眺, 覽, 視, 望, 監, 相, 睹, 瞰, 診

廣 넓을 광 漠, 汎, 博, 衍, 闊, 汪, 普, 洪, 恢, 該

乖 어그러질 괴 戾[①돌려줄 려 ②어그러질 려], 悖, 愎, 愆, 狠, 剌 [①어그러질 랄 ②물고기 뛸 랄], 拗[①꺾을 요 ②비뚤 요], 錯[①섞일 착 ②어긋날 착]

校 학교 교 庠, 序, 泮, 學

敎 가르칠 교 訓, 誨, 諭, 陶, 導

丘 언덕 구 陵, 皐, 阜, 岡, 堈, 坡, 阪, 崖, 岸, 原, 阿,隴, 峙, 崗, 壟, 邱

苟 구차할 구 且, 偷[①훔칠 투 ②구차할 투]

救 구원할 구 援, 濟, 恤

俱 함께 구 與, 偕

軍 군사 군 兵, 士, 卒, 戎

宮 대궐 궁 廷, 庭, 禁, 宸[①집 신 ②대궐 신], 闕[①대궐 궐 ②빠질 궐]

券 문서 권 薄, 籍, 壯, 帖

勸 권할 권 勵, 勉, 奬, 責

棘 가시 극 荊, 梗[①굳셀 경 ②가시 경], 刺, 朿, 楚[①가시나무 초 ②초나라 초]

近 가까울 근	咫, 邇, 狎[①친압할 압 ②익숙할 압]
勤 부지런할 근	勉, 勵, 孜
衿 옷깃 금	襟, 領
急 급할 급	躁, 遑, 倉, 促, 火, 緊, 遽, 峭, 造[①갑자기 조 ②지을 조]
肯 즐길 긍	嗜, 娛, 樂, 玩, 弄, 耽, 陶[①즐길 도 ②질그릇 도], 凱[①개선할 개 ②즐길 개], 適[①즐길 적 ②맞을 적]
技 재주 기	伎, 才, 倆, 術, 藝
紀 벼리 기	綱, 維, 綸
祈 빌 기	禱, 祝, 呪[①빌 주 ②저주할 주]
旗 기 기	幟, 旌, 旒, 麾[①대장기 휘 ②지휘할 휘], 幡, 幢, 牙[①어금니 아 ②대장기 아]
記 기록할 기	錄, 誌, 識[①알 식 ②기록할 지], 紀, 登[①오를 등 ②기재할 등]
起 일어날 기	立, 發, 勃
器 그릇 기	皿, 瓷, 陶, 甄[①질그릇 견 ②교화할 견], 鉢, 盂, 盆, 盌, 盒, 盎, 盤, 圈[①둘레 권 ②그릇 권], 具[①갖출 구 ②그릇, 연장 구]
羈 굴레 기	絆, 勒, 銜[①재갈 함 ②명함 함], 羈
饑 주릴 기	飢, 饉, 餓, 乏, 困, 歉
懶 게으를 나	怠, 惰, 漫, 倦, 懈
暖 따뜻할 난	煖, 溫, 署, 熱, 炎
乃 접때 내	向, 嚮[①향할 향 ②접때 향]
耐 견딜 내	忍, 堪
年 해 년	歲, 載, 齡, 紀, 霜, 庚, 月, 曆, 甲[①갑옷 갑 ②나이 갑]
奴 종 노	婢, 僕, 隷, 獲[①얻을 획 ②계집종 획], 皁[①하인 조 ②검을 조], 孥[①종 노 ②자식 노], 臧[①종 장 ②착할 장]
能 능할 능	克[①이길 극 ②능할 극], 達, 幹, 善, 良
泥 진흙 니	塗[①진흙 도 ②길 도 ③바를 도], 濘, 涅[①개흙 녈 ②열반 녈 ③검은 물들일 날]
多 많을 다	輿[①수레 여 ②많을 여], 衆, 繁, 濟[①건널 제 ②많고 성할 제], 夥
但 다만 단	惟(唯), 只, 獨, 直, 徒
端 끝 단	末, 尾, 究, 極
斷 끊을 단	截, 絕, 切, 決[①결단할 결 ②끊을 결], 祝[①빌 축 ②자를 축]
答 대답할 답	唯[①오직 유 ②대답할 유], 諾, 和[①화할 화 ②대답할 화]
踏 밟을 답	踐, 跆, 蹈, 蹂, 履, 跋[①밟을 발 ②사나울 발]
大 큰 대	巨, 碩, 丕, 尨[①클 방 ②삽살개 방], 奭, 景[①클 경 ②볕 경], 顥
待 기다릴 대	俟, 竢, 候[①조짐 후 ②기다릴 후], 遲[①더딜 지 ②기다릴 지]

徒 무리 도	黨, 郡, 衆, 部, 隊, 曹, 輩, 等, 彙, 類, 烝[①무리 증 ②찔 증], 倫[①무리 륜 ②인륜 륜], 屬, 比[①무리 비 ②견줄 비], 叢
倒 넘어질 도	顚[①근본 전 ②넘어질 전], 蹉, 跌, 蹶, 僨, 靡[①쓰러질 미 ②아름다울 미]
盜 도둑 도	賊, 寇, 匪, 竊, 攘, 偸[훔칠 투]
棹 노 도	櫂, 櫓, 槳, 楫, 枻[상앗대 예]
跳 뛸 도	躍, 踊, 蹶
屠 죽일 도	戮, 殺, 煞, 誅, 殲, 劉, 歿, 殞, 殂
圖 꾀할 도	謨, 企, 望, 冀, 劃, 講[①꾀할 강 ②익힐 강], 構[①꾀할 구 ②얽을 구]
毒 독할 독	慘, 酷, 虐, 苛, 暴, 甚
突 갑자기 돌	猝, 忽, 便[①문득 변 ②편할 편], 造[①지을 조 ②갑자기 조], 倏
同 같을 동	等, 類, 似, 若, 如, 肖
童 아이 동	兒, 孩, 冲[①화할 충 ②어릴 충], 蒙[①어린아이 몽 ②어리석을 몽], 孺, 竪[①세울 수 ②어릴 수]
鈍 둔할 둔	頑, 駑[①둔한 말 노 ②어리석을 노], 鹵[①짠땅 로 ②둔할 로]
登 오를 등	上, 陟, 騰, 昇, 陞, 馮
亂 어지러울 란	紛, 紜, 訌, 紊, 糾[①살필 규 ②어지러울 규], 攪, 狼, 藉, 淆[①섞일 효 ②어지러울 효], 耗[①덜 모 ②어지러울 모]
掠 빼앗을, 노략질할 략	奪, 擄, 搶, 簒, 削[①깎을 삭 ②빼앗을 삭], 剽, 抄, 略
蓮 연꽃 련	茄[연줄기 가], 荷[①멜 하 ②연꽃 하], 芙, 蓉
練 익힐 련	習, 慣, 講, 溫[①익힐 온 ②따뜻할 온], 熟
憐 불쌍히 여길 련	憫, 矜, 恤, 隱[①숨을 은 ②불쌍히 여길 은], 惻
捩 비틀 렬	捻, 挫, 撚
囹 옥 령	圄, 獄, 圈, 牢, 檻, 監, 校[①학교 교 ②우리 교]
路 길 로	街, 途, 塗, 巷, 衢, 道, 徑, 庚[①나이 경 ②길 경]
勞 일할 로	服, 從
祿 녹 록	俸, 稍, 秩, 食, 穀, 稟
碌 녹록할 록	陸[①뭍 륙 ②녹록할 록], 平, 凡
雷 우레 뢰	震, 霆
漏 셀 루	泄(洩), 瀉
凌 업신여길 릉	陵[①무덤 릉 ②업신여길(凌) 릉], 蔑, 侮, 輕, 狎[①친압할 압 ②업신여길 압], 慢[①거만할 만 ②업신여길 만]
里 마을 리	村, 落, 閭, 闔, 府, 坊, 洞, 衙, 署[①관청 서 ②마을 서]
吝 인색할 린	嗇, 鄙[①인색할 비 ②더러울 비]

磨 갈 마	研, 礪, 厲, 磋, 切
蠻 오랑캐 만	夷, 狄, 戎, 匈, 蕃
茫 아득할 망	杳, 悠, 漠
孟 맏 맹	伯, 兄, 允, 昆, 冢[①맏 총 ②무덤 총], 世[①맏 세 ②세상 세], 尹[①맏 윤 ②다스릴 윤], 胄[①맏 주 ②자손 주]
盟 맹세할 맹	誓, 矢[①화살 시 ②맹세할 시]
猛 사나울 맹	勇, 跋, 暴, 悍, 狠, 橫, 桀[①걸임금 걸 ②사나울 걸]
眠 잠잘 면	睡, 寢, 寐, 宿
明 밝을 명	哲, 朗, 昭, 彩, 輝, 煇
矛 창 모	戈, 戟, 槍
模 본뜰 모	倣, 儀, 鑑, 楷, 範, 擬, 像[①본뜰 상 ②형상 상]
茂 무성할 무	茸, 鬱, 蒼, 蕃, 繁, 蔚, 藹, 蓁, 穠
問 물을 문	訊, 諮, 咨, 質[①바탕 질 ②물을 질], 詢, 伺[①엿볼 사 ②물을 사]
美 아름다울 미	姸, 麗, 艶, 婉, 嘉, 靡, 媚, 冶, 姚, 姣, 艾, 娟, 倩[예쁠 천], 徽, 韶, 休[①쉴 휴 ②아름다울 휴], 烋, 懿[아름다울 의]
民 백성 민	氓, 生 , 姓
悶 번민할 민	煩, 惱, 鬱
薄 엷을 박	淺, 菲, 膚[①얇을 부 ②살갗 부]
伴 짝 반	侶, 配, 偶, 匹, 伉, 逑, 耦, 妃[①왕비 비 ②짝 비], 對, 聯, 敵, 仇[①짝 구 ②원수 구], 特[①수소 특 ②짝, 배필 특], 儀
防 막을 방	沮, 閑[①한가할 한 ②막을 한], 壅, 障, 禦, 拒, 杜, 錮
訪 찾을 방	尋[①찾을 심 ②보통 심], 探, 搜, 索, 問[①물을 문 ②방문할 문]
杯 잔 배	盃, 盞, 觴, 爵[①벼슬 작 ②술잔 작]
胚 아이 밸 배	胎, 孕, 姙(妊), 娠
陪 모실 배	侍, 從, 隨, 隷, 事
白 흰 백	皓, 皞, 皤, 皎, 皦, 素, 皜, 縞
罰 벌 벌	刑, 科[①과목 과 ②형벌 과], 徒[①형벌 도 ②무리 도]
氾 넘칠 범	濫, 溢, 漲[불을 창], 津[①나루 진 ②넘칠 진]
法 법 법	規, 範, 例, 格, 式, 度, 矩, 刑, 常, 軌[①굴대 궤 ②법, 본보기 궤], 典, 律, 則, 制, 程, 楷
變 변할 변	化, 改, 革, 替, 易, 悛, 幻[①허깨비 환 ②변할 환]
補 기울 보	繕, 衲, 縫
福 복 복	祉, 祜, 祚, 禑

本 근본 본	根, 資, 源, 元, 顚[①정수리 전 ②근본 전]
峯 산봉우리 봉	岑, 嶺, 巒, 顚[①꼭대기 전 ②엎을, 이마 전]
蓬 쑥 봉	蕭[①쓸쓸할 소 ②쑥 소], 艾[①쑥 애 ②늙은이 애], 蒿, 萊, 莪
不 아니, 없을 부	毋, 勿, 否, 無, 无, 弗, 非, 莫, 匪[①아닐 비 ②도둑 비], 罔
附 붙을 부	着, 粘, 著[①붙을 착 ②나타날 저], 屬[①이을 속 ②붙을 촉]
分 나눌 분	班, 配, 別, 割, 區
扮 꾸밀 분	裝, 飾, 文, 揑[①반죽할 날 ②꾸밀 날], 粧, 丹, 藻 [①마름 조 ②꾸밀 조]
粉 가루 분	末, 散
墳 무덤 분	墓, 塚, 冢, 丘[①언덕 구 ②무덤 구], 陵, 山, 宅, 兆[①조 조 ②묏자리 조], 封, 園[①동산 원 ②무덤 원], 墦
憤 성낼 분	慍, 怒, 忿, 哮, 愾, 赫[①붉을 혁 ②성낼 혁], 勃
佛 부처 불	釋[①부처 석 ②풀 석]
崩 무너질 붕	壞, 潰, 頹, 隕, 敗
比 견줄 비	角, 較, 譬, 敵, 差
悲 슬플 비	哀, 悽, 愴, 慘, 憯, 慽, 嗚[①슬플 오 ②탄식할 오], 慊, 慨, 怛, 悵
緋 비단 비	緞, 綃, 紗, 帛, 錦, 縞
誹 헐뜯을 비	謗, 毁, 譏, 讒
備 갖출 비	具, 該[①그 해 ②갖출 해], 詮[①전형할 전 ②갖출 전], 辦[①힘쓸 판 ②갖출 판]
使 ~하여금, ~시킬 사	敎, 俾, 遣, 令
死 죽을 사	亡, 歿, 殞, 殂, 故, 夭, 折[①꺾을 절 ②일찍 죽을 절], 殄, 寂, 逝, 枯, 終, 滅, 崩, 殉, 喪
寺 절 사	藍[①쪽 람 ②절 람], 伽, 刹[①절 찰 ②짧은 시간 찰], 岾[①절 점 ②고개 재]
思 생각 사	考, 念, 想, 慮, 惟, 慕, 襟[①옷깃 금 ②생각 금], 憶, 懷, 案
査 조사할 사	調, 檢, 閱, 察, 審, 勘[①헤아릴 감 ②조사할 감], 點, 譏[①헐뜯을 기 ②조사할 기]
詐 속일 사	欺, 瞞, 騙, 誣, 詭, 罔[①속일 망 ②없을 망]
絲 실 사	糸, 縷, 線, 絆, 索, 繩, 絃
寫 베낄 사	謄, 抄[①베낄 초 ②빼앗을 초], 拓[①박을 탁 ②열 척], 摸[①본뜰 모 ②더듬을 모]
算 셈 산	計, 數, 策
散 흩을 산	支, 揮, 撤, 漫, 渙
祥 상서로울 상	瑞, 禎, 祺, 福
傷 상할 상	賊[①도둑 적 ②해칠 적], 痍, 毒, 夷(痍)
像 모양 상	姿, 形, 樣, 貌, 態, 容, 式

書 글, 책 서　冊, 籍, 典, 章, 文, 本, 篇, 策

選 가릴 선　揀, 拔, 別, 擢, 擇, 練, 抽, 募, 調, 簡[①편지 간 ②가릴 간(揀)]

盛 성할 성　榮, 旺, 興, 殷, 隆, 郁, 繁, 熾, 阜[①언덕 부 ②성할 부]

誠 정성 성　切[①끊을 절 ②정성스러울 절], 忱, 款[①정성 관 ②조문 관], 衷, 實, 寔[①이 식 ②정성 식]

誠 참될 성　眞, 實, 信, 固[①굳을 고 ②진실로 고], 苟, 良

洗 씻을 세　濯, 滌, 拭, 浴, 澡, 澣, 沐, 浣, 灌[①씻을 관 ②물댈 관], 漂, 雪[①눈 설 ②씻을 설]

小 작을 소　微, 扁, 細, 零, 稍, 宵[①밤 소 ②작을 소]

少 적을, 젊을 소　僅, 鮮, 稀, 罕, 寡[①적을 과 ②과부 과], 希, 薄

疎 성길 소　踈, 忽, 遠, 脫

孫 자손 손　裔, 胄, 胤, 嗣[이을 사], 苗[①싹 묘 ②자손 묘], 昆[①맏 곤 ②후손 곤]

率 이끌 솔　帥[①장수 수 ②거느릴 솔], 領, 統, 御[①거느릴 어 ②막을 어]

訟 송사할 송　訴, 諍[①쟁송할 쟁 ②간할 쟁]

衰 쇠퇴할 쇠　退, 替[①바꿀 체 ②쇠퇴할 체], 朽, 落, 零, 消, 魄 [①넋 백 ②영락할 백]

收 거둘 수　斂, 撤, 穫, 徵, 穡

受 받을 수　領, 饗, 稟[①줄, 받을 품 ②천품 품], 膺[①가슴 응 ②받을 응], 歆[받을 흠]

授 줄 수　給, 與, 呈, 支, 納, 除[①덜 제 ②벼슬 줄 제], 獻, 賦, 予[①줄 여 ②나 여], 施, 付, 拂[①치를 불 ②떨칠 분], 享[①누릴 향 ②드릴 향]

秀 빼어날 수　超, 英, 傑, 杰, 越, 俊, 拔, 穎, 出, 絕, 邁, 逸, 茂[①무성할 무 ②뛰어날 무]

瘦 야윌, 파리할 수　瘠, 憔, 悴, 疲, 困, 毁[①헐 훼 ②야윌 훼], 憊, 弊, 罷[①파할 파 ②고달플 피]

輸 보낼 수　送, 餞, 遣, 致[①이룰 치 ②보낼 치]

讎 원수 수　仇, 敵, 怨[①원망할 원 ②원수 원]

濕 젖을 습　潤, 沾, 霑, 洽, 濡, 滋, 涵, 浹

勝 이길 승　戡, 克, 剋, 凱, 利, 捷, 贏[이길 영]

柴 섶 시　薪, 樵, 蕘

身 몸 신　己, 躬, 體, 軀

迅 빠를 신　速, 疾, 快, 殺[①죽일 살 ②빠를 쇄], 捷, 剽, 飛

愼 삼갈 신　恪, 謹, 毖, 祗[①공경할 지 ②삼갈 지], 寅

甚 심할 심　太, 酷, 激, 傷, 痛, 孔[①구멍 공 ②심할 공], 殺[①죽일 살 ②심할 살], 凌, 劇[①연극 극 ②심할 극]

審 살필 심　省, 察, 譏, 攷, 諒, 諦[①살필 체 ②진리 체], 陶[①살필 도 ②질그릇 도], 糾

[①살필 규 ②어지러울 규]

阿 아첨할 아	諂, 諛, 佞, 便 , 媚, 比[①견줄 비 ②아첨할 비]
我 나 아	吾, 自, 己, 余, 予, 俺, 台[①별 태 ②나 이], 僕[①종 복 ②나 복], 朕, 寡, 儂
亞 버금 아	次, 副, 仲, 貳, 二
安 편안할 안	佚(逸), 泰, 康, 寧, 平, 便, 穩, 靖, 宴[①잔치 연 ②편안할 연], 燕[①제비 연 ②편안할 연]
斡 돌 알	旋, 循, 廻, 朞, 迂, 週, 回, 巡
暗 어두울 암	昧, 冥, 昏, 暝, 蒙, 眛
涯 물가 애	濱, 瀕, 湄, 潯, 渚, 汀, 磯
液 진액	汁, 涎, 津[①나루 진 ②침, 진액 진], 漿[즙 장]
夜 밤 야	夕, 暮, 宵
野 들 야	坪, 郊, 坰
若 만약 약	借, 將, 諸, 假, 使, 令[①명령할 령 ②가령 령]
弱 약할 약	懦, 脆, 軟, 虛
讓 사양할 양	辭, 禪, 謝
抑 누를 억	壓, 按, 押, 捺, 鎭, 厭[①싫을 염 ②누를 엽/압]
言 말씀 언	語, 談, 話, 說, 辭, 辯, 道
嚴 엄할 엄	峻, 肅, 森[①엄숙할 삼 ②빽빽할 삼], 厲[①엄할 려 ②힘쓸(勵) 려], 猛
汝 너 여	你, 爾, 而, 乃, 子, 若, 君, 歡[①기쁠 환 ②너 환]
逆 거스를 역	拂, 叛, 悖, 畔[①호반 반 ②배반할 반], 抵, 倍[①갑절 배 ②배반할 배], 背
驛 역말 역	郵, 遞
捐 버릴 연	拚, 舍, 捨, 棄, 廢, 遺, 抛
演 펼 연	展, 述, 申, 伸, 攄, 披, 布, 信, 傳, 鋪(舖)
厭 물릴 염	足, 飽, 滿, 飫
迎 맞을 영	逆[①거스를 역 ②맞이할 역], 候
銳 날카로울 예	利, 敏
譽 기릴 예	讚, 頌, 褒, 稱, 揄[①야유할 유 ②칭찬할 유]
汚 더러울 오	汙, 穢, 鄙, 陋, 褻[①더러울 설 ②친압할 설], 濁, 瀆, 汶, 秕(粃), 濊
誤 그릇될 오	謬, 訛, 僞, 錯, 過, 非
翁 늙은이 옹	耆[60代], 老[70代], 耋[80代], 耄[90代], 艾[①쑥 애 ②늙은이 애], 婆
王 임금 왕	君, 主, 帝, 皇, 天, 上, 后[①황후 후 ②임금 후], 辟[①임금 벽 ②물리칠 벽]
枉 굽을 왕	屈, 曲, 紆, 勾, 宛[①굽을 완 ②완연할 완], 迂, 弧, 撓, 盤[①쟁반 반 ②굽을 반]

曜 빛날 요	耿, 炅, 燁, 曄, 奐, 煜, 赫, 煌, 燦, 熙, 爛, 熹, 華, 耀, 輝, 燿
容 용서할 용	恕, 赦, 免, 原[①언덕 원 ②용서할 원], 贖, 宥
勇 날랠 용	精, 梟, 猛
又 또 우	亦, 且, 抑[①누를 억 ②또한 억], 有[①있을 유 ②또 유]
尤 더욱 우	甚, 滋, 彌[①오랠 미 ②더욱 미], 許[①매우 허 ②허락할 허], 已[①이미 이 ②너무 이], 切, 愈, 斬[①벨 참 ②매우 참]
愚 어리석을 우	癡, 呆, 頑[①완고할 완 ②어리석을 완], 庸[①떳떳할 용 ②어리석을 용], 蒙, 茸[①무성할 용 ②어리석을 용], 椎[①등뼈 추 ②어리석을 추], 魯
憂 근심할 우	慮, 愁, 恙, 患, 虞, 病, 憫, 鼠[①쥐 서 ②근심할 서], 悶, 惱, 煎[①달일 전 ②애태울 전]
運 운수 운	命, 數, 曆[①책력 력 ②운수 력]
慰 위로할 위	勞, 懷, 藉[①위로할 자 ②빙자할 자]
元 으뜸 원	上, 首, 頭, 酋, 領[①옷깃 령 ②우두머리 령], 令, 伯, 宗, 目, 覇[①으뜸 패 ②우두머리 패], 冠, 魁[우두머리 괴]
援 도울 원	弼, 佑, 陪, 護, 贊, 扶, 助, 佐, 補, 輔, 翊, 裨, 傅[①스승 부 ②도울 부], 相, 幫, 比[①견줄 비 ②도울 비]
遠 멀 원	遙, 遼, 遐, 悠, 長, 久, 永, 迂[①멀 우 ②돌 우]
幼 어릴 유	稚, 嬰, 蒙, 沖[①화할 충 ②어릴 충]
油 기름 유	脂, 肪, 膏
宥 너그러울 유	寬, 闊[①너그러울 활 ②넓을 활], 裕, 緩
猶 머뭇거릴 유	躊, 躇, 桓[①굳셀 환 ②머뭇거릴 환], 優, 豫
育 기를 육	飼, 字[①글자 자 ②기를 자], 牧, 養, 鞠[①기를 국 ②국문할 국], 畜[①기를 휵 ②가축 축], 食[①먹을 식 ②기를 사]
恩 은혜 은	惠, 澤, 寵, 膏[①기름 고 ②은혜 고]
隱 숨을 은	蟄, 遁, 微[①작을 미 ②몰래, 숨을 미], 逸, 幽, 蔽, 祕, 匿, 藏, 斂
邑 고을 읍	郡, 州, 縣, 鄕
衣 옷 의	被, 服, 裙, 裳, 袴, 衫, 袈, 裟
意 뜻 의	義, 思, 志, 訓, 趣, 旨, 情, 心, 腹, 諦
易 쉬울 이	容, 平
異 다를 이	殊, 特, 他, 別, 差
移 옮길 이	徙, 運, 搬, 遷, 轉
剩 남을 잉	餘, 殘, 贏[①남을 영 ②이길 영]
仔 자세할 자	詳, 細, 緻, 曲[①굽을 곡 ②자세할 곡], 精, 綿[①솜 면 ②자세할 면], 熟[①익을 숙 ②자세할 숙], 縷[①실 루 ②자세할 루]

炙 고기 구울 자	灸[①뜸 구 ②구울 구], 炮, 燔, 烙, 煬[구울 양]
作 지을 작	造, 製, 著, 做, 劑[약 지을 제], 撰
爵 벼슬 작	尉, 尹, 官, 宦, 卿, 吏, 職
箴 경계할 잠	警, 戒, 誡, 儆
暫 잠깐 잠	頃, 瞬, 姑[①시어머니 고 ②잠깐 고], 須, 臾, 聊[①애오라지 료 ②잠깐 료]
雜 섞일 잡	混, 渾, 間[①섞일 간 ②이간할 간], 錯, 駁[①뒤섞일 박 ②얼룩말 박]
莊 농막 장	庄, 廬, 庵(菴), 墅
財 재물 재	貨, 資, 貲, 物, 賄[①재물 회 ②뇌물 회]
災 재앙 재	禍, 厄, 殃, 咎, 變
貯 쌓을 저	蓄, 蘊, 築, 堆, 積
寂 고요할 적	寞, 靜, 謐, 寥, 默, 從[①따를 종 ②조용할 종]
跡 자취 적	迹, 蹟, 踪, 武[①호반 무 ②발자취 무]
笛 저 적	簫[퉁소 소] 管, 角[뿔피리 각], 竽
適 맞을 적	切, 稱[①맞을 칭 ②일컬을 칭], 當, 剴
謫 귀양 보낼 적	流, 配, 徙[①옮길 사 ②귀양 보낼 사], 遷[①옮길 천 ②귀양 보낼 천]
專 오로지, 마음대로 할 전	僭[제멋대로 할 참], 縱[①세로 종 ②방자할 종], 放, 恣, 越, 踰, 橫, 誕[①태어날 탄 ②방탄할 탄], 擅[제멋대로 할 천]
錢 돈 전	金, 幣, 泉[①샘 천 ②돈 천], 銀
占 점칠 점	卜, 卦, 兆, 筮, 診[①볼 진 ②점칠 진]
正 바를 정	董, 匡, 方, 端, 直, 矯, 貞, 莊, 雅
偵 염탐할 정	間[①엿볼 간 ②사이 간], 諜, 候[①염탐할 후 ②조짐 후], 斥[①망볼 척 ②내칠 척], 哨, 廉[①염탐할 렴 ②값쌀 렴], 窺[엿볼 규], 伺[①엿볼 사 ②물을 사]
淨 맑을 정	淑, 淸, 雅, 淡, 澹, 湜, 晶, 澈, 澄, 泠
堤 둑 제	堰, 坡, 防[①막을 방 ②둑 방]
際 가 제	側, 邊, 涯, 緣[①인연 연 ②가장자리 연]
兆 조짐 조	候, 朕, 徵, 幾, 機[①기미 기 ②베틀 기], 微, 祥, 讖[①조짐 참 ②참소할 참]
阻 막힐 조	窒, 滯, 塞, 否[①아닐 부 ②막힐 비], 隔, 梗[①막힐 경 ②대개 경], 窮[①궁구할 궁 ②막힐 궁]
凋 시들 조	萎, 衰, 彫[①새길 조 ②시들 조], 落, 零, 謝[①시들 사 ②감사할 사], 靡[①쓰러질 미 ②아름다울 미]
朝 아침 조	旦, 夙[①새벽 숙 ②일찍 숙], 晨, 曉, 曙, 爽[①시원할 상 ②새벽 상]
嘲 조롱할, 비웃을 조	弄, 戲, 詼, 諧, 謔, 揶, 揄
遭 만날 조	遇, 逢, 逅, 邂, 値[①값 치 ②만날 치], 際[①가 제 ②만날 제], 離[①떠날 리 ②만날 리]

尊 귀할 존	貴, 崇, 高, 金
拙 못할 졸	劣, 遜[①겸손할 손 ②뒤떨어질 손]
終 마칠 종	了, 竣, 畢, 罷, 止, 殄[다할 진], 結
舟 배 주	船, 艦, 艇, 舶, 舫, 舸
奏 연주할 주	樂[①음악 악 ②즐거울 락 ③좋아할 요], 伴[①짝 반 ②반주할 반], 鼓, 彈[①결 탄 ②탄알 탄], 絃
重 겹칠 중	複, 疊, 累[①겹칠 루 ②폐 끼칠 루], 屢(자주 루)
增 더할 증	加, 添, 累, 益
證 증거 증	據, 左, 徵, 憑
至 이를 지	致, 造[①이를 조 ②지을 조], 詣, 到, 達
地 땅 지	土, 坤, 壤, 陸, 輿[①수레 여 ②땅 여], 載[①실을 재 ②땅 재]
池 못 지	塘, 沼, 淵, 潭, 澤, 沛, 瀦
遲 더딜 지	緩, 徐, 舒[①펼 서 ②천천히 할 서]
振 떨칠 진	奮, 拂, 扈[①떨칠 호 ②따를 호]
盡 다할 진	竭, 極, 窮, 竟[①마침내 경 ②다할 경], 乏[①다할 핍 ②모자랄 핍], 匱[①다할 궤 ②궤 궤]
塵 티끌 진	埃, 芥, 厘[①티끌 리 ②리 리]
秩 차례 질	序, 番, 第, 直, 帙
嫉 시기할 질	妬, 猜, 惡[①악할 악 ②미워할 오], 嫌, 憎, 厭
集 모을 집	募, 蒐, 輯, 蓄, 纂, 聚, 綜, 糾[①살필 규 ②어지러울 규 ③모을 규], 要, 叢, 鳩, 社, 會, 團
遮 가릴 차	曖, 掩, 蔽, 厭[①싫을 염 ②가릴 암]
札 편지 찰	書, 翰, 牒, 牘, 尺[①자 척 ②편지 척], 便, 信[①믿을 신 ②편지 신], 函[①함 함 ②편지 함]
慙 부끄러울 참	愧, 恥, 羞[①부끄러울 수 ②맛있는 음식 수]
創 비롯할 창	始, 肇, 初, 草, 顚[①정수리 전 ②처음 전], 祖, 鼻, 頭, 太, 胎[①아이 밸 태 ②처음 태], 胚[①아이 밸 배 ②처음 배], 開, 首
責 꾸짖을 책	譴, 謫, 呵, 訶, 叱, 詰, 喝, 劾, 誅, 譏, 罵, 望, 非, 難, 譙
策 꾀 책	謀, 謨, 猷, 計, 略, 數
柵 울짱 책	砦, 堵, 籬, 柴, 墻(牆), 樊[①새장 번 ②울타리 번], 墉, 閑
凄 쓸쓸할 처	蕭, 涼, 寂, 寞, 寥, 索, 落[①떨어질 락 ②쓸쓸할 락]
斥 물리칠 척	排, 却, 攘, 辟[①임금 벽 ②물리칠 벽], 免, 下, 屛[①물리칠 병 ②병풍 병], 謝[①감사할 사 ②거절할 사], 黜[내칠 출]
天 하늘 천	昊, 乾[①마를 간 ②하늘 건], 宙, 霄, 穹, 旻

穿	뚫을 천	鑿[①뚫을 착 ②구멍 조], 鑽, 貫, 徹, 通, 串[①꿸 관 ②땅이름 곶]
薦	천거할 천	推, 擧, 進
賤	천할 천	卑, 低, 微, 芥[①티끌 개 ②천할 개]
靑	푸를 청	綠, 蒼, 碧, 翡, 翠
招	부를 초	聘, 徵, 呼, 喚, 召, 邀[①맞을 요 ②초대할 요], 致[①이룰 치 ②부를 치]
忖	헤아릴 촌	度[①법도 도 ②헤아릴 탁], 測, 量, 勘, 揆, 支, 斟, 考, 裁, 顧, 攷, 稱
追	쫓을 추	從, 隨, 扈, 逐, 沿[①물 따라갈 연 ②따를 연], 伴[①짝 반 ②따를 반], 依
錘	저울 추	秤, 衡, 權[①권세 권 ②저울 권], 稱[①일컬을 칭 ②저울 칭]
治	다스릴 치	經, 綸, 理, 攝[①다스릴 섭 ②대신할 섭], 艾[①다스릴 예 ②쑥 애], 尹, 牧, 勒[①굴레 륵 ②다스릴 륵], 領, 齊
恥	부끄러울 치	慚(慙), 愧, 羞, 醜[①더러울 추 ②부끄러울 추], 廉
緻	빽빽할 치	密, 稠, 數[①셈 수 ②빽빽할 촉]
親	친할, 익숙할 친	狎, 褻[①친압할 설 ②더러울 설], 近, 熟, 密, 老
墮	떨어질 타	落, 墜, 零, 隕
卓	높을 탁	埈, 峻, 崇, 高, 亢, 危[①위태할 위 ②높을 위], 尙, 嶢, 上, 隆, 京
濯	빨래할 탁	漂, 洗, 澣[①빨래할 한 ②열흘 한], 漱[①빨래할 수 ②양치할 수]
綻	터질 탄	炸, 裂, 坼, 拆, 龜[①터질 균 ②거북 귀]
嘆	탄식할 탄	歎, 嗚, 呼, 戱
灘	여울 탄	湍, 瀨
統	거느릴 통	率, 帥[①장수 수 ②거느릴 솔], 御, 領
投	던질 투	擲, 拋[①던질 포 ②버릴 포]
兌	바꿀 태	換, 代, 替, 更[①고칠 경 ②다시 갱], 易, 交, 遞, 迭
波	물결 파	濤, 瀾, 浪, 滄
辦	힘쓸 판	務, 勉, 勵, 效[①본받을 효 ②힘쓸 효], 懋, 勖
敗	질 패	亡, 北[①북녘 북 ②질 패], 負[①짐질 부②질 부], 輸[①보낼 수 ②질 수]
烹	삶을 팽	煮, 煎, 炒[볶을 초], 羹[국 갱], 焦, 燻[태울 훈], 熟
鞭	채찍 편	策, 楚, 撻
平	평평할 평	夷, 坦, 準[①법도 준 ②평평할 준], 衡, 扁
貶	낮출 폄	下, 降, 低, 卑, 毁
閉	닫을 폐	闔, 闉
捕	잡을 포	捉, 操, 把, 秉, 拘, 逮, 拿, 摯[①잡을 지 ②지극할 지]
飽	배부를 포	饒, 裕, 富, 賰, 賑[가멸 진], 足, 優, 豊

豊 풍족할 풍 　足, 饒, 穰, 優, 裕, 給[①줄 급 ②넉넉할 급], 富, 賑

皮 가죽 피 　膚, 殼, 革, 甲, 表, 韋, 介[①끼일 개 ②껍질 개]

逼 핍박할 핍 　迫, 脅, 劫

何 어찌 하 　安, 曷, 害[①해칠 해 ②어찌 갈], 烏[①까마귀 오 ②어찌 오], 寧[①편안할 녕 ②어찌 녕], 胡[①오랑캐 호 ②어찌 호], 如[①어찌 여 ②같을 여]

瑕 허물 하 　疵, 過, 愆, 逸, 違, 尤, 缺, 罪, 咎, 短, 闕, 欠, 辜

虐 모질 학 　苛, 酷, 甚, 悍, 殘, 忍[①참을 인 ②모질 인]

恨 한할 한 　悔, 憾, 懺

寒 찰 한 　冷, 凄, 凉, 凊[서늘할 정]

割 벨 할 　斬, 誅, 乂, 刈, 切, 斫

陷 빠질 함 　沒, 沈[①성씨 심 ②잠길 침], 淪, 溺, 潛, 汩[①골몰할 골 ②물이름 멱], 湮, 淫[①빠질 음 ②음란할 음], 湛

亥 돼지 해 　豕, 豚, 猪(豬)

海 바다 해 　洋, 溟, 滄

香 향기 향 　馥, 薰, 芳, 芬, 馨

見 뵈올 현 　謁, 覲

賢 어질 현 　明, 良, 亮, 仁, 聰, 恕[①용서할 서 ②어질 서]

狹 좁을 협 　窄, 陝, 隘, 褊

壕 해자 호 　濠, 垓

渾 흐릴 혼 　濁, 曇, 曖, 陰, 雨

婚 혼인할 혼 　姻, 嫁[시집갈 가], 出, 妻[①시집보낼 처 ②아내 처], 歸[①시집갈 귀 ②돌아갈 귀], 適, 聘[①장가들 빙 ②부를 빙]

魂 넋 혼 　魄, 鬼, 神, 靈

紅 붉을 홍 　赤, 朱, 赫, 丹

和 화할 화 　睦, 穆, 雍, 協, 旼, 沖, 諧, 融, 講, 燮, 藹[①화할 애 ②무성할 애]

歡 기쁠 환 　喜, 欣, 悅, 說[①말씀 설 ②기쁠 열], 驩, 熹, 怡, 訢, 愉

嚆 울 효 　啼, 泣, 哭, 呱, 淚, 涕, 吼, 號[①이름 호 ②부르짖을 호]

厚 두터울 후 　篤, 憞, 敦, 惇, 誼, 重, 隆[①높을 륭 ②도타울 륭], 濃, 優

休 쉴 휴 　息, 憩, 歇, 舍[①집 사 ②쉴 사], 寢

黑 검을 흑 　黎, 烏, 盧, 玄[①검을 현 ②오묘할 현], 黔

希 바랄 희 　望, 願, 冀, 幸, 幾, 庶[①여러 서 ②바랄 서]

5. 잘못 읽기 쉬운 한자어

角逐 각추→**각축**	分泌 분필→**분비**	要塞 요색→**요새**	派遣 파유→**파견**
減殺 감살→**감쇄**	頻數 빈수→**빈삭**	遊說 유설→**유세**	霸權 파권→**패권**
坑木 항목→**갱목**	奢侈 사다→**사치**	吟味 금미→**음미**	敗北 패북→**패배**
更生 경생→**갱생**	索莫 색막→**삭막**	凝結 의결→**응결**	暴惡 폭악→**포악**
揭示 계시→**게시**	撒布 산포→**살포**	義捐 의손→**의연**	捕捉 포촉→**포착**
更張 갱장→**경장**	三昧 삼미→**삼매**	已往 기왕→**이왕**	標識 표식→**표지**
膏肓 고맹→**고황**	相殺 상살→**상쇄**	移徙 이도→**이사**	割引 활인→**할인**
教唆 교준→**교사**	省略 성략→**생략**	溺死 약사→**익사**	降伏 강복→**항복**
句讀 구독→**구두**	逝去 절거→**서거**	自矜 자금→**자긍**	享樂 형락→**향락**
句節 귀절→**구절**	先塋 선형→**선영**	傳播 전번→**전파**	嫌惡 겸오→**혐오**
拘碍 구득→**구애**	閃光 염광→**섬광**	措置 차치→**조치**	忽然 총연→**홀연**
龜鑑 구감→**귀감**	星宿 성숙→**성수**	憎惡 증악→**증오**	畫數 화수→**획수**
龜裂 귀열→**균열**	殺到 살도→**쇄도**	慙愧 참귀→**참괴**	橫暴 횡폭→**횡포**
內人 내인→**나인**	戍樓 술루→**수루**	斬新 잠신→**참신**	
拉致 입치→**납치**	睡眠 수민→**수면**	暢達 양달→**창달**	
賂物 각물→**뇌물**	示唆 시준→**시사**	刺殺 자살→**척살**	
宅內 택내→**댁내**	迅速 빈속→**신속**	尖端 열단→**첨단**	
跳躍 조약→**도약**	斡旋 간선→**알선**	寵愛 용애→**총애**	
冬眠 동안→**동면**	謁見 알견→**알현**	追悼 추탁→**추도**	
木鐸 목택→**목탁**	隘路 익로→**애로**	醜態 귀태→**추태**	
夢寐 몽침→**몽매**	惹起 약기→**야기**	秋毫 추모→**추호**	
毋論 모론→**무론**	掠奪 경탈→**약탈**	衷心 애심→**충심**	
反哺 분포→**반포**	役割 역활→**역할**	沈沒 심몰→**침몰**	
拜謁 배갈→**배알**	軟弱 나약→**연약**	鍼術 함술→**침술**	
鼻腔 비공→**비강**	誤謬 오륙→**오류**	拓本 척본→**탁본**	
否塞 부색→**비색**	惡寒 악한→**오한**	耽溺 탐익→**탐닉**	
復活 복활→**부활**	歪曲 부곡→**왜곡**	洞察 동찰→**통찰**	

6. 많이 쓰이는 약자略字

價	값 **가**	価	權	권세 **권**	权	籃	대바구니 **람**	篮	變	변할 **변**	变
假	거짓 **가**	仮	歸	돌아갈 **귀**	帰	來	올 **래**	来	邊	가 **변**	辺
暇	틈 **가**	昄	氣	기운 **기**	気	兩	두 **량**	両	倂	아우를 **병**	併
覺	깨달을 **각**	覚	棄	버릴 **기**	弃	勵	힘쓸 **려**	励	寶	보배 **보**	宝
監	볼 **감**	监	緊	긴요할 **긴**	紧	廬	농막 **려**	庐	敷	펼 **부**	旉
蓋	덮을 **개**	盖	難	어려울 **난**	难	麗	고울 **려**	麗	佛	부처 **불**	仏
擧	들 **거**	挙	寧	편안할 **녕**	宁	聯	연이을 **련**	联	拂	떨칠 **불**	払
據	근거 **거**	拠	惱	번뇌할 **뇌**	悩	戀	그리워할 **련**	恋	師	스승 **사**	师
儉	검소할 **검**	倹	腦	골 **뇌**	脳	獵	사냥 **렵**	猟	絲	실 **사**	糸
劍	칼 **검**	剣	單	홑 **단**	単	靈	신령 **령**	灵	寫	베낄 **사**	写
檢	검사할 **검**	検	團	둥글 **단**	団	禮	예도 **례**	礼	辭	말씀 **사**	辞
堅	굳을 **견**	坚	斷	끊을 **단**	断	勞	일할 **로**	労	滲	스밀 **삼**	渗
徑	지름길 **경**	径	擔	멜 **담**	担	爐	화로 **로**	炉	插	꽂을 **삽**	挿
經	지날 **경**	経	膽	쓸개 **담**	胆	籠	대바구니 **롱**	篭	纖	가늘 **섬**	繊
輕	가벼울 **경**	軽	黨	무리 **당**	党	龍	용 **룡**	竜	狀	형상 **상**	状
繼	이을 **계**	継	對	대할 **대**	対	樓	다락 **루**	楼	桑	뽕나무 **상**	桒
皐	언덕 **고**	皋	臺	대 **대**	台	滿	가득 찰 **만**	満	嘗	일찍이 **상**	甞
館	집 **관**	舘	擡	들 **대**	抬	蠻	오랑캐 **만**	蛮	釋	풀 **석**	釈
關	관계할 **관**	関	圖	그림 **도**	図	灣	물굽이 **만**	湾	燮	불꽃 **섭**	変
觀	볼 **관**	観	燾	비칠 **도**	焘	萬	일만 **만**	万	攝	다스릴 **섭**	摂
廣	넓을 **광**	広	同	한가지 **동**	仝	賣	팔 **매**	売	聲	소리 **성**	声
鑛	쇳돌 **광**	鉱	獨	홀로 **독**	独	脈	줄기 **맥**	脉	世	인간 **세**	卋
壞	무너질 **괴**	壊	讀	읽을 **독**	読	麥	보리 **맥**	麦	屬	붙일 **속**	属
區	구분할 **구**	区	燈	등 **등**	灯	覓	찾을 **멱**	覔	續	이을 **속**	続
龜	거북 **구**	亀	樂	즐길 **락**	楽	貌	모양 **모**	皃	收	거둘 **수**	収
舊	예 **구**	旧	亂	어지러울 **란**	乱	夢	꿈 **몽**	梦	壽	목숨 **수**	寿
驅	몰 **구**	駆	濫	넘칠 **람**	滥	廟	사당 **묘**	庿	數	셀 **수**	数
國	나라 **국**	国	藍	쪽 **람**	蓝	無	없을 **무**	无	隨	따를 **수**	随
勸	권할 **권**	劝	覽	볼 **람**	覧	發	필 **발**	発	獸	짐승 **수**	獣

肅	엄숙할 **숙**	粛
濕	젖을 **습**	湿
乘	탈 **승**	乗
實	열매 **실**	実
雙	쌍 **쌍**	双
亞	버금 **아**	亜
兒	아이 **아**	児
惡	악할 **악**	悪
巖	바위 **암**	岩
壓	누를 **압**	圧
礙	거리낄 **애**	碍
藥	약 **약**	薬
壤	흙덩이 **양**	壌
嚴	엄할 **엄**	厳
與	더불 **여**	与
餘	남을 **여**	余
譯	번역할 **역**	訳
驛	역 **역**	駅
淵	못 **연**	渕
鹽	소금 **염**	塩
榮	영화 **영**	栄
營	경영할 **영**	営
豫	미리 **예**	予
藝	재주 **예**	芸
譽	기릴 **예**	誉
鬱	답답할 **울**	欝
員	인원 **원**	貟
遠	멀 **원**	逺
爲	할 **위**	為
圍	에워쌀 **위**	囲

僞	거짓 **위**	偽
兪	대답할 **유**	俞
隱	숨을 **은**	隠
陰	그늘 **음**	陰
蔭	그늘 **음**	蔭
應	응할 **응**	応
醫	의원 **의**	医
貳	두 **이**	弍
刃	칼날 **인**	刄
壹	한 **일**	壱
棧	사다리 **잔**	桟
殘	남을 **잔**	残
蠶	누에 **잠**	蚕
雜	섞일 **잡**	雑
壯	장할 **장**	壮
莊	씩씩할 **장**	荘
將	장수 **장**	将
裝	꾸밀 **장**	装
奬	장려할 **장**	奨
災	재앙 **재**	灾
哉	어조사 **재**	㦲
爭	다툴 **쟁**	争
豬	돼지 **저**	猪
傳	전할 **전**	伝
錢	돈 **전**	銭
戰	싸움 **전**	戦
轉	구를 **전**	転
點	점 **점**	点
齊	가지런할 **제**	斉
劑	약제 **제**	剤

濟	건널 **제**	済
條	가지 **조**	条
卒	마칠 **졸**	卆
從	좇을 **종**	従
晝	낮 **주**	昼
蒸	찔 **증**	蒸
證	증거 **증**	証
珍	보배 **진**	珎
盡	다할 **진**	尽
質	바탕 **질**	貭
參	참여할 **참**	参
僭	주제넘을 **참**	僣
慘	참혹할 **참**	参
處	곳 **처**	処
淺	얕을 **천**	浅
賤	천할 **천**	賎
踐	밟을 **천**	践
遷	옮길 **천**	迁
鐵	쇠 **철**	鉄
廳	관청 **청**	庁
體	몸 **체**	体
觸	닿을 **촉**	触
總	다 **총**	総
蟲	벌레 **충**	虫
醉	취할 **취**	酔
恥	부끄러울 **치**	耻
齒	이 **치**	歯
癡	어리석을 **치**	痴
漆	옻 **칠**	柒
沈	잠길 **침**	沉

稱	일컬을 **칭**	称
彈	탄알 **탄**	弾
擇	가릴 **택**	択
澤	못 **택**	沢
兔	토끼 **토**	兎
霸	으뜸 **패**	覇
廢	폐할 **폐**	廃
鋪	펼 **포**	舗
學	배울 **학**	学
鹹	짤 **함**	醎
解	풀 **해**	觧
虛	빌 **허**	虚
獻	드릴 **헌**	献
險	험할 **험**	険
驗	시험 **험**	験
縣	고을 **현**	県
顯	나타날 **현**	顕
峽	골짜기 **협**	峡
螢	반딧불 **형**	蛍
號	이름 **호**	号
畫	그림 **화**	画
擴	넓힐 **확**	拡
歡	기쁠 **환**	歓
會	모일 **회**	会
懷	품을 **회**	懐
興	일 **흥**	兴
戲	놀이 **희**	戯